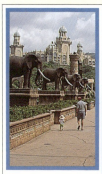

**LE GAUTENG ET
SUN CITY**
Pages 242-259

LE GAUTENG ET
LE MPUMALANGA

Nelspruit

PRETORIA

Johannesburg

MBABANE
SWAZILAND

LA CÔTE
ORIENTALE ET
L'INTÉRIEUR
ARIDE

Kimberley

Bloemfontein

MASERU

LESOTHO

Durban

raaff-Reinet

Port
lizabeth

**BLYDE RIVER
CANYON ET
KRUGER PARK**
Pages 260-277

**DURBAN ET LE
ZULULAND**
Pages 214-233

**LE CAP
SUD**
Pages 156-167

**LA ROUTE JARDIN
VERS
GRAHAMSTOWN**
Pages 168-189

**WILD COAST,
DRAKENSBERG
ET MIDLANDS**
Pages 198-213

GUIDES ◉ VOIR

AFRIQUE
DU SUD

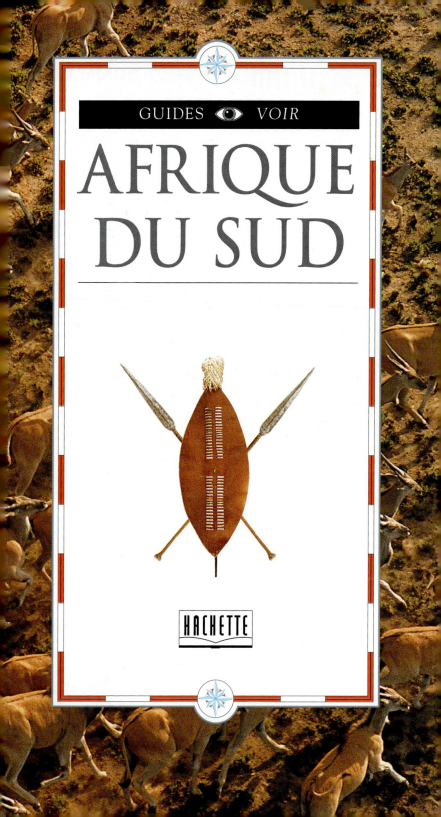

GUIDES ◉ VOIR

AFRIQUE
DU SUD

HACHETTE

HACHETTE TOURISME
43, quai de Grenelle, 75905 Paris Cedex 15

DIRECTION
Cécile Boyer-Runge

DIRECTION ÉDITORIALE
Catherine Marquet

ÉDITION
Catherine Laussucq

TRADUIT ET ADAPTÉ DE L'ANGLAIS PAR
Dominique Brotot

AVEC LA COLLABORATION DE
Hélène Bertini et Blandine Veith

MISE EN PAGES
Maogani (PAO)

CE GUIDE VOIR A ÉTÉ ÉTABLI PAR
Michael Brett, Brian Johnson-Barker et Mariëlle Rensen

Publié pour la première fois en Grande-Bretagne
en 1999, sous le titre :
Eyewitness Travel Guides : South Africa
© Dorling Kindersley Limited, London 2004
© Hachette Livre (Hachette Tourisme) 2004
pour la traduction et l'édition française
Cartographie © Dorling Kindersley 2004

Tous droits de traduction, d'adaptation
et de reproduction réservés pour tous pays.
La marque Voir est une marque déposée.

IMPRIMÉ ET RELIÉ PAR SOUTH CHINA PRINTING CO.

Conformément à une jurisprudence constante (Toulouse 14.01.1887),
les erreurs ou omissions involontaires qui auraient pu subsister
dans ce guide malgré nos soins et les contrôles de l'équipe de rédaction
ne sauraient engager la responsabilité de l'éditeur.

DÉPÔT LÉGAL : 33741, janvier 2004
ISBN : 2-01-243902-0
ISSN : 1246 - 8134
Collection 32 - Édition 01
N° DE CODIFICATION : 24-3902-4

Aussi soigneusement qu'il ait été établi, ce guide
n'est pas à l'abri des changements de dernière heure.
Faites-nous part de vos remarques, informez-nous
de vos découvertes personnelles : nous accordons
la plus grande attention au courrier de nos lecteurs.

SOMMAIRE

COMMENT UTILISER
CE GUIDE 6

Vasco de Gama

PRÉSENTATION
DE L'AFRIQUE
DU SUD

L'AFRIQUE DU SUD
DANS SON
ENVIRONNEMENT 10

UNE IMAGE DE
L'AFRIQUE DU SUD 14

L'AFRIQUE DU SUD
AU JOUR LE JOUR 34

HISTOIRE DE
L'AFRIQUE DU SUD 40

CAPE TOWN

PRÉSENTATION DE
CAPE TOWN 56

CITY BOWL 62

VICTORIA & ALFRED
WATERFRONT 76

Camps Bay Beach, Cape Town

◁ Troupeaux d'élands dans le Pilanesberg National Park près de Sun City

Léopard surveillant son territoire dans la Londolozi Game Reserve

LE CAP OUEST ET LE CAP SUD

Disas rouges sur la Table Mountain

LA CÔTE ORIENTALE ET L'ARRIÈRE-PAYS

LE GAUTENG ET LE MPUMALANGA

L'INTÉRIEUR ARIDE

LES BONNES ADRESSES

RENSEIGNEMENTS PRATIQUES

Boschendal
Manor House
(p. 134-135)

COMMENT UTILISER CE GUIDE

Ce guide a pour but de vous aider à profiter au mieux de votre séjour en Afrique du Sud. L'introduction, *Présentation de l'Afrique du Sud*, situe le pays dans son contexte historique et culturel. Dans les chapitres consacrés aux régions, et ceux décrivant Cape Town, textes, plans et illustrations présentent en détail les principaux sites et monuments et abordent de nombreux sujets comme les traditions culinaires, la faune et la culture. *Les bonnes adresses* conseillent hôtels et restaurants et les *Renseignements pratiques* vous aideront à vivre au quotidien.

CAPE TOWN
Nous avons divisé la cité en trois quartiers. À chacun correspond un chapitre débutant par une liste des monuments présentés. Des numéros les situent clairement sur un plan. Ils correspondent à l'ordre dans lequel les monuments sont décrits dans le corps du chapitre. Un chapitre spécial, *En dehors du centre*, est consacré à la périphérie de la ville.

Le quartier d'un coup d'œil donne une liste par catégories des centres d'intérêt : églises, musées, parcs et jardins, bâtiments historiques, etc.

2 Plan du quartier pas à pas *Il offre une vue aérienne détaillée du quartier.*

Des étoiles signalent les sites à ne pas manquer.

Un repère rouge signale toutes les pages concernent Cape Town.

Une carte de situation localise le quartier dans la ville.

1 Plan général du quartier *Un numéro désigne sur ce plan les monuments et sites du quartier présenté. Ils apparaissent également sur les plans de l'atlas des rues de Cape Town (p. 108-115).*

Le meilleur itinéraire de promenade apparaît en rouge.

3 Renseignements détaillés *Chaque site de Cape Town présenté fait l'objet d'une rubrique. Celle-ci fournit entre autres les informations pratiques telles qu'adresse et numéro de téléphone. Une légende des symboles utilisés se trouve sur le dernier rabat de couverture.*

LE GAUTENG ET SUN CITY

1 Introduction
Elle décrit les paysages et le caractère de chacune des régions, en montrant l'empreinte de l'histoire, et présente ses principaux attraits d'aujourd'hui.

L'AFRIQUE DU SUD RÉGION PAR RÉGION

Ce guide divise l'Afrique du Sud (hors Cape Town) en dix régions, qui font chacune l'objet d'un chapitre. Au début de chacun d'eux, les localités et sites les plus intéressants ont été représentés sur une carte illustrée.

Un repère de couleur correspond à chaque région. Le premier rabat de couverture en donne la liste complète.

2 La carte illustrée
Elle offre une vue de toute la région et de son réseau routier. Les sites principaux sont répertoriés et numérotés. On y trouve des informations pratiques pour se rendre dans la région et y circuler.

Des encadrés approfondissent des sujets spécifiques.

3 Renseignements détaillés
Les localités et sites importants sont décrits individuellement dans l'ordre de la numérotation de la carte illustrée. Les articles présentent en détail ce qu'il y a d'intéressant à visiter.

Un mode d'emploi vous aide à organiser votre visite.

4 Les principaux sites
Deux pleines pages, ou plus, leur sont réservées. La représentation des édifices en dévoile l'intérieur, les cartes des parcs nationaux situent les équipements et les sentiers, et les vues aériennes des villes détaillent les monuments.

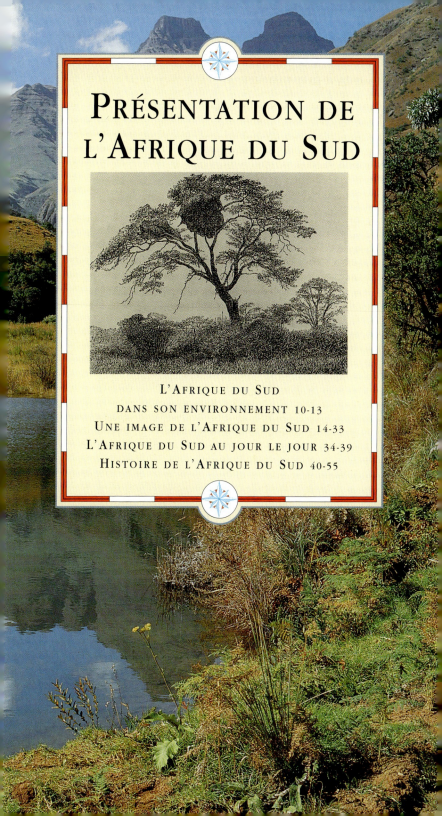

Présentation de l'Afrique du Sud

L'Afrique du Sud dans son environnement

Le pays possède une superficie de 1 223 201 km² et une population d'environ 41 millions d'habitants. Il renferme les royaumes indépendants du Swaziland et du Lesotho. Sa pointe la plus au sud, le cap Agulhas, marque la séparation entre l'océan Atlantique et l'océan Indien, qui baignent respectivement ses côtes occidentale et orientale. Le pays possède au nord une frontière commune avec la Namibie, le Botswana, le Zimbabwe et le Mozambique.

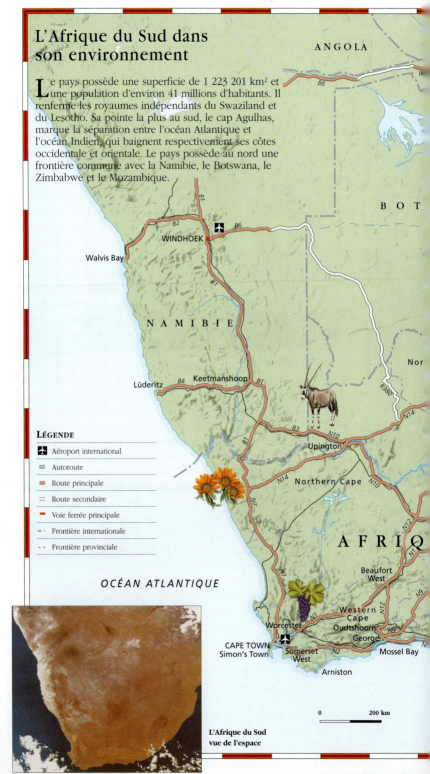

ANGOLA

B8

B

B1

B2   B6

WINDHOEK

B O T

Walvis Bay

B1

N A M I B I E

Nor

Lüderitz   B4   Keetmanshoop   B1

R380

N14

B3   N10

Upington

N14   Northern Cape   N10

A F R I Q

N12

Beaufort West

N9

Western Cape

N12

Worcester   N1   Oudtshoorn   N9   George

CAPE TOWN   Somerset   N2   Mossel Bay
Simon's Town   West

Arniston

OCÉAN ATLANTIQUE

LÉGENDE

✈ Aéroport international

Autoroute

Route principale

Route secondaire

Voie ferrée principale

Frontière internationale

Frontière provinciale

0   200 km

L'Afrique du Sud
vue de l'espace

◁ **Formations rocheuses d'Eastern Buttress, Devil's Tooth et Inner Tower dans la chaîne montagneuse du Drakensberg**

Carte routière

Les aéroports internationaux de Johannesburg, Cape Town et Durban relient l'Afrique du Sud avec le reste du monde, tandis que des lignes aériennes intérieures desservent beaucoup de villes moins importantes. Cape Town, Durban et Port Elizabeth possèdent aussi des ports de passagers. Un réseau routier bien entretenu sillonne tout le territoire. Ce guide divise le pays en dix régions, mais l'Afrique du Sud compte officiellement neuf provinces.

LÉGENDE

- Aéroport international
- Autoroute
- Route principale
- Route secondaire
- Voie ferrée principale
- Frontière internationale
- Frontière provinciale

NAMIBIE

OCÉAN ATLANTIQUE

North West

Kuruman

N14

R379

R380

R386

Upington

Campbell

R31

R31

R360

Orange

R27

R64

Prieska

R385

Alexander Bay

Orange

Northern Cape

N14

Port Nolloth

R382

Kleinsee

R355

Springbok

Grootvloer

N7

Verneuk Pan

R27

N10

De Aar

Swartkolkvloer

Riet se Vloer

R384

N12

N1

Calvinia

R27

R63

Fish

Beaufort West

Graaff-Reine

Lambert's Bay

R364

Clanwilliam

R354

Sutherland

R322

N9

St Helena Bay

N7

Citrusdal

R303

Western Cape

N12

Saldanha Bay

R399

Darling

Langebaan

R45

Malmesbury

N1

Oudtshoorn

R323

R332

Paarl

Worcester

N9

N2

Table Bay

Stellenbosch

Riversdale

George

Knysna

CAPE TOWN

Somerset

N7

Mossel Bay

Plettenberg Bay

Simon's Town

Hermanus

R316

Breede

St Sebastian Bay

Bredasdorp

Arniston

0   200 km

A   B   C

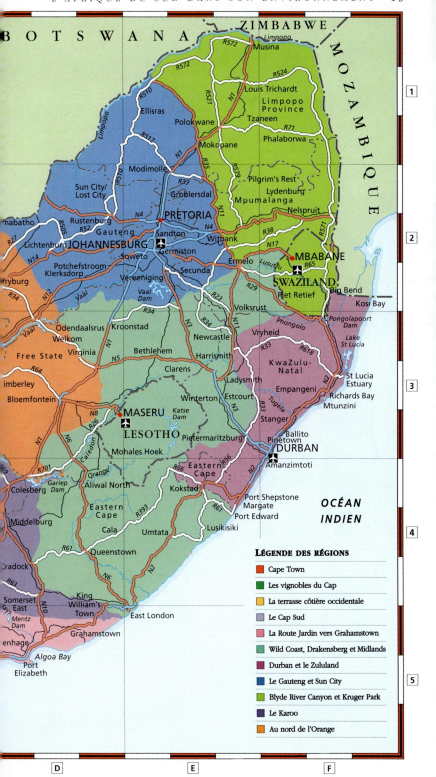

LÉGENDE DES RÉGIONS

- Cape Town
- Les vignobles du Cap
- La terrasse côtière occidentale
- Le Cap Sud
- La Route Jardin vers Grahamstown
- Wild Coast, Drakensberg et Midlands
- Durban et le Zululand
- Le Gauteng et Sun City
- Blyde River Canyon et Kruger Park
- Le Karoo
- Au nord de l'Orange

UNE IMAGE DE
L'AFRIQUE DU SUD

D e plus en plus nombreux depuis la fin du régime de l'apartheid, les visiteurs de l'Afrique du Sud y viennent surtout pour ses ciels d'un bleu éclatant, ses réserves d'animaux et ses étendues sauvages. Mais le pays a aussi à offrir la richesse de sa diversité humaine, promesse d'avenir malgré les tensions qui subsistent.

Des paysages lunaires du Nord-Ouest à la côte boisée de la Route Jardin, des étendues plates et arides du Karoo central aux montagnes escarpées

Protea cyranoides

du Drakensberg, et des vignobles soigneusement entretenus du Cap aux champs de fleurs sauvages du Namaqualand, l'Afrique du Sud abrite une nature d'une étonnante diversité sur une superficie supérieure à celle de la France et de l'Espagne réunies. C'est le seul pays du monde à renfermer la totalité d'un royaume floral : les *fynbos*, « buissons à feuilles fines » spécifiques de la région du Cap Ouest, qui comprennent un ensemble unique de protéas, d'éricacées et d'herbacées.

Dans les nombreux parcs naturels situés plus au nord vivent les « Big Five » : buffle, éléphant, léopard, lion et rhinocéros, tandis que sur la côte orientale, animaux aquatiques et oiseaux prospèrent dans des zones marécageuses protégées et des réserves marines. Et puis il y a les plages, destinations de vacances favorites des Sud-Africains, qu'ils aiment le surf, la pêche ou simplement la natation et les bains de soleil.

« Le peuple arc-en-ciel de Dieu » : c'est en ces termes que l'ancien archevêque anglican Desmond Tutu a décrit la nation qui s'est lancée en 1994 sur la voie de l'égalité après des décennies de ségrégation raciale.

Acacias en bordure du désert du Kalahari

◁ **Jeune danseur zoulou en costume traditionnel**

Le Groote Schuur Hospital où eut lieu la première greffe d'un cœur humain en 1967

Il lui reste un long chemin à parcourir. Beaucoup d'observateurs parlent de deux mondes, dont l'un est sous-développé, à l'intérieur des mêmes frontières. Ainsi, si l'Afrique du Sud produit 60 % de l'électricité du continent, plus de la moitié des foyers du pays n'en disposent toujours pas.

Les marchands hollandais qui établirent la première colonie blanche du Cap au XVIIᵉ siècle n'avaient pas d'autre ambition que d'offrir une escale aux navires de la route des Indes. Ce furent en fait les Anglais qui, après avoir assis leur pouvoir en 1806, prirent pleinement conscience du potentiel agricole de cette terre fertile. À cette richesse du sol, qui permet au pays d'être pratiquement autosuffisant sur le plan alimentaire, s'ajouta bientôt celle du sous-sol, et les mines de diamant, d'or et de charbon financèrent le développement d'une économie moderne. La minorité blanche en accapara cependant la majorité des fruits en imposant le régime d'apartheid (« séparation » en afrikaans). En 1967, quand le docteur Christiaan Barnard réussit la première transplantation d'un cœur humain au Groote Schuur Hospital de Cape Town, la majorité de ses compatriotes n'avaient ni le droit de vote ni celui de circuler librement et n'avaient pas accès à un logement décent ni à l'éducation.

Coulage de lingots d'or

PEUPLES ET SOCIÉTÉ

Issus d'une histoire conflictuelle, les Sud-Africains manquent aujourd'hui d'une identité collective. Depuis 1994, le pays possède onze langues officielles : neuf langues bantous, l'anglais et l'afrikaans. Dérivé du hollandais et marqué de l'influence d'autres idiomes, l'afrikaans est parlé par 18 % de la po-

Moment de repos dans une ferme de la West Coast

pulation, dont de nombreux métis. Ces derniers descendent pour la plupart des Khoisans, des chasseurs et des éleveurs du Cap que les colons et leurs maladies anéantirent, ainsi que des esclaves déportés d'Inde, d'Indonésie et de Madagascar par les Hollandais puis les Britanniques. Ces esclaves conservèrent leurs habitudes culinaires, et leurs spécialités de curry d'agneau et de poisson aux fruits constituent aujourd'hui une véritable gastronomie nationale appelée cuisine Cape Malay. Plus qu'autour d'une table, c'est toutefois autour d'un *braai* (barbecue) que beaucoup de familles aiment se retrouver. Cette tradition doit beaucoup aux mythes sur lesquels repose l'identité des Afrikaners. Ceux-ci se considèrent en effet avant tout comme les descendants des *voortrekkers*, les pionniers calvinistes qui colonisèrent le pays en char à bœufs avec pour tous biens leur Bible et leurs fusils.

Préparatifs de fête dans une mosquée de Cape Town

La religion joue toujours un rôle important aujourd'hui. L'Église réformée hollandaise, l'Église catholique, l'Église presbytérienne et l'Église anglicane possèdent des fidèles dans tous les groupes ethniques, tandis que des églises indépendantes africaines proposent une vision syncrétique qui respecte la croyance dans l'influence des esprits ancestraux. L'Islam compte de nombreux adeptes dans la province du Cap Ouest, tandis que la minorité d'origine indienne de la région de Durban garde des traditions bouddhistes et hindoues.

Joueur de pipeau

CULTURE ET SPORT

Une nouvelle identité noire est en train de s'affirmer dans les *townships*, les ghettos créés du temps de l'apartheid. La musique, restée au centre de la vie quotidienne et des cérémonies, joue un rôle moteur dans cette évolution. Le monde entier a ainsi découvert la qualité des chorales d'église chantant des gospels, notamment marqués d'influences telles que le *mbube zoulou*.

Les chorales sont une des grandes richesses musicales de l'Afrique du Sud

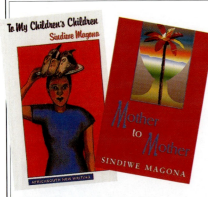

Sindiwe Magona a écrit plusieurs livres sur sa vie de Noire sud-africaine

Malgré l'attachement des Sud-Africains aux coutumes ancestrales et aux racines rurales, les musiques populaires anglo-saxonnes ont une grande influence. Néanmoins, jazz, soul, rock et reggae, pour ne rien dire du *kwela* joué au pipeau et du *kwaito* dérivé des chants de protestation, ont une touche locale caractéristique.

L'héritage culturel des Afrikaners, fruit de siècles d'isolement, comprend une riche littérature en prose et en vers et une tradition musicale spécifique. Les chansons en afrikaans tendent à la nostalgie, évoquant souvent des temps plus cléments.

Elles offrent un contraste paradoxal avec les musiques rythmées et les paroles enjouées des artistes de couleur.

Après la longue période de censure qui pesa sur les arts, puis les années de révolte où de nombreux écrivains dénoncèrent l'apartheid *(p. 26-27),* les auteurs actuels se tournent vers des thèmes plus universels abordés en toute liberté.

La majorité des Sud-Africains vouent une passion au sport, qu'ils en pratiquent ou qu'ils se contentent d'être spectateurs. Cette ardeur a encore augmenté depuis la fin de la ségrégation dans les différentes équipes et leur réintégration dans les rencontres internationales. Rien n'a probablement autant contribué à l'unification du pays que la Coupe du monde de rugby, organisée à Cape Town et dans d'autres villes en 1995 et remportée par l'équipe nationale. Ce sport, longtemps réservé aux Afrikaners, connaît depuis un succès grandissant dans les *townships*. Les matchs de football, de cricket et de boxe, ainsi que les courses de

Minstrel du Cap

Joie du public lors de la victoire de la Coupe du monde de rugby en 1995

Les Sud-Africains apprécient les activités de plein air, comme ici sur la plage de Clifton à Cape Town

chevaux et les rencontres d'athlétisme, attirent aussi un public nombreux.

L'Afrique du Sud aujourd'hui

On peut sans doute considérer que c'est l'annonce par le président De Klerk, le 2 février 1990, de la légalisation de l'African National Congress (ANC), du Parti communiste et du Pan-Africanist Congress (PAC) qui a marqué la fin de l'apartheid. Neuf jours plus tard, Nelson Mandela sort de la Victor Verster Prison, où il était retenu depuis 1963.

Les enfants occupent une place spéciale dans le cœur de « Madiba »

La négociation des conditions de passage à la démocratie commence en 1991 au sein de la CODESA (Convention for a Democratic South Africa). Malgré une flambée de violence, tous les Sud-Africains votent le 27 avril 1994 selon le principe « d'un homme, une voix ». L'ANC remporte 63 % des scrutins et Nelson Mandela devient le premier président noir de la

« nouvelle Afrique du Sud ». La Constitution adoptée en mai 1996 met hors la loi toute discrimination sur quelque base que ce soit. Pourtant, une grande part de la population vit au seuil de la pauvreté, et l'écart entre les privilégiés et les plus démunis s'accroît. Après des années d'embargo, l'économie peine à redémarrer et le chômage frappe durement les Sud-Africains. La nation se tourne néanmoins vers l'avenir en appliquant la maxime de Nelson Mandela : « Il n'est pas facile de rester amer quand on est occupé à des choses constructives. »

Évocation d'une nation multiculturelle sur un mur de Johannesburg

Des côtes contrastées

À côté des différences de relief et de l'influence des vents, deux courants marins déterminent les climats des côtes orientale et occidentale de l'Afrique du Sud. À l'est, dans l'océan Indien, l'Agulhas aux eaux chaudes coule vers le sud, causant d'importantes précipitations, tandis que, à l'ouest, le froid Benguela issu de l'Antarctique se dirige vers le nord et apporte peu de pluies. Ils se mêlent quelque part au large du cap Agulhas, la pointe la plus méridionale du pays. Ces différences climatiques donnent aux littoraux des visages très contrastés : aridité à l'ouest et luxuriantes forêts à l'est. Leurs faunes et leurs flores, aussi bien marines que terrestres, se sont adaptées à ces conditions.

***Les baleines bleues**, les plus grands mammifères de la planète avec une taille qui peut atteindre 33 m, fréquentent les régions côtières en hiver.*

*Le **Drosanthemum,** plante rampante bien adaptée à l'aridité de la côte occidentale, garde des réserves d'eau dans ses feuilles épaisses. Il fleurit entre août et octobre.*

Alexander Bay ●

0   100 km

*Le **korhaan noir** habite la brousse côtière. De couleurs vives, les mâles défendent leur territoire avec un cri rauque. Leur plumage brun tacheté permet aux femelles de se dissimuler en restant immobiles.*

OCÉAN ATLANTIQUE

Cape Basin

St Helena Bay

Saldanha Bay

Table Bay

CAPE TOWN

False Bay

Cape Point

Cape Agulhas

Agulhas Bank

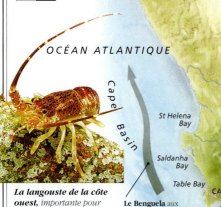

La langouste de la côte ouest, *importante pour l'économie, n'est pêchée qu'avec un permis spécial. Il n'existe pas d'élevage à une échelle commerciale.*

Le Benguela aux eaux froides venues de l'Antarctique coule vers le nord.

Au Cap Agulhas, les deux courants convergent.

LA CÔTE OUEST

En été, l'Atlantique n'atteint qu'une température moyenne de 14°C, ce qui limite l'évaporation et la formation de nuages. Les précipitations annuelles restent inférieures à 250 mm, et seules les plantes grasses survivent à ce climat aride. La mer abrite une faune et une flore marines variées.

Anémone de mer

CAP AGULHAS

Plaque de mémorial au cap Aguihas

La pointe la plus australe d'Afrique n'est pas le cap de Bonne-Espérance, mais le cap Agulhas, situé plus à l'est. Son nom signifie « aiguilles » en portugais. Les navigateurs s'aperçurent qu'à cet endroit les aiguilles des boussoles ne subissaient plus de déviation magnétique mais pointaient droit vers le nord. A côté d'une plaque scellée dans le rocher, des panneaux indiquent les distances de quelques grandes villes.

Plusieurs espèces de dauphins, généralement en groupes de dix ou quinze, viennent s'ébattre dans les courants chauds au large de villes comme Durban et Margate.

Kosi Bay

St Lucia Marine Reserve

*Les **Crinum** (famille des amaryllis) poussent sur les terrains marécageux de la côte est et fleurissent en été.*

Umgeni River Estuary
DURBAN

Aliwal Shoal

Natal Basin

*Le **grass owl** (Tyto capensis) fréquente les prairies humides proches du littoral.*

OCÉAN INDIEN

La langouste de Port Elizabeth, l'une des nombreuses espèces des côtes sud-africaines, a peu de valeur commerciale.

Algoa Bay

Agulhas Basin

Un courant chaud, l'Agulhas, entretient l'humidité de la côte est.

LA CÔTE EST

Nudibranche

L'Agulhas entretient un climat humide favorable à une végétation subtropicale et même à la formation de mangroves dans l'estuaire de l'Umgeni River. La migration annuelle de bancs de sardines est attendue avec impatience par les pêcheurs, mais aussi par de nombreux oiseaux. Il existe des récifs coralliens, dans la St Lucia Marine Reserve.

Les paysages et la flore d'Afrique du Sud

La végétation de l'Afrique du Sud charme les visiteurs et intrigue les botanistes depuis longtemps. Elle compte beaucoup d'espèces largement distribuées, mais prend un visage particulier dans chaque région. Dans les zones les plus arides, les plantes sont de petite taille, avec une croissance lente et une brève floraison après les pluies d'hiver. À l'est, immenses pâturages et savanes dominent. De denses forêts subtropicales bordent la côte est.

Fleur d'aloès

LE ROYAUME FLORAL DU CAP

Pélargonium

Le Cap Ouest abrite l'un des six royaumes floraux du monde avec environ 8 500 variétés différentes, dans une région qui représente moins de 4 % de la superficie du pays. Appelés *fynbos* (buissons à petites feuilles), ils comprennent quelque 350 protéas, ainsi que des pélargoniums, des éricacées, des roseaux et des iris. Le Kirstenbosch National Botanical Garden *(p. 100-101)* en offre un large aperçu.

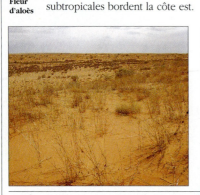

FLORE SEMI-DÉSERTIQUE

Plante grasse

L'Afrique du Sud ne possède comme véritable désert que le Namib, mais la région aride du Great Karoo couvre près du tiers du pays. Sa flore s'est adaptée à la sécheresse et aux températures extrêmes. De nombreuses plantes grasses telles qu'aloès, euphorbes et stapélies retiennent de l'eau dans leurs feuilles ou leurs racines, tandis que les graines d'espèces éphémères peuvent attendre des années des conditions favorables à leur germination *(p. 154-155)*. Les arbres poussent surtout le long des cours d'eau saisonniers.

NAMAQUALAND *(p. 154-155)*

Beaucoup de plantes grasses de cette région ne doivent leur survie qu'à l'humidité des brumes nocturnes venues de l'océan. L'évolution a créé ici d'étranges espèces comme le *kokerboom* (« arbre qui tremble »), l'*halfmens* (« demi-homme ») en forme d'arbre et des stapélies insectivores. En dehors de broussailles très clairsemées, le sol reste nu la majeure partie de l'année jusqu'à ce que les modestes pluies d'hiver donnent naissance à des tapis de fleurs où abondent marguerites et *vygies*.

Vygies

FORÊT TEMPÉRÉE

La région bien arrosée de Knysna *(p. 176-177)* renferme de denses forêts d'arbres à feuilles persistantes. Elles comptent des essences rares comme le *stinkwood* (cladastre) et le *yellowwood (Ocotea),* qui poussent aussi sur la côte du KwaZulu-Natal, et elles possèdent un sous-bois caractéristique par ses arbustes, ses fougères, ses champignons et ses lianes. À maturité, certains arbres atteignent une hauteur de 60 m et une circonférence de 7 m.

Champignon

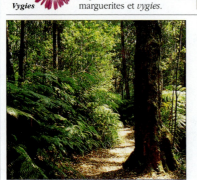

L'Erica patersonia, *surtout présente près des ruisseaux, fait partie des 625 éricacées du Cap Ouest.*

La Protea grandiceps, *que l'on rencontre le plus souvent, pousse en altitude sur les montagnes du littoral.*

Les **Leucospermum** *produisent de juin à décembre des fleurs qui peuvent durer jusqu'à trois semaines et ont des couleurs allant du jaune au rouge profond.*

L'Erica dichrus *crée de denses taches rouges dans la région de la Table Mountain.*

Les **Leucospermum jaunes** *couronnent généralement les hauts arbustes près de la côte.*

BUSHVELD

De vastes étendues de l'intérieur du pays sont couvertes de hautes herbes et de petits arbres, pour la plupart des épineux à minces feuilles caduques. Le Kruger National Park *(p. 272-275)* offre d'excellents exemples de plusieurs végétations de transition entre une brousse aux arbustes clairsemés et la savane où poussent des essences plus hautes telles que marula, mopane et baobab. La vaste famille des acacias est également bien représentée.

Gousse d'acacia

HAUTE MONTAGNE

En grimpant en altitude, la flore passe d'une lande touffue à un mélange de broussailles et d'herbes de moins en moins dense. La région du Drakensberg *(p. 206-207)* possède une ceinture subalpine vers 2800 m. Les espèces caractéristiques comprennent immortelles, joncs et éricacées. Dans beaucoup d'endroits, des fleurs annuelles aux riches couleurs s'épanouissent brièvement au printemps. La rare protéa des neiges *(Protea cryophila)* pousse sur les hautes cimes du Cedarberg

Watsonia   *(p. 152-153).*

FRANGE CÔTIÈRE SUBTROPICALE

Marais saumâtres, estuaires salés et végétation luxuriante caractérisent le littoral du KwaZulu-Natal. Dans les mangroves, les palétuviers s'ancrent au sol instable de la zone intertidale grâce à des racines aériennes. Plus haut sur la rive poussent des palmiers et des bananiers sauvages de la famille des strélitzias. L'écosystème de la Kosi Bay *(p. 233)*, où des marécages entourent quatre lacs envahis de nénuphars et de roseaux, est typique des conditions qui prévalent sur la côte orientale.

Nénuphar

La faune d'Afrique du Sud

Avant l'arrivée des Blancs, les Khoisans nomades du Cap *(p. 42)* chassaient pour se nourrir, tandis que, à l'est, certaines tribus bantous échangeaient l'ivoire et organisaient des chasses cérémonielles, mais leurs lances et leurs pièges avaient peu d'impact sur la faune. Au XVIIᵉ siècle, elle paraissait inépuisable comparée à celle de l'Europe. Quelque deux cents ans plus tard, les armes à feu des colons avaient mis de nombreuses espèces en danger de disparition. Les mesures de protection prises à temps permettent aujourd'hui à l'Afrique du Sud de posséder certaines des plus riches réserves naturelles du monde.

Girafe

L'oréotrague, une antilope au pied sûr, peuple les montagnes dans tout le pays.

Gnou bleu

Les guêpiers, *l'une des quelque 840 espèces d'oiseaux d'Afrique du Sud, vivent en groupes le long des rivières du Kruger National Park. Ils se posent pour avaler les insectes qu'ils attrapent au vol.*

Zèbre

Les nyalas mâles se distinguent des koudous par la couleur orange du bas de leurs pattes.

Phacochère

Le Princeps demodocus demodocus, *visible dans toute l'Afrique du Sud de septembre à avril, porte aussi le nom de porte-queue des agrumes car il fréquente beaucoup les vergers où poussent ces fruits.*

AU POINT D'EAU

La sécheresse qui règne pendant les mois d'hiver (de mai à septembre) oblige les animaux à fréquenter les mêmes points d'eau. Pour les observer, des affûts en bois ont été installés dans les réserves d'Hluhluwe-Umfolozi *(p. 230)* et de Mkuzi au KwaZulu-Natal. Les rivières offrent les meilleurs points de vue dans le Kruger Park.

LES « CINQ GRANDS »

Cette appellation a pour origine le jargon des chasseurs, qui désignaient ainsi les animaux d'Afrique dont les trophées étaient les plus recherchés. Ils restent une des principales attractions du parc Kruger *(p. 272-275)* et des réserves d'Hluhluwe-Umfolozi, du Pilanesberg et de Madikwe.

Le lion, *le plus grand des félins africains, vit en groupe sous l'autorité d'un ou de plusieurs mâles dominants.*

Le rhinocéros noir, *menacé d'extinction, possède une lèvre supérieure plus longue que celle du rhinocéros blanc.*

LES PREMIÈRES RÉSERVES NATURELLES

Au milieu du XIXᵉ siècle, les chasseurs avaient décimé le gros gibier et exterminé des sous-espèces comme le lion du Cap et le quagga, apparenté au zèbre. Pour protéger la faune sauvage, en 1889, le Volksraad (« conseil du peuple ») du Natal décida de la création d'une réserve naturelle. Une région située entre le KwaZulu-Natal et le Swaziland devint ainsi en 1894 la Pongola Game Reserve. Quatre ans plus tard, le président du Transvaal, Paul Kruger, créait la réserve gouvernementale de Sabie, qui est devenue le Kruger National Park.

Quagga

Partie de chasse au début du XIXᵉ s.

Impala femelle

Les nyalas femelles, fréquentes dans les bois du nord du KwaZulu-Natal, restent en général avec des mâles dominants.

Les trous d'eau s'assèchent rapidement en hiver.

Le singe vervet évite d'habitude les habitats arides.

Le guépard a pour proies favorites les gazelles de petite taille comme le springbok et l'impala.

Les pique-bœufs et le koudou offrent un bel exemple de symbiose. Les oiseaux débarrassent l'antilope des parasites dont ils se nourrissent, et ils lui servent de système d'alarme aux points d'eau.

La hyène tachetée est l'un des plus intéressants prédateurs d'Afrique du Sud. Les femelles doivent à leurs hormones de posséder aussi des organes génitaux mâles. Elles dirigent des groupes familiaux étendus capables de s'attaquer à des buffles.

Le buffle reste le plus abondant des Big Five. Il vit en vastes troupeaux, mais les vieux mâles deviennent des solitaires.

Les léopards se perchent dans les arbres pour dormir et chassent la nuit.

Les éléphants vivent en groupes familiaux conduits par une matriarche. Les mâles forment parfois des troupeaux de célibataires.

Lettres sud-africaines

Bible en afrikaans

Même si, parmi les onze langues officielles de l'Afrique du Sud, neuf sont bantous, la plupart des livres sont publiés en anglais ou en afrikaans, tandis que les traditions des cultures noires restent principalement transmises oralement. Quelques écrits commencent cependant à connaître une diffusion de plus en plus large. Depuis la publication de *La Nuit africaine* d'Olive Schreiner à la fin du siècle dernier, de nombreux auteurs sud-africains ont suscité un intérêt international. Beaucoup des plus célèbres, tels qu'Alan Paton, Nadine Gordimer et André Brink, se sont opposés à l'apartheid.

Illustration par Credo Mutwa du livre *African Proverbs*

Langenhoven, auteur de *Die Stem*, l'un des deux hymnes nationaux

RÉCITS TRADITIONNELS AFRICAINS

Dans la plupart des communautés africaines, c'est la tradition orale qui transmet aux nouvelles générations enseignements, généalogies et proverbes.

L'*izibongo,* terme qu'on traduit pour simplifier par « chants de louange », est une forme de poésie rythmique riche en métaphores. Sa récitation exige tout l'art d'un narrateur expérimenté : le *mbongi.* Deux *izibongo* en xhosa ponctuèrent la cérémonie d'investiture de Nelson Mandela.

Parmi les meilleures œuvres écrites figurent, en xhosa, *Ityala Lamawele* (« Procès des jumeaux ») de S. E. K. Mqhayi et *Ingqumbo Yeminyanya* (« La Colère des ancêtres ») de A. Jordan ; en sotho, *Chaka* de Thomas Mofolo ; en zoulou, *Noma nini* de B. W. Vilakazi, et en tswana, *Mhudi* de Sol Plaatjie.

Les traductions en anglais comprennent *Indaba my Children* et *African Proverbs* de Credo Mutwa.

Patrick Mynhardt incarne au théâtre un personnage d'une nouvelle de Bosman

LITTÉRATURE EN AFRIKAANS

Au fil des siècles, le néerlandais des premiers colons blancs s'est mâtiné de flamand, de français et de divers idiomes asiatiques et africains pour devenir l'afrikaans, appelé aussi simplement *die taal* (la langue). Les Boers en firent le symbole de leur identité face aux Anglais et se battirent pour imposer sa reconnaissance. En 1900, ils avaient publié près de cent livres et entamé la traduction de la Bible.

La prose descriptive et la poésie lyrique d'auteurs tels que Gustav Preller, C. J. Langenhoven, D. F. Malherbe et Totins (Jacob Daniël du Toit) contribuèrent à faire de l'afrikaans la principale langue d'échange dans le pays.

Des écrivains plus récents comme P. G. du Plessis et Etienne le Roux se sont efforcés d'ouvrir le champ de la littérature afrikaans, tandis qu'Adam Small et Breyten Breytenbach l'ont utilisée pour exprimer à l'époque de l'apartheid une contestation sociale et politique des institutions afrikàners.

Bien qu'écrivant en anglais, Pauline Smith, dans *The Beadle,* et

Herman Charles Bosman, dans ses nouvelles de *La Route de Mafeking,* se servent de mots et de structures grammaticales empruntés à l'afrikaans, qui reste aujourd'hui la langue la plus parlée du pays.

Les nouvelles d'Herbert Dhlomo et les récits de Peter Abraham évoquaient déjà, bien des années plus tôt, les

roman en afrikaans interdit dans les pays.

juifs en Afrique du Sud. Le récit autobiographique de Sindiwe Magona, *To My Children's Children,* raconte une jeunesse passée dans l'ancien bantoustan (réserve) du Transkei et la lutte quotidienne pour la survie dans les townships de Cape Town.

Statue inspirée de *Jock of the Bushveld* dans le Kruger National Park

LITTÉRATURE EN ANGLAIS

La Nuit africaine (1883) d'Olive Schreiner, publiée tout d'abord sous un pseudonyme masculin, fit connaître pour la première fois à l'étranger le mode de vie rural des Boers. Le roman, qui se révoltait contre les préjugés, eut un grand retentissement.

Dans *Jock of the Bushveld* (1907), Percy FitzPatrick mêlait aventure romantique et réalisme pour décrire le quotidien d'un conducteur de chariot et de son chien dans les premiers champs aurifères. Le livre devint un des titres les plus célèbres en Afrique du Sud.

Des écrivains plus récents tels que Geoffrey Jenkins et surtout Wilbur Smith, l'auteur de *Quand le lion a faim,* ont également acquis une notoriété internationale, sans toutefois produire des œuvres aussi exigeantes que *The Abductors,* de Stuart Cloete, qui fut un temps interdit en Afrique du Sud, et du *Monde perdu du Kalahari,* émouvante description par Sir Laurens Van der Post d'une culture en train de mourir.

André P. Brink et J. M. Coetzee s'attachèrent surtout à des sujets politiques et sociaux, et leurs écrits furent souvent considérés comme des attaques contre la société qui avait instauré l'apartheid. *Connaissance du soir* (1963) de Brink fut le premier

souffrances des Noirs en Afrique du Sud, et Alan Paton décrivit dès 1948 dans *Pleure ô pays bien-aimé* leurs terribles conditions de vie à Johannesburg.

En obtenant en 1991 le prix Nobel de littérature pour *Un caprice de la nature,* Nadine Gordimer, qui avait déjà abordé la question de l'amour entre Blancs et non-Blancs dans *Ceux de July,* contribua par son combat contre la censure à ouvrir la voie à d'autres femmes écrivains de qualité. *Another Year in Africa* de Rose Zwi offre aux personnes lisant l'anglais un aperçu de la vie d'immigrants

Édition locale d'*Un caprice de la nature*

LITTÉRATURE CONTEMPORAINE

Un long chemin vers la liberté de Nelson Mandela se démarque des autobiographies et récits de voyage actuels. Antjie Krog relate dans *Country of my Skull* les deux années où elle suivit comme journaliste les réunions de la commission Vérité et Réconciliation, tandis que *The Whiteness of Bones* de Sarah Penny, et *Beckett's Trek* et *Madibaland* de Denis Beckett sont des excursions distrayantes en Afrique du Sud et dans les pays voisins. Zakes Mda décrit dans *Ways of Dying* la vie d'une pleureuse professionnelle. *Love Themes for the Wilderness* d'Ashraf Jamal entraîne dans le milieu artistique de l'après-apartheid.

LA POÉSIE DE COMBAT

L'oppression des Noirs au temps de l'apartheid a donné naissance à une forme de contestation et de création, orale dans plusieurs langues bantous et en anglais dans sa forme écrite, qui a pris le nom de « Struggle Poetry » (« poésie de combat »). En 1971, *Sounds of a Cowhide Drum* d'Oswald Mtshali marque dans la poésie noire le passage des thèmes lyriques aux messages politiques indirects.

Mongane Wally Serote, poète et politicien

Parmi les autres représentants de ce mouvement figurent Mzwakhe Mbuli, Mafika Gwala, James Matthews, Sipho Sepamla, Njabulo Ndebele et Mongane Wally Serote. Leurs œuvres n'avaient pas pour seul but de dénoncer les conditions politico-sociales, mais visaient aussi à élever le niveau de conscience au sein de leur peuple.

L'architecture en Afrique du Sud

Climat, structures sociales et matériaux disponibles ont influencé la forme et la décoration des habitations traditionnelles des indigènes sud-africains. De l'*hartbeesbuisie*, un abri en roseau au toit en pente construit directement sur le sol, jusqu'aux maisons décorées de couleurs vives des Ndebele, en passant par les huttes en forme de ruche des Zoulous, elles prennent des aspects très variés. Les colons hollandais puis anglais restèrent fidèles aux styles de leurs nations d'origine. Cape Town en conserve quelques exemples.

Tressage de l'enceinte en roseau d'un village traditionnel swazi

STYLES ARCHITECTURAUX INDIGÈNES

La plupart des habitations rurales traditionnelles, souvent appelées *rondavels*, sont de plan circulaire avec des toits coniques ou elliptiques faits de roseaux tressés ou de chaume. Ils protègent des murs fabriqués avec des blocs d'argile mêlée à de la bouse ou formés d'un réseau de branchages couverts de boue séchée ou de peaux de bêtes. Hormis celles des nomades du Namaqualand, qui n'ont pas à redouter la pluie, toutes ces habitations possèdent une bonne isolation. Des matériaux tels que tôle ondulée, carton et plastique ont fait leur apparition, en particulier dans les bidonvilles des agglomérations urbaines.

Les « ruches » zoulous ont une structure en bois érigée par les hommes, et couverte de paille par les femmes.

La matjiebuise (« maison en nattes ») des Khoisans nomades était couverte de peaux de bêtes ou de nattes de roseau.

Les buttes xhosas, bâties en boue, prennent de plus en plus souvent une forme rectangulaire.

Un faîtage en argile maintient en place le chaume du toit.

Des gerbes d'herbes ou de roseaux couvrent le toit.

Les fenêtres sont symétriques par rapport à la porte.

Le décor est peint à la main.

Mur bas extérieur

Les maisons ndebele obéissent à un plan rectangulaire et possèdent un toit pyramidal. Les motifs colorés dont les femmes les parent à main levée les rendent particulièrement spectaculaires.

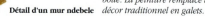

Détail d'un mur ndebele

Les buttes basothos, jadis circulaires, sont faites de blocs de terre ou de pierre enduits de boue. La peinture remplace de plus en plus leur décor traditionnel en galets.

ARCHITECTURE CAPE DUTCH

Ce style propre au Cap Ouest apparut vers le milieu du XVIIIe siècle. Symétriques, les édifices ont évolué à partir de rangs de pièces au toit de chaume dont les dimensions dépendaient de la longueur des poutres disponibles. Les pignons latéraux servaient à empêcher le vent d'arracher la toiture, et celui du milieu éclairait les combles. Leur forme caractéristique dérive de l'architecture baroque néerlandaise.

Hôtel de ville de Franschhoek

Le chaume abondait dans les *vleis* (marais).

Pignon central

Porte d'entrée

Les fenêtres à guillotine comportaient de nombreux petits panneaux.

Rhone, demeure typique proche de Franschhoek, conserve un pignon central datant de 1795.

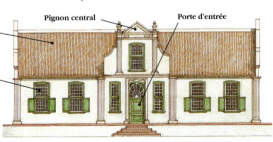

ARCHITECTURE GÉORGIENNE

Le long des ruelles pavées du quartier malais de Cape Town subsistent quelques bâtiments d'architecture géorgienne du XVIIIe siècle. Ces sobres édifices possèdent des toits à pente douce, des fenêtres à guillotine dotées de petits carreaux, et une imposte au-dessus de l'entrée. Il en existe aussi quelques exemples aux alentours d'Artificer's Square à Grahamstown.

Arc en brique

La cheminée brise la symétrie.

Le toit est en ardoise.

Bertram House, achevée en 1839, est la dernière maison géorgienne en brique du Cap.

Des persiennes protègent du soleil.

Le parement en brique anime les murs.

Un vestibule arrête les courants d'air.

ARCHITECTURE VICTORIENNE

Avec ses dentelles en fonte, ses accessoires en laiton et ses vitraux, le style victorien connut une grande vogue au tournant du siècle, en particulier à Cape Town. Comme en Angleterre, la construction de rangs de maisons similaires *(terrace houses)* permit d'offrir des logements confortables à une classe moyenne naissante dans des faubourgs comme Woodstock, Observatory, Mowbray et Wynberg.

Dentelle de fonte, Prince Albert

Les décors en fonte prirent le surnom de *broekie* car ils ressemblaient à la dentelle des culottes de dames.

Pignon ornemental

Un auvent en tôle ondulée protège le porche.

Oom Samie se Winkel (p. 128), *pittoresque commerce de Stellenbosch, est nettement marqué d'influences Cape Dutch.*

Des piliers en fonte soutiennent l'auvent.

L'Afrique du Sud multiculturelle

Peinture rupestre san

Peuplé à l'origine de Khoisans *(p. 42)*, le territoire de l'Afrique du Sud attira au cours de l'ère chrétienne une première vague de migration des Bantous puis, à partir du XVIIe siècle, des colons venus d'Europe. Ceux-ci firent venir à leur tour des esclaves ou des ouvriers agricoles originaires d'autres régions d'Afrique et d'Asie. Le pays offre aujourd'hui l'image d'un patchwork de cultures où dominent quatre grands groupes, toujours distingués par la couleur de leur peau : les Noirs (75 % de la population), les Blancs (13 %), les métis, ou *Coloured* (8 %), et les Asiatiques (3 %).

Très peu de Bushmen ont conservé leur mode de vie

LES KHOISANS

Ceux qui furent probablement les premiers *Homo sapiens* à peupler l'Afrique du Sud étaient des pasteurs semi-nomades qui ont laissé de magnifiques peintures rupestres *(voir Drakensberg p. 206-207 et Kagga Kamma p. 152)*.

L'installation des sédentaires bantous et, surtout, la colonisation européenne ont partout entraîné leur disparition, sauf dans des zones inhospitalières du Namaqualand et du Cap Nord, où survivent quelques-uns de leurs descendants : les Bushmen rendus célèbres par le film *Les dieux sont tombés sur la tête*. Certains se mêlèrent à la population blanche. Ils sont à l'origine de nombre des métis appelés Cape Coloured.

LES PEUPLES BANTOUS

Bien que sans relation avec celles des Khoisans, les langues bantous sont nées en Afrique, où elles sont parlées par plus de 100 millions de personnes. Si chaque ethnie possède ses propres traditions et son organisation sociale, les modes de vie tendent à s'occidentaliser au détriment des coutumes ancestrales, Le bétail et son enclos *(kraal)* jouent un rôle central dans les cultures zoulou, xhosa et ndebele, notamment dans l'organisation du village. Parmi les artisanats pratiqués par les Zoulous figurent la poterie, le travail du fer et du bois, ainsi que la vannerie et le tissage. Les Xhosas, vivant en majorité au Cap Est, sont réputés pour leurs ouvrages en perles, comme les Ndebele du Limpopo et du Gauteng, célèbres aussi pour les motifs stylisés et géométriques parant les murs extérieurs de leurs maisons. Les tissages traditionnels restent répandus, et de nombreux Sothos, Xhosas et Tswanas portent sur leurs vêtements des couvertures décorées. Les Vendas habitent la partie la plus septentrionale de la province du Nord. Fait rare en Afrique australe, ils construisent leurs demeures en pierre. Ils sont aussi l'un des rares groupes ethniques à utiliser le tambour comme un instrument de musique.

Le Wartburger Hof, un chalet alpin au KwaZulu-Natal

LES COLONS EUROPÉENS

En 1652, des Hollandais et des Allemands furent les premiers Européens à fonder une colonie sur le territoire de l'Afrique du Sud. Après la révocation de l'édit de Nantes, des huguenots français les rejoignirent en 1688. Leur empreinte reste évidente dans la région de Franschhoek, près de Cape Town. Ils ont aussi transmis des noms de famille tels que Villiers ou Du Plessis. En

Beaucoup de femmes xhosas fument des pipes à long tuyau

1806, les Anglais profitèrent des guerres napoléoniennes pour prendre le contrôle permanent de la colonie, et firent venir au cours des années suivantes plusieurs milliers d'immigrants originaires du Royaume-Uni. Des Allemands les rejoignirent après la guerre de Crimée, baptisant des villages Hamburg ou Berlin, et de nombreux vétérans britanniques décidèrent de s'établir en Afrique du Sud après la guerre des Boers (1899-1902) et les deux guerres mondiales. La population d'origine anglaise ne représente aujourd'hui qu'environ 2,5 millions d'habitants sur près de 40, mais elle détient la majeure partie du pouvoir économique.

LES ASIATIQUES

Aux XVIIᵉ et XVIIIᵉ siècles, les Hollandais exilèrent au cap de Bonne-Espérance des chefs d'Asie du Sud-Est qui s'opposaient à la colonisation de leurs territoires. Des esclaves déportés d'Indonésie et du sous-continent indien vinrent grossir les rangs de cette minorité opprimée. Presque tous leurs descendants sont de confession musulmane.

Les Indiens arrivèrent dans la seconde moitié du XIXᵉ siècle pour travailler dans les plantations de canne à sucre du KwaZulu Natal. Ils habitent toujours pour la plupart cette région. Ces communautés continuent de célébrer leurs fêtes religieuses, et mosquées et temples apportent une note architecturale exotique au KwaZulu-Natal, à Cape Town et dans le Gauteng.

LES AFRIKANERS

Le terme « Afrikaners », mentionné pour la première fois en 1706, fait référence aux résidents blancs parlant l'afrikaans. La culture de cette « tribu blanche » qui

Les costumes traditionnels ressortent lors des fêtes afrikaners

compte environ trois millions de membres reste fidèle aux valeurs des premiers pionniers hollandais, des paysans et des éleveurs calvinistes au farouche individualisme. L'Afrikaner en garde une passion marquée pour les sports de plein air et le *braai* (barbecue). La musique traditionnelle interprétée par les *boere-orkes* (« orchestres de fermiers ») ressemble à la *country music* américaine.

LES MÉTIS

Appelés Cape Coloured depuis près de deux siècles, les métis d'Européens, de Bantous et de Khoisans représentent un groupe ethnique d'environ 3,5 millions de personnes. Ils parlent en majorité l'afrikaans et sont de religion chrétienne. Des patronymes comme Januarie, November et Titus rappellent que

Les danses sacrées restent enseignées à Durban

beaucoup de familles sont issues des relations entre des esclaves et leurs maîtres. Métis et Asiatiques fournirent longtemps les pêcheurs les plus expérimentés et les meilleurs artisans du pays, et ils ont construit nombre des bâtiments historiques du Cap.

Jeune musulmane préparant des décorations florales pour une fête

DE TOUS HORIZONS

Comparée à d'autres pays comme les États-Unis et l'Australie, l'Afrique du Sud offrait peu d'opportunités à des Européens peu ou pas qualifiés. Quelques immigrants, venus notamment de pays de l'Est comme la Yougoslavie, la Pologne et la Bulgarie, s'implantèrent tout de même au fil des ans.

Le pays compte aussi des habitants d'origine italienne, grecque, portugaise et néerlandaise, ainsi que des communautés juives. Tous ces groupes s'attachent à conserver leurs traditions, et ils organisent souvent de pittoresques fêtes locales ou folkloriques.

Le sport en Afrique du Sud

Dans un pays qui jouit d'un climat favorable aux activités de plein air, le sport tient une grande place dans la vie de nombreux Sud-Africains. De plus, des subventions gouvernementales et privées ont permis ces dernières années de commencer à équiper des quartiers jusqu'ici désavantagés et de révéler de nouveaux talents. Les grandes rencontres se déroulent dans des stades de niveau international. Il suffit dans la plupart des cas de se présenter au guichet pour obtenir une place, mais mieux vaut passer par Computicket *(p. 361)* pour les matchs les plus prisés.

Le football séduit tous les pans de la société sud-africaine

FOOTBALL

Bien que les Européens connaissent surtout l'Afrique du Sud pour son équipe nationale de rugby, aucun sport collectif n'y suscite autant de ferveur que le football, pratiqué aussi bien dans les rues poussiéreuses des townships que sur les pelouses superbement entretenues de grands clubs.

La saison de championnat dure de début mars à fin novembre et les matchs opposant les équipes les plus suivies drainent des foules qui remplissent des stades de 80 000 places.

L'équipe nationale, les Bafana Bafana, classée parmi les quarante meilleures de la planète, a remporté la Coupe africaine des nations en 1995 (l'Afrique du Sud accueillait la compétition), et s'est maintenue jusqu'à la finale en 1998, année où elle a obtenu sa première qualification en Coupe du monde.

RUGBY

Le rugby à quinze resta longtemps réservé aux Afrikaners, mais la Coupe du monde fut en 1995 la première grande compétition internationale organisée dans le pays après des années d'isolement dues à l'apartheid. La victoire de l'équipe nationale, les célèbres Springboks, donna alors lieu à des scènes de liesse dans toutes les communautés. Les jeunes des townships commencent eux aussi à s'initier aujourd'hui.

La saison débute en février et se termine fin octobre par la finale de la Currie Cup *(p. 34)* qui oppose les quatorze unions provinciales. Celles-ci fournissent aussi les joueurs des quatre équipes régionales qui participent au Super 12, tournoi international qui oppose l'Afrique du Sud à l'Australie et à la Nouvelle-Zélande.

CRICKET

Survivance du Commonwealth qui ne concerna longtemps que les anglophones blancs, le cricket pénètre lui aussi des communautés jadis désavantagées où se révèlent de grands talents.

Son rituel complexe le rend peu compréhensible aux non-initiés, et si la curiosité vous pousse à assister à un match, préférez une rencontre dont la durée est limitée à une journée (au lieu de quatre selon la règle traditionnelle).

La saison a lieu en été et les matchs alors plus courts connaissent une grande popularité. Ils se déroulent souvent à guichets fermés, surtout lorsqu'ils opposent l'équipe nationale à une équipe étrangère.

Les réservations peuvent être prises auprès de Computicket, qui possède des agences dans tout le pays, ou directement auprès des organisateurs.

Le rugby attire des publics de dizaines de milliers de personnes

Coureurs du Two Oceans Marathon passant à Constantia Nicek

MARATHONS, ULTRA-MARATHONS ET ATHLÉTISME

La course à pied d'endurance est en Afrique du Sud un passe-temps apprécié et un sport de haut niveau, et le pays compte de grands champions comme Josiah Thugwane, qui remporta la médaille d'or au marathon (42 km) des Jeux olympiques de 1996.

D'autres épreuves plus longues attirent chaque année des milliers de participants, notamment le Two Oceans Marathon de 56 km, couru sur la Cape Peninsula le samedi de Pâques, et le Comrades' Marathon, dont les concurrents doivent parcourir 85 km entre Durban et Pietermaritzburg.

D'excellents équipements font de l'Afrique du Sud un lieu d'entraînement apprécié des athlètes européens pendant l'hiver de l'hémisphère Nord. Plusieurs cités sud-africaines accueillent alors les épreuves de l'Engen Grand Prix Athletics Series, une compétition internationale.

GOLF

L'Afrique du Sud possède certains des plus beaux terrains de golf du monde et est fière de ses champions. Gary Player est devenu une légende et le jeune Ernie Els fait partie des trois meilleurs joueurs de la planète.

Chaque année en décembre, c'est à Sun City que douze participants s'affrontent au cours du tournoi le mieux doté du monde, le Nedbank 2 Million Dollar Challenge (p. 35). Les professionnels de nombreux pays apprécient aussi le South African Golf Tour. Organisés tous les deux en janvier, le South African Open et l'Alfred Dunhill PGA ont une audience plus locale.

CYCLISME

Plusieurs critériums cyclistes professionnels ont lieu en Afrique du Sud, mais aucun n'égale en popularité l'Argus Pick'n Pay Cycle Tour. Cet événement, la plus grande course contre la montre du monde, attire chaque année, en mars, quelque 35 000 enthousiastes, certains en costumes extravagants, qui s'échinent sur un parcours de 105 km autour de la Cape Peninsula,

SPORTS ÉQUESTRES

Les paris sur les courses de chevaux sont restés longtemps la seule forme de jeu d'argent légale en Afrique du Sud, et le "Met" (Metropolitan Stakes) organisé à Cape Town en janvier et le Durban July, couru à Durban en juillet, donnent lieu à d'énormes enjeux. Au printemps, le concours hippique d'Inanda, près de Johannesburg, connaît un grand succès.

Départ de la régate Cape to Rio dans la Table Bay

SPORTS NAUTIQUES

Le littoral sud-africain se prête à maintes activités nautiques, et le Gunston 500 réunit de nombreux champions de surf à Durban en juillet. Toutes les régates autour du monde avec escales passent par Cape Town, qui est aussi le point de départ de la Cape to Rio, une course qui a lieu en janvier tous les trois ans.

Le golf de Sun City accueille le Nedbank 2 Million Dollar Challenge

L'AFRIQUE DU SUD
AU JOUR LE JOUR

L'organisation de manifestations culturelles reste un phénomène récent en Afrique du Sud, mais les visiteurs peuvent participer à de nombreuses festivités locales, le plus souvent de plein air. Beaucoup de villes et de villages célèbrent ainsi leurs spécialités, qu'il s'agisse des huîtres, des fleurs sauvages, des agrumes

Lors du FNB Vita Dance Umbrella

ou du vin. Même le retour des baleines australes après leur estivage près de l'Antarctique donne lieu à des réjouissances. Les cérémonies religieuses ou traditionnelles mettent en relief la diversité d'origines d'une population dont les groupes culturels et ethniques cherchent, malgré leurs différences, à construire une nation commune.

PRINTEMPS

Des tapis de fleurs sauvages s'épanouissent partout dans le pays quand l'atmosphère se réchauffe. Les plus spectaculaires parent les régions semi-arides du Cap Ouest et du Cap Nord. C'est une période de naissances dans les réserves naturelles.

SEPTEMBRE

Guinness Jazz Festival *(sept.-oct.)*, Johannesburg *(p. 246-247)*. Des musiciens locaux et des vedettes internationales participent à cette manifestation.
Karoo Festival *(mi-sept.)*, Graaff-Reinet *(p. 292-293)*. Visites guidées d'une ville rurale historique.
Wildflower Festival *(fin sept.)*. Caledon *(p. 158)* célèbre la beauté de sa flore.

Wildflower Show *(fin sept.)*, Darling *(p. 149)*. Exposition de fleurs sauvages de la côte ouest et d'orchidées cultivées.
Whale Festival *(der. sem. de sept.)*, Hermanus *(p. 160)*. Au début du printemps, les baleines et leurs petits se rapprochent de la côte dans la Walker Bay.
International Eisteddfod of South Africa *(sept.-oct.)*, Roodepoort. Ce qui est devenu le plus important événement culturel du pays réunit musiciens, danseurs et chorales du monde entier.
Magoebaskloof Spring Festival *(sept.-oct.)*, Magoebaskloof. Art, artisanat et distractions sont à l'honneur dans un splendide cadre forestier.

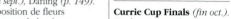

Orchidées de Darling

OCTOBRE

Currie Cup Finals *(fin oct.)*. Finale opposant les deux meilleures équipes provinciales de rugby.
Tulbagh Festival *(der. week-end d'oct.)*, Tulbagh *(p. 149)*. Expositions d'artisanat et de produits agricoles locaux.
Johannesburg Biennale *(tous les deux ans)*, Johannesburg *(p. 246-247)*. Nombreuses activités culturelles dans la ville.
Raisin Festival *(2ᵉ sam. d'oct.)*, Upington *(p. 302)*. Musique, concours de chorales et attractions sur l'Orange River près des Augrabies Falls.
Model Aircraft Show *(oct.)*, Oudtshoorn *(p. 166-167)*. Rencontre annuelle d'aéromodélisme.

NOVEMBRE

Cherry Festival *(3ᵉ sem. de nov.)*, Ficksburg. Réjouissances organisées sur le seul lieu de production commerciale de cerises et d'asperges.
National Choir Festival *(nov.-déc.)*. Standard Bank Arena, Johannesburg *(p. 246-247)*. Finale d'un concours national.
Nedbank Summer Concert Season *(de nov. à fév.)*, Josephine Mill, Cape Town.

Amphithéâtre d'Oude Libertas

ÉTÉ

La plupart des visiteurs découvrent l'Afrique du Sud pendant sa longue saison d'été. Les plus longues vacances scolaires s'étalent de décembre à janvier, et pendant cette période de nombreuses familles se dirigent vers le littoral ou les réserves naturelles. Comme en Europe, des bouchons se forment alors sur les routes. Pas de sapin ni de neige à Noël, et la réunion familiale se déroule plus souvent autour d'un *braai* (barbecue) que d'une table. Les précipitations, presque partout, prennent la forme de courtes averses orageuses.

Carols by candlelight

DÉCEMBRE

Carols by Candlelight
(avant Noël). Des chants de Noël aux chandelles rythment l'avent dans toutes les villes.
Helderberg Festival of Lights *(déc.-janv.).* Somerset West *(p. 126).* Illuminations dans la grand-rue du village.
The Spier Summer Festival *(déc.-mars),* Spier, Stellenbosch *(p. 133).* Festival d'opéra, de musique, de danse et de théâtre.
Miss South Africa, Sun City *(p. 256).* Ce concours de beauté permet de départager les neuf élues des provinces d'Afrique du Sud.
Nedbank 2 Million Dollar Challenge, Sun City *(p. 256).* Compétition internationale de golf.

Descente des rapides de Camps Drift sur la Duzi River

JANVIER

Summer Sunset Concerts *(dim. soir de janv. à mars),* Kirstenbosch National Botanical Garden, Cape Town *(p. 100-101).* Concerts en plein air dans le jardin botanique de Cape Town.
Duzi Canoe Marathon *(2e sem. de janv.),* Pietermaritzburg *(p. 212-213).* Course en canoë de trois jours jusqu'à l'embouchure de l'Umgeni River
Maynardville Open-air Theatre *(janv.-fév.),* Wynberg Cape Town *(p. 105).* Shakespeare en plein air.
Oude Libertas Arts Programme *(de janv. à mars),* Stellenbosch *(p. 130-131).* Spectacles dans un amphithéâtre au milieu des vignes.
Minstrel Carnival *(Nouvel An),* Cape Town *(p. 18).* Des concerts au Green Point Stadium concluent une exubérante parade musicale.

Cerises

FÉVRIER

FNB Vita Dance Umbrella *(fév.-mars),* Braamfontein, Johannesburg *(p. 246-247).* L'une des plus importantes manifestations de danse d'Afrique du Sud.
Bieliemieliefees *(fév.),* Agricultural Showgrounds, Reitz, État libre. Fête du maïs, la principale culture de la province.
Paarl Show *(mi-fév.),* Paarl *(p. 138-139).* Éventaires d'artisanat et animations dans une bourgade viticole.
Prickly Pear Festival *(déb. fév.),* Willem Prinsloo Agricultural Museum, Pretoria *(p. 254-255).* Évocation des modes de vie et des techniques agricoles du XIXe siècle.
Kavady Festival *(janv. fév. et avr.-mai),* Durban. Pendant cette fête hindoue, des pénitents défilent en se mortifiant et en tirant des chars superbement décorés.

Minstrels de Cape Town

AUTOMNE

Quand vignes et arbres à feuilles caduques changent de couleur commence une nouvelle série de fêtes rurales. Beaucoup célèbrent des récoltes comme celles des pommes de terre ou des olives. Des fêtes du Vin ont lieu de Paal, dans la fertile région du Cap Ouest, jusqu'à Kuruman, dans l'aride Cap Nord.

MARS

Beer and Bread Festival
(déb. mars), Caledon
(p. 158). Fête de la Bière et du Pain après les moissons de blé et d'orge.
Harvest Festival of the Sea
(fin mars), Saldanha Bay, West Coast. L'occasion de déguster le *smoorsnoek (p. 342)*.
Klein Karoo Arts Festival
(mars-avr.), Oudtshoorn
(p. 166). Un festival culturel principalement en afrikaans.
Rand Easter Show
(mars-avr.), Johannesburg
(p. 246-247). Les incitations à s'amuser et à consommer ont pris le pas sur une foire d'origine agricole.
LifeCycle Week *(déb. mars)*, Victoria & Alfred Waterfront
(p. 78-81). Exposition de cycles une semaine avant la course annuelle de 105 km, du Cape Argus Pick'n Pay Cycle Tour.

Fidèles de la Zionist Church lors du grand rassemblement de Pâques

AVRIL

Rassemblement de la Zionist Church *(Pâques)*, près de Polokwane, anciennement Pietersburg *(p. 262)*, dans la province du Nord. Une église chrétienne d'Afrique réunit plus d'un million d'adeptes à Moria (appelée aussi Zion City).
Festival of Light *(Ven. saint)*, Pietermaritzburg *(p. 212-213)*. Les visiteurs peuvent assister à de grands feux d'artifice aux temples de Sri Siva, Soobramoniar et Marriamen.
Marche sur le feu *(Pâques)*, Umbilo Hindu Temple,

Dévot, Festival of Light

Durban *(p. 218-221)*. Des dévots hindous, après une préparation spirituelle, traversent un lit de braises.
Two Oceans Marathon *(Pâques)*, Cape Town. Cette course à pied de 56 km sert à la qualification pour le Comrades' Marathons, encore plus long *(p. 33)*.
Ladysmith Show *(avr.)*, Ladysmith, KwaZulu-Natal. Animations et nombreux étals d'artisanat lors d'une foire agricole.
Potato Festival *(avr.-mai)*, Bethal, Mpumalanga. Éventaires d'artisanat, spectacles et défilés célèbrent la pomme de terre.
Splashy Fen Music Festival *(der. week-end d'avr.)*, Splashy Fen Farm, Underberg, KwaZulu-Natal, Festival de musique populaire : de la variété au folk et au rock alternatif.

MAI

Picnic concerts *(un dim. sur deux de mai à sept.)*, National Botanical Garden, Roodepoort. Chant choral et musique dans un cadre verdoyant.
Royal Show *(mai-juin)*, Pietermaritzburg *(p. 212-213)*. L'une des plus grandes foires agricoles du pays.
Sable Forest Fair *(mai)*, Sable. Éventaires d'artisanat et spectacles locaux autour du Forestry Museum.

Luna park du Rand Easter Show de Johannesburg

HIVER

Seule la côte du Cap Sud demeure verdoyante pendant l'hiver, qui est la saison sèche dans le reste du pays. À l'intérieur des terres, malgré des journées chaudes, il peut geler la nuit en altitude. Il neige même sur les reliefs du Cap Ouest et du Cap Est, du KwaZulu-Natal et du Lesotho. La fin de l'hiver se prête particulièrement bien à l'observation des animaux sauvages contraints de fréquenter des points d'eau devenus rares.

JUIN

Comrades' Marathon *(mi-juin)*, entre Durban et Pietermaritzburg. Cette épreuve de 85 km réunit les coureurs à pied les plus endurants du monde *(p. 33)*.

JUILLET

Standard Bank National Arts Festival *(du déb. à la mi-juil.)*, Grahamstown *(p. 188-189)*. Ce festival de théâtre, de cinéma, de danse, d'arts visuels et de musique dure deux semaines et connaît une grande popularité.
Hibiscus Festival *(juil.)*, côte sud du KwaZulu-Natal *(p. 224-225)*. Nombreuses animations et stands d'artisanat colorés.

Safari à Sabi Sabi, Mpumalanga

July Handicap *(1ᵉʳ sam. de juil.)*, Greyville Race Course, Durban *(p. 218-219)*. Une course de chevaux qui offre aussi l'occasion de rivaliser d'élégance.
Knysna Oyster Festival *(déb. juil.)*, Knysna *(p. 176)*. Cette fête a pour pôle les bancs d'huîtres du bassin et coïncide avec un marathon en forêt.

Huître de Knysna

Berg River Canoe Marathon *(juil.)*, Paarl *(p. 138-139)*. Cette course en canoë de quatre jours a lieu tous les ans, quand le débit de la rivière est le plus élevé.
Calitzdorp Port Festival *(fin juil.)*, Karoo *(p. 164)*. Célébration de la liqueur qui a établi la réputation de la région.
Gunston 500 *(p. 196-197)* *(mi-juil.)*, Durban *(p. 218-221)*. Ce championnat de surf d'une semaine attire des champions du monde entier.

Haute couture, July Handicap

AOÛT

Agricultural and Wildflower Show *(fin août)*, Piketberg. La qualité de ces floralies, ainsi que la diversité des fleurs présentées et la vivacité de leurs couleurs dépendent entièrement des pluies tombées l'hiver précédent.
Food and Wine Festival *(1ᵉʳ week-end d'août)*, Malmesbury *(p. 149)*. Produits agricoles et vins locaux sont à l'honneur pendant cette fête rurale.
Cars-in-the-Park *(déb. août)*, Pretoria *(p. 254-255)*. Rassemblement de voitures de collection.
Arts Alive *(fin août-déb. sept.)*, Johannesburg *(p. 246-247)*. Les participants à ce festival vont de musiciens renommés jusqu'à des enfants démontrant leurs talents acquis au cours d'ateliers.

JOURS FÉRIÉS

Nouvel An (1ᵉʳ janvier)
Human Rights Day (21 mars)
Vendredi saint (avril)
Family Day (13 avril)
Freedom Day (27 avril)
Fête du Travail (1ᵉʳ mai)
Youth Day (16 juin)
National Women's Day (9 août)
Heritage Day (24 sept.)
Day of Reconciliation (16 décembre)
Noël (25 décembre)
Day of Goodwill (26 décembre)

Standard Bank National Arts Festival, Grahamstown

Les climats de l'Afrique du Sud

Située à mi-chemin entre l'équateur et l'Antarctique, l'Afrique du Sud jouit d'un climat tempéré, à l'exception de périodes de courte durée dans certaines régions. Le jour, les températures peuvent atteindre 50 °C en été dans les basses plaines côtières, mais descendre à − 16 °C la nuit, en hiver, sur les hauts plateaux. Plus on se dirige vers l'est et plus les précipitations augmentent. L'été, de décembre à février, est la saison la plus appréciée pour une visite du pays. Toutefois, l'hiver, aux journées ensoleillées et fraîches, convient mieux à l'observation des animaux dans les réserves.

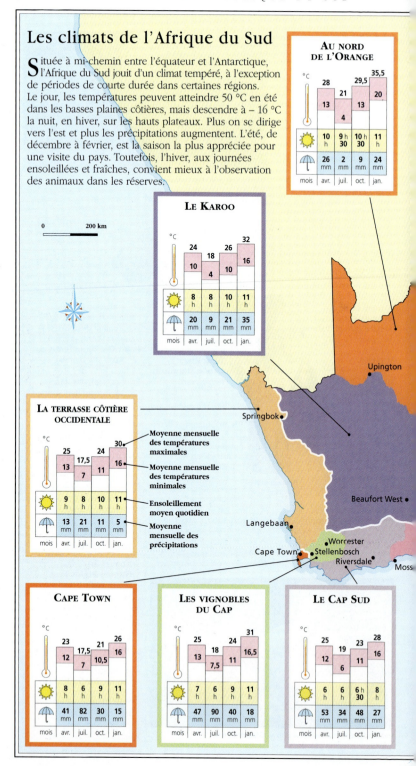

AU NORD DE L'ORANGE

°C

mois	avr.	juil.	oct.	jan.
max	28	21	29,5	35,5
min	13	4	13	20
☀	10 h	9 h 30	10 h 30	11 h
☂	26 mm	2 mm	9 mm	24 mm

LE KAROO

°C

mois	avr.	juil.	oct.	jan.
max	24	18	26	32
min	10	4	10	16
☀	8 h	8 h	10 h	11 h
☂	20 mm	9 mm	21 mm	35 mm

LA TERRASSE CÔTIÈRE OCCIDENTALE

°C

mois	avr.	juil.	oct.	jan.
max	25	17,5	24	30
min	13	7	11	16
☀	9 h	8 h	10 h	11 h
☂	13 mm	21 mm	11 mm	5 mm

Moyenne mensuelle des températures maximales

Moyenne mensuelle des températures minimales

Ensoleillement moyen quotidien

Moyenne mensuelle des précipitations

CAPE TOWN

°C

mois	avr.	juil.	oct.	jan.
max	23	17,5	21	26
min	12	7	10,5	16
☀	8 h	6 h	9 h	11 h
☂	41 mm	82 mm	30 mm	15 mm

LES VIGNOBLES DU CAP

°C

mois	avr.	juil.	oct.	jan.
max	25	18	24	31
min	13	7,5	11	16,5
☀	7 h	6 h	9 h	11 h
☂	47 mm	90 mm	40 mm	18 mm

LE CAP SUD

°C

mois	avr.	juil.	oct.	jan.
max	25	19	23	28
min	12	6	11	16
☀	6 h	6 h	6 h 30	8 h
☂	53 mm	34 mm	48 mm	27 mm

0   200 km

Upington

Springbok

Beaufort West

Langebaan

Worcester

Cape Town • Stellenbosch

Riversdale

Moss

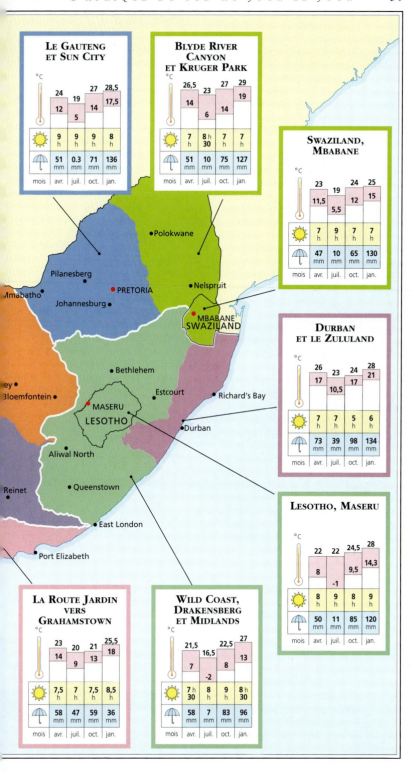

LE GAUTENG ET SUN CITY

°C

	24	19	27	28,5
	12	14	14	17,5
		5		

mois	avr.	juil.	oct.	jan.
☀	9 h	9 h	9 h	8 h
☂	51 mm	0.3 mm	71 mm	136 mm

BLYDE RIVER CANYON ET KRUGER PARK

°C

	26,5	23	27	29
	14		14	19
		6		

mois	avr.	juil.	oct.	jan.
☀	7 h	8 h 30	7 h	7 h
☂	51 mm	10 mm	75 mm	127 mm

SWAZILAND, MBABANE

°C

	23	19	24	25
	11,5		12	15
		5,5		

mois	avr.	juil.	oct.	jan.
☀	7 h	9 h	7 h	7 h
☂	47 mm	10 mm	65 mm	130 mm

DURBAN ET LE ZULULAND

°C

	26	23	24	28
	17		17	21
		10,5		

mois	avr.	juil.	oct.	jan.
☀	7 h	7 h	5 h	6 h
☂	73 mm	39 mm	98 mm	134 mm

LESOTHO, MASERU

°C

	22	22	24,5	28
	8		9,5	14,3
		-1		

mois	avr.	juil.	oct.	jan.
☀	8 h	9 h	8 h	9 h
☂	50 mm	11 mm	85 mm	120 mm

LA ROUTE JARDIN VERS GRAHAMSTOWN

°C

	23	20	21	25,5
	14		13	18
		9		

mois	avr.	juil.	oct.	jan.
☀	7,5 h	7 h	7,5 h	8,5 h
☂	58 mm	47 mm	59 mm	36 mm

WILD COAST, DRAKENSBERG ET MIDLANDS

°C

	21,5	16,5	22,5	27
	7		8	13
		-2		

mois	avr.	juil.	oct.	jan.
☀	7 h 30	8 h	9 h	8 h 30
☂	58 mm	7 mm	83 mm	96 mm

Map labels: Polokwane · Pilanesberg · Amabatho · PRETORIA · Johannesburg · Nelspruit · MBABANE · SWAZILAND · Bethlehem · Estcourt · Richard's Bay · MASERU · LESOTHO · Durban · Aliwal North · ey · Bloemfontein · Reinet · Queenstown · East London · Port Elizabeth

HISTOIRE DE L'AFRIQUE DU SUD

Le South African Museum de Cape Town abrite le moulage des plus vieilles empreintes de pas connues de l'*Homo sapiens sapiens*. Elles ont 117 000 ans et furent retrouvées à Langebaan. Des fossiles découverts dans les grottes de Sterkfontein (Gauteng) et à Taung, près de Bloemfontein, prouvent qu'un de nos ancêtres, l'*Australopithecus africanus*, vivait déjà là il y a environ 3 millions d'années.

En 1652, la Compagnie hollandaise des Indes orientales décide de créer une colonie au Cap pour ravitailler les navires en route pour les Indes. Les employés de la compagnie sont bientôt rejoints par des fermiers hollandais, citoyens libres appelés boers, « paysans » en néerlandais. Toutefois, la région est déjà occupée par des pasteurs, les Khoi-Khoi, et par des chasseurs, les Sans. Initialement pacifique, la coexistence entre les Hollandais et ceux qu'ils appellent désormais les Khoisans dégénère.

Jan Van Riebeeck, fondateur de Cape Town

Tout au long du XVIIIe siècle, les pionniers d'origine néerlandaise, les *trekboers,* progressent vers le nord et l'est où ils entrent aussi en conflit avec les tribus sédentaires installées dans la partie orientale du pays.

Pour essayer de mettre fin aux guerres de frontière entre éleveurs boers et xhosas, le gouvernement du Cap tenta d'interposer des fermiers anglais. Mais une arrivée massive de ces colons, à partir de 1820, intensifia encore ces conflits entre Blancs et Noirs.

À partir de 1948, le régime de l'apartheid implique une stricte séparation entre les races. Et ce n'est qu'un demi-siècle plus tard que le pays s'engage enfin sur la voie de la démocratie avec la libération de Nelson Mandela. Ce dernier, qui a quitté la présidence de la nouvelle Afrique du Sud en juin 1999, reste un des plus grands hommes politiques du siècle.

Abraham Ortelius, d'Anvers, établit en 1570 cette carte du continent déjà remarquablement précise

◁ Des peintures rupestres sans ornent de nombreuses parois rocheuses, comme ici dans le Cedarberg, au Cap Ouest

L'Afrique du Sud préhistorique

Meule de l'âge de la pierre

Les plaines de l'Afrique australe ont abrité l'*Australopithecus africanus*, l'ancêtre de l'*Homo sapiens sapiens* dont on a retrouvé des traces vieilles de 117 000 ans à Langebaan. Au cours des dix derniers millénaires, les Sans, des chasseurs-cueilleurs, ont laissé de nombreuses peintures rupestres. Avec les Khoi-Khoi, une ethnie d'éleveurs si apparentée qu'on donne aux deux groupes le nom collectif de Khoisans, ils étendirent leur territoire jusqu'au sud-ouest du Cap il y a environ 2 000 ans. Des tribus d'agriculteurs de langue bantou migraient alors le long de la côte est.

PREMIERS HOMMES

■ *Répartition en Afrique du Sud*

Australopithecus africanus
En 1925, le professeur Raymond Dart, doyen de la faculté de médecine de l'université du Witwatersrand, identifia cet ancêtre de l'homme actuel à partir d'un crâne découvert près de Taung.

Empreintes de Langebaan
*Les plus anciennes traces de pas connues de l'*Homo sapiens *prouvent qu'il foula la rive du Langebaan Lagoon il y a 117 000 ans.*

Fossiles du Karoo
Le diictodon, *reptile dont on a trouvé des fossiles dans le Karoo* (p. 290), *creusait des tunnels au bord des rivières il y a 225 millions d'années.*

BERCEAU DE L'HUMANITÉ

Les fossiles des grottes de Sterkfontein (*p. 252*) et d'autres sites d'Afrique australe incitent à penser que l'espèce humaine a évolué sur le continent. Des outils en pierre et des fragments d'os révèlent que l'homme moderne vivait et chassait en Afrique du Sud il y a 110 000 ans.

CHRONOLOGIE

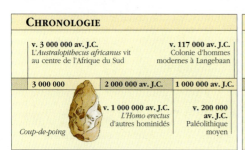

v. 3 000 000 av. J.C. L'*Australopithecus africanus* vit au centre de l'Afrique du Sud		**v. 117 000 av. J.C.** Colonie d'hommes modernes à Langebaan	
3 000 000	**2 000 000 av. J.C.**	**1 000 000 av. J.C.**	
Coup-de-poing	**v. 1 000 000 av. J.C.** L'*Homo erectus* d'autres hominidés	**v. 200 000** av. J.C. Paléolithique moyen	

Pointe de lance

v. 35 000 av. J.C. Paléolithique supérieur. Outils élaborés		
40 000 av. J.C.	**30 000**	**20 000**
v. 38 000 av. J.C. Minerai de fer extrait comme pigment à Ngwenya au Swaziland	**v. 26 000 av. J.C.** Plus ancienne peinture rupestre connue (Namibie)	

Premiers orfèvres

Une culture de l'âge du fer qui prospéra jusqu'à la fin du XIIe siècle a laissé les ornements en or trouvés en 1932 dans les sites de Mapungubwe.

Le sanga, un bovin, fut introduit par les tribus de langue bantou.

« Mrs Ples »

*(2-3 millions d'années) En 1947, le crâne de l'*Australopithecus africanus *découvert à Sterkfontein fut tout d'abord attribué au* Plesianthropus transvaalensis.

Têtes de Lydenburg

On a retrouvé près de Lydenburg, dans le Mpumalanga, (p. 264) sept têtes en terre, sans doute rituelles, datant de 700 apr. J.-C.

Peintures rupestres

L'Afrique du Sud est riche en peintures préhistoriques, vieilles, pour certaines, de 10 000 ans et, pour les plus récentes, de deux siècles.

OÙ VOIR L'AFRIQUE DU SUD PRÉHISTORIQUE ?

Le Natal Museum de Pietermaritzburg *(p. 213),* le McGregor Museum de Kimberley *(p. 304)* et le Transvaal Museum de Pretoria *(p. 255)* possèdent de riches collections archéologiques et paléontologiques. On peut voir des peintures rupestres dans le Cedarberg *(p. 153),* un massif du Cap Ouest, et dans le Drakensberg, qui sépare le Lesotho *(p. 204-205)* du KwaZulu-Natal *(p. 206-207).* Le South African Museum de Cape Town *(p. 72)* abrite des dioramas dédiés aux cultures anciennes. Le musée de Lydenburg *(p. 264)* et le National Museum de Bloemfontein *(p. 306)* présentent des fossiles. Les grottes de Sterkfontein *(p. 252)* sont ouvertes aux visites près de Krugersdorp.

Bushman Cave Museum, *exposition en plein air de la Giant Castle Reserve* (p. 206).

Dans les Sudwala Caves *(p. 264), une chronologie illustrée retrace l'évolution humaine.*

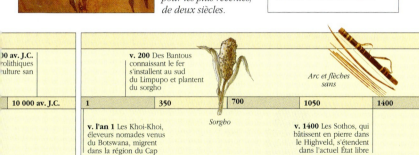

00 av. J.C. olithiques ulture san		v. 200 Des Bantous connaissent le fer s'installent au sud du Limpupo et plantent du sorgho			Arc et flèches sans	
10 000 av. J.C.	**1**	**350**	**700**	**1050**		**1400**
	v. l'an 1 Les Khoi-Khoi, éleveurs nomades venus du Botswana, migrent dans la région du Cap		*Sorgho*	v. 1400 Les Sothos, qui bâtissent en pierre dans le Highveld, s'étendent dans l'actuel État libre		

Explorateurs et colonisateurs

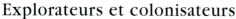

Bartolomeu Dias
(1450-1500)

Les premiers Européens à doubler le cap de Bonne-Espérance sont, en 1488, les marins portugais dirigés par Bartolomeu Dias, mais aucune colonie fixe n'existe avant celle fondée en 1652 par les Hollandais. En 1688, 200 huguenots fuyant les persécutions religieuses en France viennent la renforcer ; 25 ans plus tard, une épidémie de variole réduit quasiment à néant les populations khoisans. La plupart des survivants n'ont pas d'autre choix que d'entrer au service des Blancs ou de fuir leurs terres ancestrales.

ROUTES DES EXPLORATEURS

→ Dias 1488 → De Gama 1498

☐ Colonie du Cap en 1795

Drapeau hollandais

Jan van Riebeeck

Fusil à mèche

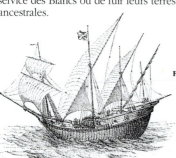

Les caravelles de Dias
En 1988, une réplique du navire commandé par Dias 500 ans plus tôt refit son trajet entre Lisbonne et la Mossel Bay. Elle se trouve désormais au Bartolomeu Dias Museum Complex (p. 172-173).

Pierre postale
Au XVᵉ et au XVIᵉ siècle, les capitaines portugais qui faisaient escale dans la Mossel Bay se laissaient des messages gravés dans le rocher. Celui-ci se trouve dans l'Old Slave Lodge de Cape Town (p. 66).

ARRIVÉE DE JAN VAN RIEBEECK
Jan Van Riebeeck débarqua au Cap le 6 avril 1652 pour établir une colonie permanente destinée à ravitailler les navires de la Compagnie hollandaise des Indes orientales. Des statues érigées près du point d'accostage lui rendent hommage, ainsi qu'à sa femme : Maria de la Quellerie.

CHRONOLOGIE

1486 Des Portugais atteignent l'actuelle Namibie

v. 1500 Des naufragés portugais rencontrent des agriculteurs de l'âge du fer sur la côte sud de l'Afrique australe

1400	1450	1500	1550

Vasco de Gama

1498 Vasco de Gama rejoint les Indes en doublant le cap de Bonne-Espérance

1510 Dans la Table Bay, des Khoisans tuent Dom Francisco d'Almeida, le vice-roi des Indes portugaises, et 57 de ses hommes

La Vereenigde Oost-Indische Compagnie (VOC)

Huit compagnies maritimes hollandaises s'unirent en 1602 pour former la Compagnie des Indes orientales, qui dirigea un véritable empire colonial jusqu'à sa dissolution en 1798.

De la verroterie fut offerte aux Khoisans.

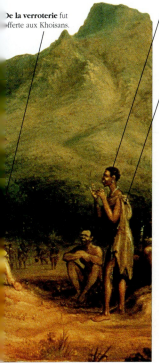

Autshumao, chef des Strandlopers (un peuple du bord de mer), avait accompagné des Britanniques à Java en 1631, et il pouvait négocier avec les Hollandais grâce à des rudiments d'anglais.

Des peaux de bêtes habillaient les indigènes du Cap.

OÙ VOIR LES DÉBUTS DE LA COLONISATION ?

Le complexe de musées de Mossel Bay *(p. 172-173)* renferme une réplique de la caravelle de Bartolomeu Dias, ainsi que l'arbre qui servait aux marins à transmettre des messages. Avec le Castle Good Hope *(p. 68-69)*, Cape Town abrite la plus vieille construction coloniale d'Afrique du Sud. L'Huguenot Memorial Museum de Franschhoek *(p. 136)* présente l'héritage français de la ville et expose du mobilier et des peintures de l'époque. L'Old Slave Lodge de Cape Town *(p. 66)* conserve des objets datant des débuts de la colonisation.

Le Kat Balcony du Castle Good Hope à Cape Town conduit aux pièces consacrées à la collection d'art William Fehr.

Armement

Face aux massues et aux javelots des Khoi-Khoi, aux arcs et aux flèches empoisonnées des Sans, le fusil à mèche assura la suprématie des colons.

Huguenots français

200 huguenots, exilés de France après la révocation de l'édit de Nantes, arrivèrent au Cap en 1688. Ils reçurent des terres autour de Franschhoek (p. 136-137) et développèrent la viticulture.

Almond Hedge

Le Kirstenbosch National Botanic Garden (p. 100-101) abrite un vestige de la haie d'amandiers plantée pour limiter les échanges entre les colons et les Khoi-Khoi.

1594 Des Portugais commercent avec des Khoisans de la Table Bay

Maria de la Quellerie

1652 Jan Van Riebeeck et sa femme, Maria de la Quellerie, s'installent dans la Table Bay

1693 Exil au Cap de Cheik Youssouf, instigateur d'une révolte à Java. Les musulmans vénèrent toujours son *kramat* près de Faure (Cap Ouest)

1600	1650	1700	1750

1608 Des Hollandais négocient des vivres aux tribus khoisans

1658 Conflit avec les Khoisans après des vols de bétail

1688 Arrivée de réfugiés huguenots

1713 La variole décime les Khoisans ainsi que de nombreux colons blancs

La colonisation britannique

Poteau d'attache, Graaff-Reinet

En 1778, la colonie s'est étendue vers l'est du Cap et revendique la Great Fish River comme frontière orientale. Elle empiète ainsi sur les terrains de pâture des Xhosas, ce qui provoque les premiers conflits d'un siècle de « guerres de frontière ». Pour contrer la république sous contrôle français instaurée aux Pays-Bas, les Anglais occupent le Cap en 1795. Ils le restituent toutefois en 1802, puis en reprennent le contrôle en 1806 pendant les guerres napoléoniennes. Ils mettent en œuvre alors un programme d'implantation de colons britanniques dans le Zuurveld.

EXPANSION DES COLONS

⬜ *1814*   — *Le Cap actuel*

Ruines de fortin

Bataille de Muizenberg (1795)
Pour conquérir le Cap, et contrôler ainsi un port d'escale à mi-chemin sur la route des Indes, les Britanniques bombardèrent les défenses hollandaises de Muizenberg (p. 95).

FORT FREDERICK
Au XIXᵉ siècle, les Britanniques défendirent la frontière orientale de la colonie par une ligne de forts et de postes de garnison. Peu subirent d'attaque mais presque tous sont en ruine aujourd'hui. Le Fort Frederick, à Port Elizabeth *(p. 182-183),* a été restauré et offre un bel exemple de l'aspect qu'avaient ces places fortes.

Tombe du capitaine Francis Evatt, qui surveilla le débarquement des colons de 1820.

Rustenburg House
Le traité cédant le Cap aux Britanniques après la bataille de Muizenberg fut signé dans cette maison de Rondebosch, à Cape Town. Sa façade néo-classique date probablement de 1803.

CHRONOLOGIE

1750 Déclin de l'influence hollandaise	**1770** Frontière de la colonie du Cap à Gamtoos River	**1778** La Fish River, frontière de la colonie du Cap	**1789** Acclimatation réussie de moutons mérinos
1750	**1760**	**1770**	**1780**
1751 Le Hollandais Rijk Tulbagh est nommé gouverneur du Cap (1751-1771)		**1779** Première des neuf guerres de frontière, sur la Fish River, entre colons et Xhosas	

Mérinos

Bataille du Blaauwberg (1806)
Cette bataille opposa les Hollandais et les Britanniques au pied du Blaauwberg, hors de portée de tir des navires anglais. Les défenseurs hollandais, inférieurs en nombre et peu disciplinés, prirent rapidement la fuite.

Les colons de 1820
Environ 4 000 Britanniques, anciens artisans pour la plupart, s'installèrent autour de Grahamstown (p. 188-189).

La poudrière pouvait contenir 900 kg de poudre à canon

Entrée

OÙ VOIR LA COLONISATION BRITANNIQUE ?

Les musées d'Umtata, la capitale de l'ancien Transkei, et l'université de Fort Hare à Alice, dans l'ancien Ciskei, possèdent d'intéressantes collections d'objets coloniaux. Le Musée militaire du Castle Good Hope de Cape Town *(p. 68-69)* conserve armes, munitions, uniformes et cartes. Les musées de King William's Town, Queenstown et Grahamstown *(p. 188-189)* abritent tous des expositions de souvenirs des « guerres de frontière ». L'excellent MuseuMAfricA de Johannesburg *(p. 246)* présente des gravures et des peintures anciennes.

Le MuseuMAfricA abrite trois collections permanentes et des expositions temporaires.

Shaka Zulu
Excellent stratège arrivé au pouvoir après la mort de Senzangakona en 1815, Shaka fonda un empire zoulou en unissant plusieurs clans. Il introduisit l'assegaai (lance courte).

Les Xhosas
Les Xhosas exploitaient le Zuurveld (actuel Cap Est) depuis des siècles, et l'arrivée des colons de 1820 provoqua tensions et conflits.

			Maison de pionnier		
1795 Bataille de Muizenberg, et 1re occupation britannique	**1800** Création de la *Cape Town Gazette* et de l'*African Advertiser*	**1806** Bataille du Blaauwberg, 2e occupation britannique	**1818** Début des conquêtes de Shaka au Zululand	**1820** Arrivée de 4 000 colons britanniques à Grahamstown	**1829** Les Khoisans n'ont plus besoin d'un permis de circulation. Fondation de l'université de Cape Town
	1800	**1810**		**1820**	**1830**
La Lombard, 1re banque pays, ouvre à Town	**1802** Lady Anne Barnard, dont les lettres et le journal décrivent la vie coloniale, quitte le Cap	**1814** Le congrès de Vienne ratifie l'occupation britannique	**1815** La révolte de Slagter's Nek, contre les Britanniques, s'achève par des exécutions judiciaires près de Cookhouse (Cap Est)		**1828** Assassinat de Shaka par son demi-frère Dingane

L'expansion coloniale

L'administration britannique provoque un mécontentement grandissant dans la communauté des Boers de langue néerlandaise. Des pionniers, les *voortrekkers* (ou *trekboers*), partent alors vers l'est et le nord en quête de nouvelles terres, un mouvement migratoire qui prend le nom de Grand Trek. En 1839, après la bataille de la Blood River, où périssent 3 000 Zoulous, des *voortrekkers* fondent une république, Natalia, mais la Grande-Bretagne l'annexe dès 1843. En 1857, deux nouveaux États boers indépendants voient le jour : le Transvaal et l'État libre d'Orange.

Bonnet de femme voortrekker

MIGRATION DES BOERS

◼ *Grand Trek de 1834*

◼ *Territoire britannique en 1848*

Émancipation des esclaves

La libération en 1834 des 39 000 esclaves de la colonie du Cap provoqua la colère des Boers qui dépendaient de cette main-d'œuvre gratuite pour exploiter leurs fermes.

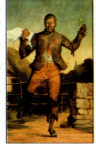

LE GRAND TREK

Pour échapper à l'administration britannique, des Boers partirent avec tous leurs biens vers l'intérieur du pays en quête de nouvelles terres, identifiant leur destin à celui des Hébreux raconté par la Bible. Ils emmenaient avec eux famille et serviteurs noirs dans des chars à bœufs qui devenaient leur foyer pour la durée du voyage. Le soir, ou en cas d'attaque, le convoi se disposait en *laager,* cercle de chariots reliés par des chaînes.

La bataille de Vegkop

En 1836, l'expansion vers le nord des trekboers se heurta aux Ndebele. Les armes traditionnelles de ces derniers ne pouvaient rivaliser avec les fusils, et 40 voortrekkers repoussèrent à Vegkop l'attaque de 6 000 guerriers. Ils en tuèrent 430 mais perdirent la majeure partie de leur bétail.

Des tonneaux contenaient eau, vivres et poudre.

Coffre

Le timon était attaché au joug passé sur le cou des bœufs.

CHRONOLOGIE

1838 Bataille de Blood River après l'assassinat du chef boer Piet Retief et de ses hommes

Dingane

1830	1835	1840

1834 Les esclaves libérés doivent encore travailler 4 ans gratuitement. Les *voortrekkers* atteignent les actuels État libre, KwaZulu-Natal, province du Nord et Namibie

1836 Début du Grand Trek

1839 Proclamation de la république boer de Natalia

La bataille de Blood River
Le 16 décembre 1838, la rivière devint rouge de sang quand un groupe de 468 Boers vengea le meurtre de Piet Retief en battant 12 500 guerriers zoulous.

OÙ VOIR L'EXPANSION COLONIALE ?

Plusieurs sites de bataille et de nombreux musées, notamment à Grahamstown (p. 188-189), Port Elizabeth (p. 182-183), King William's Town et East London, entretiennent le souvenir de cette période.
Le MuseuMAfricA (p. 246) de Johannesburg expose des souvenirs de guerre, des documents historiques et des cartes, tandis que le personnel du Kleinplasie Open-air Museum (p. 142-143) reproduit les anciens gestes quotidiens des agriculteurs et éleveurs *voortrekkers*.

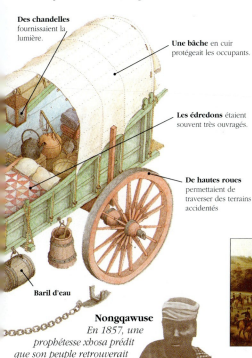

Des chandelles fournissaient la lumière.

Une bâche en cuir protégeait les occupants.

Les édredons étaient souvent très ouvragés.

De hautes roues permettaient de traverser des terrains accidentés

Baril d'eau

Le Battle of Blood River Memorial de Dundee montre un *laager* reconstitué.

Nongqawuse
En 1857, une prophétesse xhosa prédit que son peuple retrouverait son ancien pouvoir s'il détruisait ses récoltes et son bétail. La famine qui en résulta affaiblit encore plus sa position.

La révolte de Kat River
Des colons khoisans de la région de la Kat River avaient combattu pour le gouvernement sans compensation. Ils se révoltèrent lors de la guerre de 1850 et perdirent leurs terres au profit de Blancs.

846 VIIe guerre	**1850** VIIIe guerre de	**1854** Indépendance	**1856** Implantation de colons	
frontière	frontière. Les Khoisans de la Kat River s'allient aux Xhosas	de l'État libre d'Orange	britanniques et allemands à la frontière du Cap Est. La colonie du Natal se voit accorder un gouvernement représentatif	

845	**1850**	**1855**	**1860**
1852 La Grande-Bretagne accorde un gouvernement représentatif au Cap. Création de la Zuid-Afrikaansche Republiek (Transvaal)	**1853** Premiers timbres disponibles au Cap	**1857** Des milliers de Xhosas vivant entre la Keiskamma River et la Great Kei River (Cap Est) meurent de faim à cause d'une prophétie malheureuse	

Premier timbre postal

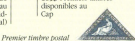

La lutte pour l'or et les diamants

La couronne d'Angleterre

L a découverte de diamants dans le Cap Nord suscita tout d'abord une importante migration de travailleurs. Plus tard, la mise au jour de filons d'or dans l'est du pays incita la Grande-Bretagne à étendre son autorité, et elle contraignit des royaumes africains et deux républiques boers à intégrer une confédération. La résistance aux visées britanniques se manifesta tout d'abord par des escarmouches, puis par un véritable conflit : la guerre des Boers (1899-1902).

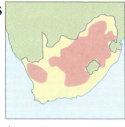

AIRES DE CONFLIT

🟥 *Fiefs boers, zones de guerre*

Fièvre de l'or
La découverte d'or alluvial à Pilgrim's Rest (p. 266) précéda celle du Main Reef de Johannesburg en 1886.

Leander Jameson (1853-1917)
Après la découverte des filons dans la région, Jameson fomenta une révolte destinée à renverser le président du Transvaal, Paul Kruger.

Cecil John Rhodes (1853-1902)
Ce financier ambitieux participa à l'organisation du Jameson Raid de 1896, alors qu'il était Premier ministre du Cap. Cette ingérence dans les affaires d'un autre État mit fin à sa carrière politique.

CHRONOLOGIE

1867 Découverte d'un diamant de 21 carats près d'Hopetown dans le Cap Nord

1878 Walvis Bay (dans l'actuelle Namibie) est déclaré territoire britannique

1860	1865	1870	1875

Diamant taillé

1871 Découverte de diamants à Colesberg Kopje (Kimberley) et d'or à Pilgrim's Rest

1877 La Grande-Bretagne annexe la république d'Afrique du Sud

1879 La Grande-Bretagne envahit le royaume zoulou de Cetshwayo contigu à sa colonie du Natal

Jan Christiaan Smuts
*Le général Smuts (1870-1950)
joua un rôle important dans la
guerre des Boers et les deux
conflits mondiaux. Il
participa à la rédaction de
la charte des Nations unies
et fut Premier ministre
d'Afrique du Sud de 1919
à 1924 et de 1939 à 1948.*

OÙ VOIR LA LUTTE POUR L'OR ET LES DIAMANTS ?

On peut découvrir en
autocar la Route des champs
de bataille *(p. 210)*.
Le Talana Museum *(p. 210)*
propose des commentaires
en cassette audio. Gold Reef
City *(p. 248-249)*, une
reconstitution du bourg
minier à l'origine
de Johannesburg, et
le Kimberley Mine Museum
(p. 305) évoquent les débuts
de l'exploitation minière.

─ **Isandhlwana Hill**

Des boucliers
en cuir détournaient
les baïonnettes.

Les baïonnettes
servirent quand
les Britanniques
manquèrent de
munitions.

L'*assegaai* (lance
courte) était très
efficace au corps
à corps

Les pertes anglaises
furent élevées. Seule
une poignée
d'hommes survécurent.

Le Kimberley Mine Museum
dans la province du Cap Nord.

BATAILLE D'ISANDHLWANA
Pour venir à bout de la farouche
indépendance des Zoulous, les
Britanniques provoquèrent plusieurs
incidents. En 1879, 20 000 guerriers
zoulous exterminèrent une unité
anglaise de 1 200 hommes.

Guerre moderne
*La guerre des Boers (1899-1902) fut la première où
furent utilisés des armes à tir rapide et le transport
mécanique. Malgré leurs qualités militaires et leur
connaissance du terrain, les Boers ne purent résister
à une armée supérieure en nombre. Ils souffrirent
aussi de l'absence d'une organisation structurée.*

1884 Le Lesotho devient protectorat britannique	**1886** Découverte du Main Reef du Witwatersrand (Gauteng)	**1894** Le royaume du Swaziland devient protectorat britannique	**1896** Échec du Jameson Raid au Transvaal. La peste bovine décime bétail et animaux sauvages	**1902** Fin de la guerre des Boers

1880 ⎯ **1885** ⎯ **1890** ⎯ **1895** ⎯ **1900**

1881 Les Boers battent l'armée anglaise à Majuba

1883 Olive Schreiner publie *La Nuit africaine*

1885 Les Britanniques annexent une partie du Bechuanaland (Botswana)

Mahatma Gandhi

1893 Le jeune avocat Mohandas Karamchand Gandhi arrive à Durban

Winston Churchill, correspondant de guerre en Afrique du Sud

1899 Début de la guerre des Boers. Création de la Sabie Game Reserve, qui deviendra le Kruger National Park

Les années de l'apartheid

« Free Mandela »

L'APARTHEID

— *Frontières provinciales (1994)*

▨ *Bantoustans jusqu'en 1984*

L'Union sud-africaine devient en 1910 une colonie autonome au sein du Commonwealth. Les restrictions imposées aux non-Blancs suscitent en 1912 la création du South African Native National Congress, le futur ANC. La revendication identitaire des Afrikaners s'affirme dans des manifestations comme le centenaire du Grand Trek, tandis que monte en puissance le National Party.

Il prend le pouvoir en 1948 et commence immédiatement à mettre en place l'arsenal juridique de l'apartheid, la ségrégation raciale instaurée en système politique. En 1961, le pays, dirigé par le Premier ministre Verwoerd, sort du Commonwealth. Nelson Mandela est arrêté l'année suivante.

Bois de Delville
Pendant cinq jours, 3 000 soldats sud-africains livrèrent en France, au bois de Delville, l'une des plus âpres batailles de la Première Guerre mondiale.

BÛCHER DE « PASS BOOKS »
Le Natives Act de 1952 obligeait tous les Noirs de plus de 16 ans à posséder un « pass book », permettant de contrôler leurs déplacements dans les zones « blanches ». En 1960, des milliers de personnes se réunirent devant les postes de police des townships pour brûler ces documents.

Centenaire du Grand Trek
Pour symboliser la solidarité et la force politique des Afrikaners, les chars à bœufs du Grand Trek se remirent à rouler en 1938 à l'occasion d'une célébration solennelle, marquée à Pretoria par la pose de la première pierre du Voortrekker Monument (p. 255).

CHRONOLOGIE

1905 Découverte du Cullinan Diamond à la Premier Diamond Mine

1907 Sir James Percy FitzPatrick écrit *Jock of the Bushveld*

1912 Fondation du South African Native National Congress (futur ANC)

1928 Fondation du Kirstenbosch Botanical Garden et de l'University of South Africa

1936 Premi[...] bible imprim[...] en afrika[...]

1900	1910	1920	1930

1904 Mort du président Paul Kruger

Le président Paul Kruger

1910 Formation de l'Union sud-africaine

1914 L'Afrique du Sud déclare la guerre à l'Allemagne. Répression d'une révolte boer. Création à Bloemfontein du premier National Party

1922 Révolte dans les mines de charbon de Witbank

1927 Ségrégation raciale imposée dans de nombreuses zones urbaines

L'APARTHEID

Idéologie politique mise en œuvre au niveau national à partir de 1948, l'apartheid, qui signifie « séparation » en afrikaans, divisait la population en groupes raciaux qui n'avaient pas le droit de se mêler. La couleur de sa peau déterminait où une personne était autorisée à vivre, à travailler et même à être enterrée. Pour un enfant de couleur, cela signifiait un accès à l'enseignement limité.

L'apartheid favorisait le pouvoir de la police

OÙ VOIR LES ANNÉES DE L'APARTHEID ?

Le District Six Museum, du nom d'un quartier proche du centre de Cape Town, montre la vie des musulmans qui l'habitaient avant le déplacement des populations imposé en 1966 par le Group Areas Act. Une exposition évoque, au Mayibuye Centre de l'université du Cap Ouest, la lutte pour la démocratie. L'Old Slave Lodge *(p. 66)* de Cape Town et le MuseuMAfricA *(p. 246)* de Johannesburg ne manquent pas non plus d'intérêt. À Pretoria, le Voortrekker Museum and Monument *(p. 255)* aide à mieux comprendre la démarche identitaire des Afrikaners.

Nationalisme africain
Dans le magazine Drum, *apparu dans les années 50, les journalistes noirs commencèrent à ne plus avoir peur de critiquer le régime blanc.*

Architectes de l'apartheid
Premier ministre de 1958 à sa mort, Hendrick Verwoerd (1901-1966) établit avec le ministre de la Justice Stuart (1894-1982) une grande part du cadre légal de l'apartheid.

Le MuseuMAfricA montre les conditions de vie dans un township comme Sophiatown.

Le District Six, « la vie et l'âme de Cape Town », devint zone blanche en 1966.

Première bible en afrikaans

1939 L'Afrique du Sud déclare la guerre à l'Allemagne	1948 Le National Party obtient le pouvoir	1949 Le Parlement vote l'interdiction des mariages mixtes, première des nombreuses lois ségrégationnistes	1950 Interdiction du communisme	1955 Première fabrication en Afrique du Sud de pétrole à partir de charbon	1958 Hendrik Verwoerd devient Premier ministre	1960 La police abat 69 manifestants à Sharpeville. Un référendum réservé aux Blancs fonde la république
1940			**1950**			**1960**

L'avènement de la démocratie

Slogan pour le référendum de 1992

Malgré la répression qui s'exerce sur toute forme d'opposition, un décret imposant l'usage de l'afrikaans dans les écoles noires déclenche en 1976 une vague d'émeutes. États d'urgence et flambées de violence se succèdent. Les capitaux étrangers fuient le pays, frappé par des sanctions internationales. Bien qu'élu du National Party, le président Frederik Willem De Klerk fait en 1990 le premier pas vers la réconciliation en levant l'interdiction de l'ANC, du Parti communiste et de 34 autres organisations. Il libère Nelson Mandela.

LA NOUVELLE AFRIQUE DU SUD

— Frontières provinciales

Première mondiale
En 1967, Christiaan Barnard (à droite) réussit au Cap la première greffe d'un cœur humain.

Desmond Tutu reçut le prix Nobel de la paix en 1984 et le prix Martin Luther King de la paix en 1986 pour son action contre l'apartheid.

Émeutes de Soweto
Le 16 juin 1976, la police tire sur des étudiants noirs qui protestaient contre l'usage de l'afrikaans dans leurs écoles : cette photo est devenue un symbole de ces violences.

Les arts contre l'apartheid
Ronald Harrison donna à son Black Christ, *aujourd'hui exposé à la South African National Gallery (p. 73), les traits d'Albert Luthuli, président de l'ANC au moment de son interdiction après le massacre de Sharpeville.*

ÉLECTION DÉMOCRATIQUE

Les premières élections ouvertes à tous les Sud-Africains eurent lieu le 27 avril 1994. Annoncé cinq jours plus tard, le résultat donnait une majorité de 63 % à l'African National Congress (ANC). Nelson Mandela devint le premier président noir du pays.

CHRONOLOGIE

1961 L'Afrique du Sud devient une république et sort du Commonwealth — *Ancien drapeau*

1967 Christiaan Barnard réussit une transplantation cardiaque

1971 La Cour internationale et le Conseil de sécurité des Nations unies reconnaissent la Namibie

1976 Emeutes de Soweto. Fuite des capitaux étrangers

1960	1965	1970	1975	1980

1962 Arrestation de Nelson Mandela. Les sanctions le l'ONU isolent l'Afrique du Sud sur le plan diplomatique

1963 Début de la guérilla dans le Sud-Ouest africain (Namibie)

1966 Assassinat du Premier ministre Verwoerd. Indépendance du Lesotho

1968 Indépendance du Swaziland

1974 L'ONU demande à l'Afrique du Sud de se retirer de Namibie

1980 Attentat de l'ANC contre la raffinerie de Sasolburg dans l'État libre

Le *kwaito*, son d'une nouvelle génération
Boomshaka est un chanteur de kwaito, un genre musical né dans les townships du Gauteng. Les paroles doivent leur forme répétitive au toyi-toyi contestataire.

Enfin libre
Le 11 février 1990, après quelque 30 ans de détention, Nelson Mandela sortit de la prison Victor Verster, près de Paarl, un événement chargé d'émotion et regardé par des millions de personnes dans le monde.

Membre d'une commission électorale indépendante

Coupe du monde de cricket
Pour la première fois depuis vingt ans, l'Afrique du Sud put participer en 1992 à une compétition mondiale.

Scrutin

Urne scellée

Levée des sanctions
Avec la levée des sanctions commerciales édictées en 1986, de nombreux produits redevinrent disponibles dès 1993.

Liberté de parole
Ses commentaires politiques satiriques ont rendu célèbre en Afrique du Sud le personnage d'Evita Bezuidenhout (p. 149), créé au début des années 1980.

Commission Vérité et Réconciliation (TRC)
Cette commission, placée sous la présidence de l'ancien archevêque de Cape Town, le révérend Desmond Tutu, a pour fonction d'établir les crimes politiques commis pendant les années de l'apartheid.

1990 Fin de l'engagement sud-africain en Namibie et de l'interdiction de l'ANC, du PAC et du SACP. Libération de Nelson Mandela	**1994** L'ANC gagne les premières élections démocratiques : Nelson Mandela président	**1995** L'Afrique du Sud accueille et gagne la Coupe du monde de rugby	**1999** Deuxièmes élections démocratiques
1985	**1990**	**1995**	**2000**
1992 Un référendum approuve la politique de réforme de De Klerk. L'Afrique du Sud participe aux Jeux olympiques pour la première fois depuis 1960 **1984** Instauration d'un Parlement tricaméral		 *Nouveau drapeau*	**1998** Premières auditions de la commission Vérité et Réconciliation

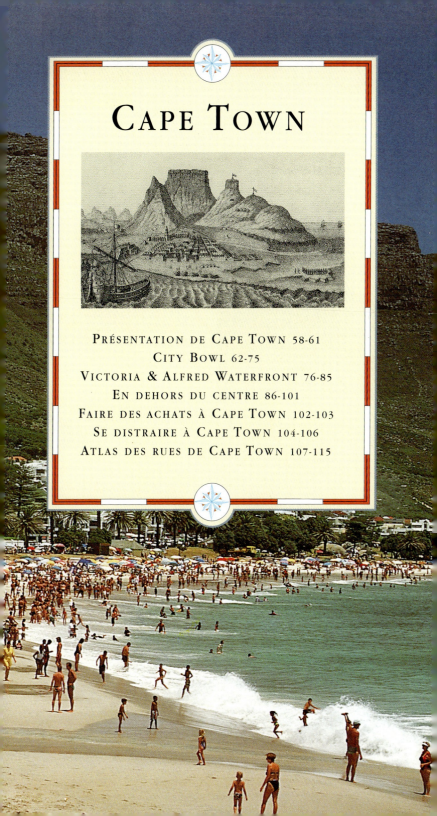

CAPE TOWN

Cape Town d'un coup d'œil

La capitale de la province du Cap Ouest occupe un site magnifique au pied des pentes abruptes de la Table Mountain, sur une petite péninsule qui s'enfonce dans l'océan Atlantique au nord du cap de Bonne-Espérance. Elle n'est par la taille que le quatrième centre urbain de l'Afrique du Sud, mais son atmosphère cosmopolite et son cachet historique en font la première destination touristique du pays. Beaucoup de ses bâtiments anciens, tel l'Old Town House de Greenmarket Square, abritent des musées. Les environs permettent de belles promenades, notamment sur la route en corniche du Chapman's Peak ou dans les vignobles entourant Franschhoek et Stellenbosch.

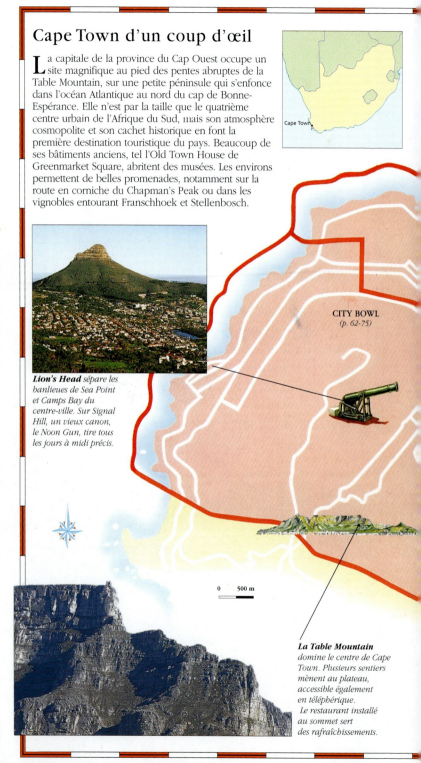

CITY BOWL
(p. 62-75)

Lion's Head *sépare les banlieues de Sea Point et Camps Bay du centre-ville. Sur Signal Hill, un vieux canon, le Noon Gun, tire tous les jours à midi précis.*

0   500 m

La Table Mountain *domine le centre de Cape Town. Plusieurs sentiers mènent au plateau, accessible également en téléphérique. Le restaurant installé au sommet sert des rafraîchissements.*

◁ **Plage de Camps Bay, banlieue résidentielle de Cape Town**

Le Victoria Wharf Shopping Centre, galerie marchande moderne du Waterfront (p. 78-79), s'accorde avec le style des bâtiments anciens rénovés qui l'entourent.

ROBBEN
ISLAND
(Voir p. 84-85)

0   1 000 m

VICTORIA & ALFRED
WATERFRONT
(p. 76-83)

Le phare de Robben Island (p. 84-85), haut de 18 m, date de 1863. Il se dresse près du « village » dont le fleuron, la Governor's House, sert désormais à l'accueil de dignitaires en visite.

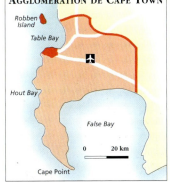

La Grand Parade se transforme en marché animé les mercredis et samedis matin. Les produits proposés vont des tissus, des fleurs et des épices aux jouets et aux montres bon marché. Mieux vaut s'y méfier des pickpockets et des voleurs à la tire.

AGGLOMÉRATION DE CAPE TOWN

Robben
Island

Table Bay

Hout Bay

False Bay

0   20 km

Cape Point

Le Castle Good Hope fait revivre l'époque de Jan Van Riebeeck et des premiers colons.

La Cape Peninsula

Cape of Good Hope

209 m

Depuis quatre siècles, la silhouette caractéristique de la péninsule de Bonne-Espérance est pour les marins un point de repère attendu car il signale un lieu d'escale accueillant. Relief le plus typique de l'arête rocheuse, la Table Mountain doit son nom de « montagne de la Table » à son sommet plat. Elle culmine à 1 087 m d'altitude au-dessus des gratte-ciel et des faubourgs de Cape Town. De petites localités se nichent au creux des anses qui s'ouvrent plus au sud, tandis qu'une réserve naturelle protège une flore et une faune rares sur la pointe du cap battue par les vents.

CAPE POINT

Smitswinkel Bay

PLATEAU

SWARTKOP ▲ 678 m

MILLERS

Simon's Town

GLENCA

Fish

▲ 507 m
Muizenberg

OU KAAPS

TOKAI

M2

Constantia Winelands

MAIN

M2

*À **Cape Point,** pointe du cap de Bonne-Espérance, la chaîne montagneuse de la péninsule s'achève au milieu de l'Atlantique. Une route pittoresque mène à la Cape of Good Hope Nature Reserve (p. 93), sillonnée de sentiers de randonnée. Un phare accessible en funiculaire offre une vue superbe.*

*Les **Constantia Winelands** (p. 96-97) s'étendent au sud-est de l'arête rocheuse sur des pentes fertiles et abritées. La douceur d'un climat méditerranéen crée ici des conditions propices à la culture de la vigne et à l'élaboration de crus de qualité.*

LA « NAPPE » DE LA TABLE MOUNTAIN

La nappe

Selon une légende locale, un Hollandais amateur de pipe, Jan Van Hunks, s'engagea dans un concours de fumée avec un étranger sur le flanc du Devil's Peak. Au bout de quelques jours, l'étranger dut admettre sa défaite et révéla qu'il était le diable. Il disparut subitement en emmenant Van Hunks. Le nuage de fumée né de leur rivalité (en réalité dû à la condensation) forme toujours la « nappe » qui drape en été le sommet de la montagne de la Table.

N2

DE

VOORTREKKER ROAD

N1

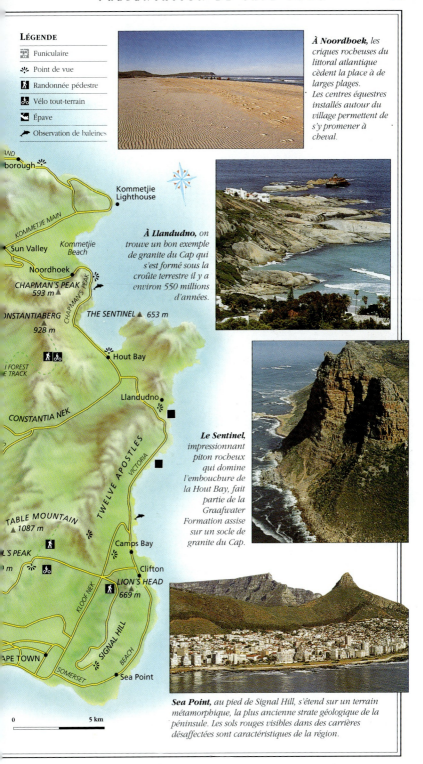

LÉGENDE

⬚ Funiculaire

✳ Point de vue

🚶 Randonnée pédestre

🚴 Vélo tout-terrain

⚓ Épave

🐋 Observation de baleines

À Noordhoek, les criques rocheuses du littoral atlantique cèdent la place à de larges plages. Les centres équestres installés autour du village permettent de s'y promener à cheval.

À Llandudno, on trouve un bon exemple de granite du Cap qui s'est formé sous la croûte terrestre il y a environ 550 millions d'années.

Le Sentinel, impressionnant piton rocheux qui domine l'embouchure de la Hout Bay, fait partie de la Graafwater Formation assise sur un socle de granite du Cap.

Sea Point, au pied de Signal Hill, s'étend sur un terrain métamorphique, la plus ancienne strate géologique de la péninsule. Les sols rouges visibles dans des carrières désaffectées sont caractéristiques de la région.

0   5 km

City Bowl

L e centre de la ville du Cap doit son nom de « bol » à sa situation au pied de la Table Mountain et entre Devil's Peak à l'est et Lion's Head à l'ouest. Le port de Table Bay et le quartier réhabilité du Victoria & Alfred Waterfront le séparent de l'océan Atlantique. Cape Town occupe un site d'une rare beauté et reste la cité la plus sophistiquée d'Afrique du Sud. Les visiteurs y jouissent d'un large choix de restaurants et d'une vie nocturne animée

Jan Christiaan Smuts gravissait souvent la Table Mountain

dans les clubs et les bars du quartier de Loop Street et de Long Street. Même dans le centre occidentalisé, les marchés en plein air et les éventaires isolés possèdent une couleur spécifiquement africaine. De nombreux exemples d'architectures Cape Dutch et victorienne ont survécu. Parmi les édifices historiques les plus intéressants figurent Heritage Square, à l'angle de Shortmarket Street et de Buitengracht Street, ainsi que la Blue Lodge et le n° 203 sur Long Street.

Les sites d'un coup d'œil

Musées et galeries
Bo-Kaap Museum ❼
Old Slave Lodge ❷
Jewish Museum and
   Great Synagogue ❿
South African Museum
   and Planetarium ⓫
South African
   National Gallery ❾

Bâtiments historiques
Old Town House ❶
Grand Parade
   et City Hall ❸
*Castle Good Hope
   p. 68-69* ❹
Koopmans-De Wet House ❻

Églises
Lutheran Church and
   Martin Melck House ❺

Parcs et jardins
*Table Mountain
   p. 74-75* ❽

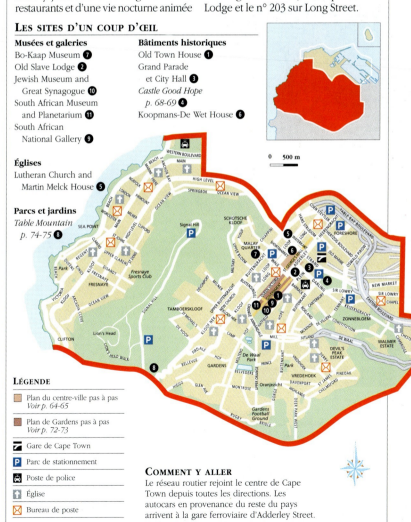

Légende

▨	Plan du centre-ville pas à pas *Voir p. 64-65*
▨	Plan de Gardens pas à pas *Voir p. 72-73*
◪	Gare de Cape Town
🅿	Parc de stationnement
⊞	Poste de police
✝	Église
⊠	Bureau de poste

Comment y aller
Le réseau routier rejoint le centre de Cape Town depuis toutes les directions. Les autocars en provenance du reste du pays arrivent à la gare ferroviaire d'Adderley Street.

◁ **Les marchands de fleurs de Cape Town sont réputés pour la vivacité de leurs réparties**

Le centre-ville pas à pas

Le centre de Cape Town se prête bien à une découverte à pied, la majorité des principaux sites se trouvant à courte distance les uns des autres. Quelques grands axes de circulation le traversent, dont Adderley Street. Parallèle, le St George's Mall est une rue piétonne et commerçante où se produisent des musiciens et des danseurs de rue. Bordé de monuments historiques, Greenmarket Square forme le cœur de la cité. À un pâté de maisons à l'ouest, vers Signal Hill, Long Street possède d'élégantes façades victoriennes, telles celle de Peter Visser's Antiques, au n° 117, et celle de l'Ortsiva House of Wines qui se dresse au n° 120.

Décor sur la Koopmans-De Wet House

CARTE DE SITUATION
Voir atlas des rues, plan 5

★ Greenmarket Square
Cette place où des éventaires d'artisanat s'installent devant l'Old Town House accueillit un marché alimentaire à partir de 1806, et est devenue un monument national.

Malay Quarter

★ Long Street
Des immeubles victoriens aux balcons ornés de ferronneries ouvragées dominent cette rue au cachet historique préservé.

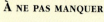

À NE PAS MANQUER
★ **Old Slave Lodge**
★ **Greenmarket Square**
★ **Long Street**

LÉGENDE
- - - - Itinéraire conseillé

★ Old Slave Lodge
L'ancienne maison des esclaves abrite le Cultural History Museum, dont l'exposition retrace l'histoire et le développement de Cape Town ❷

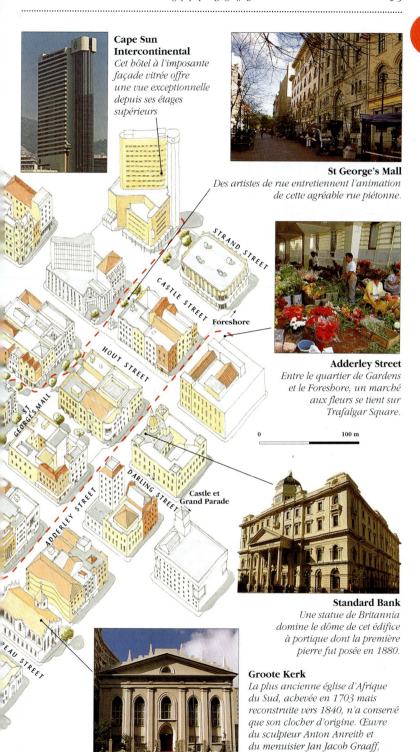

Cape Sun Intercontinental
Cet hôtel à l'imposante façade vitrée offre une vue exceptionnelle depuis ses étages supérieurs

St George's Mall
Des artistes de rue entretiennent l'animation de cette agréable rue piétonne.

STRAND STREET

CASTLE STREET

Foreshore

Adderley Street
Entre le quartier de Gardens et le Foreshore, un marché aux fleurs se tient sur Trafalgar Square.

HOUT STREET

ST GEORGE'S MALL

0   100 m

DARLING STREET

Castle et Grand Parade

ADDERLEY STREET

EAU STREET

Standard Bank
Une statue de Britannia domine le dôme de cet édifice à portique dont la première pierre fut posée en 1880.

Groote Kerk
La plus ancienne église d'Afrique du Sud, achevée en 1703 mais reconstruite vers 1840, n'a conservé que son clocher d'origine. Œuvre du sculpteur Anton Anreith et du menuisier Jan Jacob Graaff, la chaire date de 1789.

L'Old Town House sur Greenmarket Square

Old Town House ❶

Greenmarket Square. **Plan** 5 B1.
☎ *(021) 481-3933.* ⏰ *10 h-17 h
lun.-ven., 10 h-16 h sam.* ● dim. ♿

Déclaré monument national,
l'ancien hôtel de ville
domine Greenmarket Square.
Achevé en 1761, il servait à
l'origine de « Burgherwacht
Huys » (« maison de la
patrouille de nuit »), et abrita
le tribunal et le poste de
police jusqu'en 1839, année
où la municipalité
nouvellement établie en prit
possession. Le commissaire
général néerlandais Jacob
Abraham de Mist fit don à la
ville en 1804 des armoiries qui
ornent le dessus du portail.
Après des rénovations en
1915, l'édifice fut cédé au
gouvernement de l'Union
pour accueillir un musée.
    Son fonds a pour origine la
collection offerte par le riche
financier et mécène Sir Max
Michaelis, et complétée après
sa mort en 1932 par sa veuve.
Il comprend aujourd'hui

principalement des peintures
et des gravures hollandaises et
flamandes du XVIIᵉ siècle, mais
l'exposition permet aussi
d'admirer des œuvres
importantes des XVIᵉ et
XVIIIᵉ siècles. Les portraits
fournissent une image
intéressante de la société
néerlandaise de
l'époque.
    Le jardin abrite
un buste en
bronze de Sir
Max Michaelis
par le sculpteur
sud-africain Moses
Kottler.

**Pierre postale,
Old Slave Lodge**

Old Slave Lodge ❷

Angle Wale St & Adderley St.
Plan 5 B2. ☎ *(021) 460-8200.*
⏰ *9 h 30-16 h 30 t.l.j.* ♿ 🚫

Le premier édifice bâti sur
ce site, vers 1679, servait
au logement des esclaves qui
travaillaient au Company's
Garden *(p. 72-73)*. Il se
trouvait alors dans l'enceinte

du jardin. Entre 1809 et 1814,
la construction de salles
d'audience pour les juges et
l'ajout d'un étage dessiné par
Louis Michel Thibault n'en
laissèrent plus qu'une partie
utilisable en quartier
d'hébergement. Après la loi
d'émancipation de 1834
(p. 48), l'Old Slave Lodge
devint le siège de la Cour
suprême jusqu'en 1914. À
cette date, le bâtiment abritait
aussi la poste, la bibliothèque
publique et divers bureaux
gouvernementaux.
    L'élargissement d'Adderley
Street a entraîné la démolition
d'une partie des locaux, mais
la façade que lui avait donnée
Thibault a retrouvé son lustre
d'antan grâce à une
restauration.
    L'ancien « quartier des
esclaves » contient aujourd'hui
les collections ethnologiques
et historiques du South
African Museum *(p. 72)*. Elles
comprennent entre autres
            des antiquités
            égyptiennes,
            grecques et
            romaines.
            Une section
            consacrée à la
            riche culture
            des Cape Malays,
            les Métis
            musulmans
descendants des esclaves
asiatiques déportés par la
Compagnie hollandaise des
Indes orientales au XVIIᵉ siècle,
comprend des objets
provenant du Sri Lanka et de
l'archipel indonésien.
    En face de l'Old Slave
Lodge s'élève la **Groote Kerk**
(« grande église »).
    À leur arrivée au Cap, les
colons hollandais assistaient

LA COLLECTION MICHAELIS

Cette collection d'art a pour origine 68 tableaux réunis par
lady Phillips et sir Hugh Lane, et offerts en 1914 par sir Max
Michaelis. La galerie, qui ouvrit officiellement trois ans plus tard,
possède aujourd'hui 104 peintures et 312 gravures, notamment
des œuvres de Frans Hals, Rembrandt, Van Dyck, David Teniers
le Jeune, Jan Steen et Willem Van Aelst. Bien qu'elle reste
modeste comparée à celles de grands musées européens ou
américains, elle constitue une source de référence sur l'évolution
de l'art hollandais et flamand pendant plus de deux siècles. Elle
compte parmi ses fleurons un *Portrait d'une dame* par Frans
Hals (v. 1580-1666), artiste qui influença notamment Manet.

***Portrait d'une dame* (1640) par Frans Hals**

Beaucoup de musulmans du Cap ont des étals sur Grand Parade

aux offices religieux à bord du navire de Jan Van Riebeeck, le *Drommedaris*. Ils disposèrent ensuite d'une petite salle dans le Castle Good Hope mais il leur fallut bientôt décider d'un lieu de sépulture permanent. Ils édifièrent à l'extrémité nord-est du Company's Garden un premier sanctuaire que le gouverneur Willem Adriaan Van der Steel décida en 1700 de remplacer par un bâtiment à toit de chaume. Il n'en subsiste que le clocher baroque, l'église actuelle, consacrée en 1841, étant le résultat d'une reconstruction datant du XIXᵉ siècle.

La décoration intérieure présente comme principal intérêt la chaire sculptée supportée par des lions. Selon la légende, son auteur, Anton Anreith, voulait à l'origine orner le meuble de représentations symboliques de l'Espoir, de la Foi et de la Charité. Les autorités ecclésiastiques jugèrent son projet trop papiste.

Devant la façade, percée de hautes fenêtres néo-gothiques séparées par des pilastres, une statue à son effigie rend hommage à Andrew Murray, pasteur de l'Église réformée hollandaise qui s'installa à Cape Town entre 1864 et 1871.

Andrew Murray (1828-1917)

🛈 **Groote Kerk**
Adderley St. **Plan** 5 B2. 📞 (021) 461-7044. ⬜ 10 h-14 h lun.-ven.

Grand Parade et City Hall ❸

Darling St. **Plan** 5 C2. 📞 City Hall : (021) 400-2230. ⬜ 7 h 30-17 h 30 lun-sam. ♿

La Grand Parade s'étend à l'emplacement choisi en 1652 par Van Riebeeck pour construire le premier fort de la colonie, un bâtiment rasé en 1674 à l'achèvement du Castle Good Hope (p. 68-69).

Jusqu'en 1821, l'esplanade servit aux parades et aux exercices militaires. Quand des immeubles commencèrent à entourer le périmètre, des marchands de fruits et légumes vinrent y installer leurs étals. Ils ont ouvert la voie au marché aux puces qui se tient tous les mercredis et samedis matin. Le reste de la semaine, la Grand Parade fait office de parc de stationnement payant.

Construit en 1905 au sud de la place, l'hôtel de ville de Cape Town possède une riche façade néo-Renaissance. Ajoutée en 1923, la tour de l'horloge abrite un carillon de 39 cloches.

Le City Hall accueille régulièrement des concerts donnés par le Cape Town Philharmonic, l'ancien Cape Town Symphony Orchestra. Les représentations, qui attirent beaucoup de monde, ont lieu le soir ou à l'heure du déjeuner. On peut aussi réserver des places auprès de Computicket (p. 104).

Castle Good Hope ❹

Voir p. 68-69

L'hôtel de ville de Cape Town fait face à la Grand Parade

Castle Good Hope ❹

Monogramme de la Compagnie hollandaise des Indes orientales

L e « château de Bonne-Espérance » est la plus ancienne construction d'Afrique du Sud. Bâti entre 1666 et 1679, il remplaça le fort en bois et en argile construit par le commandant Jan Van Riebeeck *(p. 44)* en 1652. Le château qui domine la Grand Parade est aujourd'hui un musée et abrite aussi les régiments du Cap et des unités de l'armée.

Dolphin Pool
Les descriptions et les dessins laissé. par lady Anne Barnard (p. 98) à la fin du XVIIIᵉ siècle ont permis, plus de 200 ans plus tard, la reconstruction de ce bassin.

Douve
La restauration de la douve, ajout relativement récent au château, s'acheva en 1999.

Het Bakhuys

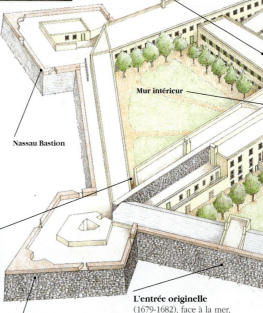

Mur intérieur

Nassau Bastion

Arcade
De l'ardoise extraite de Robben Island (p. 84-85) au XVIIᵉ siècle servit au dallage des allées à l'intérieur de la forteresse.

Catzenellenbogen Bastion

L'entrée originelle
(1679-1682), face à la mer, a été fermée.

★ Castle Military Museum
Sa collection d'articles militaires comprend des armes et des uniformes hollandais et britanniques datant de la période coloniale.

À NE PAS MANQUER

★ **Castle Military Museum**

★ **Collection William Fehr**

★ **De Kat Balcony**

★ La collection William Fehr

L'exposition réunit du mobilier d'époque, des objets d'art et des tableaux de maîtres anciens comme Thomas Baines.

MODE D'EMPLOI

Angle de Darling St et Buitenkant St.
Plan 5 C2. (021) 469-1249.
Gare de Cape Town. 9 h-16 h
t.l.j. ; **Key Ceremony** 10 h, 12 h ;
25 déc., 1er janv. 11 h,
12 h, 14 h lun.-sam.
www.cape-town.org

Pignon de l'entrée

Des symboles militaires tels que drapeaux et boulets ornent cette copie en tek du pignon de style Cape Dutch.

Leerdam Bastion

Leerdam, Oranje, Nassau, Buuren et Catzenellenbogen étaient des titres du prince Guillaume d'Orange.

Oranje Bastion

Portique

Douve

Entrée du château

Au-dessus des armoiries des Provinces-Unies des Pays-Bas, la tour renferme toujours la cloche d'origine, fondue à Amsterdam en 1697.

Buuren Bastion

★ De Kat Balcony

L'escalier d'origine, bâti en 1695 avec le mur de défense (kat) séparant l'espace intérieur en deux cours, fut remanié entre 1786 et 1790.

Lutheran Church et Martin Melck House ❺

Strand St. **Plan** 5 B1. ☎ *(021) 421-5854.* ◷ *10 h-14 h lun.-ven.*

À une époque où les autorités ne toléraient pas d'autre culte que celui de l'Église réformée hollandaise, la communauté luthérienne du Cap commença par se réunir, à compter de 1771, dans un entrepôt appartenant à l'homme d'affaires Martin Melck. La législation finit par devenir plus conciliante, et le bâtiment put devenir un lieu de culte où le premier service religieux eut lieu en 1776. On ajouta la maison du sacristain en 1787, année où le sculpteur d'origine allemande Anton Anreith commença à embellir le sanctuaire, le dotant d'une tour. La Lutheran Church et la maison du sacristain sont toutes deux classées monuments nationaux. À côté, la Martin Melck House, construite en 1781, l'est depuis 1936.

Le Gold of Africa Museum s'y est installé en avril 2001. Il abrite plus de 350 objets en or des XIXᵉ et XXᵉ siècles provenant du Mali, du Sénégal, du Ghana et de la Côte-d'Ivoire. Des projets d'extension sont prévus et concernent notamment l'acquisition d'œuvres provenant de l'ensemble du continent africain.

Salle à manger de la Koopmans-De Wet House

Koopmans-De Wet House ❻

35 Strand St. **Plan** 5 B1. ☎ *(021) 424-2473.* ◷ *9 h 30-16 h mar.-jeu.*

Au moment de la construction de cette demeure néoclassique en 1701, Strand Street, alors plus proche du front de mer, était la rue la plus élégante de Cape Town. Le bâtiment reçut ultérieurement son deuxième étage puis, vers 1795, l'architecte français Louis Michel Thibault remania sa façade dans le style Louis XVI.

La maison eut pour derniers propriétaires la famille De Wet. Après la mort de son mari, Johan Koopmans, Maria De Wet l'habita jusqu'à sa mort en 1906. Elle réunit pendant ces années l'intéressante collection d'antiquités que l'on

peut voir aujourd'hui dans le musée.

Hôtesse réputée qui reçut des personnages célèbres tels que le président Paul Kruger (p. 241) et l'entrepreneur minier Cecil John Rhodes (p. 50), Maria De Wet entreprit les premières démarches de protection de plusieurs édifices historiques de Cape Town. Son intervention évita en particulier la démolition d'une partie du Castle Good Hope menacée par la création de voies de chemin de fer.

Bo-Kaap Museum ❼

71 Wale St. **Plan** 5 A1. ☎ *(021) 481-3939.* ◷ *9 h 30-16 h lun.-sam.* ● *dim, Eid (variable), ven. saint, 25 déc.* 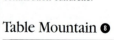 *du quartier de Bo-Kaap 10 h, 14 h lun.-sam.*

Ce petit musée occupe la plus ancienne maison du quartier musulman à avoir conservé son aspect d'origine. Bâtie vers 1760, elle possède pour trait caractéristique une *voorstoep* («terrasse de devant»), dotée d'un banc aux deux extrémités.

L'intérieur s'inspire du cadre de vie d'une famille musulmane aisée au XIXᵉ siècle. La chambre nuptiale est décorée en harmonie avec la robe de la jeune mariée. Les premiers Asiatiques de la colonie comptaient de nombreux artisans dans leurs rangs, et l'exposition met en relief leur contribution culturelle.

Table Mountain ❽

La Lutheran Church sur Strand Street

Voir p. 74-75

La culture malaise à Cape Town

Les Cape Malays, ou Cape Muslims comme ils préfèrent être appelés aujourd'hui, ont pour ancêtres les esclaves et les prisonniers politiques, déportés du Sri Lanka, d'Indonésie et d'Inde à partir de 1658 par la Compagnie des Indes orientales. Après l'abolition de l'esclavage au début du XIXᵉ siècle, ils s'installèrent sur les pentes de Signall Hill dans le quartier de Bo-Kaap (« au-dessus du Cap »), où se dressaient

Achards de mangue

plusieurs mosquées, dont l'Auwal Mosque construite en 1794. Leur langue, le malais, eut une influence significative sur l'afrikaans, et nombre de spécialités culinaires sud-africaines ont des origines asiatiques *(p. 342)*. La communauté de Cape Town, que la politique de l'apartheid voulait déplacer à la périphérie, a réussi à résister aux pressions exercées et l'appel à la prière des muezzins se fait toujours entendre.

RUES DE BO-KAAP

Aisément accessible à pied à partir du centre-ville moderne, le quartier musulman a conservé beaucoup de ses maisons traditionnelles aux façades étroites et aux murs pastel.

Des parapets ouvragés ornent les terrasses des maisons, dont beaucoup datent du début du XIXᵉ siècle.

Les rues pavées deviennent de plus en plus rares.

Les coutumes des Cape Muslims se retrouvent notamment dans les habits de fête. Les hommes portent toujours le fez, tandis que les femmes revêtent un tchador.

Le fez, d'origine turque, reste porté en certaines occasions, mais la calotte est de plus en plus répandue.

Sur Signal Hill, dans le quartier de la communauté des Cape Muslims, des immeubles d'appartements ont commencé à prendre la place des maisons à toit plat.

La mosquée de Longmarket Street est insérée entre deux maisons. Selon la tradition islamique, c'est la religion qui doit rythmer la vie quotidienne d'un croyant.

Gardens pas à pas

L e quartier qui a pris le nom de « Jardins » a pour cœur l'ancien potager créé en 1625 par Jan Van Riebeeck. Il devait servir à fournir des produits frais aux navires franchissant le cap de Bonne-Espérance sur la route des Indes. L'espace vert est toujours appelé Company's Garden, et il abrite des arbres et des plantes exotiques, une serre, un cadran solaire datant de 1787 et une volière. Les archives indiquent qu'il existait une ménagerie du temps du gouverneur Simon Van der Stel. Un restaurant permet de manger à l'extérieur non loin du plus vieil arbre cultivé d'Afrique du Sud, planté peu après l'arrivée de Jan Van Riebeeck. Remarquez aussi le puits désaffecté et le robinet qui sort de l'arbre noueux voisin.

CARTE DE SITUATION
Voir atlas des rues, plan 5

LÉGENDE

— — — Itinéraire conseillé

Dans les jardins,
plans d'eau, pelouses
et bancs ombragés
permettent de se
détendre au cœur
de la ville.

South African Museum and Planetarium
Réputé pour ses peintures rupestres, ce musée, fondé en 1825, occupe un édifice de 1897. Les projections du planétarium recréent la voûte étoilée de l'hémisphère austral ⓫

Jewish Museum et Great Synagogue
Le Musée juif jouxte la plus ancienne synagogue d'Afrique du Sud, aux tours aisément reconnaissables ❿

À NE PAS MANQUER

★ **Government Avenue**

★ **South African Museum and Planetarium**

★ **South African National Gallery**

★ **South African National Gallery**
Des expositions temporaires d'artistes locaux complètent une collection permanente de 6 500 peintures ❾

La National Library abrite trois précieuses bibliothèques privées, dont celle de l'ancien gouverneur sir George Grey.

St George's Mall

WALE STREET

Adderley Street

KEEROM STREET

QUEEN VICTORIA STREET

GOVERNMENT AVENUE

GALLERY

HATFIELD

St George's Cathedral
Des vitraux du Chartrain Gabriel Loire et une rosace par E. Spear ornent cette cathédrale anglicane (1901).

0   100 m

Tuinhuys (1716) abrite le bureau du président.

★ **Government Avenue**
De hauts chênes ont remplacé la rangée de citronniers d'origine.

Houses of Parliament
L'imposant bâtiment à colonnes, érigé en 1884 pour abriter l'Assemblée législative de la colonie du Cap, est devenu le siège officiel du gouvernement sud-africain.

The South African National Gallery ❾

Près de Government Ave. **Plan** 5 B2.
☎ *(021) 481-3800.* ☐ *10 h-17 h mar.-dim.*

La Galerie nationale a été constituée par la collection personnelle dont Thomas Butterworth Bayley fit don en 1872. D'autres mécènes ont depuis apporté leur contribution, et le fonds comprend des peintures hollandaises, françaises et anglaises du XVIIe au début du XXe siècle, ainsi que des lithographies et des esquisses. Les œuvres contemporaines proviennent de plusieurs communautés du pays. Le musée possède aussi un riche ensemble de sculptures et de créations en perles.

Jewish Museum et Great Synagogue ❿

88 Hatfield St. **Plan** 5 A2. ☎ *(021) 465-1405.* ☐ *10 h-14 h lun.-jeu., 10 h-16 h dim.*

Construit en 1904 sur des plans d'architectes écossais, à l'instar de la Grande Synagogue voisine, le Musée juif abrite une exposition de livres de prière, de photographies, de meubles et d'objets rituels. Il retrace l'histoire des colons juifs du Cap.

South African Museum and Planetarium ⓫

25 Queen Victoria St. **Plan** 5 A2.
☎ *(021) 481-3800.* ☐ *10 h-17 h t.l.j.* ● *ven. saint, 25 déc.* *gratuit le dim.*

Le plus ancien musée du pays est principalement consacré à l'histoire naturelle, à l'archéologie, à l'entomologie et à la paléontologie. Il présente beaucoup d'intérêt pour sa mise en scène des cultures africaines, en particulier celle des Sans (Bushmen). Des dioramas recréent un Karoo préhistorique.

Table Mountain ❽

Téléphérique

La chaîne montagneuse de la péninsule de Bonne-Espérance est formée de grès sédimentaire reposant sur des schistes argileux vieux de 700 millions d'années et des socles de granite. Le grès s'est déposé il y a environ 450 millions d'années, alors qu'il n'existait sur la planète qu'une unique masse de terre émergée, et que la péninsule se trouvait sous le niveau de la mer. Après le retrait de l'océan, le vent, la pluie et le gel ont érodé les couches les plus tendres pour donner à la montagne de la Table son aspect très caractéristique avec ses flancs abrupts et son sommet plat.

Visiteurs royaux
En 1947, le roi George V et la future reine mère accompagnèrent le Premier ministre Jan Smuts en promenade.

Kirstenbosch National Botanical Garden
Depuis ce jardin situé au pied de la chaîne montagneuse (p. 100-101), trois principaux sentiers conduisent au plateau.

Map labels:
HO
BA
Kirstenbosch National Botanical Garden
Ske
Window
SOUTHERN SUBURBS
Contour Path
Forest Station
Maclear's Beac 1 087 m
Newlands
Newlands Reservoir
T A B
Devil's Peak 1 000 m
University of Cape Town
Rhodes Memorial
King's Blockhouse
Woodstock Cave
Plumpudding Hill 291 m
Queen's Blockhouse
Prince of Wales Blockhouse
CITY CEN
CITY CENTRE AND FORESHORE

King's Blockhouse
Le mieux conservé des trois fortins, bâtis par les Britanniques pendant leur première occupation du Cap (p. 46-47), offre un large panorama.

LA FAUNE ET LA FLORE

Disa uniflora

L'habitat naturel protégé de la Table Mountain abrite 1 400 des 2 285 espèces végétales qui forment le royaume floral du Cap, dont *Disa uniflora,* une orchidée surnommée la « fleur des dieux » qui pousse principalement près des cours d'eau et des cascades, et plusieurs membres de la famille des protéas. Surtout composée de petits mammifères, de reptiles et d'oiseaux, la faune comprend la rare et discrète *ghost frog* (Heleophryne rosei) qui vit dans quelques ruisseaux permanents du plateau.

Ghost frog

LÉGENDE

━━━ Route principale

━━━ Route

– – – Sentier de randonnée

⚜ Point de vue

🚶 Départ de sentier

🚵 Accès en VTT

✿ Fleurs sauvages

🅿 Parc de stationnement

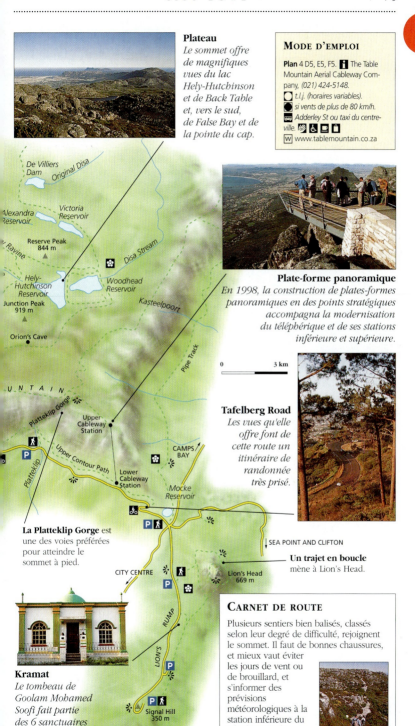

Plateau
Le sommet offre de magnifiques vues du lac Hely-Hutchinson et de Back Table et, vers le sud, de False Bay et de la pointe du cap.

Plate-forme panoramique
En 1998, la construction de plates-formes panoramiques en des points stratégiques accompagna la modernisation du téléphérique et de ses stations inférieure et supérieure.

De Villiers Dam
Original Disa
Alexandra Reservoir
Victoria Reservoir
Reserve Peak 844 m
Ravine
Disa Stream
Hely-Hutchinson Reservoir
Woodhead Reservoir
Junction Peak 919 m
Kasteelpoort
Orion's Cave
Pipe Track
0   3 km

Tafelberg Road
Les vues qu'elle offre font de cette route un itinéraire de randonnée très prisé.

U N T A I N
Platteklip Gorge
Upper Cableway Station
Upper Contour Path
Platteklip
Lower Cableway Station
CAMPS BAY
Mocke Reservoir

La Platteklip Gorge est une des voies préférées pour atteindre le sommet à pied.

SEA POINT AND CLIFTON

Un trajet en boucle mène à Lion's Head.

CITY CENTRE

Lion's Head 669 m

RUMP

LION'S

Kramat
Le tombeau de Goolam Mohamed Soofi fait partie des 6 sanctuaires musulmans sacrés qui entourent la péninsule.

Signal Hill 350 m

CARNET DE ROUTE

Plusieurs sentiers bien balisés, classés selon leur degré de difficulté, rejoignent le sommet. Il faut de bonnes chaussures, et mieux vaut éviter les jours de vent ou de brouillard, et s'informer des prévisions météorologiques à la station inférieure du téléphérique, le temps pouvant changer rapidement. **Randonneurs**

VICTORIA & ALFRED WATERFRONT

Plaque du Victoria & Alfred Mall

C'est l'un des neuf enfants de la reine Victoria, le prince Alfred, qui inaugura la construction en 1860 de la première digue de la Table Bay. Pour cela, il fallut déverser une charge de rochers extraits du fond de la mer. L'Alfred Basin, qui fut ainsi créé, permit enfin aux navires de s'abriter des coups de vent qui s'abattent sur la péninsule en hiver, et qui avaient causé de nombreux naufrages. L'accroissement du trafic imposa peu après la création du Victoria Basin. Les cargos et les pétroliers modernes devinrent toutefois trop grands pour les deux bassins, et les bâtiments portuaires qui les entourent commencèrent à tomber en décrépitude dans les années 1960. La Waterfront Company entreprit en novembre 1988 de réaménager le site, tout en conservant l'activité du port. Cette réhabilitation réussie permet aujourd'hui aux visiteurs et aux habitants de la ville de disposer de centres commerciaux et de nombreux restaurants et clubs dans un cadre très vivant. Île de la Table Bay située à environ 11 km au nord du Waterfront, Robben Island est devenue tristement célèbre à cause des exilés de haut rang qui y furent détenus. Après avoir servi à la réclusion d'esclaves, de bagnards, de lépreux et d'aliénés mentaux, elle devint en 1961 une prison de haute sécurité pour les chefs de l'opposition politique au régime de l'apartheid, dont Nelson Mandela. C'est aujourd'hui une réserve naturelle, et la prison a été transformée en musée.

LES SITES D'UN COUP D'ŒIL

Victoria & Alfred Waterfront p. 78-79 **1**

Robben Island p. 84-85 **2**

CIRCULER

Clairement signalé aux points d'entrée, ainsi que depuis la N1 et la N2, le Victoria & Alfred Waterfront est bien desservi par les transports urbains. Une navette, le Waterfront Shuttle Bus, part toutes les 15 min du bureau d'information d'Adderley Street, en face de la gare ferroviaire de Cape Town.

Victoria & Alfred Waterfront *Voir p. 78-79*.

Robben Island *Voir p. 84-85*

P Parc de stationnement

Poste de police

Église

Bureau de poste

Embarcadère de ferry

◁ **Le complexe commercial et de loisirs du Victoria & Alfred Waterfront borde un port en activité**

Victoria & Alfred Waterfront ❶

Avec ses nombreux magasins de cadeaux ou d'équipement ménager et ses boutiques proposant aussi bien les grands noms de la mode que des vêtements originaux peints à la main, le Waterfront est vraiment l'endroit où venir faire des achats à Cape Town. Restaurants et stands permettent en outre d'y goûter des cuisines d'horizons très variés, souvent en contemplant le port depuis une terrasse. De nombreux bars accueillent des musiciens, et le Green Dolphin programme de l'excellent jazz. On peut faire une visite en bateau du port ou encore survoler la péninsule en hélicoptère. Le centre d'information fournit un plan des docks.

Enseigne du Hard Rock Café

CARTE DE SITUATION

☐ *Zone illustrée*
☐ *Étendue du Waterfront*

★ BMW Pavilion
Ce complexe moderne abrite un hall d'exposition où la compagnie BMW présente ses derniers modèles 24 h/24 et un cinéma Imax (projections sur un écran géant).

★ Two Oceans Aquarium
Des réservoirs en verre blindé y abritent un large éventail d'animaux marins, depuis des poissons de banc jusqu'à des prédateurs solitaires comme la raie.

The Scratch Patch
permet de choisir soi-même des pierres semi-précieuses polies telles qu'améthyste et œil-de-tigre.

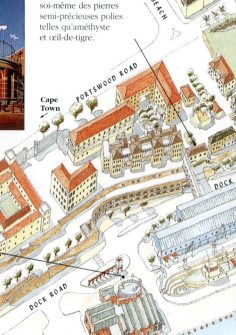

Granger Bay et Sea Point
BREAKWA
Sea Point
BEACH
Cape Town
PORTSWOOD ROAD
DOCK R
DOCK ROAD
Foreshore

0   50 m

À NE PAS MANQUER

★ **BMW Pavilion**

★ **Victoria Wharf Shopping Centre**

★ **Two Oceans Aquarium**

Table Bay Hotel
Établissement de luxe, le fameux Table Bay Hotel est l'un des plus récents et des mieux équipés du Victoria & Alfred Waterfront. Il offre depuis toutes ses chambres une vue magnifique du port et de la montagne de la Table.

Héliport

BOULEVARD

EAST PIER ROAD

QUAY 6

QUAY 5

Quay Four

PIER HEAD

NORTH QUAY

Vers Clock Tower Centre

★ **Victoria Wharf Centre**
Commerces de luxe, boutiques, restaurants chaleureux et simples stands voisinent dans cette galerie marchande.

V & A Waterfront Amphitheatre
Ce lieu est consacré à la musique et tous les genres y sont représentés : jazz, rock, concerts classiques et même tambours traditionnels.

Cape Grace Hotel
Établissement de luxe du Victoria & Alfred Waterfront, cet hôtel offre lui aussi de belles vues depuis le West Quay.

MODE D'EMPLOI

Port de Cape Town. **Plan** 2 D–E 3–4. 🛈 *Visitor's Centre* (021) 408-7600. 🚌 *navette entre le centre-ville, la Table Mountain, l'aéroport et le Waterfront.* 🚢 *pour Robben Island ; Jetty 1 (voir p. 85).* ◗ *9 h-minuit.* 🎌 *Dragon Boat Races (nov.), Cape To Rio (janv., tous les trois ans) ; Wine Festival (mai).* 🍴 ♿ 🚻 📷
ⓦ www.waterfront.co.za

À la découverte du Waterfront

Réalisée à grands frais et s'inspirant d'expériences similaires comme le réaménagement du port de San Francisco, la réhabilitation des vieux docks a fait du Waterfront le principal pôle de loisirs de la ville, notamment la nuit. De vastes parcs de stationnement, couverts ou en plein air, et un service de navettes depuis la gare d'Adderley Street rendent le nouveau quartier aisément accessible. Les grands magasins ouvrent de 9 h à 21 h, et beaucoup de restaurants ferment très tard.

Concurrents de la Whitbread à quai au Waterfront

🛥 Two Oceans Aquarium

Dock Rd. **Plan** 2 D4. 📞 *(021) 418-3823.* ⏲ *9 h 30-18 h t.l.j.* 🅿 🍴 📷 ⓦ www.aquarium.co.za

Cet aquarium a pour objectif de présenter aux visiteurs la faune marine et d'eau douce de la pointe australe de l'Afrique, et il abrite plus de 3 000 spécimens d'environ 300 espèces de poissons, d'invertébrés, de mammifères, d'oiseaux et de plantes. Les expositions les plus réussies comprennent « The Story of Water », qui illustre le cycle de la vie dans un ruisseau de montagne depuis sa source jusqu'à la mer, « The Kelp Forest », forêt de varech géant peuplée de bancs de poissons, et l'« I & J Predator Exhibit », bassin de deux millions de litres où évoluent des créatures telles que requins et raies venimeuses. Otaries et manchots du Cap ont aussi beaucoup de succès, en particulier auprès des enfants.

Alfred Basin (West Quay)

Près de Dock Rd. **Plan** 2 E4. ♿

Dominé par l'élégant Cape Grace Hotel *(p. 316),* l'Alfred Basin est le centre d'une intense activité portuaire, et le Robinson Graving Dock reste un lieu d'entretien et de réparation de bateaux de pêche. Le long du quai de radoub, le Waterfront Craft Market, un vaste marché couvert, propose un choix d'objets artisanaux les plus divers allant des jouets et des bougies au mobilier. À côté, le **South African Maritime Museum** renferme la plus riche collection de maquettes de bateaux d'Afrique du Sud. La visite du *Somerset,* un ancien navire de guerre, est comprise dans le prix du billet.

Tour victorienne

🏛 South African Maritime Museum

Shop 17, Dock Rd. 📞 *(021) 419-2505.* ⏲ *9 h 30-17 h t.l.j.* ⬤ *Ven. saint, 25 déc.* 🏴 ♿ ∅

Victoria Basin

Plan 2 E3.

Au bord du bassin Victoria, Quay Four *(p. 346),* l'un des établissements les plus fréquentés du Waterfront, offre une superbe vue du port et de l'incessant ballet des bateaux. Le vaste Agfa Amphitheatre accueille régulièrement des concerts gratuits, et aussi bien le Cape Town Philharmonic Orchestra que des groupes de danse africains s'y produisent. Dans le **Red Shed**, les visiteurs peuvent observer des souffleurs de verre au travail et acheter céramiques, objets en cuir, tissus peints à la main, bijoux et cadeaux. Non loin, dans le **King's Warehouse** qu'embaume l'odeur d'épices exotiques, la pêche du jour voisine avec des fruits et des légumes, des herbes aromatiques et des spécialités comme les pâtes fraîches.

🛍 Red Shed

En face de l'Imax. 📞 *(021) 408-7846.* ⏲ *9 h-18 h t.l.j.*

🍴 King's Warehouse

Breakwater Blvd. ⏲ *9 h-21 h t.l.j.* ♿

Dans le BMW Pavilion

IMAX et BMW Pavilion

Angle de Portswood et Dock Rd. **Plan** 2 D3. 📞 *(021) 419-7365.* ⏲ *Pavillon : 24 h/24. Imax : 11 projections par jour ; dernière séance sam. 22 h 30, mer.-ven. 21 h 15, lun., mar., dim. 20 h.* 🏴 ♿ 🍴

Le pavillon qui permet de venir contempler, à toute heure du jour ou de la nuit, les dernières voitures de la marque BMW abrite aussi le cinéma Imax à écran géant. Les films projetés ont des sujets aussi divers que la planète, les volcans, les baleines ou les merveilles de l'endurance humaine. La qualité du son omnidirectionnel ajoute à l'intensité de l'expérience.

Les expositions du Two Oceans Aquarium

En constante évolution, « l'Aquarium des deux océans » doit une grande part de son succès à sa démarche pédagogique, avec des expositions illustrant des thèmes tels que le camouflage de la faune marine ou l'impact de l'intervention humaine sur le milieu marin. Les enfants sont particulièrement sollicités et le Touch Pool leur permet de toucher des créatures telles qu'étoiles de mer

Astérie

et oursins, tandis que l'Alpha Activity Centre propose pendant la journée un programme varié d'activités près du bassin aux otaries. Ils ont même la possibilité d'apporter un sac de couchage pour dormir près du Predator Tank. Un bassin de méduses a été installé récemment. Les visiteurs en possession d'un diplôme reconnu peuvent effectuer des plongées en dehors des moments de distribution de nourriture dans les bassins.

LES EXPOSITIONS

Bien organisées, les expositions, dont quelques-unes sont interactives, créent un environnement où tout est mis en œuvre pour faire connaître aux visiteurs les merveilles du monde marin, depuis ses plus petites créatures jusqu'à des poissons de grands fonds comme le cœlacanthe.

Plusieurs habitats marins et d'eau douce ont été reconstitués dans l'aquarium.

Dans l'I & J Predator Tank, un bassin de deux millions de litres, un tunnel transparent permet d'observer d'en dessous requins, tortues et bancs de sérioles (yellowtails).

Le Touch Pool invite les enfants à observer de près crabes, oursins ou étoiles de mer.

Des manchots du Cap, sauvés de marées noires, vivent en colonie à l'aquarium.

L'Intertidal Pool abrite une faune de laisse, anémones et éponges notamment.

La pastenague à queue courte possède un dard venimeux.

Le Victoria & Alfred Waterfront reste très animé la nuit ▷

Robben Island ❷

Batterie de la guerre
1939-1945

ROBBEN ISLAND

VICTORIA & ALFRED WATERFRONT

Baptisée Robbe Eiland (« l'île aux Phoques ») par les Hollandais, à cause des colonies d'otaries qui la fréquentaient, elle fut utilisée par les puissances coloniales comme lieu de relégation dès le milieu du XVIIe siècle. Le régime nationaliste s'en servit plus tard pour isoler des détenus politiques. Les derniers quittèrent la prison de haute sécurité, construite dans les années 1960, en 1991. Gérée depuis par le South African Natural Heritage Programme, Robben Island est devenue une réserve naturelle où viennent se reproduire des espèces rares d'oiseaux marins comme la sterne caspienne et le manchot du Cap.

★ **Governor's House**
Cette élégante demeure victorienne datant de 1895 était à l'origine la résidence du gouverneur de l'île. Elle sert aujourd'hui de centre de conférences, et fournit un hébergement de luxe aux dignitaires en visite.

0   500 m

Van Riebeeck's Quarry

Phare
Construit en 1863, le phare de Robben Island atteint 18 m de haut et émet un rayon lumineux visible au large jusqu'à une distance de 25 km.

À NE PAS MANQUER

★ Governor's House

★ La carrière de chaux

★ La prison

PRISONNIERS POLITIQUES

Au XVIIIe siècle, la Compagnie hollandaise des Indes orientales exila sur Robben Island des princes et des nobles de haut rang qui résistaient à la colonisation en Inde, en Malaisie et en Indonésie. Les Britanniques y bannirent au cours du siècle suivant des chefs xhosas hostiles. En 1963, le gouvernement sud-africain y emprisonna Nelson Mandela et 7 autres activistes politiques condamnés à perpétuité.

Chefs xhosas en exil, Robben Island, 1862

MODE D'EMPLOI

Carte routière B5. ☎ *(021)*
419-1300. 🚢 *Jetty 1, Victoria &*
Alfred Waterfront 9 h, 10 h, 11 h,
midi, 13 h, 14 h, 15 h.
⚫ *par vent fort et mer agitée.*
📷 *obligatoire.* ♿ *prévenir la*
billetterie. 🎫 🚻
@ info@robben-island.co.za

Topographie

*Située dans l'Atlantique, à 11 km au nord de Cape Town,
Robben Island, composée principalement d'ardoise bleue,
n'atteint qu'une altitude de 30 m à son point le plus haut.
Aucun des arbres qui y poussent n'est indigène.*

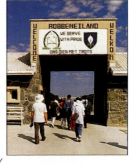

**Sterne
caspienne**
*Cette espèce
migratrice
menacée se
reproduit dans le
nord de l'île.*

★ **La prison**
*Beaucoup de dirigeants
de l'ANC, aujourd'hui au
pouvoir, ont séjourné
dans ce centre
pénitentiaire de haute
sécurité, achevé en 1964.*

**Murray's Bay
Harbour**

Le *kramat*, bâti en 1969 sur la
tombe d'un prince indonésien,
est un lieu de pèlerinage pour
les musulmans.

**Church of the
Good Shepherd**
*Dans l'église du
Bon Pasteur, bâtie
par des lépreux en
1895 sur des plans de
sir Herbert Baker, les
fidèles ne disposaient
pas de bancs.*

**Faure
Jetty**

★ **La carrière
de chaux**
*Les prisonniers
politiques devaient y
travailler au moins
six heures par jour, et
beaucoup eurent la
vue endommagée par
la poussière et l'éclat
du soleil sur les parois
de roche blanche.*

EN DEHORS DU CENTRE

En été, la chaleur qui règne dans le City Bowl, au pied du flanc nord de la Table Mountain, provoque une migration vers les plages de la Cape Riviera : Clifton, Camps Bay et Llanduno. Plus loin vers le sud, on trouve les villages côtiers d'Hout Bay, Kommetjie et Scarborough, puis la pointe battue par les vagues du cap de Bonne-Espérance au sein d'une réserve naturelle qui protège une faune et une flore délicates. Les contreforts méridionaux de la Table Mountain jouissent d'un climat plus frais qui a permis la création du magnifique Kirstenbosch National Botanical Garden et du domaine viticole de Groot Constantia. Sur le littoral oriental du cap, la température de la mer peut dépasser de cinq degrés celle des eaux de la côte ouest, ce dont profitent les stations balnéaires de Fish Hoek et de Muizenberg, dans False Bay.

Babouins chacmas, Cape Point

LE SITES D'UN COUP D'ŒIL

Bâtiments historiques
Groot Constantia p. 96-97 ❿
Mostert's Mill ⓭
Rhodes Memorial ⓮
South African Astronomical Observatory ⓯

Parcs et jardins
Kirstenbosch National Botanical Garden p. 100-101 ⓫
Ratanga Junction ⓰

Localités
Green Point et Sea Point ❶
Cape Riviera ❷
Hout Bay ❸
Noordhoek ❺
Simon's Town ❼
Fish Hoek ❽
Muizenberg ❾
Newlands ⓬

Réserve naturelle
Cape of Good Hope Nature Reserve ❻

Excursion
La Cape Peninsula ❹

LÉGENDE

▬	Principale zone de visite
▭	Zone construite
▭	Limite de réserve
✈	Aéroport international
═	Autoroute
═	Route principale
═	Route secondaire

◁ **Le Kirstenbosch National Botanical Garden abrite près de 30 espèces indigènes de cycas**

Vue aérienne de Sea Point, banlieue résidentielle de Cape Town

Green Point and Sea Point ❶

Main Rd ou Beach Rd. **Plan** 1 B4, 3 C1.

Depuis le début des années 90 et la réhabilitation du Victoria & Alfred Waterfront, le prix de l'immobilier s'est envolé dans les banlieues littorales du Cap comme Green Point et Mouille Point, et des restaurants chic et de luxueux immeubles d'appartements ou de bureaux bordent désormais Beach Road, la route côtière.

Derrière cette zone résidentielle, le complexe sportif du Green Point Common occupe une vaste parcelle, allouée en 1657 à Jan Van Riebeeck pour fonder une ferme, mais qui se révéla toutefois impropre à l'agriculture. Il renferme des terrains de hockey sur gazon, de football, de rugby et de cricket, des jeux de boules, des courts de tennis et de squash, un stade et un golf de dix-huit trous.

Le phare de Green Point a des allures de sucre d'orge avec ses bandes rouges et blanches. Construit en 1824, il fonctionne toujours, et sa corne de brume continue de tenir les habitants des alentours éveillés les jours de brouillard.

Beach Road dessert ensuite Sea Point, où abondent également hauts immeubles, hôtels et bureaux. Cette banlieue fut longtemps le principal pôle de distraction de Cape Town, mais a été détrônée par le Victoria & Alfred Waterfront. Si on y trouve toujours de nombreux bars et restaurants, la vie nocturne n'y est plus aussi intense. Sea Point reste toutefois très animée la journée, où flâneurs exhibant leur bronzage, personnes âgées promenant leur chien et amateurs de jogging ou de roller se pressent sur sa promenade. Longue de 3 km, celle-ci débouche sur un pavillon jouxtant un vaste parc de stationnement, un night-club et la **Sea Point Swimming Pool**, une piscine d'eau de mer découverte.

De petites criques sablonneuses jalonnent la côte rocheuse. Malgré la fraîcheur de l'eau, elles sont fréquentées en été par des adeptes des bains de soleil. Dans les flaques laissées au creux des rochers par la marée descendante, anémones de mer, astéries et coquillages offrent aux enfants un monde merveilleux à explorer. Le Graaff's Pool, un lieu de baignade isolé ouvert sur la mer, est par tradition réservé aux hommes.

Sea Point Swimming Pool

Beach Rd. 📞 (021) 434-3341. ⬜ déc.-janv. 7 h-18 h 30 t.l.j., fév.-nov. 7 h-16 h 30 t l.j. ⬤ seulement par mauvais temps. 🏊 🚻

Le phare de Green Point utilise une corne de brume

LION'S HEAD ET SIGNAL HILL

L'ascension, relativement aisée, du Lion's Head (670 m) est récompensée par une vue époustouflante du City Bowl et de la côte atlantique. Le sentier qui fait le tour du rocher part du parc de stationnement en bordure de Signal Hill Road. Au bout de Signal Hill Road se trouvent un autre parking et un point de vue apprécié le soir pour contempler les lumières de la ville. Signal Hill doit son nom au Noon Gun, une batterie d'artillerie construite par les Britanniques en 1890 pour défendre le port. Elle servit ensuite à surveiller le bon fonctionnement des montres par un coup de canon tiré chaque jour à midi, un rite toujours en vigueur.

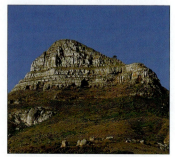

Lion's Head offre une vue spectaculaire

Cape Riviera ❷

Victoria Rd. **Plan** 3 B2–5.

Le restaurant Blues à Camps Bay offre une vue magnifique

Non loin de la Sea Point Swimming Pool, la route côtière prend le nom de Victoria Road. Elle longe une partie du littoral surnommée la « Riviera » de Cape Town, car les riches Capetoniens y ont fait construire de somptueuses villas à quelques pas de plages magnifiques.

Nommé d'après les douze apôtres par un gouverneur britannique de la colonie du Cap, Sir Rufane Donkin, le massif des Twelve Apostles offre un arrière-plan spectaculaire aux faubourgs qui sont devenus les adresses les plus prestigieuses de la province. La première, **Bantry Bay**, compte de nombreuses résidences de luxe soutenues par des pilotis à flanc de montagne. La suivante, **Clifton**, est réputée pour ses quatre plages séparées par des blocs de granite, dont Fourth Beach, la plus au sud, très appréciée des familles car il existe un parc de stationnement à proximité, alors qu'on ne peut accéder aux trois autres qu'en empruntant de raides escaliers. Lion's Head les protège efficacement toutes les quatre du vent, et malgré la froideur des eaux de l'Atlantique, elles sont très fréquentées l'été, ce qui ne va pas sans poser des problèmes de circulation.

Victoria Road longe ensuite **Maiden's Cove**, dotée de bonnes installations publiques, contrairement à **Glen Beach**, qu'apprécient tout de même les surfeurs et les amateurs de bains de soleil. De hauts palmiers bordent la large plage de **Camps Bay**, très populaire elle aussi bien qu'exposée aux rafales du vent du sud-est, notamment pendant les mois d'été. La beauté du cadre justifie toutefois cet engouement, et les visiteurs y disposent d'un hôtel de luxe, The Bay (*p. 319*), et de bons restaurants qui permettent pour la plupart de déjeuner en contemplant la mer, ou d'admirer le soir les superbes couchers de soleil.

En promenade sur Camps Bay Beach

Llanduno, sans doute la plus belle des petites plages de l'agglomération, se trouve à environ 10 km à l'est de Camps Bay. Zone résidentielle très chic, elle s'accroche à un promontoire rocheux au pied de la montagne appelée Little Lion's Head et domine un croissant de sable blanc que baigne une eau turquoise d'une parfaite limpidité, un paysage enchanteur quand on le découvre en arrivant du haut de la falaise.

La route cesse à Llanduno de longer la mer pour rejoindre directement Hout Bay, mais une marche de vingt minutes vers l'ouest sur le rivage rocheux conduit à **Sandy Beach**, une plage de naturistes abritée.

La plage de Camps Bay au pied des Twelve Apostles

Hout Bay ❸

**Logo du World
of Birds**

Hout Bay, qui s'est développée grâce à la pêche à partir des années 40, est devenue une zone résidentielle et une station de villégiature appréciée. Le site doit son nom à Jan Van Riebeeck, qui évoqua dans son journal, en juillet 1653, les « t'hoothbaaijen » (« baies boisées ») de la région. Avant tout réputée pour la langouste et le *snoek*, un poisson d'eau de mer ressemblant au brochet, la ville abrite plusieurs conserveries et un marché alimenté par les pêcheurs locaux. Bordée de dunes basses, sa plage s'étend entre le massif du Karbonkelberg, qui a pour point culminant, à 331 m d'altitude, le sommet du Sentinel, et le Chapman's Peak, montagne au flanc de laquelle sinue une route panoramique à la renommée justifiée.

Chalutier bigarré dans le port de pêche de Hout Bay

À la découverte d'Hout Bay

Carte routière B5. 20 km au S. de Cape Town par la M6 ou la M63. 🚆 *depuis la gare de Cape Town, Adderley St.*

Sillonnées de routes bordées de chênes, les vertes vallées d'Hout Bay abritent plusieurs centres équestres proposant des cours d'initiation ou des promenades. Beaucoup de résidents apprécient surtout la plage pour s'y dégourdir les jambes avec leur chien le matin ou contempler le soleil se couchant derrière le Sentinel, mais on peut aussi y faire du pédalo ou affronter l'eau froide. À son extrémité occidentale, planches à voile et petits catamarans glissent sur les flots. À la limite orientale de la baie, une aiguille de rocher porte la statue en bronze d'un léopard, œuvre exécutée en 1963 par un artiste local : Ivan Mitford-Barberton.

Le village lui-même renferme un large choix de cafés, de restaurants et de boutiques de vêtements et de souvenirs. La populaire Dirty Dick's Tavern possède un porche qui domine le port.

Au départ de la route côtière, le Chapman's Peak Hotel occupe une position stratégique d'où s'ouvre une vue superbe de la baie. En été, sa terrasse se prête aussi bien à un déjeuner de fruits de mer qu'à un cocktail au crépuscule.

Sculpture à la mémoire des léopards de montagne

Mariner's Wharf

Harbour Rd. 📞 *(021) 790-1100.*
🅿 *t.l.j.* ♿ 🍴 🛍 📷

Les constructeurs du « quai des Marins » descendent d'une famille d'agriculteurs, les Dorman, qui s'installèrent dans la vallée d'Hout Bay au début du XXᵉ siècle. Un petit stand, sur Hout Bay Road, porte le nom du domaine ancestral : Oakhurst (« bosquet de chênes »). Il vend des biscuits et des pains artisanaux, ainsi que des fruits et des légumes frais.

Entre la plage d'Hout Bay et son port de pêche animé, le Mariner's Wharf propose un bistro en plein air, une boutique de souvenirs liés à la navigation et un marché au poisson et aux fruits de mer. Un restaurant de poisson occupe l'étage.

Depuis le port, des promenades en mer permettent d'approcher Duiker Island, où vit une colonie d'otaries à fourrure du Cap. Participer à une croisière au coucher du soleil ne manque pas non plus de charme. Plusieurs compagnies organisent des expéditions de pêche au gros dans des eaux fréquentées, entre autres, par des espadons, des marlins, des albacores et des thons blancs.

Hout Bay vue du Chapman's Peak

Le Mariner's Wharf abrite un excellent marché au poisson

Hout Bay Museum

4 Andrews Rd. 📞 *(021) 790-3270.*
🕐 *8 h 30-16 h 30 lun.-ven., 10 h-16 h 30 sam.* 🕐 *jours fériés.* 📷 🏛

Ce musée retrace l'histoire de la vallée d'Hout Bay et de ses habitants, en particulier son passé forestier et minier et l'évolution de l'industrie de la pêche jusqu'à nos jours. Il organise aussi des randonnées guidées dans les montagnes des alentours.

AUX ENVIRONS : Juste au nord d'Hout Bay, le remarquable **World of Birds Wildlife Sanctuary** est le plus grand refuge ornithologique d'Afrique et le deuxième du monde. Les visiteurs peuvent pénétrer dans les volières, vastes et aménagées de manière à reconstituer les habitats naturels. Elles abritent environ 3 000 oiseaux appartenant à 450 espèces et permettent de les regarder se nourrir, construire des nids et couver leurs œufs. Nombre des pensionnaires du World of Birds y arrivent blessés. Chaque fois que possible, ils sont remis en liberté lorsqu'ils sont capables de survivre. D'autres oiseaux appartiennent à des espèces menacées d'extinction et participent à des programmes de reproduction.

Ces programmes ont notamment concerné la grue de paradis, le cacatoès soufré à huppe citron et le percnoptère d'Égypte, un charognard disparu d'Afrique du Sud.

Le World of Birds dispense une information sur la préservation de la faune et abrite également des primates devenus rares, en particulier plusieurs sortes de ouistitis.

🦅 **World of Birds Wildlife Sanctuary**
Valley Rd. 📞 *(021) 790-2730.*
🕐 *9 h-17 h t.l.j.* 📷 ♿ 🛒 🏛
W www.worldofbirds.co.za

Élanion blanc

LES POISSONS DE LIGNE DU CAP OUEST

Riches en matières nutritives, les eaux froides qui baignent la côte ouest permettent la survie de poissons plus nombreux mais moins variés qu'au large du littoral oriental. Des espèces locales, *red roman*, *kabeljou* et *white stumpnose*, forment le plus gros des prises, le poisson national, le *galjoen*, étant devenu très rare. Les failles où prospère le varech se prêtent particulièrement bien à la pêche à la ligne.

Red roman *Particulièrement savoureux au four, ce poisson est surtout pêché au large des récifs.*

Snoek *Ce poisson prédateur abonde en hiver et au début de l'été quand il migre vers le sud en quête de sardines. Sa chair riche, assez grasse, se conserve bien fumée ou séchée.*

Kabeljou (kob) *Très abondant, le kabeljou apparaît souvent à la carte comme « la pêche du jour ».*

White stumpnose *Délicieux, il constitue une prise de choix pour les pêcheurs amateurs.*

Yellowtail (sériole) *Ce poisson parmi les plus prisés des eaux d'Afrique du Sud possède une chair ferme et goûteuse, qui est toutefois moins fine chez les individus les plus âgés.*

Saumon du Cap *De la même famille que le kabeljou, il a plus de saveur.*

Explorer la Cape Peninsula ❹

Cette excursion en voiture commence sur la côte occidentale et emprunte la Chapman's Peak Drive, une route panoramique dont la construction demanda sept ans. Des aires de pique-nique la jalonnent. La découverte du paysage qui s'ouvre de Cape Point, la pointe du cap de Bonne-Espérance, est particulièrement étonnante : le regard porte jusqu'à False Bay, le massif des Hottentots Holland et le Cape Hangklip. Au retour, l'itinéraire permet d'observer la colonie de manchots de Boulders et de découvrir Simon's Town, charmante localité.

Chapman's Peak ①
Il culmine à 592 m. Une plate-forme d'observation panoramique domine 160 m de falaise abrupte tombant dans la mer.

```
0        5 km
```

Kommetjie ②
Les éclairs des puissants rayons du phare de Slangkop portent la nuit jusqu'à Hout Bay.

Légende

	Itinéraire
	Autre route
---	Limite de parc ou de réserve
❋	Point de vue
	Observation de baleines

Muizenberg ⑥
Une eau tiède et calme y permet la baignade.

Boulders ⑤
Cette colonie de manchots du Cap attire de nombreux visiteurs chaque année.

Funiculaire ④
Un funiculaire permet de rejoindre le point de vue au sommet de Cape Point.

Réserve naturelle du Cape of Good Hope ③
L'autruche fait partie des espèces qui y sont protégées.

Carnet de Route

Longueur : 160 km du De Waal Drive à Cape Point, en passant par Camps Bay et la Chapman's Peak Drive, puis retour par Simon's Town, Muizenberg et la M3 jusqu'à Cape Town.
Durée : pour pleinement apprécier la beauté des deux côtes et de la péninsule, mieux vaut faire l'excursion en deux jours.

Promenade à cheval sur la plage de Noordhoek

Noordhoek ❺

Carte routière B5. Par Chapman's
Peak Drive ou Ou Kaapse Weg.

Cette petite localité côtière
offre pour principal intérêt
sa plage de sable blanc longue
de 6 km qui servit de décor à
certaines scènes du film
La Fille de Ryan. De violents
courants y rendent toutefois la
baignade dangereuse, mais elle
est fréquentée par des surfeurs
et des adeptes du *paddleski*
(planche mue par des pagaies)
et se prête à merveille aux
promenades à cheval ou à
pied. Celles-ci peuvent avoir
pour but l'épave du *Kakapo*,
un vapeur qui s'échoua lors
d'une tempête en 1900.

AUX ENVIRONS
Autre village côtier,
Kommetjie borde un étang
d'eau de mer derrière
Noordhoek Beach. Long
Beach s'étend au nord jusqu'à
Klein Slangkop Point. Cette
plage appréciée des
véliplanchistes accueille des
compétitions de surf.
Scarborough, à l'embouchure
de la Schuster's River, est une
zone résidentielle recherchée.

Cape of Good Hope Nature Reserve ❻

Carte routière B5. M4 par Simon's
Town. 📞 *(021) 780-9100 (9 h-17 h).*
⬜ *entrée principale : sept-avr., 7 h-
18 h (printemps/été) t.l.j. ; avr.-sept. :
7 h-17 h (automne/hiver) t.l.j. La porte
ferme à 18 h en hiver ; au coucher du
soleil en été.* 🅿️🚻🍴🛏️🖼️♿

C'est le roi Jean II de
Portugal qui donna à la
pointe de la péninsule le nom
de *Cabo de Boa Esperança*
(« cap de Bonne-Espérance »),
car elle lui semblait ouvrir
l'espoir d'une nouvelle route
vers les Indes, mais Bartolomeu
Dias, le premier Européen à la
franchir en 1488, l'avait
baptisée *Cabo Tormentoso*
(« cap des Tempêtes »).
Des vents d'une grande
violence balaient effectivement
la réserve naturelle qui
protège l'extrémité de la Cape
Peninsula, et il n'y pousse que
des *fynbos* et des *milkwoods*.
Cette végétation suffit à la
survie de petits herbivores
comme l'éland, le bontebok,
l'antilope-chevreuil, le grisbok
et le rare zèbre du Cap. Elle

suffit aussi aux babouins, mais
ceux-ci n'hésitent pas à
pénétrer dans les voitures pour
les piller.
Un funiculaire conduit au
point de vue aménagé au
sommet de Cape Point, mais
un sentier dallé permet aussi
de l'atteindre à pied. Le
panorama, avec les vagues
qui viennent s'écraser contre
les rochers 300 m plus bas,
est exceptionnel.
Le brouillard empêcha
souvent le phare, dont
subsiste la base, de remplir sa
fonction et, après que le
paquebot portugais *Lusitania*
eut fait naufrage le 11 avril
1911, on le reconstruisit plus
bas sur le promontoire.
À l'entrée de la réserve, les
visiteurs peuvent se procurer
les cartes des nombreux
sentiers qui la sillonnent. Les
plus appréciés et les plus aisés
de la côte ouest comptent la
promenade jusqu'à Sirkelsvlei
et celle menant à l'épave du
Thomas T. Tucker. Sur la côte
est, les bassins de Venus Pool,
Bordjiesrif et Buffels Bay, ainsi
que les sites de pique-nique,
attirent en été des nuées de
vacanciers.

Bonteboks, cap de Bonne-Espérance

LE HOLLANDAIS VOLANT

Le Hollandais volant

Le capitaine qui a inspiré la légende du *Hollandais
volant* s'appelait Hendrick Van der Decken. Alors qu'il
tentait en 1641 de franchir le cap de Bonne-Espérance
par une mer déchaînée, et que son navire commençait à
couler, il jura qu'il passerait même s'il devait s'acharner
jusqu'au Jugement dernier. Depuis, par mauvais temps,
nombreux furent les marins à apercevoir un vaisseau
fantôme aux mâts brisés et aux voiles déchiquetées. Un
de ces témoins, aspirant sur le *Bacchante,* en rapporta
le détail dans son journal en juillet 1881. En 1907, il fut
couronné roi d'Angleterre sous le nom de George V.

La rue principale de Simon's Town

Simon's Town ❼

Carte routière B5. 🚈 *4 000.* 🚉
depuis la gare de Cape Town,
Adderley St. 🏛 *111 St George's St,
Simon's Town, (021) 786-2436.*
🆆 www.simonstown.com

Cette charmante petite localité de la côte est du cap doit son nom à Simon Van der Stel *(p. 96)*, qui atteignit sa baie abritée en 1687.

En 1743, la Compagnie hollandaise des Indes orientales décida d'y faire mouiller ses navires en hiver pour leur éviter les tempêtes destructrices qu'ils subissaient dans la Table Bay. Les Britanniques y établirent en 1814 la base de la Royal Navy en Atlantique sud. La marine sud-africaine ayant pris le relais en 1957, ce sont des générations de marins qui ont fréquenté les bars et les hôtels pittoresques de Simon's Town.

Un excellent moyen de découvrir la ville consiste à participer à l'une des **Historic Walks**, visites à pied organisées le mardi et le samedi matin. La promenade commence près de la gare et s'achève sur l'East Dockyard à Martello Tower, que les Britanniques élevèrent en 1796 dans la crainte d'une attaque française. Le parcours permet de découvrir le Simon's Town Museum, le Musée naval sud-africain et le Warrior Toy

Manchot du Cap

Museum, une collection de jouets et de soldats de plomb.

Le **Simon's Town Museum** retrace l'histoire de la ville. Il occupe The Residency, demeure de villégiature construite en 1777 pour le gouverneur Joachim Van Plettenberg. Un ancien quartier des esclaves est ouvert au public. L'exposition comprend aussi la réplique d'un pub destiné aux marins de la Royal Navy pendant la Seconde Guerre mondiale.

🏛 **Historical Walk**
🚈 Gare de Simon's Town, *(021) 786-3046.*
🕙 *10 h mar. et sam.* ♿
🏛 **Simon's Town Museum**
Court Rd. 📞 *(021) 786-3046.*
🕘 *9 h-16 h lun.-ven., 10 h-16 h sam., 11 h-16 h dim. et jours fériés.*
⬤ *25 déc., 1ᵉʳ janv., ven. saint.*

AUX ENVIRONS

Entre Simon's Town et la Réserve naturelle du cap de Bonne-Espérance, la M4 dessert plusieurs stations balnéaires où des baies abritées telles que Froggy Pond, Boulders et Seaforth permettent de se baigner en sécurité. Les blocs de granite de Boulders isolent de petites plages particulièrement fréquentées car bien protégées des coups de vent du sud-est, mais l'endroit doit surtout sa renommée à une colonie de manchots du Cap.

Plus au sud, Miller's Point offre des aires de pique-nique et des bassins alimentés par les marées. Les clients du Black Marlin, un restaurant de fruits de mer, peuvent y apprécier la vue.
À Smitswinkel Bay, un sentier très pentu descend jusqu'à une jolie crique.

SECONDE CLASSE JUST NUISANCE

Sur Jubilee Square, la statue d'un danois domine le port naval de Simon's Bay. Elle rend hommage à la mascotte des marins britanniques basés dans la ville pendant la Seconde Guerre mondiale. Just Nuisance (« Juste casse-pied ») appartenait officiellement à la Marine royale où il avait le grade de matelot de deuxième classe. Il mourut à l'hôpital naval de Simon's Town et eut droit à des funérailles militaires auxquelles assistèrent 200 membres de la Royal Navy. Une salle du Simon's Town Museum est consacrée à ce soldat inhabituel.

Just Nuisance et un ami

Fish Hoek ❽

Carte routière B5. M4, False Bay.
🚶 *9 000.* 🚉 *depuis la gare de
Cape Town, Adderley St.* 🛈 *11 First
Avenue.* ☎ *(021) 782-3991.*

Fish Hoek resta jusqu'à très récemment une ville
« sèche », car le texte de la concession accordée en 1818 par le gouverneur Charles Somerset stipulait que la vente d'alcool y serait interdite, une clause qui ne fut annulée que dans les années 90. Bordée de cabines de bain, de cafés et d'un yacht-club, sa longue plage attire surtout des familles et des amateurs de voile. Des régates y ont lieu régulièrement, et il n'est pas rare de voir des catamarans et des dériveurs alignés sur le sable. Une agréable promenade, Jager's Walk, domine la mer et la plage au bord de la baie.

AUX ENVIRONS :
La M4 continue de longer le rivage vers le nord, et elle traverse la station balnéaire de St James, qui possède une petite plage sûre et doit son cachet à un rang de cabines de bain en bois, peintes de couleurs vives.

Dans le pittoresque petit port de Kalk Bay, les pêcheurs vendent le poisson frais directement sur leurs bateaux. La période la plus animée coïncide avec la saison du *snoek*, généralement de juin à juillet. Le Brass Bell, un restaurant pris en sandwich entre la gare et l'océan, comprend un pub très fréquenté, et sa terrasse offre un cadre agréable où déguster

Front de mer de Muizenberg vu de Boyes Drive

de bons produits de la mer. Les visiteurs de passage à Kalk Bay apprécient aussi les antiquaires et les boutiques installés le long de Main Road.

Muizenberg ❾

Carte routière B5. M4, False Bay.
🚶 *5 800.* 🚉 *depuis la gare de
Cape Town, Adderley St.* 🛈 *Beach
Rd.* ☎ *(021) 788-6193.* 🕐 *9 h-
17 h 30 lun.-ven., 9 h-13 h sam.*

Le nom de Muizenberg dérive de Muijs zijn berg, qui signifie « montagne de Muijs » en néerlandais. Il fait référence à Wynand Wyllem Muijs, un sergent qui commanda à partir de 1743 un poste militaire établi dans les hauteurs dominant l'océan.

Sa plage de sable blanc, qui s'étend sur 40 km jusqu'à la ville de Strand, a fait de Muizenberg une station de villégiature en vogue au tournant du siècle. Les grandes demeures construites à cette époque rappellent cette popularité malgré des façades quelque peu

décrépites. Toutes les générations se mêlent aujourd'hui dans la piscine d'eau de mer et sur de vastes pelouses.

Au pied de la gare, construite sur une partie rocheuse de la côte, les vagues du Surfer's Corner conviennent aux surfeurs débutants.

Rhodes Cottage

AUX ENVIRONS
Premier ministre de la colonie du Cap de 1890 à 1895, le financier Cecil John Rhodes lança en 1899 la vogue de Muizenberg en achetant le Barkly Cottage. Rebaptisée Rhodes Cottage, la modeste maison aux murs en pierre, couverte d'un toit de chaume, est devenue un musée.

Elle contient des photographies et des souvenirs personnels de l'homme d'affaires qui fonda la puissante De Beers Consolidated Mines, dont la balance qui lui servait à peser les diamants et le coffre où il transportait ses effets.

🏛 **Rhodes Cottage**
Main Rd. ☎ *(021) 788-1816.* 🕐
9 h 30-16 h 30 t.l.j. ⬤ *25 déc.*

La plage de Fish Hoek permet de se baigner en toute sécurité

Groot Constantia ⑩

Peu après sa nomination, le deuxième gouverneur hollandais du Cap, Simon Van der Stel, fonda en 1685 un domaine viticole qu'il baptisa Constantia, probablement en l'honneur de la fille de Rijckloff Van Goens, qui avait soutenu sa demande de concession. Pour rester sur la propriété, Van der Stel refusa de rentrer en Europe à sa retraite. Après sa mort en 1712, le domaine fut divisé en trois et la partie où se situait sa demeure, édifiée en 1692, prit le nom de Groot Constantia. Hendrik Cloete l'acheta en 1778, et sa famille en resta propriétaire pendant trois générations, donnant aux bâtiments leur aspect actuel.

Carriage Museum
Une collection de charrettes et autres voitures retrace l'histoire des transports à l'époque coloniale.

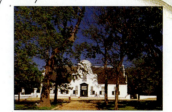

★ **Cloete Wine Cellar**
Commandée par Hendrik Cloete en 1791 et attribuée à Louis Thibault, la façade possède un fronton rococo sculpté par Anton Anreith.

Pignon Cape Dutch
Le haut pignon fut ajouté entre 1799 et 1803. L'allégorie de l'Abondance qui en orne la niche est l'œuvre du sculpteur Anton Anreith.

★ **Manor House**
Un musée y reconstitue un intérieur de riches fermiers du XVIIe siècle. Alfred A. de Pass, membre d'une famille d'armateurs des Pays-Bas, fit don de la majorité des antiquités.

À NE PAS MANQUER

★ **Manor House**

★ **Cloete Wine Cellar**

★ **Jonkershuis**

Groot Constantia
Avec des étés tempérés et des hivers frais et pluvieux, le climat convient parfaitement à la vigne plantée sur le domaine.

MODE D'EMPLOI

Carte routière B5. Depuis la M3 (Van der Stel Freeway) sortie Groot Constantia vers Ladies Mile. ☎ (021) 794-5128. ◻ 10 h-17 h t.l.j., dégustation 9 h-16 h 30. ● ven. saint, 25 déc., 1er janv. ☑ chais : (021) 794-5128. 10 h-16 h t.l.j. 🅿️ ♿ 🍴 🖼️ 🛍️

Vin de Constance
Klein Constantia (séparé de Groot Constantia en 1712) vinifie ce muscat naturellement sucré de Frontignan à la mode du début du XVIIIe siècle.

★ Jonkershuis
L'ancien logement des fils du maître du domaine abrite aujourd'hui un restaurant qui sert des spécialités Cape Malay (p. 342).

Le jardin, planté de 8 401 arbres en 1695, possède des chênes, des noyers, des oliviers et des bananiers.

LES PIGNONS AU CAP

Government House (1756) est un exemple de pignon à triple lobe.

Libertas (1771) a un pignon à courbes opposées, un style dit Cape Baroque.

Klein Constantia (1799) s'inspire du classicisme de la Renaissance italienne

Nedeburg (1800) se caractérise par un fronton brisé et des pilastres.

La Newlands Forest, un lieu d'excursion apprécié le week-end

Kirstenbosch National Botanical Garden ⓫

Voir p. 100-101.

Newlands ⓬

Carte routière B5. 🚉 *depuis la gare de Cape Town, Adderley St.* 🚌 *Terminus de Strand St à la gare de Mowbray.*

Banlieue chic nichée au pied du flanc sud de la Table Mountain, Newlands abrite le siège des équipes de rugby et de cricket de la province du Cap Ouest. Son vaste complexe sportif, rebaptisé Newlands-Norwich en 1996, a accueilli de nombreux matchs internationaux. C'est dans son stade, d'une capacité de 50 000 spectateurs, qu'eut lieu le coup d'envoi de la Coupe du monde de rugby en 1995 (*p. 32*).

La Newlands Forest s'étend le long de la M3, grand axe de circulation qui relie Muizenberg aux banlieues sud et au centre de Cape Town. Eucalyptus et pins fournissent une ombre appréciée des promeneurs et des habitants des environs qui viennent y faire courir leur chien.

Près du centre sportif, le petit **Rugby Museum** possède quelque 1 500 photos de joueurs de renom et d'équipes nationales. Une vaste collection de souvenirs tels que chaussures, maillots, vestes, cravates et casquettes ayant appartenu à des célébrités sud-africaines comprend des objets

remontant à 1891, année où le pays joua son premier match international contre l'Angleterre.

Un peu plus loin se dresse le **Josephine Mill.** Restauré avec soin, ce moulin à farine, construit en 1840 au bord de

Josephine Mill

la Liesbeeck River par le Suédois Jacob Letterstedt, a conservé sa roue en fonte. Il porte le nom de la princesse royale Joséphine de Suède.

La Cape Town's Historical Society organise sur demande des démonstrations de son fonctionnement et vend biscuits et farine. Elle propose aussi des promenades guidées le long de la Liesbeeck River. Pendant les mois d'été, de novembre à février, des concerts ont lieu le dimanche soir dans le jardin au bord de la rivière.

🏛 **Rugby Museum**
Boundary Rd. 🅒 *(021) 686-2151.*
⏱ *8 h 30-17 h lun.-ven.*

🏭 **Josephine Mill**
Boundary Rd. 🅒 *(021) 686-4939.*
⏱ *8 h-16 h lun.-ven.* ● *week-ends et jours fériés.*

Mostert's Mill ⓭

Carte routière B5. Rhodes Drive. 🚌 *du terminus Golden Acre de Strand St à la gare de Mowbray.* 🅒 *(021) 762-5127.* ⏱ *réserv. par tél.*

Ce vieux moulin à vent date de 1796 et faisait partie du domaine de Groote Schuur.

Rhodes acheta la propriété en 1891, et fit don d'un vaste terrain à l'université de Cape Town. Ses bâtiments s'étalent aujourd'hui au pied de la montagne, aisément reconnaissables au-dessus de Rhodes Drive (M3) avec leurs toits de tuile rouge et leurs murs couverts de lierre.

Les Pays-Bas participèrent à la restauration du moulin en 1936. Il n'y a pas de guide sur le site.

AUX ENVIRONS
À l'est du Mostert's Mill, la banlieue de Rosebank abrite l'Irma Stern Museum, dédié à l'un des peintres modernes les plus talentueux et

---

LADY ANNE BARNARD (1750-1825)

La gracieuse demeure de style Cape Georgian de Newlands fut au début du XIXᵉ siècle la résidence de campagne de lady Anne Barnard. Épouse du secrétaire colonial Andrew Barnard, elle vécut au Cap avec son mari de 1797 à 1802 et a laissé une description passionnante et pleine d'esprit de la vie de la colonie. Ses talents ne se limitaient pas à l'écriture, et des dessins ornaient souvent ses lettres et son journal intime.

Lady Anne Barnard

Le Mostert's Mill date de 1796

prolifiques d'Afrique du Sud. Il occupe The Firs, la superbe demeure de l'artiste, décédée en 1966, et renferme environ 200 peintures et sa riche collection d'antiquités.

Vers le nord-ouest depuis Mostert's Mill, la M3 s'incurve autour de Devil's Peak et prend le nom de De Waal Drive pour pénétrer dans le centre-ville. À droite se trouve le **Groote Schuur Hospital**, entré dans l'histoire en 1967 quand le professeur Christiaan Barnard y réussit la première transplantation d'un cœur humain.

🏛 Irma Stern Museum

Cecil Rd, Rosebank. ☎ (021) 685-5686. ◷ 10 h-17 h mar.-sam. ● jours fériés. 🅰

Rhodes Memorial ⑭

Carte routière B5. Groote Schuur Estate. Exit off M3. 🛈 (021) 689-9151. 🚻

Situé juste en face de la demeure de Groote Schuur, résidence officielle à Cape Town du président d'Afrique du Sud, le Rhodes Memorial offre un large panorama des banlieues sud.

Œuvre de sir Herbert Baker, taillée dans le granite blanc et dévoilée en 1912, le monument accroché au flanc de Devil's Peak évoque un temple dorique. Il contient un buste de Cecil John Rhodes, le politicien et homme d'affaires à qui il rend

hommage. L'effigie est de J. M. Swan, qui sculpta aussi les huit lions en bronze qui gardent l'escalier construit de part et d'autre d'une statue équestre exécutée par George Frederic Watts et intitulée *Physical Energy*. Rudyard Kipling, ami de Rhodes, rédigea l'inscription sous le buste.

La vue qui s'ouvre du mémorial porte jusqu'au lointain massif montagneux des Hottentots Holland. Les bois qui l'entourent, où se mêlent chênes et pins, abritent une petite population de daims, ainsi que quelques tahrs de l'Himalaya, animal introduit à la fin du XIXᵉ siècle par Cecil John Rhodes.

South African Astronomical Observatory ⑮

Carte routière B5. Près de Liesbeeck Pkway, Observatory Rd. ☎ (021) 447-0025. ◷ 20 h le 2ᵉ sam. du mois. 🅰 obl. groupes de 10 ou plus.

C'est le premier astronome royal en poste au Cap, le révérend Fearon Fellows, qui décida en 1821 de l'emplacement du Royal Observatory. L'observatoire reste aujourd'hui à la pointe des recherches astronomiques en Afrique du Sud, et, à ce titre, il contrôle le laboratoire de Sutherland dans le Great

Karoo. C'est aussi lui qui fixe l'heure de référence dans le pays et transmet l'impulsion électronique qui déclenche chaque jour à midi le coup de canon du Noon Day Gun de Signal Hill *(p. 88)*.

Ratanga Junction ⑯

Carte routière B5. *Sortie 10 de la N1 à 10 km au N. de Cape Town.* ☎ 086 120 0300. ◷ 10 h-17 h ven.-dim. ● 25 déc. 🅰 🌐 www.ratanga.co.za

Logo du parc Ratanga Junction

Premier véritable parc à thème d'envergure d'Afrique du Sud, Ratanga Junction fait partie du complexe de commerces et de bureaux en construction appelé Century City, situé à environ 12 km du centre sur la N1.

Il propose trois attractions principales : le Cobra, terrifiantes montagnes russes ; Monkey Falls, qui fait dévaler une chute d'eau de près de 20 m ; et Crocodile Gorge, descente plus calme d'un torrent artificiel. Les enfants disposent aussi d'attractions plus classiques telles que manèges et autos tamponneuses. Outre de nombreux stands de fast-food, le parc renferme 20 restaurants à thème, des bars, des salles de jeu et des cinémas. On peut également y assister à des projections laser.

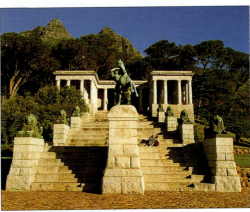

Le Rhodes Memorial dessiné par sir Herbert Baker

Kirstenbosch National Botanical Garden ⓫

Marguerite

En 1902, Cecil John Rhodes légua à l'État le domaine de Kirstenbosch, et le gouvernement sud-africain en confia, en juillet 1913, la gestion à un conseil d'administration. Ce dernier fut chargé de créer un jardin botanique dédié à la conservation et à la diffusion d'espèces indigènes rares. Ce jardin, parmi les plus beaux du monde, s'étend aujourd'hui sur une superficie de 5,3 km², dont 7 % sont cultivés et 90 % couverts de *fynbos* et de forêt. Kirstenbosch prend son visage le plus spectaculaire entre août et octobre, quand s'épanouissent marguerites et gazanias.

Protéas

★ **Colonel Bird's Bath**
Des fougères arborescentes et des houx du Cap entourent ce bassin nommé d'après un sous-secrétaire colonial du début du XIXᵉ siècle.

La haie d'amandiers de Van Riebeeck fut plantée pour empêcher les colons de faire du troc avec les Khoisans.

Oiseaux
Les protéas attirent des sucriers.

Harold Pearson, premier directeur du jardin, est enterré à côté du Colonel Bird's Bath.

Entrée principale

★ **La serre**
Toutes les régions florales du pays y sont représentées, de la dense forêt côtière aux territoires arides et montagneux.

À NE PAS MANQUER

★ **La serre**

★ **Colonel Bird's Bath**

★ **Les camphriers**

Braille Trail

Une corde guide les malvoyants à travers une zone boisée le long de ce sentier de 470 m, jalonné de panneaux d'information sur la flore en gros caractères et en braille.

MODE D'EMPLOI

Carte routière B5. Sortie Rhodes Ave sur la M3. ⊡ *Mowbray.* 🚌 *depuis Golden Acre à Adderley St et la gare de Mowbray.* ⬛ *lun.-ven. : (021) 799-8000, sam.-dim. : (021) 761-4916.* ⬜ *avr.-août 8 h-18 h, t.l.j. ; sept-mars 8 h-19 h, t.l.j.* 🔲 *11 h mar. et sam.* 📷 🚻 🛒 📷 🚻 ♿ Ⓦ *www.nbi.ac.za*

0   100 m

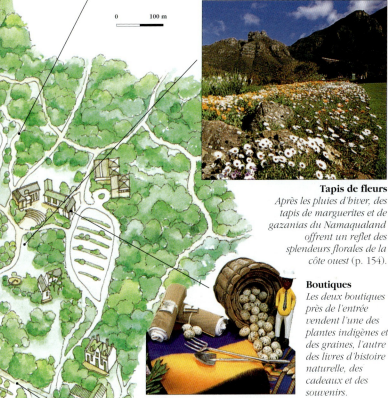

Tapis de fleurs

Après les pluies d'hiver, des tapis de marguerites et de gazanias du Namaqualand offrent un reflet des splendeurs florales de la côte ouest (p. 154).

Boutiques

Les deux boutiques près de l'entrée vendent l'une des plantes indigènes et des graines, l'autre des livres d'histoire naturelle, des cadeaux et des souvenirs.

arc de stationnement

★ L'allée de camphriers

Cecil John Rhodes planta à la fin du siècle dernier les camphriers qui ombragent la voie qui reliait sa maison de Muizenberg au domaine de Groote Schuur.

Faire des achats à Cape Town

Aucune ville d'Afrique du Sud n'offre autant de possibilités en matière de shopping que Cape Town, et vous y trouverez des cadeaux et des souvenirs pour tous les goûts. À proximité du centre, le Victoria & Alfred Waterfront *(p. 78-81)*, s'il est le plus connu et le plus animé, n'est qu'un des grands centres commerciaux de la ville qui réunissent à peu près tout sous un même toit : des magasins d'alimentation aux restaurants, en passant par les boutiques de mode. Les rues commerçantes de Long Street et Kloof Street, ainsi que le St George's Mall piétonnier, possèdent toutefois plus d'atmosphère avec leurs artistes de rue et leurs éventaires de masques africains, d'ouvrages en perles, de sculptures et autres bibelots. Cape Town est aussi la capitale textile du pays, et les étals de nombreux marchés, tel celui de Greenmarket Square, proposent des vêtements artisanaux. Les enseignes spécialisées vous aideront à choisir parmi les vins d'Afrique du Sud.

Logo de galerie d'art

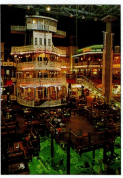

Dans le Tygervalley Centre

HEURES D'OUVERTURE

La plupart des boutiques ouvrent de 8 h 30 à 17 h en semaine, et de 9 h à 17 h le samedi. Beaucoup ne ferment qu'à 21 h le vendredi. Les supermarchés et les magasins d'alimentation ouvrent le dimanche, jour où se tiennent aussi la plupart des marchés aux puces et d'artisanat.

CENTRES COMMERCIAUX

Les centres commerciaux de Cape Town possèdent de vastes parkings et proposent dans un même lieu magasins, restaurants, salles de spectacle et banques. Le plus grand, le **Tygervalley Centre**, abrite plus de 300 commerces, un bureau de poste et une bibliothèque publique. Le **Cavendish Square** renferme 185 boutiques, tandis que le **Victoria & Alfred Waterfront** est devenu le pôle le plus animé de la ville.

MARCHÉS D'ARTISANAT

Dans le centre de Cape Town, le marché de **Greenmarket Square**, le plus vieux marché découvert de la cité, propose du lundi au samedi des articles tels que vêtements faits main, maroquinerie, sandales et bijoux. Chaque dimanche, le choix offert au **Hout Bay**

Arts and Crafts Market va des bibelots africains aux paniers, aux céramiques et aux objets en coquillages. **Le Red Shed Craft Workshop** dans le Victoria Wharf et le **Constantia Craft Market** (premier et dernier dimanches du mois) vendent des objets artisanaux de qualité.

Boutique d'artisanat africain

ARTISANAT AFRICAIN

La majeure partie de l'artisanat africain disponible à Cape Town provient d'Afrique occidentale, du Zimbabwe et de Zambie. **African Image, Out of Africa** et **Pan African Markets** vendent meubles, tissus, articles en perles et sculptures. **Africa Nova** propose des objets locaux en fil de fer, ainsi que de la céramique, de la vannerie et des textiles de qualité.

L'**African Craft Market** commercialise surtout des produits locaux tels que masques et gourdes décorées.

Étal du populaire marché de Greenmarket Square

ALIMENTATION

Les deux principales chaînes de supermarchés, **Woolworths** et **Pick'n Pay**, ont dans leurs rayons des spécialités de boissons telles que le « thé » *rooibos (p. 152)* et le *biltong (p. 343)*. **New York Bagel,** à Sea Point, est un excellent traiteur. La pêche locale alimente le **Mariner's Wharf Fish Market** un peu plus loin, à Hout Bay.

VIN

Comparés aux supermarchés, qui vendent aussi du vin, les magasins spécialisés présentent des avantages : ils donnent des conseils, organisent les expéditions et peuvent suggérer des itinéraires dans les vignobles. Au Waterfront, la **Vaughan Johnson's Wine Shop** garde en stock des crus inhabituels du Cap comme le Meerlust, le Cordoba et le Welgemeend, **Enoteca** privilégie le rapport qualité-prix et propose un large choix de vins, locaux comme importés.

Marchand de vin du Waterfront

LIVRES

Les librairies de la chaîne **Exclusive Books** vendent CD, beaux livres, romans, guides, plans, quotidiens et magazines. Celle de Cavendish Square comprend même un café.
   La boutique du Kirstenbosch Botanical Garden propose une excellente sélection de publications sur les paysages, les plantes et la faune d'Afrique du Sud.

Les diffuseurs de presse, **CNA** et **PNA**, sont implantés dans toute la ville.

PLANTES

La section jardinage de la boutique du **Kirstenbosch National Botanical Garden** vous permettra d'acquérir des plantes et des graines de toutes les zones climatiques du pays. Un horticulteur est à disposition tous les jours pour conseiller les clients.

CARNET D'ADRESSES

CENTRES COMMERCIAUX

Cavendish Square
Dreyer St, Claremont.
(021) 671-8042.

Tygervalley Centre
Willie van Schoor Ave,
Bellville.
(021) 914-1822.

Victoria & Alfred Waterfront
Plan 2 D3-4, E3-4.
(021) 408-7600.

MARCHÉS D'ARTISANAT

Constantia Craft Market
Alphen Common.
(021) 531-2653.

Greenmarket Square
Angle de Shortmarket St
et Burg St, Cape Town.
Plan 5 B1.

Hout Bay Arts and Crafts Market
Village Green, Main Rd.
(021) 790-3474.

Red Shed Craft Workshop
Victoria Wharf,
Victoria & Alfred
Waterfront.
Plan 2 D3.
(021) 408-7846.

ARTISANAT AFRICAIN

The African Craft Market
Harare Rd,
Khayelitsha.
(021) 975-1840.

African Image
Angle de Church St et
Burg St, Cape Town.
Plan 5 B1.
(021) 423-8385.
Victoria Wharf,
Waterfront.
(021) 419-0382.

Africa Nova
35 Main Rd,
Hout Bay.
(021) 790-4454.

Out of Africa
Victoria Wharf,
Victoria & Alfred
Waterfront.
Plan 2 E3.
(021) 426-4478.

Pan African Market
76 Long St,
Cape Town.
Plan 5 A2.
(021) 426-4478.

ALIMENTATION

Mariner's Wharf Fish Market
Harbour Rd, Hout Bay.
(021) 790-1100.

New York Bagel
51 Regent Rd, Sea Point.
Plan 3 C1.
(021) 439-7523.

Pick 'n Pay
28 succursales à Cape Town.
080011 2288
(service clientèle)

Woolworths
30 succursales
à Cape Town.
Plan 2 B5
(021) 407-9111.

VIN

Enoteca at the Wine Warehouse
125 Buitengracht St,
Capetown.
(021) 424-4060.

Vaughan Johnson's Wine Shop
Pierhead, Dock Rd,
Victoria & Alfred Water-
front. **Plan** 2 E3.
(021) 419-2121.

LIVRES

CNA (Central News Agency)
Victoria Wharf,
Victoria & Alfred
Waterfront.
(021) 418-3510.
Plusieurs succursales.

Exclusive Books
Cavendish Sq,
Claremont.
(021) 674-3030.
Plusieurs succursales.

PNA
Garden's Centre, Gardens.
(021) 465-7654.
Plusieurs succursales.

PLANTES

Kirstenbosch National Botanical Garden
Rhodes Drive, Newlands.
Natural World Merchants
(021) 799-8800.

SE DISTRAIRE À CAPE TOWN

Les loisirs à Cape Town ont pour principaux pôles les plages et la montagne, et malgré les nombreux concerts en plein air, organisés dans des parcs ou des amphithéâtres, la cité n'a pas une vie nocturne et une programmation culturelle aussi riches que celles de Johannesburg. Lorsqu'ils sortent le soir, beaucoup de Capetoniens se contentent d'aller dîner au restaurant avant d'aller au cinéma. Toutefois, les

Logo de la compagnie Ster-Kinekor

noctambules disposent de bars et de clubs où passer une nuit animée et faire des rencontres, danser ou écouter des orchestres de rock ou de jazz. Des spectacles sont parfois organisés au Castle Good Hope. Les deux quartiers les plus vivants sont le Victoria & Alfred Waterfront et les alentours de Loop Street et Front Street dans le centre.

Comptoir de réservation de Computicket au Victoria & Alfred Waterfront

SOURCES D'INFORMATION

Les quotidiens donnent le programme des cinémas et des manifestations artistiques et culturelles. Vous en trouverez aussi dans plusieurs magazines tels que *SA City Life* et *Cape Review*. Ils sont diffusés chez les marchands de journaux, ainsi que dans certains clubs et bars. *The Big Issue*, vendu par des personnes en situation précaire, ne manque pas non plus d'intérêt.

ACHETER LES BILLETS

Comptant de nombreuses succursales, **Computicket** permet de prendre des places pour tous les théâtres et cinémas.

Vous pouvez aussi acheter vos billets pour les cinémas Ster-Kinekor en appelant la **Ticketline**. Il faut avoir une carte bancaire pour réserver par téléphone.

CINÉMA

L'industrie cinématographique n'en est qu'à ses débuts en Afrique du Sud, et ce sont les productions hollywoodiennes qui connaissent le plus de succès et tiennent le haut de l'affiche dans les complexes de **Ster-Kinekor** et **Nu Metro**.

Les cinéphiles fréquentent les salles d'art et d'essai comme le **Labia Theatre** et le **Cinema Nouveau**, situé à Cavendish Square.

L'**Imax Cinema**, installé dans le pavillon BMW du Victoria & Alfred Waterfront, projette principalement des documentaires, mais l'écran géant et la qualité du son rendent l'expérience exceptionnelle.

THÉÂTRE, OPÉRA ET DANSE

Bien que ses habitants montrent plus d'engouement pour le cinéma, d'excellents spectacles sont présentés à Cape Town, et la ville possède un grand centre culturel, le **Nico Theatre Centre**. Le « Nico », ainsi qu'on l'appelle, programme des spectacles de théâtre, de ballet et d'opéra de niveau international. Un calendrier est disponible à la billetterie.

Représentation théâtrale au Nico Theatre Centre

Le Baxter Theatre de Rondebosch

Autre établissement culturel de qualité, le **Baxter Theatre Centre** propose expositions, spectacles de cabaret et de danse, et concerts de musique classique et contemporaine. Son théâtre pour enfants attire un public nombreux. La presse annonce les représentations données au **Little Theatre** de l'université de Cape Town et les pièces de Shakespeare jouées en plein air en janvier et février au **Maynardville Open-Air Theatre**. Les spectateurs en profitent souvent pour pique-niquer dans le parc avant la représentation.

Violoncelliste du Philharmonic

COMÉDIE

Le **Theatre on the Bay** est spécialisé dans les spectacles comiques, tandis qu'**Evita se Perron**, dans la ville de Darling *(p. 149)*, est entré dans les annales depuis que Pieter-Dirk Uys y tient une chronique politique décapante. Ces deux salles proposent aussi du music-hall et des spectacles travestis, à l'instar du **Brunswick Theatre Bar** de Bree Street et du populaire **On Broadway** de Somerset Road.

MUSIQUE CLASSIQUE

Le **Cape Town Philharmonic Orchestra** a pour siège le Nico Theatre Centre, où il se produit généralement le jeudi soir.

Il se déplace à l'occasion dans des lieux plus inhabituels comme le Two Oceans Aquarium ou le South African Museum. La programmation du Nico Theatre Centre comprend aussi des comédies musicales et des concerts à midi et le dimanche après-midi. Le **Baxter Theater Centre**, où le **South African College of Music** présente son répertoire de musique de chambre, d'arrangements pour cordes, de pièces pour orgue et de compositions pour grand orchestre, propose également des concerts à midi. En été, les mélomanes du Cap apprécient particulièrement les manifestations organisées en plein air. Parmi les plus prisées figurent les concerts donnés au coucher du soleil dans le **Kirstenbosch National Botanical Garden** *(p. 100-101)* et le jardin abrité du **Josephine Mill** *(p. 98)*.

JAZZ ET AFRO-JAZZ

Cape Town a donné naissance à un style particulier de jazz, marqué par l'influence des rythmes et mélodies des ethnies africaines locales. Après des années d'exil volontaire, le célèbre musicien de jazz, Abdullah Ibrahim, est revenu vivre dans la ville de ses ancêtres. Beaucoup d'autres musiciens de talent se produisent dans des établissements à la mode comme le **Dizzy Jazz Café** et le **Mijlof Manor Hotel**. Ce dernier est agréable lorsqu'on désire passer un samedi après-midi nonchalant.

Heritage Square est un immeuble du XVIIIe siècle restauré qui abrite des boutiques, des restaurants et des galeries d'art. Il permet le week-end de dîner en plein air en écoutant des orchestres de jazz ou classiques.

Plusieurs restaurants du Victoria & Alfred Waterfront accueillent des orchestres, tels le **Green Dolphin** (tous les soirs) et l'élégant **West End** (le vendredi et le samedi).

L'AGFA Amphitheatre sert souvent de cadre à des concerts en plein air gratuits.

Pendant les longs mois d'été, quand la nuit tombe vers 21 h, le **St George's Mall** attire de nombreux musiciens de rue. Heritage Day, le 24 septembre, donne lieu à divers festivals gratuits annoncés par la presse et la radio.

Jazz au Green Dolphin, Victoria & Alfred Waterfront

BARS ET CLUBS

Il n'est pas toujours facile de faire la différence à Cape Town entre bars et clubs dans la mesure où l'on danse dans de nombreux établissements qui ne sont pas à proprement parler des boîtes de nuit.

La jeunesse branchée de la ville se montre aussi inconstante que partout ailleurs, et mieux vaut consulter les quotidiens et les magazines de programme pour se faire une idée des lieux en vogue. Les principaux pôles de la vie nocturne demeurent cependant le Victoria & Alfred Waterfront et dans le City Bowl les alentours de Loop Street et Long Street.

Logo d'un pub

Outre la presse, des stations de radio locales comme Good Hope FM constituent de bonnes sources d'information sur l'actualité musicale. Les artistes étrangers se produisent généralement à la patinoire du **3 Arts Theatre** ou au Green Point Stadium, tandis que les groupes de rock locaux préfèrent **The Purple Turtle** et le **River Club**, qui abrite deux salles, des billards et permet de se restaurer.

Le River Club accueille aussi la grande fête travestie organisée en décembre par les Mother City Queer Projects et les soirées folk et afro-jazz du Barleycorn Music Club. À Kalk Bay, vous pourrez écouter de la musique africaine et contemporaine au **Space**, et du jazz et du blues au **Brass Bell** installé dans la gare.

Le Sports Café, Victoria & Alfred Waterfront

CARNET D'ADRESSES

BILLETS

Computicket
Plusieurs succursales.
📞 *(083) 915-8000.*
🌐 *www.computicket.co.za*

Ticketweb
📞 *(083) 915-1234.*
🌐 *www.ticketweb.co.za*

Ticketline (Ster-Kinekor)
📞 *(086) 030-0222.*

CINÉMA

Cinema Nouveau
Cavendish Square, Dreyer St, Claremont.
📞 *(086) 030-0222.*

Imax Cinema
BMW Pavilion, Victoria & Alfred Waterfront.
Plan 2 D3.
📞 *(021) 419-7365.*
🌐 *www.imax.co.za*

Labia Theatre
68 Orange St.
Plan 5 A3.
📞 *(021) 424-5927.*

THÉÂTRE, OPÉRA ET DANSE

Baxter Theatre Complex
Main Rd, Rosebank.
📞 *(021) 685-7880.*

Little Theatre
Orange St. **Plan** 5 A3.
📞 *(021) 480-7129.*

Maynardville Open-Air Theatre
Church St, Wynberg.
📞 *(021) 421-7695.*

Nico Theatre Complex
DF Malan St, Foreshore.
Plan 5 C1.
📞 *(021) 480-7129.*

COMÉDIE

Evita se Perron
Darling Station, Darling.
📞 *(022) 492-2831.*

On Broadway
Somerset Rd, Green Point.
📞 *(021) 418-8338.*

Theatre on the Bay
Link St, Camps Bay.
📞 *(021) 438-3301.*

MUSIQUE CLASSIQUE

Cape Town Philharmonic
📞 *(021) 410-9809.*

Josephine Mill
Boundary Rd, Newlands.
📞 *(021) 686-4939.*

Kirstenbosch National Botanical Garden
Rhodes Drive, Newlands.
📞 *(021) 799-8800.*

South African College of Music
University of Cape Town, Rondebosch.
📞 *(021) 650-2640.*

JAZZ

Dizzy Jazz Café
The Drive, Camps Bay.
📞 *(021) 438-2686.*

Green Dolphin
Victoria and Alfred Arcade, Victoria & Alfred Waterfront. **Plan** 2 E4.
📞 *(021) 421-7471.*

Heritage Square
Angle de Shortmarket St et Bree St. **Plan** 5 B1.
📞 *(021) 423-4889.*

St George's Mall
(zone piétonnière)
Plan 5 B1.

West End Restaurant
College Rd, Rylands.
📞 *(021) 637-9132.*

BARS ET CLUBS

3 Arts Theatre
Main Rd, Plumstead.
📞 *(021) 761-2949.*

The Purple Turtle
Angle de Long St et Shortmarket St.
Plan 5 B1.
📞 *(021) 423-6194.*

The River Club
Angle de Liesbeeck Parkway et Observatory Rd, Observatory.
📞 *(021) 448-6117.*

The Masque Theatre
Beach Rd, Muizenberg.
📞 *(021) 788-1898.*

The Brass Bell
Gare, Kalk Bay.
📞 *(021) 788-5456.*

ATLAS DES RUES DE CAPE TOWN

Dans les pages de ce guide consacrées à Cape Town, les références cartographiques données renvoient aux plans de cet atlas, qu'il s'agisse des sites de visite, des boutiques, des salles de spectacle ou des hôtels *(p. 314-319)* et des restaurants *(p. 344-347)* présentés dans le chapitre *Les bonnes adresses*. L'atlas signale les édifices et les monuments inté-ressants, ainsi que les centres d'information touristique, les postes de police, les bureaux de poste et les parcs de stationnement publics.

La carte d'ensemble ci-dessous montre les zones couvertes par chaque plan de l'atlas, dont le City Bowl, le Victoria & Alfred Waterfront, Gardens et le quartier des affaires. La légende donne la signification des symboles.

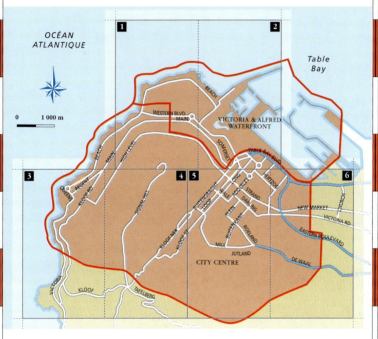

OCÉAN ATLANTIQUE

Table Bay

0   1 000 m

WESTERN BLVD.
MAIN
VICTORIA & ALFRED WATERFRONT

BEACH

SOMERSET

TABLE BAY BLVD.

NEW MARKET

VICTORIA RD.

EASTERN BOULEVARD

DE WAAL

CITY CENTRE

JUTLAND

MILL

KLOOF NEK

KLOOF

TAFELBERG

VICTORIA

KLOOF

QUEENS

REGENT

KLOOF RD.

MAIN

BEACH

HIGH LEVEL

SIGNAL HILL

ORANGE

WALE

BREE

LOOP

LONG

ADDERLEY

STRAND

DARLING

HERTZOG

BUITENSINGEL

BUITENGRACHT

BUITENKANT

ROELAND

|1| |2| |3| |4| |5| |6|

LÉGENDE

	Site principal		Information touristique		Point de vue
	Site intéressant		Hôpital de garde		Voie ferrée
	Autre édifice		Poste de police		Rue à sens unique
	Gare de Transnet		Accès de piste VTT		Rue piétonne
	Terminus de bus		Plage de baignade		Route (fermée au public)
	Terminus de minibus		Église		
	Embarcadère de ferry		Mosquée		
	Station de taxis		Synagogue		
	Parc de stationnement		Bureau de poste		

LÉGENDE DE L'ATLAS DES RUES

0   500 m

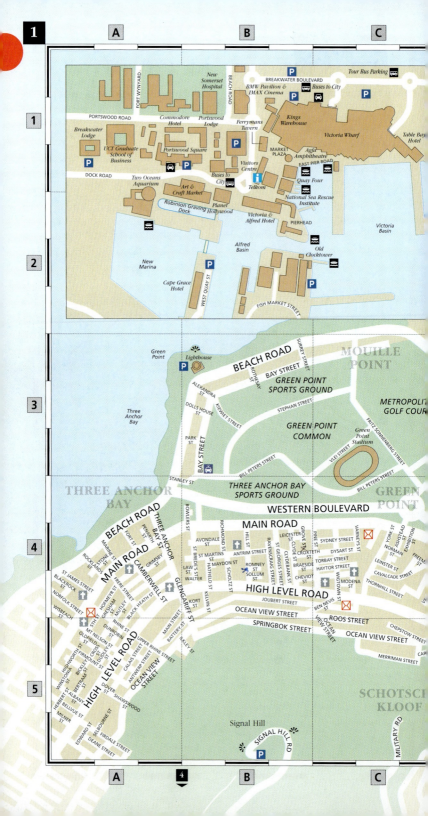

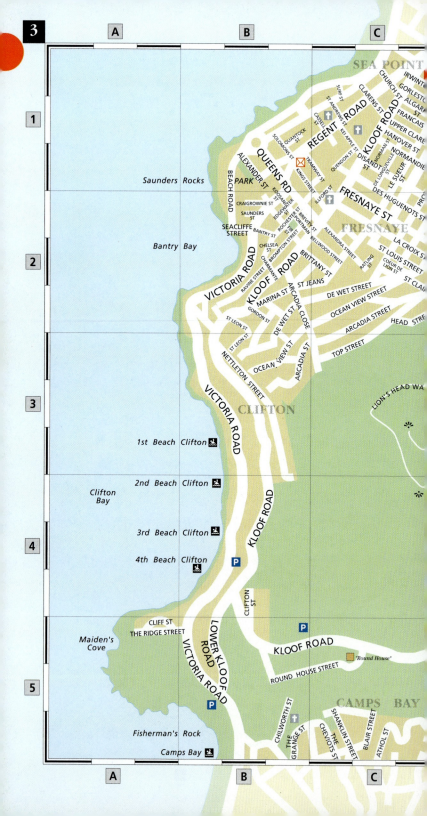

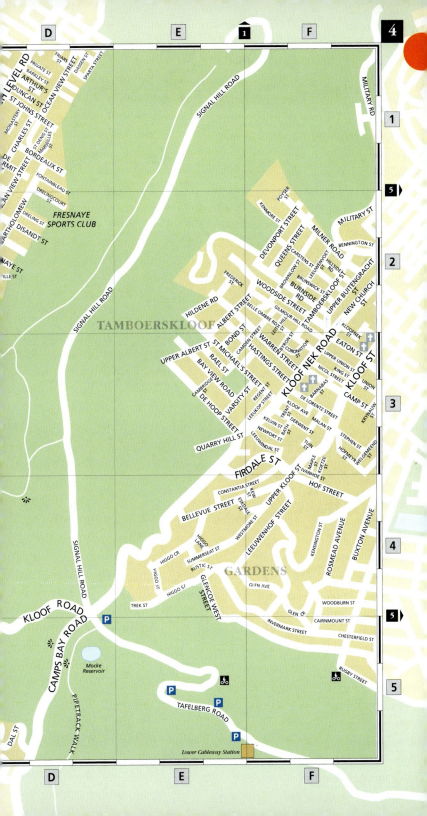

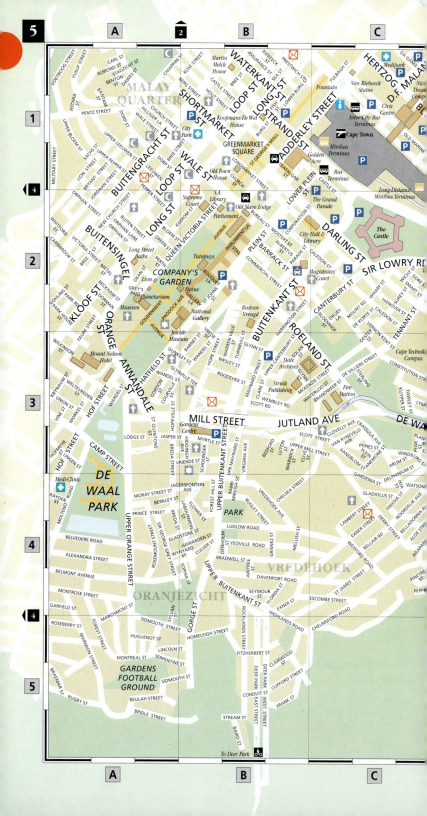

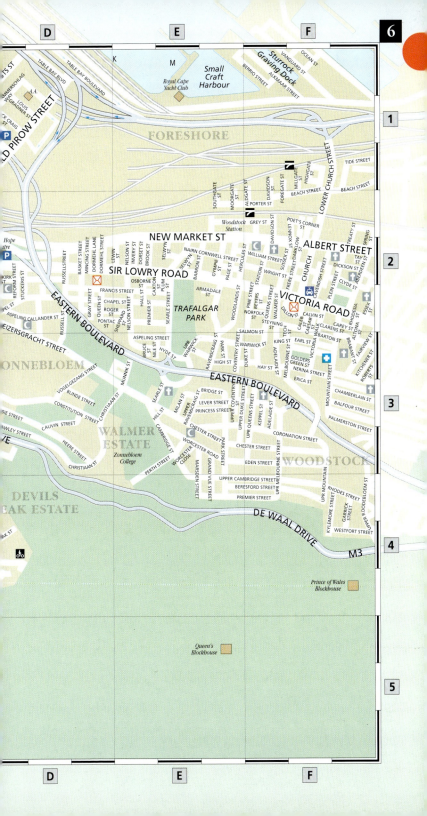

Index de l'atlas des rues de Cape Town

Le Cap Ouest
et le Cap Sud

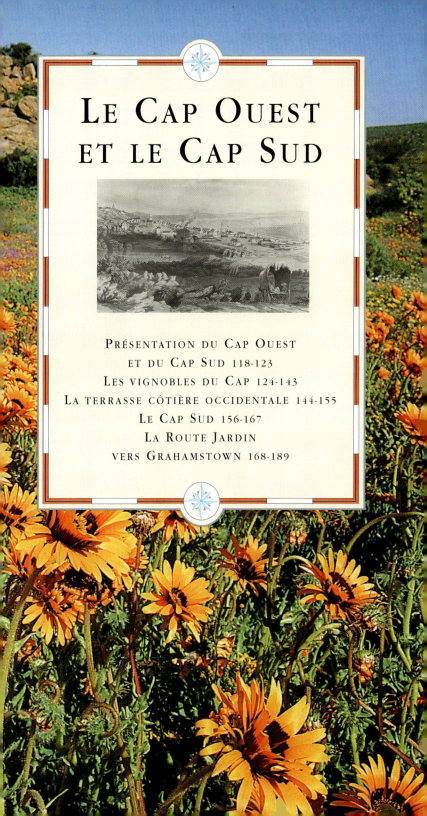

Présentation du Cap Ouest et du Cap Sud

Une chaîne de montagnes plissées donne à la longue frange littorale du Cap des paysages variés. À l'ouest, l'aride West Coast possède un visage austère, hormis quand elle se couvre de fleurs sauvages. De fertiles vignobles lui succèdent, puis il faut franchir de hauts reliefs, par des cols offrant des vues à couper le souffle, pour rejoindre l'Overberg, où le Cape Agulhas marque la pointe sud du continent. En poursuivant vers l'est et l'intérieur des terres, les Cango Caves renferment de superbes concrétions calcaires près d'Oudtshoorn, célèbre pour ses autruches. La Route Jardin, magnifique bande côtière aux riches forêts indigènes, borde un rivage rocheux qui fait partie des plus dangereux du monde.

Namaqualand

0   50 km

Des tapis de fleurs
parent la West Coast de couleurs éclatantes après d'abondantes pluies de printemps.

LA TERRASSE CÔTIÈRE
OCCIDENTALE
(p. 144-155)

À Boschendal, *domaine viticole proche de Franschhoek, la maison de maître occupe un cadre hors du commun entre vignoble et flanc de montagne abrupt.*

*Cape
Columbine*

*Boschendal
Estate*

**Le phare du Cape
Columbine,** *sur la côte occidentale, est le dernier en Afrique du Sud à ne pas avoir encore été automatisé.*

LES VIGNOBLES DU CAP
(p. 124-143)

LE CAP SUD
(p. 156-167)

Hermanus *doit son renom aux baleines franches australes qui viennent y mettre bas. Septembre est le meilleur mois de l'année où venir les observer.*

◁ **Au printemps, d'innombrables soucis du Cap éclosent sur la West Coast**

La forêt de Knysna renferme de hauts stinkwoods
et des yellowwoods *vieux de plusieurs siècles.*
De nombreux oiseaux peuplent l'épais feuillage,
dont le craintif touraco.

**L'Addo Elephant National
Park,** *dans la province
du Cap Est, abrite près
de 300 éléphants.*

À Port Elizabeth, *l'Oceanarium présente des
spectacles de dauphins sur le front de mer. Le
centre-ville conserve de nombreux bâtiments
datant de l'ère coloniale britannique.*

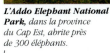

LA ROUTE JARDIN
VERS GRAHAMSTOWN
(p. 168-189)

Port
Elizabeth

ango Caves

Knysna

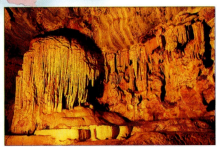

Dans les Cango Caves,
*proches d'Oudtshoorn, le
ruissellement a créé un
impressionnant décor de
stalagmites et stalactites.*

La vinification du pinotage

Le pinotage est un cépage spécifique à l'Afrique du Sud, créé en 1925 par un professeur de l'université de Stellenbosch, Abraham Perold, à partir d'un croisement de pinot noir et de cinsaut (alors appelé hermitage). Il donne un vin fruité à la robe pourpre, commercialisé pour la première fois en 1961 sous la marque Lanzerac, et a su depuis trouver de nombreux amateurs hors du pays. Il est surtout cultivé, jusqu'à présent, aux alentours de Stellenbosch, mais des plants ont été exportés au Zimbabwe, en Californie et en Nouvelle-Zélande.

Vieille presse à raisin au Stellenryck Museum de Stellenbosch

Pinot noir

Cinsaut

Pinotage

LES CÉPAGES D'ORIGINE

Un cépage bourguignon, le pinot noir, a apporté complexité, arôme et couleur, tandis que le cinsaut améliorait le rendement. Le pinotage qui résulte de leur croisement est une variété précoce qui donne un vin léger ou moyennement corsé à la saveur caractéristique.

Les tonneaux en chêne utilisés pour la maturation et le stockage des vins rouges portent souvent des motifs sculptés. Celui-ci décore un fût du domaine Delheim à Stellenbosch.

Stellenbosch (*p. 128-133*) est entouré de coteaux propices à la culture du pinotage.

CRUS DE PINOTAGE PRIMÉS

1987 : Kanonkop (1985) - Beyers Truter élu « vigneron de l'année » du Diners' Club
1991 : Kanonkop (1989 Reserve) - Robert Mondavi Trophy (USA)
1996 : Kanonkop (1992) - Perold Trophy (concours international de vins et spiritueux)
1997 : L'Avenir (1994) - Perold Trophy
1997 : Jacobdsal (1994) - médaille d'or au salon Vinexpo (France)

Étiquettes de deux producteurs de pinotage réputés

Lanzerac, à Stellenbosch, propose un hébergement de luxe dans un domaine en activité qui produit plusieurs vins, dont du pinotage.

LA PRODUCTION DU VIN ROUGE

Obtenir un bon vin demande beaucoup de soin dans les vignobles, de la taille aux vendanges, et dans les chais, à chaque étape de la vinification. Les levures nécessaires à la fermentation se trouvant sur les grains, la tendance actuelle est de limiter les interventions et de laisser les crus « parler » d'eux-mêmes.

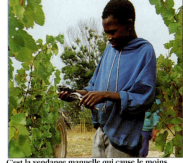

C'est la vendange manuelle qui cause le moins de dommage aux grains arrivés à maturité

Les vendanges commencent à une date dépendant entre autres des conditions climatiques. Les vins rouges sont généralement récoltés plus tardivement que les blancs, pour une maturation maximale.

L'égrappage élimine les rafles trop chargées en tanin. Après le foulage des grains, pulpe, pépins et pellicules aboutissent dans une cuve où ils entrent en fermentation.

Égrappoir et fouloir

Cuve de fermentation

La fermentation dure de trois à cinq jours. Le jus est périodiquement reversé sur le « chapeau » formé par les pellicules pour acquérir couleur et tanin. La macération finie, le jus est séparé des pellicules et transvasé dans une autre cuve.

Cuves de conservation

La clarification du vin jeune est obtenue par décantation puis, après soutirage, par filtration et enfin collage avec une matière telle que le blanc d'œuf, qui élimine les dernières impuretés par floculation.

L'élevage du pinotage dure de 12 à 15 mois. Les grands fûts utilisés traditionnellement ont le plus souvent cédé la place à de petits tonneaux en chêne français ou américain. Les arômes apportés par le bois contribuent à donner son caractère au vin, avant son vieillissement en bouteille.

Fûts d'élevage

L'Association sud-africaine de producteurs de pinotage, créée en 1995, s'emploie à maintenir et améliorer la qualité des vins. Elle organise un concours qui distingue chaque année les dix meilleurs crus.

L'Afrique du Sud produit plus de 130 pinotages

L'observation des baleines

Enseigne à Hermanus

Environ 37 espèces de baleines et de dauphins, dont des tursiops, et quelque 100 requins différents, notamment de grands requins blancs et des requins-tigres, fréquentent les eaux de l'Afrique du Sud. Toutefois, peu s'approchent des côtes, en dehors des baleines franches australes, qui migrent chaque année vers le nord, quittant à partir de juin les abords de l'Antarctique pour venir s'accoupler et mettre bas dans les baies et les criques protégées du littoral sud-africain. Après qu'une chasse intensive eut failli entraîner leur extinction, ces baleines compteraient aujourd'hui entre 4 000 et 6 000 spécimens, et leur population augmenterait de 7 % par an.

OBSERVATION DES BALEINES

 Meilleurs points d'observation

Un baleineau albinos est né à Hermanus en 1997.

Les callosités qui se forment sur la peau des baleines permettent aux scientifiques de distinguer les individus sans risque d'erreur.

LA BALEINE FRANCHE AUSTRALE

Les premiers baleiniers ont donné à l'*Eubalaena australis* le nom de baleine franche australe, parce qu'elle vivait au sud de l'équateur et ne coulait pas une fois morte, contrairement à d'autres espèces. Elle peut parcourir 2 600 km dans l'année, et fut longtemps chassée pour sa graisse et ses fanons utilisés dans la fabrication des corsets et des brosses. Elle est aujourd'hui protégée.

Le jet en forme de V qui jaillit des évents de la baleine australe est produit par la condensation, quand l'air chaud sorti de ses poumons entre en contact avec l'extérieur.

Un « annonceur de baleines » parcourt Hermanus pour signaler aux visiteurs le dernier lieu où l'on a aperçu des cétacés.

ACROBATIES

Les raisons de certains comportements restent obscures. Le saut, par exemple, pourrait être un signe d'agression, de joie, ou, simplement, destiné à éliminer des parasites.

Saut arrière :
la baleine jaillit hors de l'eau et retombe sur le dos avec force éclaboussures.

balcincs australes
cupent de leurs petits
noins six mois.

 Évent   **Callosités**

 Coup de queue :
il produit un bruit audible de très loin.

Coup d'œil : *la baleine se dresse à la verticale pour observer ce qui se passe à la surface.*

À Hermanus, les baleines s'approchent très près du rivage.

Les baleines à bosse *sont réputées pour leurs sauts arrière spectaculaires. Leurs longs battoirs les rendent aisément identifiables.*

LA CHASSE À LA BALEINE

Bien qu'elle ait échappé au sort de la baleine franche septentrionale, pratiquement éteinte aujourd'hui, la baleine australe a subi une chasse au large des côtes de l'Afrique du Sud qui tua 12 000 individus entre 1785 et 1805. L'introduction du canon lance-harpon provoqua des ravages supplémentaires, et 25 000 baleines à bosse périrent entre 1908 et 1925. Quand la convention de régulation de la chasse à la baleine de la Ligue des Nations entra en vigueur en 1935, il restait moins de 200 baleines franches à fréquenter les eaux de l'Afrique australe. Leur nombre augmente régulièrement, mais la population actuelle n'a pas retrouvé l'importance de jadis.

Anciens baleiniers dans False Bay

LES VIGNOBLES DU CAP

Superbe région d'altières montagnes, de vallées fertiles et de coteaux plantés de vigne et d'arbres fruitiers, les Cape Winelands recèlent, dans des décors idylliques, de belles demeures de style Cape Dutch (p. 29). Les plus connues comprennent Boschendal, près de Franschhoek, le Lanzerac Hotel de Stellenbosch et, à Paarl, le domaine de Nederburg, où se tient une célèbre vente aux enchères de vins.

Simon Van der Stel succéda en 1679 à Jan Van Riebeeck à la tête de la colonie du Cap, et, au mois de novembre de la même année, il se rendit dans la vallée de Stellenbosch, qu'il trouva bien irriguée et fertile. Il décida d'y envoyer des *free burghers*, pionniers hollandais qui recevaient des concessions de terre ainsi que des outils et des bœufs pour les défricher. 200 huguenots français les rejoignirent à partir de 1688, s'installant principalement à Franschhoek (le « coin des Français »). Leur savoir-faire, les plants qu'ils apportaient avec eux et un climat méditerranéen parfaitement adapté permirent l'essor de la viticulture. La prospérité que cette activité apporta aux colons finança la construction des belles demeures qui contribuent beaucoup au charme de la région.

Celle-ci a conservé ses traditions vinicoles. Une grande variété de sols, depuis les terres acides et alluviales de Stellenbosch, propices aux cépages de rouge, jusqu'aux terrains calcaires de Robertson, excellents pour les vins blancs, permet l'élaboration d'un large éventail de crus de qualité. 91 domaines, 66 coopératives et plus de 100 caves font vivre près de 300 000 personnes.

La plupart des domaines et coopératives accueillent les visiteurs pour des dégustations. Des routes des vins proposent des itinéraires pittoresques aux environs des principales villes à l'architecture caractéristique.

Klein Constantia, un domaine historique de Cape Town, possède beaucoup de charme

◁ Étang du domaine de Boschendal sur la route des vins de Franschhoek

À la découverte des vignobles du Cap

Dans la très touristique région des Winelands, Franschhoek jouit d'un fort joli cadre au creux d'une vallée, tandis que Stellenbosch et Paarl conservent d'élégants édifices historiques. Depuis Paarl, la route du col Du Toit's Kloof ménage de superbes panoramas avant de rejoindre la Breede River Valley, où les vignobles de Worcester et de Robertson semblent s'imbriquer comme les pièces d'un puzzle.

Le domaine de Spier sert des repas en terrasse à la belle saison

LES VIGNOBLES D'UN COUP D'ŒIL

Carte (légendes)

Citrusdal
R46
CERES
R303
R43
KLEINPLASIE OPEN-AIR MUSEUM
WORCESTER **10** **11**
Berg
VIGNOBLES DE PAARL **8** PAARL
9
N1
Brandvlei Dam
Wemmershoek Dam
R303
DURBANVILLE
BOSCHENDAL
Cape Town
MORGENHOF **4**
6
7 FRANSCHHOEK
STELLENBOSCH **1**
2 VIGNOBLES DE STELLENBOSCH
3 SPIER
VILLIERSDORP
VERGELEGEN
R321
Theewaterskloof Dam
5
N2
SOMERSET WEST
GORDON'S BAY
R4

oles de Delheim. Stellenbosch

CIRCULER

Le train permet de rejoindre Stellenbosch, Paarl et Worcester depuis Cape Town, et plusieurs grandes compagnies telles qu'Intercape *(p. 385)* et Mainline Passenger Services *(p. 383)* proposent des visites organisées en autocar. Disposer d'un véhicule constitue néanmoins le meilleur moyen de découvrir la région, en particulier ses zones montagneuses. Deux grands axes routiers nationaux la traversent : la N1, qui dessert Franschhoek, Paarl et Worcester, et la N2, qui la croise à Stellenbosch. Par beau temps, les vallées se prêtent également bien aux randonnées à vélo.

Montagu possède une source thermale

Rhebokskloof a converti un chai en salle de dégustation

LÉGENDE

 Autoroute

Route nationale

Route principale

Parcours pittoresque

Cours d'eau ou lac

Point de vue

Stellenbosch pas à pas ❶

Vitraux, Moederkerk

Centre viticole et universitaire, Stellenbosch fut fondée en 1685 par le gouverneur Simon Van der Stel, et des chênes plantés à cette époque ombragent toujours ses rues bordées de nombreuses demeures de styles Cape Dutch, géorgien, Regency et victorien. Plusieurs d'entre elles durent être restaurées, trois incendies ayant ravagé la cité depuis sa fondation. La marche à pied offre le meilleur moyen de découvrir la ville, et l'office de tourisme, installé dans Market Street, fournit gratuitement un plan de visite.

La Burgher House, construite en 1797, possède un pignon néo-classique et abrite le siège de la fondation Historical Homes of South Africa.

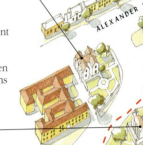

ALEXANDER ST

VOC Kruithuis
L'ancienne poudrière de la VOC, la Compagnie hollandaise des Indes orientales, devenue un petit musée militaire, date de 1777.

Information touristique

MARK STREET

Les Slave Houses, bâties vers 1834, gardent leur caractère originel bien qu'elles aient perdu leurs toits en chaume.

HERTE STREET

OOM SAMIE SE WINKEL

DORP STREET

HAL STREE

★ Oom Samie se Winkel
Ce magasin historique propose à la vente un assortiment hétéroclite allant des caramels et du bilton *(p. 343) aux antiquités.*

Libertas Parva et N2

KRIGE STREET

À NE PAS MANQUER

★ Dorp Street

★ Oom Samie se Winkel

Légende

- - - - Itinéraire conseillé

0   250 m

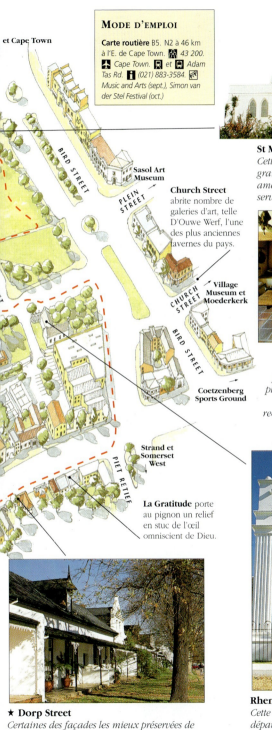

et Cape Town

BIRD STREET

Sasol Art Museum

PLEIN STREET

Church Street abrite nombre de galeries d'art, telle D'Ouwe Werf, l'une des plus anciennes tavernes du pays.

CHURCH STREET

Village Museum et Moederkerk

BIRD STREET

Coetzenberg Sports Ground

Strand et Somerset West

PIET RETIEF

La Gratitude porte au pignon un relief en stuc de l'œil omniscient de Dieu.

St Mary's Cathedral
Cette église domine la grand-place, Die Braak, aménagée en 1703 pour servir de terrain de parade.

Village Museum
L'une des restaurations les plus réussies du pays réunit plusieurs maisons historiques dont les intérieurs reconstituent les cadres de vie de diverses époques.

Rhenish Church
Cette église de 1823 servait, au départ, d'école pour des enfants d'esclaves et de métis.

★ Dorp Street
Certaines des façades les mieux préservées de la ville bordent cette rue plantée de chênes.

À la découverte de Stellenbosch

Cœur des Winelands, cette jolie ville, fondée par la Compagnie hollandaise des Indes orientales, est aussi le berceau de la culture afrikaans. Sa vocation universitaire a pour origine l'établissement, en 1863, du Dutch Reformed Theological Seminary, un séminaire protestant. Le Stellenbosch College, achevé en 1886, servit ensuite de précurseur à l'université actuelle, créée en 1918, dont les bâtiments s'intègrent harmonieusement au patrimoine architectural de la cité. Elle accueille chaque année plus de 10 000 étudiants.

⌂ Rhenish Complex

Herte St. *Les horaires d'ouverture des bâtiments sont variables.* [C] *(021) 883-3584 pour renseignements.*

Ce charmant groupe de bâtiments qu'encadrent deux écoles modernes, la Rhenish Primary School et le Rhenish Institute, offre un aperçu de presque toutes les architectures en vogue à la période coloniale *(p. 29)*. L'ancien presbytère de style Cape Dutch porte au pignon la date de 1815, mais conserve des éléments bien plus anciens. Il abrite un musée de miniatures présentant notamment des reconstitutions de meubles d'époque et la maquette d'une voie ferrée électrique de 50 m², installée dans un paysage reproduisant en miniature les alentours de la ville.

Édifiée vers 1832, la Leipoldt House mêle avec bonheur des éléments décoratifs Cape Dutch et le style géorgien importé d'Angleterre. Construite par la Missionary Society de Stellenbosch pour l'éducation des esclaves et des métis, la Rhenish Church date de 1823.

Oom Samie se Winkel

⌂ Oom Samie se Winkel

84 Dorp St. [C] *(021) 887-0797.* [◻] *8 h 30-17 h 30 (18 h en été) lun.-ven. ; 9 h-17 h (17 h 30 en été) sam., dim.* [●] *ven. saint, 25 déc., 1er jan.*

Charmant bâtiment victorien restauré, « la boutique d'Oncle Samie » est une épicerie-bazar depuis 1904. Son premier propriétaire, Samie Volsteedt, habitait en célibataire la maison voisine. Institution touristique de

Sculpture, Rembrandt van Rijn Museum

Stellenbosch et monument national, le magasin abrite un bric-à-brac où voisinent des souvenirs tels que conserves, vanneries, de bougies et de véritables antiquités comme de la vaisselle et des ustensiles de cuisine du XIXe siècle. Les visiteurs peuvent aussi acheter du vin à la Samie's Victorian Wine Shop et prendre le thé sous la tonnelle du restaurant Koffiehuis.

⌂ Rembrandt van Rijn Art Museum

Angle de Dorp St et d'Aan de Wagenweg. [C] *(021) 886-4340.* [◻] *9 h-12 h 45, 14 h-17 h lun.-ven. ; 10 h-13 h, 14 h-17 h sam. et jours fériés.* [●] *dim., ven. saint, 25 déc.*

Le groupe Rembrandt, un puissant conglomérat ayant des intérêts dans le tabac, a acheté en 1969 cette élégante demeure Cape Dutch, Libertas Parva, construite en 1783 par Lambertus Fick pour y exposer la collection Rembrandt Van Rijn. Elle comprend les œuvres d'artistes sud-africains contemporains tels qu'Irma Stern, Karen Nel, Marion Arnold, William Kentridge et Penny Siopis, ainsi que des bronzes par Anton von Wouw, et un *Panorama of Cape Town* peint en 1808 par Josephus Jones, une vue de la ville au début du XIXe siècle selon un angle de 360°. Non loin, un chai à toit de chaume date de 1780.

⌂ The Village Museum

18 Ryneveld St. [C] *(021) 887-2902.* [◻] *9 h-17 h lun.-sam., 14 h-17 h dim.* [●] *ven. saint, 25 déc.*

Le complexe du Village Museum réunit des maisons datant des premières années de la colonie jusqu'aux années 20, mais celles du début du XXe siècle ne sont pas ouvertes au public, et le billet d'entrée ne donne accès qu'à quatre demeures. La plus ancienne, Schreuder House, bâtie en 1709 par Sebastian Schreuder, est très austère, témoignant des habitudes spartiates des

Splendide exemple d'architecture Cape Dutch au Rhenish Complex.

ART ET ARTISANAT À STELLENBOSCH

Une importante communauté de peintres, de graphistes, de céramistes et de sérigraphistes s'est installée à Stellenbosch, et plusieurs galeries, telles la Drop Street Gallery, n° 176 Drop Street, et la Stellenbosch Art Gallery, au n° 34 Ryneveld Street, exposent les œuvres d'artistes sud-africains de renom et celles de créateurs locaux. En dehors de la ville, le Jean Craig Pottery Studio, accessible par la Devon Valley Road, permet de suivre toutes les étapes de la fabrication d'une poterie. Sur Annandale Road, qui part de la R 310, les visiteurs de la Dombeya Farm peuvent assister au travail de filage et de tissage. Le centre d'information touristique de Stellenbosch diffuse une brochure détaillée sur l'artisanat en ville et aux alentours.

Œuvre d'Hannetjie de Clerq

Chambre du XVIIIᵉ siècle à Schreuder House, Village Museum

premiers colons. Bletterman House, édifiée en 1789, doit son nom à Hendrik Bletterman, un riche *landsrot* (magistrat) qui en fut propriétaire. La plus élégante, Grosvernor House, remonte à 1782 mais reçut des ajouts néoclassiques caractéristiques du début du XIXᵉ siècle. Son aménagement intérieur correspond aussi à cette période.
Bergh House, occupée par Olof Marthinus Bergh de 1837 à 1866, reconstitue le cadre de vie d'un *burgher* aisé des années 1850.

🏛 Sasol Art Museum
Eben Donges Centre, 52 Ryneveld St. 📞 (021) 808-3695. 🕐 mar.-ven. 9 h-16 h, sam. 9 h-17 h, dim. 14 h-17 h. ⬤ lun., ven. saint, 25 déc. ▨ ♿ ▨
Ce musée, consacré à l'anthropologie, aux traditions populaires, à l'archéologie et à l'art, présente surtout de l'intérêt pour ses collections d'outils préhistoriques, de reproductions de peintures rupestres sans et d'objets rituels d'Afrique australe, occidentale et centrale.

🏷 Van Ryn Brandy Cellar
R310 depuis Stellenbosch, sortie 33. 📞 (021) 881-3875. 🕐 9 h-16 h 30 lun.-ven., 9 h-12 h 30 sam. ⬤ dim., jours fériés. ▨ ♿ ▨ ▨
Ici, des visites guidées du chai, où les marques locales Van Ryn et Viceroy produisent leur cognac permettent aux visiteurs de découvrir la fabrication de cet alcool. Il existe aussi de véritables cours comprenant une conférence, une présentation audiovisuelle, une dégustation et un repas.

AUX ENVIRONS
À 10 km au sud-est de Stellenbosch, la **Jonkershoek Nature Reserve** protège une vallée dominée par les massifs montagneux de Jonkershoek et de Stellenbosch. Les cascades et les ruisseaux de l'Eerste River agrémentent des paysages de ravins boisés de pinèdes et de *fynbos* d'altitude, et offrent aux randonneurs à pied, à VTT ou à cheval la possibilité de se rafraîchir. Une route panoramique de 12 km permet aussi d'explorer les montagnes en voiture.
Au printemps et en été fleurissent des protéas, de minuscules éricacées roses et blanches et la « vierge rougissante » (*Serruria florida*). La faune comprend des babouins, des damans de rochers et le plus discret oréotrague (une petite antilope), ainsi que de nombreux oiseaux tels que le sucrier du Cap.

🌿 Jonkershoek Nature Reserve
Jonkershoek Rd. 📞 (021) 866-1560. 🕐 8 h-16 h t.l.j. ⬤ fortes pluies (juin-août). ▨ ▨
🆆 www.capenature.org.za

Reliefs gréseux dans la Jonkershoek Nature Reserve

La route des vins de Stellenbosch ❷

Trois grands domaines, Spier, Simonsig et Delheim, s'associèrent pour choisir en avril 1971 ce parcours qui permet aujourd'hui de découvrir de nombreuses propriétés et coopératives. La plupart proposent des visites guidées et des dégustations, souvent payantes mais bon marché. Quelques-unes ne peuvent être visitées que sur rendez-vous, et beaucoup ferment le dimanche. Mieux vaut téléphoner.

Zevenwacht ①
Voici l'un des plus beaux domaines. Bâtie au bord d'un lac, au pied de vignobles en terrasses, la maison de maître a vue sur l'océan.
📞 (021) 903-5123.

Morgenhof ⑥
Cette exploitation, fondée en 1692, appartient désormais à la célèbre famille Huchon-Cointreau, de Cognac, en France.

Delheim ⑦
Le chai de Delheim possède beaucoup d'atmosphère avec ses arcs en brique et ses bancs en bois.
📞 (021) 882-2033.

Delaire ⑤
« Des vignes dans le ciel », au col d'Helshoogte.
📞 (021) 885-1756.

Neethlingshof ②
Installé dans la maison de maître, le restaurant Lord Neethling sert des spécialités asiatiques.
📞 (021) 883-8988.

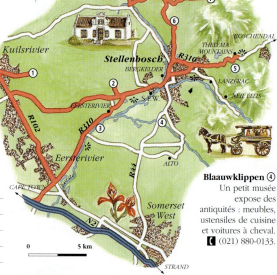

CAPE TOWN — N1
KLAPMUTS
R304
KANONKOP
MURATIE
SIMONSIG
Kuilsrivier
BOSCHENDAL
THELEMA MOUNTAINS
Stellenbosch — R310
BERGKELDER
LANZERAC
NEIL ELLIS
EERSTERIVIER
S.F.W.
R102
R310
Eersterivier
R44
ALTO
CAPE TOWN
Somerset West
N2
STRAND

LÉGENDE

▰	Autoroute
▰	Itinéraire
═	Autre route
⚘	Point de vue

0 ___ 5 km

Blaauwklippen ④
Un petit musée expose des antiquités : meubles, ustensiles de cuisine et voitures à cheval.
📞 (021) 880-0133.

Spier Estate ③
La propriété comprend aussi un pub en bord de rivière, un stand de produits fermiers, trois restaurants et un amphithéâtre.

CARNET DE ROUTE

Longueur : *si on s'arrête pour déjeuner dans l'un des superbes restaurants des domaines, difficile de visiter plus de 3 ou 4 caves.*
Comment y aller : *il faut un véhicule ou participer à une excursion.*

Spier Wine Estate ❸

Carte routière B5. Stellenbosch. N2, puis R310. 📞 *0800-22-0282.* 🚉 *Même si le domaine possède sa propre gare, les trains ne fonctionnent pas de façon régulière. Téléphoner pour tous renseignements.* ⬜ *dégustations : 9 h-17 h t.l.j.* 🏛️🍴🏠🛍️🔵 🆆 www.spier.co.za

Depuis qu'il a acheté en 1993 à la famille Joubert ce domaine en bordure de l'Eerste River, l'homme d'affaires Dick Enthoven a entrepris un important programme de rénovation et de développement, et la propriété intègre désormais une ferme expérimentale qui appartenait auparavant à l'université de Stellenbosch. Les projets comprennent l'extension des vignobles, principalement en cépages rouges : merlot, cabernet, shiraz et pinotage.

L'un des trois restaurants de Spier, le Jonkershuis *(p. 349)*, propose un excellent buffet de plats indonésiens et Cape Malay. Beaucoup de visiteurs apprécient aussi la possibilité de pique-niquer sur les pelouses entourant le lac, après avoir acheté des produits fermiers sur place. En été, l'amphithéâtre de 1 075 places accueille des spectacles en plein air : opéra, musique classique et ballet, ou encore jazz ou cabaret.

Spier possède en outre sa propre gare. Deux fois par semaine, un train à vapeur part du Cap pour conduire ses passagers au domaine.

Jardin à la française de Morgenhof

Morgenhof ❹

Carte routière B5. Stellenbosch. Par la R44. 📞 *(021) 889-5510.* ⬜ *9 h-17 h 30 lun.-ven., 9 h-17 h sam. et dim.* 🔵 *ven. saint, 25 déc., 1er jan.* 🏛️🍴

Propriété de la famille française Hucho-Cointreau, cette exploitation viticole, fondée en 1692, produit 300 000 bouteilles par an.

Rénovés, les édifices couleur sable entourent un jardin à la française. Dans la spacieuse salle de dégustation, de hautes baies vitrées donnent vue de la cave, où les vins blancs vieillissent en fûts sous des voûtes en brique. Un chai magnifique abrite les rouges en cours de maturation. Excellents, ils ont principalement pour base le pinotage, le merlot et le cabernet sauvignon.

Cru de blanc
de la région

On peut déjeuner en été dans le jardin. En hiver, un feu de cheminée brûle dans le belvédère vitré.

Vergelegen ❺

Carte routière B5. Somerset West. Lourensford Rd par la R44. 📞 *(021) 847-1334.* ⬜ *9 h 30-16 h t.l.j.* 🔵 *ven. saint, 25 déc., 1er mai.* ⏱️ *10 h 30, 11 h 30, 15 h.* 🏛️ 🍴🏠

Willem Adriaan Van der Stel planta en 1700, en même temps que les vignobles, les cinq camphriers qui se dressent toujours devant la maison de maître de Vergelegen. Le domaine est aujourd'hui la copropriété de l'Anglo-American Farms Limited et du géant minier De Beers.

L'argent investi a permis la construction d'une cave exceptionnelle creusée dans l'Helderberg Mountain. Les vendangeurs déversent directement le raisin dans l'égrappoir installé en sous-sol, ce qui limite les manipulations et donc les dommages que peuvent subir les grains.

Nommé d'après Lady Florence Phillips, qui vécut à Vergelegen de 1917 à 1940, le Lady Phillips Tea Garden offre un cadre charmant où prendre un déjeuner léger. Les Phillips entreprirent d'importants travaux à Vergelegen, et ceux-ci mirent au jour les fondations d'un jardin octogonal aménagé par Willem Van der Stel. Il a été restauré.

Déjeuner en plein air au Spier Estate

Boschendal Manor House ❻

Simon Van der Stel concéda en 1685 au huguenot Jean le Long le terrain où se dresse cette superbe demeure. La propriété, dont le nom originel, Bossendaal, signifie « forêt et vallée », passa en 1715 à un autre huguenot : Abraham de Villiers. Sa famille l'exploita et la développa pendant un siècle. Jan de

Panier de pique-nique

Villiers construisit le chai et la remise des attelages en 1796, tandis que son plus jeune fils, Paul, donna à la maison de maître sa forme actuelle en H en 1812. Ce domaine historique, l'un des plus beaux de la région par son architecture comme par son cadre au pied de montagnes, appartient aujourd'hui à la Rhodes Fruit Farms, une compagnie fondée en 1898 par Cecil John Rhodes.

Entrée de derrière
Les visiteurs de l'élégante demeure y accèdent par la porte à pignon, à l'arrière.

Séparation des pièces
Des cloisons ajourées divisaient souvent les pièces dans les riches maisons Cape Dutch. Celle-ci est en tek et yellowwood, décorée de motifs géométriques en ébène.

Des pilastres

d'angle supportent les pignons latéraux. Ceux des façades sont plus classiques.

À NE PAS MANQUER

★ **Chambre principale**

★ **Cuisine**

★ **Salle à manger**

Cour pavée de brique

★ La chambre principale
Des artisans locaux fabriquèrent l'élégant lit à baldaquin en stinkwood, *datant de 1810. Il est orné d'un dais frangé de dentelle au crochet et d'un dessus-de-lit en coton brodé confectionnés tous les deux aux environs de 1820.*

MODE D'EMPLOI

Carte routière B5. Sur la R45 en venant de Stellenbosch. **☎** *(021) 870-4252.* ⬛ *8 h 30-16 h 30 t.l.j.* ♿ 🍴 🏪 📷 🚫
Ⓦ www.boschendal.com

★ La cuisine

On lavait le sol en terre battue avec un mélange d'eau et de bouse pour entretenir la fraîcheur et éloigner la vermine. La couleur sombre des murs cachait la crasse.

Horloge à balancier

L'horloge, fabriquée aux Pays-Bas en 1748, indiquait la date, le signe du zodiaque, la phase de la lune et l'état de la marée à Amsterdam.

Les fenêtres sont surmontées de moulures qui s'harmonisent par leur forme et leur décor avec les pignons.

La salle de réception garde une frise murale de 1812.

Boutique

Vins, conserves et souvenirs sont en vente à la boutique.

L'imposte mobile était relevée pour faire entrer les visiteurs.

★ Le salon

Une armoire en chêne, plaquée de noyer, abrite une collection de porcelaines chinoises créées pour l'exportation pendant la dynastie Ming (1573-1620).

LES FRISES

Des peintures murales décoraient certaines des riches demeures du Cap. Des pilastres en trompe-l'œil et des guirlandes animaient les salles à manger, des roses s'entrelaçaient dans les salons. Une simple cimaise monochrome sur fond uni agrémentait les pièces moins ouvertes au public. En 1975, une restauration a mis au jour la frise de glands noirs et de feuilles vertes, exécutée en 1812 dans la salle de réception.

Franschhoek ❼

A près que la Compagnie hollandaise des Indes orientales eut accordé aux huguenots français *(p. 45)*, chassés de France par la révocation de l'édit de Nantes, des concessions en 1694, cette superbe vallée qu'enserrent deux majestueux massifs montagneux devint leur terre d'accueil. La région prit alors le nom de De Fransche Hoek (« le coin des Français »).

Statue de la Victoire

MODE D'EMPLOI

Carte routière B5. N1, sortie 47, R45. 🏠 6 800. ✈ Cape Town 79 km à l'E. 🛈 Huguenot St, (021) 876-3603. 🕘 9 h-17 h t.l.j. 🎉 Bastille Day (14 juil.).

Meubles anciens au Huguenot Memorial Museum

À la découverte de Franschhoek

Dès l'arrivée dans le petit bourg rural de Franschhoek, des noms comme Haute Cabrière, La Provence et l'Ormarins révèlent son héritage français. Dans une région dont l'essor touristique date de 1980, il est devenu un atout précieux, et quelque 30 restaurants *(p. 348)* proposent une cuisine de qualité aux influences variées, de l'Asie du Sud-Est à la Provence. Les excellents crus des domaines aux alentours accompagnent les plats.

C'est un ancien publicitaire de Johannesburg, Michael Trull, qui établit en 1980 la route des vins de Franschhoek. Il fonda aussi l'association des Vignerons de Franschhoek ; 5 domaines en faisaient partie à l'origine, ils sont aujourd'hui 20.

Les amateurs de vieilles traditions apprécieront au **Cabrière Estate** la manière dont le propriétaire, Achim von Arnim, sabre une bouteille de son mousseux Pierre Jourdan, après la visite des chais.

Au terme de la rue principale, le **Huguenot Monument,** inauguré en 1948, commémore l'arrivée des colons français. Les trois hautes arches au centre de la colonnade symbolisent la Sainte-Trinité. Elles s'élèvent derrière la statue d'une femme debout sur un globe terrestre, les pieds posés à l'emplacement de la France.

🍷 Cabrière Estate
📞 (021) 876-2630.
🕘 9 h-17 h lun.-ven., 11 h-13 h sam. Dégustation : 11 h, 15 h lun.-ven. et 11 h sam. 🚌 par groupes (réservations à l'avance seulement).
♿

🏛 Huguenot Memorial Museum
Lambrecht St. 📞 (021) 876-2532.
🕘 9 h-17 h lun.-sam., 14 h-17 h dim. ⬤ Ven. saint, 25 déc. 🎫 ♿ 🖵 📷
Ce musée, inauguré en 1967, a pour principale fonction de faciliter les recherches sur l'histoire et la généalogie des familles huguenotes du Cap. L'exposition comprend des bibles anciennes, de beaux meubles du XVIIIe siècle, et des documents tels que des lettres, des actes de propriété et une copie de l'édit de Nantes (1598), dont la révocation en 1685 par Louis XIV provoqua le départ à l'étranger de 200 000 à 300 000 protestants.

Le Huguenot Monument construit en 1943

L'héritage français de Franschhoek

Les huguenots qui fondèrent Franschhoek développèrent la viticulture du Cap, et cette activité reste pratiquée dans la région par des propriétaires nommés Malherbe, Joubert ou du Toit. Leurs descendants s'installèrent dans tout le pays, et environ 500 000 familles sud-africaines portent un patronyme d'origine française. Dans le village, des restaurants baptisés Le Quartier français ou La Petite Ferme proposent des plats provençaux dans des salles lumineuses, tandis que le classicisme en vogue au siècle des Lumières marque l'architecture de bâtiments, comme celui du Memorial Museum, érigé d'après les plans de l'architecte français du XVIIIe siècle, Louis-Michel Thibault.

Emblème du Cabrière Estate

La liberté de culte est symbolisée par le personnage central du Huguenot Monument : une femme tenant une bible dans la main droite et une chaîne brisée dans la gauche.

Des pignons classiques, tel celui du Huguenot Museum, opposèrent leur sobriété à l'exubérance baroque.

LES HUGUENOTS

La révocation de l'édit de Nantes par Louis XIV en 1685 entraîna l'émigration de milliers de huguenots français vers des pays à majorité protestante tels que l'Allemagne et les Pays-Bas. 270 s'installèrent au cap de Bonne-Espérance.

Perruque poudrée

Le tricorne était encore porté.

Des boutons en nacre paraient les vêtements

Des Khoisans servaient d'esclaves.

Les jupes reposaient sur des jupons armés de fanons de baleine.

Des pressoirs tels que celui-ci, exposé devant l'Huguenot Museum, furent utilisés par les Français pour fabriquer certains crus de la région.

Les restaurants de Franschhoek jouent la carte de l'art de vivre français.

Rocco Catoggio (1790-1858), ici avec son petit-fils Rocco Cartozia de Villiers, épousa une descendante de huguenots.

Paarl ❽

Les premiers colons hollandais de la jolie Berg River Valley reçurent leurs concessions en 1687. C'est l'explorateur Abraham Gabbema qui donna à la montagne dominant la vallée le nom de Peerlbergh (« montagne de perle »), car il trouvait que ses trois dômes de granite luisaient comme des perles, quand le soleil les éclairait après la pluie. Fondée en 1690, la ville de Paarl s'est tenue à la pointe du combat mené au XIXe siècle et au début du XXe siècle pour la reconnaissance de l'afrikaans.

MODE D'EMPLOI

Carte routière B5. Sur la N1.
🚶 73 500. ✈ Cape Town 56 km au S.-O. 🚌 Huguenot Station, Lady Grey St. 🚌 International Hotel, Lady Grey St. ℹ 216 Main Rd, (021) 872-3829. ◯ 8 h 30-17 h lun.-ven., 9 h-13 h sam., 10 h-13 h dim. 📷 Nederburg Wine Auction (avr.).

Dômes granitiques de la Paarl Mountain

À la découverte de Paarl

De grandes sociétés agricoles, financières et industrielles ont leur siège à Paarl, et celle-ci joue un rôle majeur dans l'économie de la province du Cap Ouest. Elle garde néanmoins un certain charme rural, avec ses rues plantées d'arbres et ses maisons à pignons. Ombragée par des chênes au bord de la Berg River, Main Street, longue de 11 km, conserve des exemples d'architecture Cape Dutch et des maisons géorgiennes souvent marquées d'influences victoriennes.

La Concorde, imposante construction de style néoclassique bâtie en 1956, abrite le siège de la Kooperatiewe Wijnbouwers Vereeniging (KWV), la puissante coopérative de viticulteurs fondée en 1918 pour contrôler la production. Elle ne vend ses vins qu'à l'exportation pour ne pas entrer en concurrence avec ses adhérents. Un peu plus loin sur Main Street, le **Paarl Museum** illustre l'histoire de

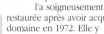

Buffet ancien, Paarl Museum

la cité. L'exposition comprend une collection de chaises en *stinkwood*, une armoire à linge hollandaise et des armoires en *yellowwood*. Un bel ensemble de porcelaines réunit des pièces Imari, Kang Hsi. Meubles et ustensiles anciens sont mis en scène dans la cuisine. Le musée organise régulièrement des expositions temporaires, notamment sur la culture des Khoisans (p. 44-45). Près de Main Road, le **Laborie Estate** a pour origine une concession accordée à un huguenot en 1688. Hendrick Louw acheta la propriété en 1774 et y édifia sa demeure Cape Dutch. La KWV l'a soigneusement restaurée après avoir acquis le domaine en 1972. Elle y propose des dégustations.

🏛 Paarl Museum
303 Main St. ☎ (021) 872-2651. ◯ 9 h-17 h lun.-ven., 9 h-12 h sam. ● ven. saint, 25 déc. 📷 ♿ 🏪

🍷 Laborie Estate
Près de Main Rd, Paarl. ☎ (021) 807-3390. ◯ dégustations : 9 h-17 h lun.-ven., sam. en été. ● 25 déc, 1er janv. 📷 caves : réserver à l'avance par téléphone. 📷 ♿ 🍴

AUX ENVIRONS

La Jan Phillips Drive débute à Main Street, en face de La Concorde, et conduit à la Paarl Mountain, située à 11 km.

Ce massif vieux de 500 millions d'années est le plus gros affleurement de granite du monde après Uluru, le célèbre monolithe australien. Des poignées aident à l'escalader.

Depuis l'entrée de la Paarl Mountain Nature Reserve, qui se trouve sur la Jan Phillips Drive, les visiteurs peuvent accéder au **Language Monument** (Taalmonument), dessiné par l'architecte Jan Van Wyk, et érigé à flanc de montagne en 1975 pour commémorer le cinquantenaire de la reconnaissance officielle de l'afrikaans. Le monument est composé d'un obélisque, d'une haute colonne, ainsi que de trois dômes et de trois petits piliers de tailles variées. Tous ces éléments symbolisent chacun l'apport linguistique d'une culture différente.

Language Monument
Fléché depuis Main St. ☎ (021) 863-2800. ◯ 9 h-17 h t.l.j. ♿

Language Monument, Paarl

Route des vins de Paarl ❾

Les vignobles des alentours de Paarl produisent environ un cinquième de la totalité du vin sud-africain, et de pittoresques domaines viticoles sont éparpillés de part et d'autre des trois dômes de la Paarl Mountain : à l'est, ils font face aux massifs du Klein Drakenstein et de Du Toit's Kloof ; à l'ouest,

Tonneau

ils regardent vers la Table Mountain et la False Bay. Tous ceux de cet itinéraire, y compris des propriétés réputées comme Nederburg et Laborie, proposent des dégustations et vendent directement leurs crus tous les jours sauf le dimanche. Certains ne font toutefois visiter leurs chais que sur rendez-vous.

Nederburg ⑤
Une importante vente de vins aux enchères a lieu chaque année dans ce vaste domaine.

Rhebokskloof Estate ①
Des reboks, ou antilopes-chevreuils, vivaient jadis dans cette vallée.

Fairview ②
Les chèvres de la propriété, dont le lait fournit d'excellents fromages, empruntent cette rampe pour grimper dans la tour.

0   3 km

Paarl Rock

Language Monument

Paarl

DU TOITSKLOOF PASS

KLEIN DRAKENSTEIN MTNS.

Zanddrift ④
Une chapelle en pierre, bâtie dans les années 40 par des prisonniers de guerre italiens, prête son cadre médiéval aux dégustations.

MODE D'EMPLOI

Comment y aller : depuis Cape Town, prendre la sortie 55 de la N 1, puis la N 45 (Main Street dans Paarl).
Où faire une pause : Simonsvlei et Laborie ont des restaurants chic.
Longueur : elle dépend du nombre de domaines visités. Mieux vaut se limiter à 3 ou 4.

LÉGENDE

▬ Autoroute
▬ Itinéraire
═ Autre route
❉ Point de vue

Backsberg ③
En 1977, Sydney Black, un viticulteur aujourd'hui décédé, fonda Paarl Vintners pour aborder des questions comme la formation des employés agricoles. L'association organise entre autres des cours de dégustation.

La route de Worcester passe par le Du Toit's Kloof Pass

Worcester ⓿

Carte routière B5. N1 depuis Cape Town par le Du Toit's Kloof Pass. 91 000. Worcester Station. Worcester Information Centre, (023) 348-2795.

Nommé d'après le marquis de Worcester, le frère du gouverneur du Cap au début du XIXᵉ siècle, le plus grand centre urbain de la Breede River Valley se trouve à 110 km à l'est de Cape Town, au cœur de la première région de production de raisin de table d'Afrique du Sud. Il existe aussi des domaines viticoles réputés pour leurs vins blancs.

Plusieurs, tels ceux de Nuy et Graham Beck, proposent des dégustations.

La route pour Worcester passe par le Du Toit's Kloof Pass, un col situé à 823 m d'altitude. Bien que la construction du Huguenot Tunnel en 1988 ait raccourci cette voie de 11 km, elle continue d'offrir des vues panoramiques de Paarl et de la Berg River Valley. En ville, Church Square renferme un jardin dessiné par le peintre Hugo Naude, ainsi que le monument aux morts de la Première Guerre mondiale et un cairn de pierre, érigé en 1938 lors de la répétition symbolique du Grand Trek *(p. 52)*.

À deux pâtés de maisons au sud de Church Square, **Hugo Naude House**, belle demeure de style Cape Dutch où l'artiste vécut jusqu'à sa mort en 1941, abrite aujourd'hui un musée qui présente des expositions d'œuvres contemporaines sud-africaines. Elles changent tous les mois.

Au nord-est de Church Square, le **Worcester Museum** occupe Beck House, construite en 1841 et meublée dans le style en vogue à la fin du XIXᵉ siècle. La propriété comprend un jardin de plantes aromatiques.

Pompe à eau à Worcester

Worcester Museum
Angle de Church St et Baring St. (023) 342-2225. 9 h-16 h 30 lun.-ven., 10 h 30-16 h 30 sam. jours fériés.
Hugo Naude House
Russell St. (023) 342-5802. 8 h 30-16 h 30 lun.-ven., 9 h 30-12 h sam. jours fériés.

AUX ENVIRONS
À environ 3 km au nord de Worcester, le très beau **Karoo National Botanic Garden**, consacré à la végétation des environnements semi-désertiques, occupe une superficie de 144 ha.

Les ficoïdes ont des couleurs éclatantes au printemps, mais le jardin présente de l'intérêt en toute saison avec des espèces rares comme les préhistoriques welwitschias et les curieux *halfmens*. Une section réunit les spécimens par zones géographiques et climatiques, et la collection de plantes grasses est la plus importante d'Afrique. Un « Braille Trail » est aménagé pour les malvoyants.

Karoo National Botanic Garden
Roux Rd, Worcester. (0233) 347-0785. 7 h-18 h t.l.j. (août-oct. seul.)

Kleinplasie Open-Air Museum ⓫

Voir p. 142-143.

La Dutch Reformed Church à Worcester

La Dutch Reformed Church de Robertson

Robertson ⓬

Carte routière B5. R60 depuis Worcester ou Swellendam.
🏛 *15 950.* ℹ️ *Angle de Swellendam St et Piet Retief St, (023) 626-4437.*

Dans la Breede River Valley, vignobles et vergers entourent cette petite ville fleurie dont la prospérité repose sur le vin, le raisin de table et les fruits secs. Sa route des vins passe par 24 domaines et coopératives, dont beaucoup

Cygne, Montagu Inn

doivent leur réputation à la qualité de leurs blancs à base de chardonnay.

Montagu ⓭

Carte routière B5. N15 depuis Robertson. 🏛 *11 000.* ℹ️ *Bath St, (023) 614-2471.*

Montagu tire son charme de ses nombreuses maisons datant du milieu du XIXe siècle, et Long Street compte à elle seule 14 monuments historiques. À 2 km du centre

jaillit une source thermale à une température constante de 43°C. Un hôtel offre à côté un hébergement confortable.

Des pistes aménagées pour les randonneurs et les adeptes du vélo tout-terrain sillonnent les reliefs du massif de Langeberg. Sur la route entre Montagu et Robertson, un tunnel long de 16 m passe sous les ruines du Sidney Fort, construit par les Britanniques pendant la guerre des Boers.

Source d'Avalon à Montagu.

LE BOESMANSKLOOF TRAVERSE ⓮

Cet itinéraire de randonnée suit une faille dans les montagnes du Riviersonderend entre les hameaux de Greyton et de McGregor. La balade dure cinq heures et demande des chaussures appropriées pour aborder confortablement les dénivelés du terrain. Du côté de McGregor, le sentier longe un ruisseau. À 9 km de Greyton, les Oakes Falls, une série de cascades et de bassins, permettent de se baigner. Il n'existe aucune forme d'hébergement le long du parcours, et le camping est interdit.

Départ du sentier à Greyton

ROBERTSON
McGregor
BONNIEVALE
Takkap
Hoeks

Nooienskop
1391 m
Die Galg
Début du sentier d'interprétation
Fin du sentier d'interprétation
Oakes Falls
Gobos
Perdekop
1346 m
Skilpadkop
1510 m
Genadendal
Greyton
R406
Riviersonderend
R406
CALEDON ET SWELLENDAM

CARNET DE ROUTE

Point de départ : Die Galg à 14 km au S.-O. de McGregor ou Main Street à Greyton.
Comment y aller : R 21 depuis Robertson ou N 2 vers Caledon puis sortie McGregor.
Meilleure saison : évitez l'hiver (de juin à août). Demandez 3 mois à l'avance un permis à la Vrolijkheid Nature Reserve.
📞 *(023) 625-1671.*

LÉGENDE

━━ Route goudronnée

- - - Sentier

☀ Point de vue

0 ————— 4 km

Kleinplasie Open-Air Museum ⓫

Les bâtiments reconstitués en 1981 pour créer le "musée vivant de la Petite Ferme" évoquent le cadre de vie des pionniers de la colonie du Cap. Des paysans et des artisans en costume d'époque se livrent devant les visiteurs aux activités qui étaient celles des fermiers entre 1690 et 1900, telles que la traite des vaches, la cuisson du pain et de la *melktert* («tarte au lait») ou encore la fabrication de chandelles et de savon de suif. Certaines démonstrations n'ont lieu qu'en saison comme le battage du blé, le foulage du raisin et la distillation du *witblits*, l'«éclair blanc», une eau-de-vie puissante.

Séchoir à tabac
On roule les feuilles de tabac à la main dans cet abri sans fenêtre du XIXᵉ siècle.

Lanterne

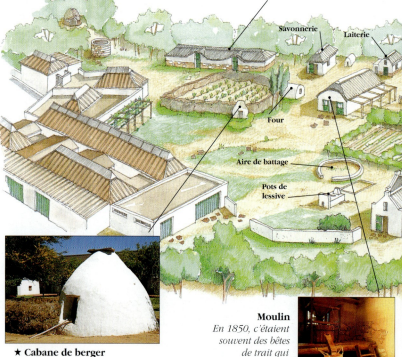

Savonnerie

Laiterie

Four

Aire de battage

Pots de lessive

Moulin
En 1850, c'étaient souvent des bêtes de trait qui actionnaient les moulins à farine.

★ **Cabane de berger**
Les bergers isolés avec leur troupeau dormaient dans des abris comme celui-ci. Dans le Karoo désertique, des voûtes en pierre remplaçaient les armatures en bois.

Boîtes
Cette belle collection de boîtes métalliques datant du XIXᵉ siècle est exposée au restaurant.

À NE PAS MANQUER

★ **Cabane de berger**

★ **Chaumière**

★ **Forge**

★ La forge
La porte de ce bâtiment aux murs en argile et aux pignons en brique date de 1820 à l'instar du soufflet utilisé par le forgeron. On peut voir ce dernier fabriquer tous les jours des objets tels que clous, gonds et fourches.

MODE D'EMPLOI

Carte routière B5. N1, fléché depuis Worcester.
☎ (023) 342-2225.
○ 9 h-16 h 30 lun.-sam.
● ven. saint, 25 déc.

★ La chaumière
Les habitations d'une seule pièce comme celle-ci datent du milieu du XIXe siècle. Elles servaient de logement aux ouvriers agricoles et à leurs familles.

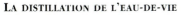

Ferme

Moulin à eau

Chai

Enclos de trempage

Cimetière

Sellerie
Ce bâtiment de 1816 reconstruit abritait l'écurie et la sellerie. C'est aussi là qu'on tannait les peaux.

LA DISTILLATION DE L'EAU-DE-VIE

Les eaux-de-vie locales, dont les premières furent distillées en 1672 à partir de pêches et d'abricots, prirent le nom de *witblits* (« éclair blanc »). Pour obtenir ces breuvages, on laisse fermenter les fruits broyés pendant dix jours dans de grands récipients avant de verser la pulpe dans un alambic. On la fait chauffer pour faire évaporer l'alcool qui se condense dans la spirale de refroidissement entourée d'eau. Le premier jus obtenu n'est pas conservé. Seul le deuxième, le « cœur », est mis en bouteilles. Le reste sert de liniment.

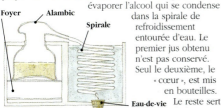

Foyer   Alambic   Spirale

Eau-de-vie

Âne de trait
Pour puiser de l'eau, un âne faisait tourner la noria : des godets fixés sur une chaîne, qui se déversaient en sortant du puits dans des canaux d'irrigation.

LA TERRASSE CÔTIÈRE OCCIDENTALE

Dominés à l'est par les reliefs déchiquetés du Cedarberg, les plateaux parallèles à la côte occidentale battue par les vents deviennent de plus en plus arides en direction du nord et de la frontière avec la Namibie. La végétation y réserve cependant de magnifiques surprises, tels les tapis de fleurs sauvages qui ont fait du Namaqualand une destination très prisée au printemps.

La West Coast s'étend au nord de Cape Town jusqu'à l'Orange River. Ensuite commence le désert du Namib, une région privée de pluie par le froid Benguela, et où, hormis des plantes grasses, ne survivent que des géophytes qui résistent pendant la saison sèche grâce aux réserves d'eau et de sels minéraux qu'elles emmagasinent dans des bulbes, des tubercules ou des rhizomes. Le Namaqualand s'étend au sud de l'Orange jusqu'au Cedarberg, et reçoit en mars et en avril environ 140 mm de précipitations sous forme de brèves averses. Celles-ci suffisent à permettre l'éclosion de tapis de fleurs sauvages d'août à octobre. La région de *fynbos* au sud de Nieuwoudtville possède une beauté austère qui annonce celle des formes étranges taillées par les éléments dans les rochers du Cedarberg. Toujours plus au sud, à l'intérieur des terres, Malmesbury se trouve au centre d'une région agricole où textures et couleurs changent au gré du vent qui fait onduler les champs de céréales.

Riche en éléments nutritifs, le Benguela attire de vastes bancs de poissons pélagiques, notamment des anchois, et la pêche est une industrie importante dans des villes comme Lambert's Bay et Saldanha. Cette dernière est aussi un port d'exportation du minerai de fer extrait à Sishen, où se trouvent les plus importantes réserves du monde. Quelques villages plus proches de Cape Town sont devenus des stations balnéaires appréciées. Les citadins viennent y pratiquer divers sports nautiques et déguster les fruits de mer qui ont établi la réputation de localités telles que Langebaan et Yzerfontein.

Filets de pêche à St Helena Bay

◁ **Tapis de *Pentzia suffruticosa* jaunes et maison de pêcheur traditionnelle à Paternoster**

Découvrir la terrasse côtière

À première vue, la côte occidentale paraît aride et stérile, mais elle attire de nombreux visiteurs au printemps quand marguerites et gazanias parent les paysages de taches de couleurs vives. La région est également appréciée pour les sentiers de randonnée qui sillonnent les montagnes du Cedarberg, réputées pour leurs étranges formations rocheuses et leurs panoramas. Les eaux froides de l'Atlantique ne se prêtent pas à la baignade, mais offrent en revanche un habitat adapté à de nombreuses créatures comestibles, de la langouste à d'excellents poissons. Des *skerms (p. 148)* installés sur les plages permettent de les déguster en plein air.

Chalutiers amarrés au port de Lambert's Bay

LA RÉGION D'UN COUP D'ŒIL

Cedarberg ❾
Citrusdal ❼
Clanwilliam ❽
Darling ❹
Lambert's Bay ❸
Malmesbury ❺
Tulbagh ❻

West Coast ❶
West Coast
National
   Park p. 150-151 ❷

Excursion
Namaqualand ❿

LÉGENDE

Route nationale

Autre route

Parcours pittoresque

Cours d'eau ou lac

Limite de réserve

Point de vue

Wolfberg Arch, dans le Cedarberg

[Carte: Orange, ● **ALEXANDER BAY**, **VIOOLSD.**, R355]

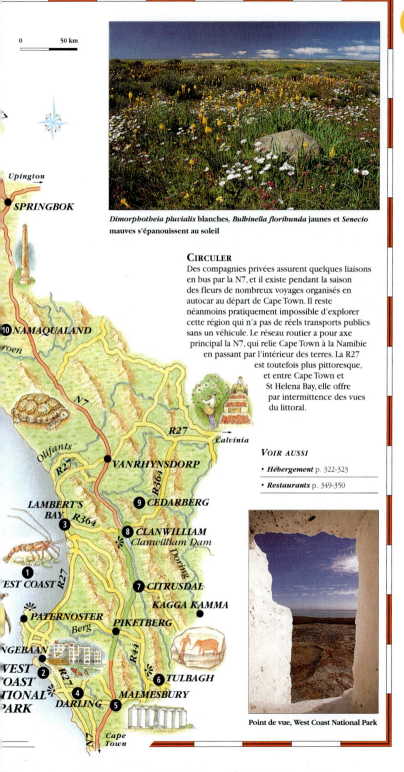

Dimorphotheia pluvialis blanches, *Bulbinella floribunda* jaunes et *Senecio* mauves s'épanouissent au soleil

0   50 km

Upington →

● SPRINGBOK

10 NAMAQUALAND

roen

N7

Olifants

R27

LAMBERT'S BAY
3
R364

1
EST COAST
R27

● PATERNOSTER
Berg

NGEBAAN

WEST
OAST
TIONAL
ARK

2
R27

4
● DARLING
5

VANRHYNSDORP

R364

R27

R27

Calvinia

9 ● CEDARBERG

8 ● CLANWILLIAM
Clanwilliam Dam

Doring

7 ● CITRUSDAL

KAGGA KAMMA
●

PIKETBERG

R44

6 ● TULBAGH

MALMESBURY

Cape
Town

CIRCULER

Des compagnies privées assurent quelques liaisons en bus par la N7, et il existe pendant la saison des fleurs de nombreux voyages organisés en autocar au départ de Cape Town. Il reste néanmoins pratiquement impossible d'explorer cette région qui n'a pas de réels transports publics sans un véhicule. Le réseau routier a pour axe principal la N7, qui relie Cape Town à la Namibie en passant par l'intérieur des terres. La R27 est toutefois plus pittoresque, et entre Cape Town et St Helena Bay, elle offre par intermittence des vues du littoral.

VOIR AUSSI

- *Hébergement* p. 322-323
- *Restaurants* p. 349-350

Point de vue, West Coast National Park

Départ pour la pêche à Paternoster

The West Coast ❶

Carte routière A4, A5.

La R 27 relie les localités du littoral occidental de Cape Town à l'Olifants River. Entre Milnerton, Bloubergstrand et Melkbosstrand, la Marine Drive (M 14), une route qui prend ensuite le nom d'Otto du Plessis Drive, ménage des panoramas superbes de la mer et des dunes. Au pied de la « montagne bleue » (Blouberg), qui lui a donné son nom, le village de Bloubergstrand est devenu une zone résidentielle recherchée car il offre une vue exceptionnelle de la Table Mountain se détachant sur le ciel de l'autre côté de Table Bay. Malgré les coups de vent qui les balaient parfois en été, ses plages attirent des amateurs de sports nautiques et des familles.

Plus au nord apparaissent les dômes argentés de la **Koeberg Nuclear Power Station**, l'unique centrale nucléaire d'Afrique du Sud. Des visites guidées permettent d'en découvrir le fonctionnement.

À gauche, la R 315 conduit à Yzerfontein, réputé pour sa prolifique réserve de langoustes. Pendant la saison de la pêche (de décembre à avril), les campings des alentours se remplissent de plongeurs accompagnés de leurs familles. Les bureaux de poste délivrent les permis. Ils autorisent des prises quotidiennes de 4 langoustes par personne.

Toujours plus au nord sur la R 27, après le port de pêche industriel de Saldanha, 16 km séparent Vredenburg de Paternoster, petit village de pêche typique avec ses maisonnettes aux murs blanchis. Selon la légende, il occupe le site où des naufragés portugais récitèrent le Notre-Père pour rendre grâce de leur survie.

De l'autre côté du Cape Columbine, le village de

St Helena domine une baie abritée. Juste avant de l'atteindre, un panneau indique le chemin à suivre pour rejoindre le monument qui commémore le débarquement à cet endroit du navigateur Vasco de Garna le 7 novembre 1497.

La pêche reste une activité importante dans cette région baignée par les eaux froides mais poissonneuses du courant Benguela. Les chalutiers ramènent entre autres dans leurs filets des espèces de haute mer comme les anchois.

Koeberg Nuclear Power Station

📞 (021) 550-4089. ⏱ 7 h 30-16 h 30 lun.-ven. ⚫ jours fériés. 📋 réserver.

West Coast National Park ❷

Voir p. 150-151.

Sur les rochers de Bird Island, Lambert's Bay

Lambert's Bay ❸

Carte routière A4. 🏠 5 000. ℹ Church St, Lambert's Bay (027) 432-1000. Lambert's Bay Charter Office (083) 726-2207. ⏱ 8 h t.l.j. (groupes seulement).

Depuis St Helena, un trajet de deux heures en voiture sur une route non goudronnée conduit à ce petit port de pêche qui porte le nom du contre-amiral sir Robert Lambert. Cet officier supérieur de la Royal Navy, en poste à Durban, dirigea la surveillance maritime de cette partie de la côte.

GASTRONOMIE EN PLEIN AIR

Appelées *skerms* (« abris » en afrikaans), les paillotes ouvertes par des restaurateurs de la West Coast, tels Die Strandloper *(p. 349)* à Langehaan et Die Muisbosskerm *(p. 349)* à Lambert's Bay, permettent de déguster ange de mer fumé, *snoek (p. 91)* au barbecue, moules en sauce épicée, calamars ou ormeaux. Malgré leur aspect rudimentaire, nombre de ces établissements sont très renommés, et mieux vaut réserver.

Déjeuner à Die Strandloper

La principale attraction touristique, **Bird Island,** se trouve à environ 100 m au large, mais elle est accessible par une digue. Elle sert de lieu de reproduction à des milliers de manchots, de cormorans et de fous du Cap. Une tour permet d'observer les oiseaux.

Le Lambert's Bay Charter Office propose des promenades d'une heure sur un bateau baptisé *Wolf-T* qui part tous les matins à 8 h.

D'août à octobre, les baleines franches australes constituent le clou de l'excursion. Endémiques dans la région, otaries à fourrure, céphalorynques du Cap et manchots se rencontrent toute l'année. Des randonnées guidées dans les dunes proches des confins méridionaux du désert du Namib ne sont malheureusement plus organisées.

Darling ❹

Carte routière B5. R307. 👣 *4 750.*
ℹ️ *Angle de Pastorie St et Hill St,
(022) 492-3361.*

Au cœur d'une région où se côtoient champs de blé, vignobles, exploitations laitières et élevages de moutons, ce bourg agricole est surtout connu pour ses floralies de printemps *(p. 34)* organisées depuis 1971.

Darling partage aussi la renommée du satiriste Pieter-

L'un des monuments nationaux bordant Church Street à Tulbagh

Dirk Uys *(p. 55),* qui a acquis une audience nationale sous les traits féminins d'Evita Bezuidenhout, ambassadrice fictive d'un bantoustan tout aussi fictif, le Baphetikosweti. Ses analyses mordantes de la vie politique attirent toujours la foule à **Evita se Perron**, cabaret installé sur un quai de gare désaffecté.

📧 **Evita se Perron**
📞 *(022) 492-2831.* 📷 🍴 ♿ 🛍️

Malmesbury ❺

Carte routière B5. 👣 *15 900.* 🚂
Bokomo Rd. ℹ️ *De Bron Centre,
(022) 487-1133.*

Malmeshury est la principale ville du Swartland, une région dont l'origine du nom, qui signifie « pays noir », reste

incertaine mais pourrait provenir de la teinte sombre que prend en hiver un arbuste local, le *renosterbush*. Le Swartland assure près du quart de la production de blé de l'Afrique du Sud, et Malmesbury abrite une de ses plus importantes minoteries. La majorité des visiteurs ne font que traverser la région, mais les champs de blé y composent de superbes paysages.

Tulbagh ❻

Carte routière B5. R44. 👣 *3 353.*
🚉 *Station Rd.* 🚌 *le long de Church
St.* ℹ️ *4 Church St, (023) 230-1348.*

Lorsqu'il fonda en 1700 cette nouvelle colonie dans la Breede River Valley, le gouverneur Willem Adriaan Van der Stel la nomma d'après son prédécesseur.

Entourée par les montagnes du Witzenberg et du Winterhoek, Tulbagh fit tristement la une des journaux en 1969 après un fort tremblement de terre. Le séisme endommagea de nombreux édifices historiques et la restauration des 32 bâtiments du XVIIIe et du XIXe siècle de style Cape Dutch ou victorien qui bordent Church Street demanda cinq ans. Le bâtiment le plus ancien est l'Oude Kerk, qui date de 1743. Il abrite l'Oude Kerk Volksmuseum. La plus vieille pension de famille du village, De Oude Herberg (1885), est toujours en activité.

Des milliers de fous du Cap peuplent Bird Island

West Coast National Park ②

Le Parc national de la Côte ouest renferme le lagon de Langebaan, les îles Schaapen, Jutten, Marcus et Malgas et la Postberg Nature Reserve, ouverte au public au printemps quand elle se couvre de tapis de fleurs telles que gazanias et marguerites. Le parc protège l'une des plus vastes zones marécageuses d'Afrique du Sud, refuge de plus de 25 millions d'oiseaux d'espèces aquatiques comme le pluvier, le héron, l'ibis et l'huîtrier pie. Élands, koudous et zèbres peuplent les zones plus sèches. L'hébergement disponible consiste en une pension, des bungalows et une maison flottante.

**Attention !
Traversée de tortues**

Cormorans du Cap
Abondants sur la côte, ils ont souffert de la pêche intensive. Ils se nourrissent de poissons pélagiques.

Avifaune

Long de 15 km et d'une profondeur moyenne de 1 m, le Langebaan Lagoon offre un havre abrité à de nombreux oiseaux aquatiques : mouettes, pélicans et échassiers tels que le flamant. Aussi bien les espèces sédentaires que les oiseaux migrateurs y trouvent une nourriture abondante.

Pélicans blancs
Le Langebaan Lagoon abrite l'une des rares colonies de pélicans blancs d'Afrique du Sud. La poche de leur bec leur sert à entreposer du poisson pour leurs petits. Ces spécimens volent et se reproduisent en groupe.

Le bécasseau cocorli fouille la vase avec son long bec en quête de petits crustacés.

La mouette de Hartlaub, indigène à la West Coast, cherche sa pitance sur le rivage au petit matin.

Le flamant rose, toujours en groupe, se distingue du grand flamant par sa taille plus réduite et son bec rouge.

★ Geelbek Goldfields Environmental Centre
Ce centre fournit de précieuses informations sur la faune, la flore et l'écologie de la région. Un affût permet d'observer de nombreuses espèces d'oiseaux.

À NE PAS MANQUER

★ Geelbek Goldfields Environmental Centre

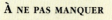

Plank...
Stoney Head
Kreeftebaai
Vondeling Island
Pree...
Sixteen Mile Beach
Churchhaven
Geelb...
Goldfi...
Environn...
Cent...
Bird hide
Strandveld Educational Trail
Yzerfontein
Entrée
0   5 km

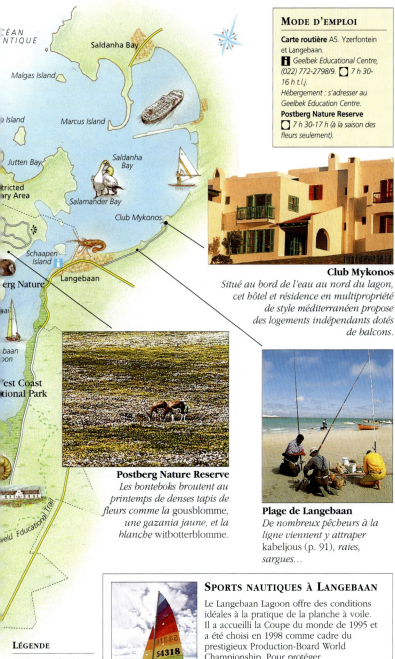

MODE D'EMPLOI

Carte routière A5. Yzerfontein et Langebaan.
Geelbek Educational Centre, (022) 772-2798/9. 7 h 30-16 h t.l.j.
Hébergement : s'adresser au Geelbek Education Centre.
Postberg Nature Reserve
7 h 30-17 h (à la saison des fleurs seulement).

Club Mykonos
Situé au bord de l'eau au nord du lagon, cet hôtel et résidence en multipropriété de style méditerranéen propose des logements indépendants dotés de balcons.

Postberg Nature Reserve
Les bonteboks broutent au printemps de denses tapis de fleurs comme la gousblomme, *une gazania jaune, et la blanche* witbotterblomme.

Plage de Langebaan
De nombreux pêcheurs à la ligne viennent y attraper kabeljous (p. 91), *raies, sargues…*

SPORTS NAUTIQUES À LANGEBAAN

Le Langebaan Lagoon offre des conditions idéales à la pratique de la planche à voile. Il a accueilli la Coupe du monde de 1995 et a été choisi en 1998 comme cadre du prestigieux Production-Board World Championship. Pour protéger l'environnement naturel, les autorités ont divisé le bassin en trois zones différentes. Tous les sports nautiques peuvent être pratiqués dans celle du nord, mais les bateaux à moteur n'ont pas le droit de pénétrer dans la partie centrale.

Catamaran

LÉGENDE
- Route goudronnée
- Piste
- Sentier
- Information
- Point de vue

Maisons à toit en zinc de Church Street, à Clanwilliam

Citrusdal ❼

Carte routière B4. 🏠 *2 900.*
🚌 *de la gare Cape Town à Church St.*
🛈 *Voortrekker St, (022) 921-3210.*

Des hivers où il ne gèle pas et le plan d'irrigation de l'Olifants River ont fait de Citrusdal le troisième producteur d'agrumes d'Afrique du Sud. Les plants du premier verger provenaient du jardin créé par Van Riebeeck au pied de la Table Mountain *(p. 74-75)*, et un arbre a acquis le statut de monument historique après avoir donné des fruits pendant 250 ans.

Aux environs, la Goede Hoop Citrus Cooperative a aménagé des pistes de randonnée à VTT.

Clanwilliam ❽

Carte routière B4. 🏠 *4 000.*
🚌 *de la gare Cape Town.*
🛈 *Main Rd, (027) 482-2024.*

Pôle de la commercialisation du *rooibos*, une plante locale dont la décoction, pauvre en tanin et exempte de caféine, est supposée avoir des vertus médicinales, Clanwilliam attire le week-end de nombreux amateurs de ski nautique. Ils viennent profiter des eaux calmes d'un lac artificiel long de 18 km qu'entourent les Cedarberg Mountains. Des bungalows et un terrain de camping bordent ses rives.

Cedarberg ❾

Carte routière B4. Ceres. Sortie Algeria Cape Nature Conservation sur la N7. 🛈 *(027) 482-2812. Un permis est obligatoire pour faire une randonnée ou séjourner dans la région du Cedarberg.* 🅰 🏃 📷 🔥

Depuis le nord, il faut passer par un col, le Pakhuis Pass, et par la Biedouw Valley, à 50 km de Clanwilliam, pour atteindre le massif du Cedarberg. En venant du sud, suivez la N7 après Citrusdal.

Protégées par la Cedarberg Wilderness Area, réserve naturelle d'une superficie de 710 km² créée en 1973, ces montagnes de grès, déchiquetées par l'érosion, offrent aux randonneurs des étendues sauvages et de splendides paysages à découvrir. Au sud, l'érosion a sculpté de spectaculaires formations rocheuses comme la Maltese Cross, haute de 20 m, et la Wolfberg Arch, d'où s'ouvre un large panorama. La principale faille des Wolfberg Cracks mesure plus de 30 m.

Le cèdre Clanwilliam, qui a donné son nom à la « montagne des cèdres », fait partie des espèces protégées par la réserve naturelle, avec la rare protéa des neiges *(Protea cryophila),* fleur endémique qui ne pousse que sur des sommets comme le Sneeuberg (2 028 m), la plus haute cime du massif.

Signalisation à Kagga Kamma

Au sud du Cedarberg, la réserve de **Kagga Kamma** abrite certains des derniers Bushmen du pays. Des visites guidées permettent d'entrer en contact avec des membres du clan et de les observer dans certaines activités traditionnelles. Une partie des revenus tirés de la vente d'objets artisanaux revient à la communauté.

🏠 Kagga Kamma
Sud du Cedarberg.
🛈 *Réservation des visites (021) 872-4343.* ⏱ *t.l.j.* 📷
🍴 *(pension complète).* 🏠

Le lac du Clanwilliam Dam, au pied des montagnes du Cedarberg

Les formations rocheuses du Cedarberg

À l'ère primaire, avant que ne se forme le Karoo il y a plusieurs centaines de millions d'années, l'océan recouvrait les masses de grès, de schiste et de quartzite qui deviendraient les Cape Folded Mountains. Après que les forces tectoniques les eurent fait émerger en les plissant, pluie et vents commencèrent leur lent travail de sape. Le grès de la Table Mountain se révéla plus résistant que les autres roches et, dans le Cedarberg, l'érosion dégagea d'étranges silhouettes en éliminant les parties les plus meubles. La riche teinte rouge causée par endroits par les oxydes de fer les rend encore plus saisissantes.

LA MALTESE CROSS

À une journée de marche de la Dwarsrivier Farm (Sanddrif), cette « croix de Malte », haute de 20 m, est formée dans sa partie supérieure de grès de la Table Mountain, plus résistant à l'érosion.

Randonnée
Des forestiers défrichèrent il y a 100 ans certains des sentiers du massif.

La base, plus meuble, s'est érodée plus vite.

Cèdre du Cedarberg
Quelque 8 000 arbres sont plantés chaque année pour assurer la survie de cette essence endémique jadis utilisée pour les poteaux.

Les débris ont créé des éboulis.

Wolfberg Cracks
Ces failles offrent une vue superbe à 75 min de marche de la Wolfberg Arch.

Wolfberg Arch
Cette imposante arche naturelle est la plus étonnante du Cedarberg. Elle fournit aux photographes un cadre hors du commun.

De fragiles piliers soutiennent d'inquiétantes sculptures.

Les failles proviennent des tensions subies par la roche

L'arche, haute de 30 m, domine une région appelée Tankwa Karoo.

Érosion

En s'attaquant aux minéraux les plus meubles, pluie et vent ont créé un véritable décor de conte de fées. Flèches, arcs et fissures y ressemblent à des châteaux étranges, tandis que les roches évoquent gargouilles et créatures pétrifiées.

Excursion au Namaqualand ⑩

Gazania krebsiana

Le long de la côte atlantique, le Namaqualand occupe une superficie de 48 000 km² entre l'Orange River au nord et l'embouchure de l'Olifants River au sud. Cette région est quasiment désertique pendant la saison sèche, mais si les premières pluies (généralement en mars et avril) se révèlent suffisantes, elle se couvre d'août à octobre d'extraordinaires tapis de fleurs multicolores. Beaucoup sont annuelles, telles les marguerites et les gazanias, mais la végétation de la région est aussi très riche en plantes grasses.

KEETMANSH
Orange
Alexander Bay
Noordoewer
Steinkopf
R382
R355
Springb
Kamieski
Hondeklipbaai

0   50 km

Skilpad Wild Flower Reserve ⑥
Cette réserve naturelle, située à 17 km à l'ouest de Kamieskroon, appartient au World Wild Fund for Nature in South Africa, qui a acquis le terrain en 1993 pour en protéger la végétation. D'abondantes précipitations pour la région assurent de spectaculaires floraisons, en particulier de gazanias et de marguerites d'un orange éclatant.

Tienie Versveld Reserve ①
Les visiteurs venus assister aux floralies de Darling *(p. 34)* peuvent rejoindre en voiture cette réserve pour admirer les fleurs sauvages dans leur environnement naturel. Il faut toutefois une bonne saison de pluies pour que le Namaqualand révèle toute sa splendeur..

Postberg Nature Reserve ②
Ce site du littoral attire en saison de nombreux habitants de Cape Town qui peuvent aisément faire l'excursion en voiture dans la journée, et sont rarement déçus par les tapis d'annuelles qui s'étendent à perte de vue.

LÉGENDE

▬	Itinéraire
═	Autre route
---	Limite de parc
⚘	Point de vue
✿	Fleurs sauvages

Goegap Nature Reserve ⑦

À 15 km à l'est de Springbok, la « capitale » du Namaqualand, un exceptionnel éventail de plantes grasses poussent dans les plaines et les collines granitiques de la Goegap Nature Reserve, où on a ces dernières années recensé quelque 580 espèces végétales.

Nieuwoudtville Wildflower Reserve ⑤

Cette réserve renferme la plus grande concentration mondiale de géophytes (plantes à bulbe, à tubercule ou à rhizome). Iris et lys dominent parmi 300 espèces.

Vanrhynsdorp ④

Cette ville se trouve dans la rocailleuse Knersvlakte (« plaine grinçante »), qui se pare au printemps des fleurs de succulentes comme la *vygie* (ficoïde) et d'annuelles locales telles que la *botterblom* et la *gousblom*.

Biedouw Valley ③

Cette vallée est réputée pour ses ficoïdes, les mesembryanthemums, des plantes grasses qui portent le nom de *vygie* en afrikaans. Les marguerites et les ficoïdes forment les deux groupes végétaux les plus représentés au Namaqualand.

CARNET DE ROUTE

Longueur : comptez de un à trois jours selon votre choix. Pour une visite en autocar, contactez Captour.
📞 (021) 426-4260.
Quand partir : les fleurs éclosent d'août à octobre, et ne s'ouvrent que les jours de soleil, surtout entre 11 h et 16 h. Conduisez avec le soleil derrière vous. Le Namaqualand Information Bureau vous indiquera les meilleurs sites.
Hébergement : toutes les localités possèdent un hôtel, des pensions et un camping. On peut aussi parfois loger chez l'habitant.
ℹ️ Namaqualand Information Bureau, (0277) 12-8000.

Map labels: Nieuwoudtville, CALVINIA R27→, Olifants, R27, R364, R364, ③, Doring, Clanwilliam Dam, nberts Bay, R364, Citrusdal, R303, ena y, R399, N7, Piketberg, R45, Langebaan, R27, Park, Darling, R315, ① Malmesbury, Cape Town, N1, N7

LE CAP SUD

Cette partie de la province du Cap Ouest se distingue par les hautes montagnes de l'intérieur, que des routes spectaculaires franchissent par des cols encaissés. La ville la plus importante, Oudtshoorn, tire depuis plus d'un siècle sa prospérité de l'élevage des autruches. Sur la côte, Hermanus attire de nombreux visiteurs venant contempler les baleines australes qui s'ébattent dans sa baie.

Les localités côtières du Cap Sud et le cap Agulhas, où entrent en contact les eaux chaudes de l'océan Indien et le courant froid de l'Atlantique, sont situées dans une région appelée l'Overberg, qui s'étend à l'est du massif des Hottentots Holland, et est délimitée au nord par ceux du Riviersonderend, du Langeberg et d'Outeniqua. L'embouchure de la Breede River en marque la frontière orientale. L'Overberg, « au-delà des montagnes », doit son nom aux reliefs qui l'isolent. On l'atteint depuis Cape Town par le Sir Lowry's Pass. Pour franchir ce col, la N 2 serpente au-dessus de la Gordon's Bay en offrant de magnifiques panoramas.

Œuvre du major Charles Michell, la route du col ne date que de 1828 et l'Overberg était avant cette date principalement peuplé de Khoisans *(p. 44-45)* nomades. Il abritait une riche faune qui comprenait des éléphants, et le tracé de la route suit en fait celui d'un ancien itinéraire de migration animale appelé *gantouw* (« sentier des élands ») par les indigènes. Les pionniers européens qui colonisèrent la région se trouvèrent bientôt face à une nouvelle barrière montagneuse : le Little Karoo, protégé par la chaîne du Swartberg. C'est dans ce territoire que deux grands constructeurs routiers, Andrew Geddes Bain et son fils, Thomas Bain, entrèrent dans l'histoire de l'Afrique du Sud. La spectaculaire excursion des quatre cols *(p. 164-165)* permet de se rendre compte des difficultés qu'ils eurent à surmonter. Elle suit un itinéraire qui passe par Oudtshoorn, ville célèbre pour ses élevages d'autruches, et près de belles grottes : les Cango Caves.

Maisons de pêcheurs à toit de chaume à Arniston (Waenhuiskrans)

◁ **Colonne de calcite dans les Cango Caves, proches d'Oudtshoorn**

À la découverte du Cap Sud

La N2 emprunte le Sir Lowry's Pass, puis traverse des champs de blé et des pâturages. Il existe aussi une route côtière, la R44, qui longe le rivage de Gordon's Bay à Hermanus. Plus à l'est, les villages et hameaux du littoral se trouvent au bout de culs-de-sac, et on ne peut atteindre la De Hoop Nature Reserve qu'au terme de 50 km de piste. Dans le Little Karoo, Oudtshoorn a conservé de riches demeures bâties par les « barons de l'autruche » au début du siècle. Les grottes de Cango se trouvent non loin.

Dunes de sable à la De Hoop Nature Reserve

Plage de galets près de la grotte d'Arniston

CIRCULER

La N2 traverse tout l'Overberg par l'intérieur des terres jusqu'à Riversdale, où la R323 conduit au nord à Oudtshoorn, aux Cango Caves et aux cols les plus impressionnants de la région qui sont reliés par la R328. Toutes les localités côtières sont accessibles par des routes bien entretenues depuis la N2. Des pistes relient la De Hoop Nature Reserve à Bredasdorp et à la N2. À moins de participer à des excursions en autocar, une voiture est indispensable pour visiter une région où il n'existe pratiquement pas de transports publics. L'aéroport le plus proche se trouve à Cape Town.

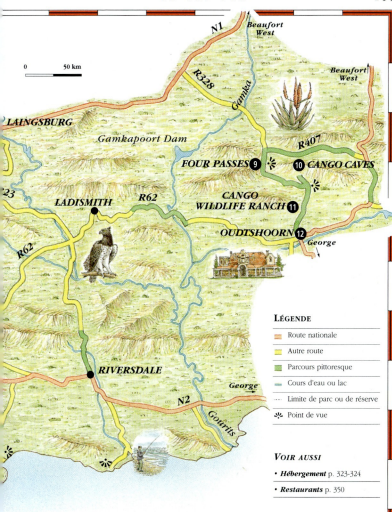

LÉGENDE

▬	Route nationale
▬	Autre route
▬	Parcours pittoresque
▬	Cours d'eau ou lac
⋯	Limite de parc ou de réserve
❈	Point de vue

VOIR AUSSI

- *Hébergement* p. 323-324
- *Restaurants* p. 350

LES SITES D'UN COUP D'ŒIL

Arniston ❼
Betty's Bay ❶
Bredasdorp ❺
Cango Caves ❿
Cango Wildlife
  Ranch ⓫
Cape Agulhas ❻
De Hoop Nature
  Reserve ❽
Gansbaai ❹
Hermanus ❸
Kleinmond ❷
Oudtshoorn ⓬

Excursion
*Route des quatre cols
p. 164-165* ❾

Troupeau d'autruches à la Highgate Ostrich Farm, près d'Oudtshoorn

Betty's Bay ❶

Carte routière B5. R44 au S.-E.
de Gordon's Bay. 🚶 170.
✈ *Cape Town International.*
ℹ *Kleinmond, (028) 271-5657.*

B aptisée d'après Betty
Youlden, la fille d'un
promoteur immobilier qui
vécut ici au début du siècle,
cette petite station de
villégiature isolée s'emplit le
week-end d'amateurs de
calme et de solitude.

Le massif du Kogelberg
domine le village. Sur ses
contreforts, l'**Harold Porter
National Botanical Garden**
grimpe sur un terrain acheté
en 1938 par l'agent immobilier
Harold Porter afin de protéger
une riche végétation de
fynbos littorales et d'altitude.
Plus de 1 600 variétés
d'éricacées, de protéas et de
watsonias forment l'une des
plus denses concentrations du
Cap Ouest. Leur nectar
attire de nombreux
sucriers. Il faut un
permis pour
emprunter le Leopard
Kloof Trail, qui
traverse une épaisse
forêt jusqu'à une
pittoresque chute
d'eau.

À Stoney Point, une
réserve naturelle
protège le site de
reproduction d'une
petite colonie de
manchots du Cap.

🌿 **Harold Porter National
Botanical Garden**
📞 *(028) 272-9311.* 🕗 *8 h-16 h 30
(19 h en été) t.l.j.* ♿ 🅿 🚶 ℹ

**Éricacées, Harold
Potter Garden**

Sur la plage à Kleinmond

Kleinmond ❷

Carte routière B5. R44 à l'E. de Betty's
Bay. 🚶 2 900. ℹ *Spar Centre
(028) 271-5657.*

L es collines rocailleuses,
parées d'un mince vernis
vert de *fynbos*, qui entourent
Kleinmond abritèrent
longtemps de
petites bandes
de Khoisans et
d'esclaves évadés.
Le village vivait au
début du siècle
de la pêche, et,
aujourd'hui, ce sont
les vacanciers qui y
viennent nombreux
dans l'espoir
d'attraper thons,
kabeljous ou *yellowtails*
(p. 91) dans ses eaux
poissonneuses.

À l'embouchure de
la Palmier River, le Kleinmond
Lagoon est un endroit sûr
pour la baignade et le canoë.
Dans la **Kogelberg Nature
Reserve**, un réseau

bien aménagé de sentiers de
randonnée offre de belles
vues de l'océan et des
montagnes, et permet parfois
d'apercevoir de gracieuses
antilopes : oréotragues,
grisboks et steinboks.

🌿 **Kogelberg Nature Reserve**
Betty's Bay. 📞 *(028) 271-5138.*
🕗 *8 h-17 h t.l.j.* ♿ 🚶

Hermanus ❸

Carte routière B5. 🚶 6 600.
🚌 *Bot River à 30 km au N. sur la N2.*
ℹ *gare d'Hermanus, Mitchell St,
(028) 312-2629.*

D es hôtels tels que le
Marine, le Windsor et
l'Astoria rappellent que cet
ancien village de pêcheurs
devint un temps une station
de villégiature et de retraite
huppée. Hermanus a perdu
quelque peu de son lustre,
mais reste une destination très
fréquentée.

Sur le vieux port, l'**Old
Harbour Museum** retrace
l'histoire de la ville. Sur une
rampe de mise à l'eau
reposent, quille en l'air, des
bateaux de pêche restaurés.
Plus haut sur les rochers se
dressent des séchoirs à
poissons.

Hermanus doit aujourd'hui
son renom aux baleines
franches australes *(p. 122-
123)* qui quittent chaque
année les régions
subantarctiques pour venir
mettre bas à l'abri dans la
Walker Bay. Elles arrivent en
juin et partent en décembre,
mais les deux meilleurs mois
pour les observer sont

Le paisible Harold Porter Botanical Garden de Betty's Bay

septembre et octobre, où on peut les voir tous les jours s'ébattre au large. Un « crieur » arpente Main Street pour signaler les meilleurs postes d'observation.

Malgré des quartiers résidentiels étendus, la côte recèle des plages préservées, propices à de paisibles promenades à pied ou à cheval, telle Die Plaat, longue bande de sable de 12 km entre le Klein River Lagoon et De Kelders. Au sommet des falaises, un sentier relie New Harbour et Grotto Beach. Des bancs le jalonnent pour permettre de se reposer ou de profiter de la vue.

À environ 20 km à l'est d'Hermanus, le cœur du village de **Stanford**, un centre artisanal, renferme de nombreuses demeures historiques édifiées au tournant du siècle. L'ancienne école et l'église anglicane datent toutes les deux de 1880, cinq ans environ avant la construction de la Spookhuis, la « maison du fantôme », que la rumeur dit hantée.

Old Harbour Museum

Market Place. **(** (028) 312-1475. **○** 9 h-16 h 30 lun.-sam., 12 h-16 h dim. **●** jours fériés. **⊠ ▢**

Le Marine Hotel à Hermanus

Gansbaai ❹

Road map B5. R43 SE of Hermanus. **▥** 2 800. **ℹ** Cnr Main Rd and Berg St, (028) 384-1439. **▤**

Si les oies d'Égypte qui venaient se reproduire ici ont disparu, le village leur doit son nom, qui signifie « baie des oies ».

En février 1852, l'HMS *Birkenhead* heurta un récif au large de Danger Point, le cap situé 9 km plus au sud. Il sombra, mais les femmes et les enfants furent sauvés. Depuis, la formule « Birkenhead Drill » (« manœuvre Birkenhead ») s'applique à la coutume de les évacuer en premier.

Des promenades en bateau au départ de Gansbaai mènent à Dyer Island aux eaux fréquentées par de grands requins blancs.

LES BALEINES D'HERMANUS

Il existe peu de lieux d'observation terrestres dans le monde aussi intéressants qu'Hermanus pour contempler des baleines. C'est en octobre qu'elles sont le plus nombreuses (on en a recensé de 40 à 70) et elles s'approchent parfois jusqu'à 10 m de la côte. Pour permettre d'écouter leurs appels, l'Old Harbour Museum a fait poser un hydrophone au fond de l'océan.

Logo de la route des baleines

La côte rocheuse des alentours d'Hermanus offre de bons postes d'observation des baleines

Bredasdorp ❺

Carte routière B5. 🏠 *9 800.*
ℹ️ *Dr Jansen St, (028) 424-2584.*

Au cœur d'une région de
champs d'orge et de
pâturages à moutons, ce
centre lainier se trouve au
carrefour des routes menant
au Cape Agulhas, par la R 319,
et à Ariston par la R 316.

Visite la plus intéressante, le
Shipwreck Museum (musée
du Naufrage) évoque l'histoire
tragique de la partie la plus
australe du littoral africain.
Les marins ont surnommé
cette côte le « cimetière de
navires » car récifs, tempêtes
et force des courants en font
une des plus dangereuses du
monde. Depuis 1552, plus de
130 vaisseaux ont sombré ici,
ce qui représente une
moyenne d'un naufrage par
kilomètre de rivage.

🏛 Shipwreck Museum

Independent St. 📞 *(028) 424-1240.*
⭕ *9 h-16 h 45 lun.-ven.,*
11 h-15 h 45 sam.-dim. 📷
Le musée du Naufrage,
inauguré en avril 1975,
occupe un ancien presbytère
et une salle paroissiale du
milieu du XIXᵉ siècle, tous
deux classés monuments
historiques.

Le presbytère, construit
en 1845, abrite la
reconstitution d'un
intérieur typique de
maison bourgeoise de la
pointe méridionale de
l'Afrique du Sud au
XIXᵉ siècle. À cette
époque, le bois
d'épave servait souvent

à la fabrication des poutres ou
des encadrements de portes et
de fenêtres, tandis que des
objets provenant de navires
naufragés retrouvaient un
usage domestique dans des
conditions moins soumises
aux aléas climatiques.

Offerte par des habitants de
la région, la table de
toilette à dessus en
marbre de la chambre
provient ainsi du
Queen of the Thames,
qui coula en 1871.

L'armoire à
pharmacie se trouvait sur
le *Clan Mac Gregor*, qui
sombra en 1920.

La salle paroissiale date
de 1864. Plutôt lugubre,
elle offre un cadre qui
convient bien
aux souvenirs
exposés dans
des vitrines.
Tous proviennent
d'importants naufrages
survenus dans la région.

Cuisine du XIXᵉ siècle au Shipwreck Museum de Bredasdorp

**Figure de proue,
Shipwreck Museum**

Cape Agulhas ❻

Carte routière B5. R319, 45 km au
S. de Bredasdorp. ℹ️ *Dr Jansen St,*
(028) 424-2584.

La pointe la plus australe du
continent africain doit son
nom de « cap des Aiguilles »
aux explorateurs portugais,
premiers Européens à s'en
approcher au XVᵉ siècle. Ils
s'aperçurent qu'à cet
endroit leurs boussoles ne
subissaient plus de
déviation magnétique et
indiquaient
parfaitement le nord.
Bien que le cap
Agulhas marque
officiellement le point
de rencontre entre les
océans Atlantique et
Indien, rien dans le
paysage ne souligne
cette importance
géographique en dehors d'un
simple cairn de pierres.

Hormis quand les éléments
se déchaînent, l'élément le
plus spectaculaire du site reste
d'ailleurs l'épave d'un chalutier
japonais, le *Meisho Maru 38,*
visible à 2 km du phare.

🏛 Lighthouse and Museum

📞 *(028) 435-6078.* ⭕ *9 h-16 h 30*
t.l.j. 📷 🔟
L'Agulhas Lighthouse, dont
le dessin s'inspire du
mythique phare d'Alexandrie,
date de 1848. Après celui de
Green Point, c'est le plus
ancien phare en service
d'Afrique du Sud. Resté un
temps inutilisé, il a été remis
en marche en 1988. D'une

L'Agulhas Lighthouse, à la pointe la plus australe de l'Afrique

puissance de 7,5 millions de bougies, sa lampe émet un rayon visible à 30 milles nautiques. Depuis 1994, un petit musée le jouxte ; 71 marches conduisent au sommet de la tour qui offre un panorama exceptionnel.

Arniston ❼

Carte routière B5. ⚘ *800*. 🛈 *Dr Jansen St, Bredasdorp, (028) 424-2584.*

Ce petit village de pêcheurs, situé à 24 km de Bredasdorp par la R 316, porte officiellement le nom du navire anglais qui fit naufrage un peu plus à l'est en mai 1815. Il transportait 378 soldats et hommes d'équipage embarqués à Ceylan pour rentrer au pays. 6 d'entre eux seulement survécurent.

Pour ses habitants, Arniston reste pourtant Waenhuiskrans (« falaise de la remise à chariots »), d'après une grotte assez vaste pour accueillir plusieurs chars à bœufs. Cette dernière s'ouvre dans la falaise à 2 km au sud de l'Ariston Hotel *(p. 323)*, mais on ne peut l'atteindre qu'à marée basse. La prudence s'impose sur les rochers glissants que des vagues balaient parfois à l'improviste.

Au nord du village, des maisons de pêcheurs, aux murs blanchis à la chaux et percés de petites fenêtres sous des toits en chaume, forment le pittoresque hameau de Kassiesbaai près de dunes de sable blanc. Plus au sud s'étend la plage de Roman Beach. En continuant, on atteint ensuite un promontoire rocheux fréquenté par des pêcheurs à la ligne.

Falaises recouvertes de *fynbos* à la De Hoop Nature Reserve

De Hoop Nature Reserve ❽

Carte routière B5. R319, 50 km à l'O. de Bredasdorp. 📞 *(028) 542-1126.* 🕐 *7 h-18 h. Permis obligatoire.* ♿

La Réserve naturelle De Hoop protège 50 km de côtes ponctués de falaises calcaires érodées et de dunes de sable atteignant 90 m pour les plus hautes. On y rencontre une zone marécageuse de 14 km, où vivent 12 des 16 espèces d'oiseaux aquatiques d'Afrique du Sud.

Éland, De Hoop Nature Reserve

Des milliers de foulques caronculées, de canards à bec jaune et de souchets du Cap, ainsi que des oies d'Égypte profitent de cet habitat préservé. La période d'observation la plus favorable dure de septembre à avril, quand viennent les rejoindre des échassiers migrateurs paléarctiques. 13 espèces ont été recensées, mais les ornithologues amateurs peuvent surtout espérer voir le grand pluvier à collier, le bécasseau cocorli, le bécasseau minute, le chevalier sylvain et le chevalier à pattes vertes.

La végétation comprend à la fois des *fynbos* d'altitude et de plaine, avec des variétés endémiques comme les *Protea obtusfolia*, *Protea susannae* et *Leucospermum oliefolium*.

Un circuit praticable entre le camp de repos et Tierhoek permet d'essayer d'apercevoir certains des mammifères qui peuplent aussi la réserve, notamment des zèbres de montagne et de petites antilopes comme le bontebok, le reebok gris et le farouche cervicapre.

Un itinéraire de vélo tout-terrain traverse la chaîne du Potberg, qui abrite une colonie de vautours du Cap, une espèce menacée. Les sites où ils nidifient ne sont toutefois pas accessibles.

Les visiteurs qui souhaitent dormir sur place disposent de divers hébergements.

Hameau de pêcheurs de Kassiesbaai, près d'Arniston

Route des quatre cols ⑨

A u nord-est de la De Hoop Nature Reserve, la N 2 franchit de hautes montagnes pour rejoindre le Little Karoo, une région située entre le Swartberg, au nord, et les massifs du Langeberg et d'Outeniqua, au sud. Au XIXᵉ siècle, ces reliefs posèrent de sérieux problèmes à l'ingénieur sud-africain Thomas Bain, alors en charge de la construction routière. Le plus spectaculaire des quatre cols de cet itinéraire est celui qui traverse le Swartberg.

Seweweekspoort ①

Une piste longue de 15 km, au pied de parois à pic grossièrement taillées, croise et recroise le lit d'un cours d'eau qui serpente à travers le massif du Klein Swartberg. On raconte que le Seweweekspoort Peak (« pic du col des sept semaines »), au nord, haut de 2 325 m, devrait son nom au temps qu'il fallait aux contrebandiers d'eau-de-vie pour effectuer ce trajet.

Calitzdorp ②

Des maisons victoriennes bordent les rues de ce village du Karoo, proche d'une source d'eau chaude. Boplaas, Die Krans Estate et la Calitzdorp Wine Cellar produisent ici certaines des meilleures liqueurs du pays.

Légende

▬	Itinéraire
▭	Autre route
---	Limite de parc
✳	Point de vue

0   50 km

Oudtshoorn ③

Le climat du Karoo est propice à la culture de la luzerne, mets préféré des autruches, et Oudtshoorn est devenu un grand centre d'élevage de ces oiseaux. La vogue que connurent leurs plumes dans les années 1880 finança la construction d'imposantes demeures en grès de styles victorien et édouardien.

Swartberg Pass ⑤
Un groupe de bagnards de
Bain travailla pendant sept ans
à cette piste spectaculaire de
24 km, achevée en 1888.

CARNET DE ROUTE

Longueur : 337 km depuis
Laingsburg ; 175 km depuis
Oudtshoorn.
Comment y aller : sur la R 323,
tournez à gauche au bout de
19 km, puis, après 50 km, à droite
vers le Seweweekspoort. Prenez la
R 62 à Amalienstein, puis dirigez-
vous vers le nord sur la R 328.
Avant Prince Albert, prenez la
R 407 via le Meiringspoort.
Revenez à Oudtshoorn par la N 12.
Quand y aller : au printemps et
en automne. La neige peut
bloquer les cols de juin à août.

Prince Albert ⑥
Entouré d'arbres fruitiers et
d'oliviers, ce village isolé
garde un charme désuet
avec ses maisons
traditionnelles *(p. 29).*

Schoemanspoort ④
La route construite en
1862 par Thomas Bain
au fond d'une gorge
étroite suivait le tracé
d'une piste cavalière
près d'un torrent.
Emportée par une crue
en 1869, il fallut onze
ans pour la reconstruire
à l'abri des eaux.

Meiringspoort ⑦
Une route goudronnée de 23 km suit
les gorges de la Groot River, où des
falaises de grès rouge et orange
composent un décor majestueux.
Les plis visibles sur les parois
témoignent de bouleversements
géologiques très anciens.

Cango Caves ❿

Carte routière C5. R328 depuis
Oudtshoorn. 🄲 *(044) 272-7410.*
🄾 *9 h-16 h.* ● *25 déc.* 🈺 📷 🍴
🅆 www.cangocaves.co.za

Au pied du Swartberg, en se
cristallisant dans un réseau
souterrain, les minéraux
dissous dans les eaux de
ruissellement ont créé un
riche décor de stalactites, de
stalagmites et de concrétions
en forme de colonnes et de
draperies.

Un gardien de troupeau en
découvrit l'entrée par hasard
en 1780, et son maître,
Jacobus Van Zyl, fut le premier
à les explorer. Les peintures
rupestres et les outils en pierre
trouvés près de l'entrée
indiquent une occupation
datant d'au moins 15 000 ans.

Fouillées respectivement en
1972 et en 1975, Cango 2 et
Cango 3 restent fermées pour
protéger leur contenu, et seule
Cango 1, longue de 762 m, est
ouverte au public. Certaines
des plus belles concrétions y
ont reçu des noms, telles la
délicate Ballerine, la Cascade
gelée et l'Aiguille de Cléopâtre,
haute de 9 m et vieille
d'environ 150 000 ans.
La plus vaste salle mesure
107 m de long et 16 m de
hauteur.

La visite simple dure une
heure et parcourt les
6 premières salles. On peut
choisir le tour complet d'une
heure et demie, qui compte
416 marches. Malgré une
température de 18 °C, le taux
d'humidité de 95 % peut se
révéler désagréable.

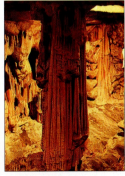

**Draperie de calcite au cœur
des Cango Caves**

Des passerelles permettent d'approcher les lions de près

Cango Wildlife Ranch ⓫

Carte routière C5. R328 vers les Cango Caves. 📞 *(044) 272-5593.* ⏲ *8 h-16 h 30 t.l.j.* ⓫
Ⓦ www.cango.co.za

Ce ranch abrite depuis 1993 la Cheetah Conservation Foundation, et il est devenu l'un des plus importants sites de reproduction de guépards d'Afrique. La partie du domaine réservée à ce programme n'est pas accessible au public, mais celui-ci peut s'approcher de guépards apprivoisés gardés dans un enclos. Un autre programme de reproduction a commencé. Il concerne le lycaon du Cap, un chien sauvage menacé de disparition.

Des passerelles installées au-dessus d'un habitat de *bushveld* reconstitué permettent d'observer de près d'autres puissants prédateurs : lions, jaguars et pumas.

Le ranch possède aussi 400 crocodiles et alligators, ainsi que des serpents exotiques tels qu'un python sud-américain albinos et un boa constrictor de 4 m.

Un restaurant domine un plan d'eau fréquenté par des flamants et des cygnes noirs.

Crocodile du Nil élevé au Cango Wildlife Ranch

Oudtshoorn ⓬

Carte routière C5. N12 depuis George. 🚏 *42 500.* 📞 *Baron van Reede St, (044) 279-2532.*
Ⓦ www.oudtshoorn.co.za

Fondée au pied du Swartberg en 1847 pour répondre aux besoins des fermiers de plus en plus nombreux à s'installer dans le Little Karoo, la ville d'Oudtshoorn acquit sa prospérité à partir des années 1870 grâce à l'engouement des Européennes pour les plumes d'autruche.

La région se prête en effet particulièrement bien à l'élevage du plus grand oiseau du monde. Le climat et le terrain conviennent à la culture extensive de la luzerne dont cet animal fait l'essentiel de son alimentation, et le sol est jonché des graviers nécessaires à sa digestion.

Pendant quarante ans, la production ne cessa d'augmenter, et, en 1913, Oudtshoorn abritait 750 000 autruches qui fournissaient au pays sa troisième source de devises étrangères après l'or et les diamants. Certains éleveurs profitèrent de cette manne pour faire construire de grandioses demeures en grès.

Toutefois, la mode des plumes passa après la Première Guerre mondiale et la ville connut une longue période de récession. L'autruche, aujourd'hui, est surtout élevée pour le cuir et la viande.

Demeure d'un baron de la plume, à la périphérie d'Oudtshoorn

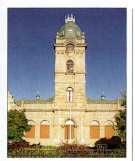

**Façade en grès du début
du xxᵉ siècle, C.P. Nel Museum**

🏛 C.P. Nel Museum

3 Baron van Rheede St. 📞 *(044)
272-7306.* 🕐 *9 h-17 h lun.-ven.,
8 h-16 h sam.* ⬤ *jours fériés.* 🖾

L e musée C.P. Nel occupe
un édifice dessiné en 1906
par l'architecte Charles
Bullock pour accueillir le
lycée de garçons de la ville.
Sa façade en grès, couronnée
d'un dôme vert, est
considérée comme un des
plus beaux exemples de
construction en pierre
d'Afrique du Sud.

Le musée porte le
nom de son
fondateur, le colonel
C.P. Nel. Une série
de dioramas illustre
l'histoire de l'autruche
et l'impact de son
élevage sur la ville et
ses habitants.

**Lampe en œuf
d'autruche**

L'exposition évoque
aussi le mode de vie
traditionnel des fermiers du
Little Karoo. Elle comprend
les reconstitutions d'une
banque et d'une pharmacie
du début du xxᵉ siècle, ainsi
qu'une section consacrée au
rôle essentiel joué par la
communauté juive dans le
développement de l'industrie
de la plume à Oudtshoorn.

🏛 Le Roux Townhouse

146 High St. 📞 *(044) 272-3676.*
🕐 *8 h-13 h et 14 h-17 h lun.-ven.,
sam. et dim. sur r.-v.* ⬤ *j. fériés.* 🖾
Annexe du C.P. Nel Museum,
cette demeure bâtie en 1895
offre un superbe exemple des
palais élevés par les « barons
de la plume », à la grande
époque d'Oudtshoorn. Elle
renferme du mobilier européen
du début du xxᵉ siècle et une
collection de porcelaines, de
verrerie et d'argenterie.

UN OISEAU QUI A DE L'ESTOMAC

Dépourvues de dents, les autruches ont besoin d'avaler des
pierres pour broyer les aliments dans leur gésier. Elles ne s'en
contentent toutefois pas, et montrent une nette tendance à
ingurgiter n'importe quoi, une conséquence, peut-être, de
leur curiosité naturelle. Il y a quelques années, un éleveur
d'Oudtshoorn constatait ainsi à chaque lessive la disparition
de chemises, de chaussettes ou de pantalons. La mort d'un
de ses oiseaux permit
de découvrir le coupable.
Les visiteurs ne sont pas
à l'abri. Les autruches
apprécient aussi les lunettes
de soleil, les boutons et les
boucles d'oreilles.

**Bougies et douilles, des
friandises d'autruche**

🐦 Highgate Ostrich Show Farm

Par la R328 vers Mossel Bay. 📞 *(044)
272-7115.* 🕐 *7 h 30-17 h t.l.j.*
🖾 🖾 multilingue. 📷 ⬛
Située à 10 km au sud de la
ville, cette grande ferme
d'élevage propose une visite
commentée d'environ
deux heures, dont le
prix comprend des
rafraîchissements.
Elle commence
par l'enclos de
reproduction, où le
guide explique les
différents stades du
développement du plus
grand oiseau coureur
de la planète. Les
visiteurs peuvent
manipuler des œufs.
Les plus courageux se risquent
ensuite à chevaucher une
autruche. Une course oppose
aussi des jockeys plus entraînés.
La boutique vend plumes et
articles de maroquinerie.

**Plumes teintées en vente dans les
boutiques d'Oudtshoorn**

🐦 Safari Show Farm

Par la R328 vers Mossel Bay. 📞 *(044)
272-7311/2.* 🕐 *8 h-16 h 30 t.l.j.*
🖾 🖾 📷 ⬛
À 5 km d'Oudtshoorn, cette
ferme élève plus de
2 500 autruches, et des visites
guidées des enclos de
reproduction commencent
toutes les demi-heures. Elles
incluent une course.

Course dans l'une des fermes d'élevage

LA ROUTE JARDIN VERS GRAHAMSTOWN

Montagnes, rivières, lacs et plages jalonnent le superbe littoral boisé de la Garden Route, une zone balnéaire très appréciée des Sud-Africains. Dans les forêts poussent des essences indigènes rares, tandis que de nombreux oiseaux peuplent les plans d'eau.

Au pied des montagnes d'Outeniqua, de Tsitsikamma et du Langkloof, la Route Jardin désigne la région comprise entre l'est de Mossel Bay et l'embouchure de la Storms River.

En 1780, le naturaliste français François le Vaillant trouva cette côte boisée enchanteresse. Toutefois, les industriels du bois du XIXᵉ siècle portèrent un regard plus intéressé sur la région et les essences qui y poussaient. Les colons rasèrent ainsi de vastes surfaces plantées d'*Outeniqua yellowwood (Podocarpus falcatus)*, de bois de fer *(Olea capensis)* et de *stinkwood (Ocotea bullata),* et la forêt primaire ne couvre plus actuellement qu'une superficie de 650 km², dont 430 km² appartiennent à l'État. Aujourd'hui, des plantations de pins et d'eucalyptus alimentent les usines à papier et l'industrie du meuble et du bâtiment.

La Garden Route offre aux visiteurs de splendides itinéraires à suivre en voiture, de beaux sentiers de randonnée pédestre, des plages à l'eau limpide et des lacs et lagunes paisibles. À Knysna, on a recensé plus de 230 espèces d'oiseaux telles que la spatule d'Afrique, l'aigle pêcheur et l'avocette.

Les amateurs de sports nautiques apprécieront Plettenberg Bay, une station balnéaire qui jouit d'un climat assez doux et reste fréquentée en hiver. À l'est de la Route Jardin, Port Elizabeth est le centre de l'industrie automobile sud-africaine, mais possède de belles plages et son Oceanarium est réputé. Grahamstown conserve de nombreux bâtiments historiques.

Wilderness, un site superbe mais une plage dangereuse

◁ Pont suspendu au-dessus de l'embouchure de la Storms River, dans le Tsitsikamma National Park

À la découverte de la Route Jardin vers Grahamstown

Une dense végétation, une mer limpide, des reliefs montagneux et des bassins abrités créent de superbes paysages entre Mossel Bay, où commence la Garden Route, et Port Elizabeth. À la sortie de Wilderness, les véhicules peuvent se garer au Dolphin's Point, d'où on bénéficie d'un vaste panorama de la côte frangée de rouleaux blancs. Après Wilderness, la N 2 suit le rivage jusqu'à Knysna. Elle traverse ensuite des forêts primaires, notamment celles du Tsitsikamma National Park, jusqu'à la Storms River. Entre celle-ci et Nature's Valley, de pittoresques petites routes partent de la N 2 pour franchir les cols de Grootrivier et de Bloukrans.

Edward Hotel, Port Elizabeth

WILLOWMORE

Groot

R329

Olifants

R341

R382

UNIONDALE

N9

R62

Kouga Dam

N2

N2

GEORGE

OUTENIQUA CHOO-TJOE

PLETTENBERG BAY

WILDERNESS

KNYSNA

MOSSEL BAY

TSITSIKAMMA NATIONAL PARK

L'*Outeniqua Choo-Tjoe* circule entre Knysna et George

LÉGENDE

- Route nationale
- Autre route
- Parcours pittoresque
- Cours d'eau ou lac
- ⋯ Limite de parc ou de réserve
- ✳ Point de vue

VOIR AUSSI

- *Hébergement* p. 324-327
- *Restaurants* p. 350-351

CIRCULER

La N2 traverse toute la région de Mossel Bay à Port Elizabeth dans le sens de la longueur. Il existe des excursions organisées en autocar, et des compagnies de bus desservent les principales localités de la région, mais mieux vaut disposer d'un véhicule. Cela vous permettra d'avoir le temps d'effectuer un des parcours de randonnée pédestre du Tsitsikamma Park, ou une des nombreuses promenades en forêt.

0 _____ 50 km

Point d'eau de l'Addo Elephant National Park

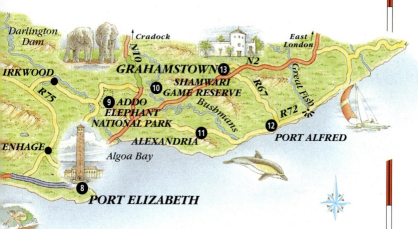

Le Knysna Lagoon vu d'une des falaises qui l'entourent

LA ROUTE JARDIN D'UN COUP D'ŒIL

Bartolomeu Dias Museum Complex (Mossel Bay) ❶

Créé en 1988 pour célébrer le 500ᵉ anniversaire du débarquement du Portugais Bartolomeu Dias, le 3 février 1488, premier Européen à avoir franchi la pointe sud de l'Afrique, ce musée abrite une réplique de la caravelle du navigateur. Construite au Portugal en 1987, elle fut transportée sur ce site le 3 février 1988. Elle repose sur une cale sèche et peut être visitée. La source où s'approvisionna l'équipage coule toujours.

★ La caravelle
Les explorateurs portugais et espagnols des XVᵉ et XVIᵉ siècles se lançaient vers l'inconnu sur des bateaux à deux ou trois mâts comme celui-ci.

Drapeau portugais

Voile latine

Boîte aux lettres
Le courrier posté dans cette boîte en forme de bottine est oblitéré de façon spéciale.

Arbre postal
Les marins du XVIᵉ siècle laissaient des lettres et des messages dans une bottine suspendue à une branche de ce milkwood.

Gouvernail

Des tonneaux contenaient de l'eau douce dans la cale.

Quartier de l'équipage
Les marins ne jouissaient d'aucune intimité pendant des voyages qui duraient souvent des mois.

À NE PAS MANQUER

★ La caravelle
_____
★ Les vitraux

La flamme au sommet du grand mât portait les armoiries de la famille royale : la maison de Bragance.

La croix rouge de l'ordre du Christ ornait les voiles des navires portugais.

★ Les vitraux
Trois beaux vitraux par Ria Kriek évoquent les premiers voyages d'exploration en Afrique australe.

LE VOYAGE DE BARTOLOMEU DIAS

La petite flotte d'exploration qui partit du Portugal en août 1487, sous le commandement de Bartolomeu Dias *(p. 44)*, suivit la côte occidentale du continent africain où le navigateur érigea des *padrões* (croix de pierre). En février 1488, il jeta l'ancre dans une anse qu'il appela Sāo Bras (Saint-Blaise), l'actuelle Mossel Bay.

Des palans aidaient à la manœuvre.

Ancre

Échelle de corde

BARTOLOMEU DIAS MUSEUM COMPLEX

Maritime Museum
MARKET ST
CHURCH ST
Information touristique
GRAVE ST
SANTOS RD
Post Office Tree
ALLEE
ALLEE
Malay Graves
Fountain
Munrohoek Cottages
Shell Museum
ALLEE
0   100 m

À la découverte de Mossel Bay et du Bartolomeu Dias Museum Complex

Située à 397 km à l'est de Cape Town, la petite ville de Mossel Bay a pour principale attraction le musée Bartolomeu Dias, qui propose, outre l'étonnante reconstitution d'une caravelle, une exposition de documents tels que vieilles cartes et photographies évoquant les premières explorations de la pointe australe de l'Afrique. Le complexe renferme également une intéressante collection de coquillages, et aussi l'**Old Post Office Tree Manor**, qui commémore la coutume qu'avaient les marins de se laisser des messages accrochés à un arbre.

Malgré la construction de la raffinerie de Mossgas, après la découverte au large de gisements de gaz naturel, Mossel Bay reste un bourg paisible, apprécié pour Santos Beach, la seule plage exposée au nord, et donc vers le soleil, d'Afrique du Sud. La baignade y est sûre. Un sentier long de 15 km, le St Blaize Hiking Trail, serpente le long d'une partie sauvage du littoral entre la Bat's Cave et Dana Bay.

Les promenades en bateau jusqu'à **Seal Island** permettent parfois au printemps d'apercevoir des baleines. La compagnie **Shark Africa** organise des plongées sous-marines, entre autres en cage au milieu des requins.

🚢 **Romonza-Seal Isle Trips**
📞 *(044) 690-3101.*
Shark Africa
Angle de Upper Cross St et Kloof St.
📞 *(044) 691-3796, (082) 455-2438.*

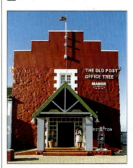

Old Post Office Tree Manor

George ❷

Carte routière C5. 🏛 *48 300.* ✈
10 km au N.-O. de la ville. 🚇 *George Station, Market St.* 🚌 *St Mark's Sq.* ℹ *124 York St, (044) 801-9295.*

F ondée par l'administration coloniale britannique en 1881, et baptisée à l'origine George's Drostdy d'après le roi George III, la ville la plus peuplée de la Route Jardin est avant tout un centre agricole, au cœur d'une région produisant du blé, du houblon, des légumes, des moutons et du lait. Située à 8 km de la mer, George est connue pour l'*Outeniqua Choo-Tjoe*, un train à vapeur à voie étroite qui traverse de superbes paysages pour rejoindre Knysna *(p. 176)*, jolie petite localité située plus à l'est.

La périphérie de George renferme le prestigieux Fancourt Hotel and Country Club, qui comprend un terrain de golf de 27 trous dessiné par le joueur sud-africain Gary Player. L'hôtel possède aussi

d'excellents équipements de remise en forme.

De l'**Outeniqua Nature Reserve** partent 12 itinéraires de randonnée d'une journée dans les forêts indigènes des Outeniqua Mountains, riches d'au moins 250 essences.

On y a recensé plus de 30 espèces d'oiseaux sylvestres. Le Tierkop Trail forme une boucle de 30 km qui demande deux jours de marche. Il faut une semaine

Pavillons de plage à Victoria Bay

pour parcourir l'Outeniqua Trail, long de 108 km et plus difficile.

🏛 **Outeniqua Nature Reserve**
Witfontein. Sur la R28 au N.-O. de George. 📞 *(044) 870-8323.*
⏰ *7 h 30-16 h lun.-ven.* 🎫 *permis délivrés au bureau.*

Wilderness ❸

Carte routière C5. N2 12 km au S.-E. de George. 🏛 *1 250.* 🚇 *Fairy Knowe.* ℹ *Leila's Lane, (044) 877-0045.*

À 10 km à l'est de George, le **Wilderness National Park** protège, au pied des pentes boisées des Outeniqua Mountains, un réseau de cinq lacs d'eau douce et salée et 30 km de littoral préservé, dont deux longues plages de sable blanc, Wilderness et Leentjiesklip, où des courants rendent malheureusement la baignade dangereuse.

La Touws River alimente les trois lacs à l'ouest, Island Lake, Langvlei et Rondevlei,

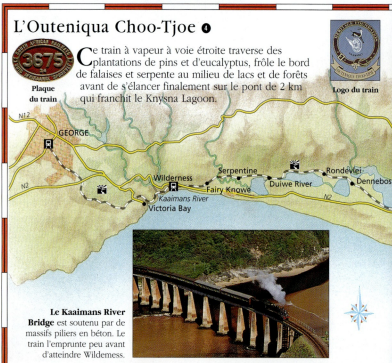

L'Outeniqua Choo-Tjoe ❹

Plaque du train

C e train à vapeur à voie étroite traverse des plantations de pins et d'eucalyptus, frôle le bord de falaises et serpente au milieu de lacs et de forêts avant de s'élancer finalement sur le pont de 2 km qui franchit le Knysna Lagoon.

Logo du train

N12

GEORGE

N2

Victoria Bay

Kaaimans River

Wilderness

Fairy Knowe

Serpentine

Duiwe River

N2

Rondevlei

Dennebos

Le Kaaimans River Bridge est soutenu par de massifs piliers en béton. Le train l'emprunte peu avant d'atteindre Wilderness.

que relie un canal naturel appelé Serpentine. Le lac le plus étendu et le plus profond, le Swartvlei, possède une ouverture sur l'océan, mais ce chenal s'ensable six mois par an. Aucune rivière ne se jette dans le Groenvlei, le seul lac situé à l'extérieur du Wilderness National Park, et il est alimenté par les sources et les chutes de pluie. C'est celui dont l'eau est la moins saumâtre.

Le parc abrite une riche avifaune, et 79 espèces locales d'oiseaux aquatiques fréquentent ses plans d'eau, notamment plusieurs espèces de martins-pêcheurs (*kingfisher*) qui ont donné leur nom à des sentiers de découverte. On vient aussi dans le parc pour pêcher et pratiquer divers sports nautiques, bien que ces activités restent contrôlées de manière à protéger l'environnement. Au départ de Wilderness, Lakes Road offre un parcours panoramique qui longe les lacs et rejoint la N2

Le Fairy Knowe, un hôtel les pieds dans l'eau près de Wilderness

au Swartvlei. Les promenades à cheval sont autorisées sur les rives de ce lac.

Peuplée d'antilopes comme les grisboks et les céphalophes bleus, la **Goukamma Nature Reserve** est attenante au Parc national de Wilderness, et permet les mêmes activités. Elle abrite des loutres à joues blanches, mais celles-ci se montrent rarement. À l'est de la réserve, la station balnéaire

de Buffels Bay possède une superbe plage qui permet d'agréables promenades et bains de soleil.

✕ Wilderness National Park
Wilderness. ((044) 877-1197.
ℹ réservations : (012) 428-9111.
◯ 8 h-17 h t.l.j. 🖾 🔏
✕ Goukamma Nature Reserve
Wilderness. ((044) 343-1855.
◯ 8 h-17 h lun.-ven. 🖾 🔏 🔱 🌊

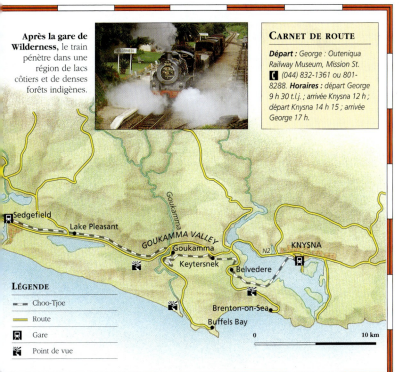

Après la gare de Wilderness, le train pénètre dans une région de lacs côtiers et de denses forêts indigènes.

CARNET DE ROUTE

Départ : George : Outeniqua Railway Museum, Mission St. ((044) 832-1361 ou 801-8288. *Horaires :* départ George 9 h 30 t.l.j. ; arrivée Knysna 12 h ; départ Knysna 14 h 15 ; arrivée George 17 h.

Sedgefield

Lake Pleasant

GOUKAMMA VALLEY

Goukamma

Keytersnek

Belvedere

N2

KNYSNA

Brenton-on-Sea

Buffels Bay

LÉGENDE

▪▪▪ Choo-Tjoe

━━━ Route

🚉 Gare

📷 Point de vue

0   10 km

Le populaire restaurant Jetty Tapas de Knysna

Knysna ❺

Carte routière C5. 👥 25 000.
🚂 Outeniqua Choo-Tjoe. 🚌 Main
St. 🛈 40 Main St, (044) 382-1610.

Selon la légende, Knysna doit
son développement à un fils
naturel que le roi George III
d'Angleterre aurait eu avec une
jeune quaker nommée Hannah
Lightfoot. Ce George Rex vivait
du commerce de bois précieux,
et son bateau, le *Knysna*, faisait
souvent escale dans le bassin
abrité dont l'entrée s'ouvre
entre les deux
promontoires rocheux
appelés Heads.
À sa mort en
1839, il était
le plus gros
propriétaire
foncier de cette
partie de la côte.

Touraco de Knysna

Knysna a attiré une
dynamique communauté
d'artistes. Son économie
repose sur trois principales
activités : la construction
navale, la fabrication de
meubles en bois dur de la
région et l'ostréiculture.

AUX ENVIRONS
Le Knysna Lagoon, protégé par
les falaises de grès des Knysna
Heads, mesure 17 km de long.
La George Rex Drive mène à
Leisure Island, sur le
promontoire oriental, qui offre
une vue superbe. Un bac
gratuit dessert l'autre Head où
la **Featherbed Nature Reserve**
a été inscrite au Patrimoine
mondial de l'Unesco.
Les visiteurs peuvent
faire une randonnée
pédestre sur le
Bushbuck Trail.
Le bassin lui-
même permet la
pratique de nombreux
sports nautiques.
Lightleys loue des
cabin cruisers, tandis
que **Knysna Ferries**
et **John Benn
Cruises** organisent des
promenades de jour, et des
croisières de nuit jusqu'aux
Heads.
La pêche à la ligne connaît
aussi du succès, car les eaux
sont riches en espèces locales
comme le *white steenbras*, le
stumpnose et le *blacktail*.

De décembre à avril, des
expéditions en haute mer
permettent de traquer thons,
bonites et marlins.
Le Knysna Lagoon abrite
aussi le plus grand centre
d'ostréiculture d'Afrique du
Sud. Il produit des huîtres
creuses du Japon *(Crassostrea
gigas)* à déguster à la **Knysna
Oyster Company**, sur
Thesen's Island (accessible par
une chaussée), ou à Jetty
Tapas.
Les habitants aiment aussi
venir se détendre à Crab's
Creek, à l'entrée de la ville en
venant de l'ouest, où de hauts
arbres ombragent au bord de
l'eau des bancs en bois. À
environ 6 km à l'est de
Knysna, une sortie pour
Noetzie conduit à un parc de
stationnement aménagé au
sommet de la falaise. À cet
endroit, un sentier descend
vers une baie isolée gardée par
5 résidences privées, véritables
châteaux.

🦌 **Featherbed Nature
Reserve**
📞 (044) 381-0590. 🚢 8 h 45, 10 h,
11 h 45, 15 h t.l.j. Le ferry part de
Municipal Jetty. ♿
🚢 **Lightleys**
Knysna Lagoon. 📞 (044) 386-0007. ♿
🚢 **Knysna Ferries**
Knysna Lagoon. 📞 (044) 382-5520. ♿
🚢 **John Benn Cruises**
Waterfront. 📞 (044) 382-1693.
🕐 avr.-sept : 12 h 30, 17 h ; nov.-avr.
et vacances scolaires : 10 h 15, 12 h 30,
14 h, 18 h. ♿
Knysna Oyster Company
Thesen's Island. 📞 (044) 382-6942.
🕐 8 h-17 h lun.-ven. ; 9 h-16 h
sam. et dim. 🍴

Les Knysna Heads gardent l'entrée du lagon

🌿 **Knysna Forest**

Routes panoramiques, parcours de randonnée et pistes cyclables sillonnent les forêts indigènes qui entourent Knysna. Long de 105 km, le sentier le plus intéressant, l'**Outeniqua Hiking Trail**, demande sept jours de marche.

En voiture, la Goldfields Drive rejoint une aire de pique-nique à Jubilee Creek, où subsistent des souvenirs des orpailleurs, puis continue jusqu'aux puits des mines d'or abandonnées de Millwood.

Depuis la **Diepwalle Forest Station**, une route de 13 km, une piste cyclable et l'Elephant Walk traversent une zone plantée de hauts *yellowwoods*, *ironwoods* et *stinkwoods*. Le lichen connu sous le nom de « barbe de vieillard » *(Usnea barbata)*, ainsi que des fougères et des lianes donnent une atmosphère irréelle au sous-bois fréquenté par le touraco de Knysna. La Diepwalle State Forest abrite le King Edward Tree, immense *Outeniqua yellowwood* haut de 39 m. D'une circonférence de 7 m, il aurait 600 ans.

La belle route de Kranshoek, à environ 10 km à l'est de Knysna, conduit à des falaises abruptes tombant droit dans la mer. De retour sur la N2, on traverse le « Garden of Eden », où de nombreux arbres sont étiquetés.

🥾 **Outeniqua Hiking Trail**
Knysna. 📞 *(044) 382-5466.*
🌲 **Diepwalle Forest Station**
📞 *(044) 382-9762.* ⏰ *7 h 30-17 h t.l.j.* 🚶 🚻 ♿

L'un des cinq châteaux privés de Noetzie Beach

Plettenberg Bay ⑥

Carte routière C5. 🏘 *7 947.*
✈ *Au S. de la ville.* 🏪 *Shell Ultra City, Marine Way.* ℹ *Main St.*
📞 *(0445) 33-4065.*

À 30 km à l'est de Knysna, cette station balnéaire, fréquentée pendant les vacances par des milliers de Sud-Africains aisés, possède 12 km de plages de sable blanc qui valurent au site d'être baptisé Bahia Formosa (« la belle baie ») par les explorateurs portugais. Le centre-ville occupe une position dominante sur un promontoire de grès rouge encadré, au nord, par la lagune alimentée par la Keurbooms River et la Bietou River et, au sud, par Beacon Isle, où se dresse un imposant complexe hôtelier de luxe.

À une dizaine de kilomètres plus au sud, la **Robberg Nature and Marine Reserve** protège une péninsule rocheuse. Des sentiers de randonnée ménagent des panoramas spectaculaires du littoral creusé de criques où des pêcheurs viennent essayer

L'emblème de **Plettenberg Bay** est le « dollar des sables »

d'attraper *elfs, musselcrackers, galjoens* et *red romans.* Les promeneurs chanceux aperçoivent aussi parfois des otaries et des dauphins, ainsi que des bélugas au printemps.

À l'est de Plettenberg Bay, une route pittoresque et sinueuse rejoint depuis la N2 la station balnéaire de Nature's Valley, située dans l'enceinte du Tsitsikamma National Park *(p. 180-181).*

⚓ **Robberg Nature and Marine Reserve**
📞 *(0445) 33-3424.* ⏰ *6 h-18 h fév.-nov. ; 6 h-20 h déc.-jan. Permis disponibles au portail.* 🏊 ⚓ 🚶

Le Beacon Isle Hotel vu de Signal Hill, Plettenberg Bay

LES ÉLÉPHANTS DE LA FORÊT DE KNYSNA

Au XIX⁰ siècle, de 400 à 500 éléphants peuplaient les alentours de Knysna, parfaitement adaptés à leur habitat forestier. Ils subirent une chasse sans pitié, et il n'en restait qu'une cinquantaine vers 1900. Un seul membre du troupeau originel survit aujourd'hui et une tentative d'acclimater deux éléphanteaux venant du Kruger National Park a échoué. Ce dernier éléphant semble timide, et on ne l'aperçoit que rarement. C'est l'ultime représentant de son espèce, *Loxodonta africana*, l'éléphant d'Afrique, à vivre en totale liberté en Afrique du Sud.

Le dernier éléphant de Knysna

Les Knysna Heads bordent le chenal reliant la lagune à la mer ▷

Tsitsikamma National Park ❼

Créée en 1964, cette réserve naturelle s'étend sur une bande littorale longue de 68 km entre Nature's Valley et Oubosstrand. La zone protégée couvre plus de 5 km au large, et les plongeurs, au tuba comme aux bouteilles, peuvent suivre un « sentier sous-marin ». Le parc comprend deux itinéraires de randonnée très connus : le Tsitsikamma Trail et l'Otter Trail. Forêt primaire entrecoupée de rivières, paysages de montagne et vues panoramiques justifient cet engouement.

Loutre à joues blanches

★ Les *yellowwoods*
Jadis utilisés comme simple bois de construction, ils ont pris beaucoup de valeur.

Fynbos
Les fynbos côtières (p. 22-23) *de la région comptent de nombreuses variétés d'éricacées et de protéas.*

Les gorges de la Bloukrans River abritent un refuge.

Tsitsikamma Trail

Keurbos

Bloukrans River

Bloukrans

Cold Stream

Groot River

N2

R102

Bloukrans River

Vark River

Coldstrea

R102

N2

Bloukrans Forest Station

Covie

André

Tsitsikamma National Park

Nature's Valley

Kalander

Otter Trail

Oakhu

Groot River Lagoon

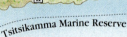
Tsitsikamma Marine Reserve

Dauphins
L'Otter Trail permet d'apercevoir des dauphins s'ébattant dans les vagues.

★ L'Otter Trail
Cet itinéraire de randonnée de cinq jours, le premier sentier officiel du pays, relie l'embouchure de la Storms River à la superbe plage de Nature's Valley. Les randonneurs aperçoivent en chemin baleines, otaries, dauphins et loutres.

À NE PAS MANQUER
★ L'Otter Trail
★ Le Tsitsikamma Trail
★ Les *Yellowwoods*

MODE D'EMPLOI

Carte routière C5.
Keurboomstrand 14 km à l'E.
de Plettenberg Bay sur la N2.
⊠ *Plettenberg Bay.*
🚌 *bus Hopper et Baz jusqu'au camp De Vasselot.*
ℹ *National Parks Board*
Reservations : (011) 678-8870,
(012) 428-9111.
🕐 *7 h-19 h.*
Otter Trail : *41 km.*
Tsitsikamma Trail : *60 km.*
🏕🏞🚣🥾
(permis obligatoire).

★ **Le Tsitsikamma Trail**
Ce sentier de 60 km, relativement aisé, traverse des fynbos et une zone forestière indigène dans le massif du Tsitsikamma. Il demande cinq jours de marche.

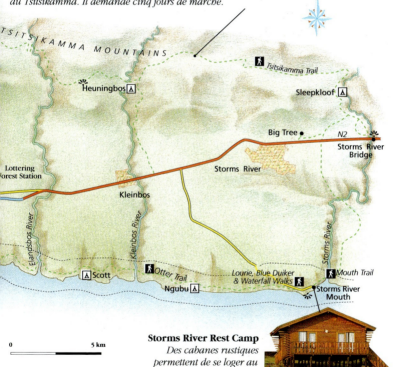

🥾 *Tsitsikamma Trail*

Heuningbos Ⓐ

Sleepkloof Ⓐ

Big Tree ● *N2*

Storms River Bridge

Lottering Forest Station

Storms River

Kleinbos

Elandsbos River

Kleinbos River

Storms River

Ⓐ Scott

🥾 *Otter Trail*

Lourie, Blue Duiker & Waterfall Walks 🥾

🥾 *Mouth Trail*

Ngubu Ⓐ

🏕 Storms River Mouth

Storms River Rest Camp
Des cabanes rustiques permettent de se loger au départ de l'Otter Trail.

0 —————— 5 km

LÉGENDE

═══ Autoroute
─── Route principale
─── Route goudronnée
··· Sentier
🔆 Point de vue
🥾 Randonnée
Ⓐ Refuge

En chemin vers Storms River Mouth

CARNET DE ROUTE

Les sentiers demandent un bon équipement et de solides chaussures. Sur les plus longs, il faut emporter des provisions, du matériel de cuisine et des sacs de couchage car les refuges ne sont équipés que de matelas. Mieux vaut avoir des sacs à dos étanches sur l'Otter Trail, où aucun pont ne permet de franchir la Bloukrans River à pied sec.

Port Elizabeth pas à pas ❽

Statue de la reine Victoria

Troisième port et cinquième ville d'Afrique du Sud, entourée de vastes townships, Port Elizabeth est tournée vers l'est dans Algoa Bay, large de 60 km. Le centre historique est perché sur des collines, et riche en bâtiments anciens préservés. Les quartiers modernes se sont développés vers l'intérieur des terres, et vers le nord le long du littoral. Surnommée souvent « la ville accueillante », et malgré sa vocation industrielle, la cité possède de belles plages, et au nombre de ses attractions on trouve sur le front de mer le Bayworld, le Snake Park, la Donkin Reserve et le jardin d'Happy Valley.

Donkin Lighthouse
Ce phare de 1861 se trouve dans la Donkin Reserve.

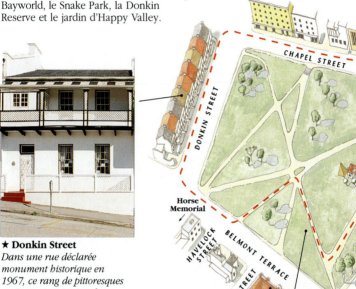

CHAPEL STREET

DONKIN STREET

Horse Memorial

HAVELOCK STREET

BELMONT TERRACE

PEARSON STREET

Art Gallery, Pearson Conservatory et War Memorial

★ Donkin Street
Dans une rue déclarée monument historique en 1967, ce rang de pittoresques maisons victoriennes date des années 1860-1880.

La Donkin Reserve
domine la ville depuis une colline.

Protea Hotel Edward
Au cœur du quartier historique de Port Elizabeth, cet établissement de style édouardien est réputé pour ses somptueux petits déjeuners. Il a conservé un bel ascenseur ancien qui reste en parfait état de marche.

À NE PAS MANQUER

★ Donkin Street

★ City Hall

★ Fort Frederick

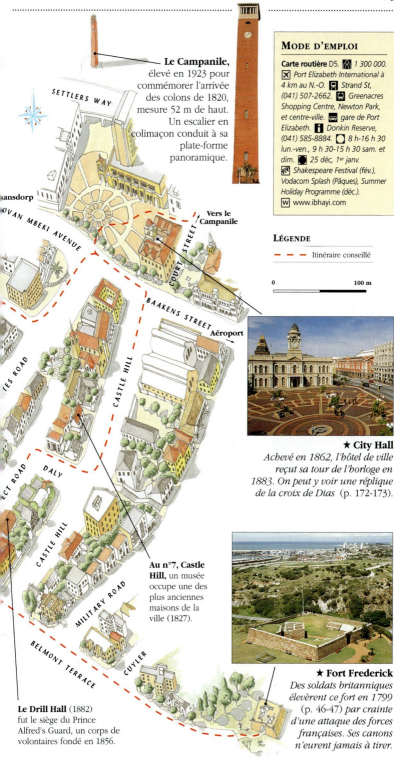

Le Campanile, élevé en 1923 pour commémorer l'arrivée des colons de 1820, mesure 52 m de haut. Un escalier en colimaçon conduit à sa plate-forme panoramique.

SETTLERS WAY

ansdorp

OVAN MBEKI AVENUE

Vers le Campanile

COURT STREET

BAAKENS STREET

Aéroport

TES ROAD

CASTLE HILL

ECT ROAD

DALY

CASTLE HILL

MILITARY ROAD

BELMONT TERRACE

CUYLER

MODE D'EMPLOI

Carte routière D5. 1 300 000. Port Elizabeth International à 4 km au N.-O. Strand St, (041) 507-2662. Greenacres Shopping Centre, Newton Park, et centre-ville. gare de Port Elizabeth. Donkin Reserve, (041) 585-8884. 8 h-16 h 30 lun.-ven., 9 h 30-15 h 30 sam. et dim. 25 déc, 1er janv. Shakespeare Festival (fév.), Vodacom Splash (Pâques), Summer Holiday Programme (déc.). www.ibhayi.com

LÉGENDE

--- Itinéraire conseillé

0   100 m

★ City Hall
Achevé en 1862, l'hôtel de ville reçut sa tour de l'horloge en 1883. On peut y voir une réplique de la croix de Dias (p. 172-173).

Au n°7, Castle Hill, un musée occupe une des plus anciennes maisons de la ville (1827).

★ Fort Frederick
Des soldats britanniques élevèrent ce fort en 1799 (p. 46-47) par crainte d'une attaque des forces françaises. Ses canons n'eurent jamais à tirer.

Le Drill Hall (1882) fut le siège du Prince Alfred's Guard, un corps de volontaires fondé en 1856.

Découvrir Port Elizabeth

Panneaux

Port Elizabeth est né avec l'arrivée des colons anglais de 1820, et de nombreux musées, bâtiments historiques, monuments et statues rappellent cet héritage. Les attractions plus récentes telles que l'Happy Valley et le Bayworld, aux spectacles de dauphins toujours très appréciés, se trouvent principalement près de la plage d'Humewood Beach, à 2 km du centre.

⊞ Donkin Reserve

Belmont Terrace. 🛈 (041) 585-8884. ⏰ 8 h-16 h 30 lun.-ven. ; 9 h 30-15 h 30 sam.-dim. ⊘ 25 déc., 1er jan. ⬛
Ce joli parc abrite le mémorial que sir Rufane Donkin, alors gouverneur de la colonie du Cap, dédia à sa défunte femme en 1820.

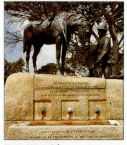

Donkin Memorial

Quelques jours plus tôt, il avait donné en son honneur le nom de Port Elizabeth à la ville qu'il venait de fonder.

La construction du phare voisin s'acheva en 1861. Le site fut déclaré monument historique en 1938.

Horse Memorial

⊞ Horse Memorial

Cape Road.
Pendant la guerre des Boers, c'est à Port Elizabeth que débarquaient les chevaux utilisés par les Britanniques. Après la fin du conflit, une habitante de la ville, Harriet Meyer, réunit des contributions pour rendre hommage aux quelque 347 000 montures qui avaient péri. Dévoilée en 1905, la statue occupe son emplacement actuel depuis 1957. L'inscription dit : « La grandeur d'une nation ne dépend pas tant de l'importance de sa population ou de l'étendue de son territoire que de l'étendue et de la justice de sa compassion. »

♣ St George's Park

Park Drive.
Ce parc plein de charme renferme le plus ancien terrain de cricket et de boules d'Afrique du Sud, ainsi que des courts de tennis, une piscine, un jardin botanique et plusieurs monuments historiques, tel le War Memorial, qui se dresse dans l'angle nord-est.

Une collection de plantes exotiques occupe le Pearson Conservatory, une serre achevée en 1882, et baptisée d'après Henry Pearson, qui remplit 16 mandats de maire.

⊞ Main Public Library

Market Square. 📞 (041) 585-8133.
La construction de cette bibliothèque, située à l'angle de Whites Road et de Main Street, commença en 1935.

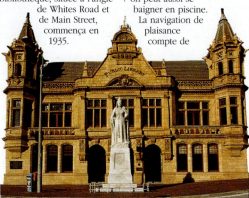

Statue de la reine Victoria devant la Main Public Library

Le bâtiment possède une gracieuse façade en terre cuite fabriquée en Angleterre et une belle coupole en vitrail au deuxième étage. Une statue de la reine Victoria s'élève en face de l'entrée.

♣ Fort Frederick

Belmont Terrace.
En 1799, une petite garnison anglaise s'installa dans Algoa Bay par crainte que des troupes françaises viennent soutenir la république rebelle de Graaff-Reinet (p. 292-293). Elle édifia le petit Fort Frederick (p. 46-47) sur une colline basse dominant l'embouchure de la Baakens River, et le nomma d'après le duc d'York, le commandant en chef de l'armée britannique à l'époque. Ses 8 canons n'eurent jamais à défendre le fort d'une attaque, mais c'est le commandant de la garnison, le capitaine Francis Evatt, qui supervisa l'arrivée des colons de 1820. Sa tombe se trouve à l'intérieur de l'enceinte.

⊞ Humewood Beach

2 km au S. du centre-ville.
Bordée par la Marine Drive, une grande voie de circulation qui dessert les attractions du front de mer, Humewood Beach est le centre de loisirs de Port Elizabeth. Son agréable promenade couverte accueille un marché aux puces le week-end. Des maîtres nageurs surveillent toutes les principales plages, mais on peut aussi se baigner en piscine. La navigation de plaisance compte de

Club-house, Humewood Golf Course

nombreux adeptes, et des voiles blanches se dessinent souvent sur le ciel dans la venteuse Algoa Bay.

Des hôtels et des immeubles d'appartements de vacances dominent la Marine Drive, et restaurants et stands permettent de prendre repas et en-cas, en particulier au Brookes Pavilion, proche du Museum Complex.

beaucoup de monde. Les « vedettes » sont nées en captivité et, fait intéressant, ne sont pas remplacées à leur mort.

⚓ The Museum Complex and Bayworld
Marine Drive. **C** (041) 584-0650.
⏱ 9 h-16 h 30 t.l.j. Spectacles à 11 h et 15 h. 🖼 🚻 🛗
W www.bayworld.co.za

Jetée d'Humewood Beach

Sur le front de mer, le **Museum Complex and Bayworld** propose d'intéressantes collections historiques, ainsi qu'une serre tropicale et un vivarium : le Snake Park.

L'accès au musée longe plusieurs enclos ouverts contenant des oiseaux aquatiques. Le bâtiment abrite entre autres des vestiges de navires naufragés, des maquettes de bateaux anciens et une riche exposition sur le peuple xhosa.

Dans la vaste Tropical House, des oiseaux sylvestres de multiples espèces courent dans un épais sous-bois ou nichent au sommet des arbres. Une vallée circulaire permet d'observer crocodiles et flamants. Le Snake Park renferme des serpents du monde entier, notamment des pythons et des mambas.

Le spectacle donné par des otaries et des dauphins au Bayworld attire toujours

🏊 Happy Valley
3 km au S. du centre-ville.
Un passage souterrain relie Humewood Beach à l'Happy Valley, un parc agréable où plusieurs allées serpentent entre des pelouses bien entretenues et des mares à nénuphars agrémentées de petites cascades.

AUX ENVIRONS
À 3 km au sud d'Humewood sur le littoral, l'**Humewood Golf Course** est considéré comme l'un des meilleurs terrains de golf d'Afrique du Sud. Il accueille des championnats, et le *club-house* permet d'avoir une vue splendide de la baie.

Un petit train à vapeur à voie étroite, restauré avec amour et nommé Apple Express, part certains week-ends de l'Humewood Station. Il rejoint le village de Thornhill, situé à 48 km à l'est de Port Elizabeth, et effectue le voyage de retour après le déjeuner.

À environ 3 km au sud d'Humewood commence le **Cape Recife** fermant Algoa Bay. Protégé par une réserve naturelle et peuplé d'oiseaux, il offre avec sa côte rocheuse préservée un cadre idéal où échapper au bruit et au rythme de la ville.

Un sentier de randonnée de 9 km traverse plusieurs habitats côtiers aux végétations spécifiques. Il passe aussi par le Cape Recife Lighthouse, qui se dresse à un endroit apprécié des plongeurs. Non loin du phare, un promontoire rocheux abrite une petite colonie de manchots du Cap.

Plus d'un navire a fait naufrage dans les parages. Le dernier en date battait pavillon grec et s'appelait *Kapodistrias*. Ce transporteur de vrac heurta le Thunderbolt Reef en juillet 1985.

⛳ Humewood Golf Course
C (041) 583-2137.

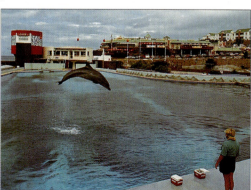
Tursiops en pleine acrobatie au Bayworld

Addo Elephant National Park ⑨

Carte routière D5. 50 km au N.-E. de Port Elizabeth. 📞 *(042) 233-0556.*
🕐 *7 h-19 h t.l.j.* ♿ 🅿 🅋 🍴
Ⓦ www.parks-sa.co.za/addo

Des éléphants vivaient jadis dans toute la région du Cap, mais les colons européens jugèrent insupportables les dégâts que causaient aux cultures ces animaux dévorant 300 kg de végétaux par jour. Après une longue période de chasse, on chargea en 1919 le major Philip Pretorius d'exterminer les derniers, et il en abattit 120 en onze mois.

L'opinion publique s'émut de ce massacre et finit par obtenir en 1931 la création d'un parc national de 68 km². Il restait alors 11 survivants, mais les pachydermes ne tardèrent pas à se multiplier...

Après maintes expériences, le gardien Graham Armstrong réussit à mettre au point une clôture efficace avec des traverses de chemin de fer et du câble d'ascenseur, et on parvint à partir de 1954 à retenir les éléphants dans un enclos de 23 km².

Pendant de nombreuses années, Addo ressembla à un zoo. On plaçait le soir des oranges à un poste d'observation pour attirer les éléphants hors de la brousse, et les visiteurs les contemplaient en restant derrière de solides barrières.

Le troupeau réagit bien à la protection et comptait 265 membres en 1998. Il fallut agrandir son territoire. La réserve naturelle a intégré au nord les montagnes du Zuurberg, et elle s'étend désormais sur 600 km². Les South African National Parks envisagent de quadrupler encore sa superficie.

Addo a pour principal pôle le camp principal *(rest camp),* qui comprend un restaurant, une boutique, une piscine, un terrain de camping et 24 bungalows.

Un réseau de pistes permet de circuler en voiture dans la partie méridionale de la zone protégée. Il existe plusieurs bons points de vue d'où contempler les éléphants, dont le Kadouw Lookout.

D'autres animaux peuplent la brousse dense, riche en *spekboom (Portulacaria afra)* : des buffles, des rhinocéros noirs et de grandes antilopes comme le koudou, l'éland et le bubale. Le bousier, activement protégé, aide à l'élimination de leurs excréments.

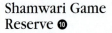

Attention aux bousiers

Une réserve botanique a été créée pour juger de l'impact sur la végétation de la présence de cette dense population d'herbivores. Un sentier de 6 km la parcourt. Des écriteaux aident à identifier de nombreuses essences indigènes.

Troupeau d'éléphants à un point d'eau, Addo Elephant National Park

Shamwari Game Reserve ⑩

Carte routière D5. 72 km au N. de Port Elizabeth. 📞 *(042) 203-1111.*
🅿 🅋 *11 h-18 h t.l.j. (réservation recommandée ; déjeuner compris).* 🦌
Ⓦ www.shamwari.com

Une étendue de 140 km² fait de Shamwari la plus grande réserve d'animaux privée du Cap Est. C'est également la seule à réunir les Cinq Grands *(p. 24-25).* Situé dans le bassin de drainage de la Bushmans River, le terrain vallonné est couvert d'une végétation de bushveld. Titulaire de quatre prix internationaux, Shamwari doit son existence à l'entrepreneur Adrian Gardiner. Celui-ci acheta tout d'abord un ranch dans ces collines proches de Paterson pour y séjourner avec sa famille, puis, au fil des années et du rachat de propriétés voisines, réintroduisit des animaux sauvages. La réserve abrite aujourd'hui 33 éléphants, 12 rhinocéros blancs, des buffles, des zèbres, des girafes et 16 espèces d'antilopes, dont l'éland, le koudou, l'impala, le gemsbok, le bubale, le springbok et le gnou à queue blanche. Elle s'enorgueillit aussi d'avoir réussi l'acclimatation de

Hébergement rustique dans l'Addo Elephant National Park

cinq rhinocéros noirs originaires du KwaZulu-Natal. Quatre petits sont nés. Les lions vivent dans un camp séparé, on projette à long terme de les laisser libres de se déplacer dans toute la réserve.

La Shamwari Game Reserve propose un hébergement de luxe *(p. 327)* et une approche de la faune africaine qui ont séduit de nombreuses célébrités, dont Lady Di. Des guides dirigent des safaris photographiques en véhicules découverts deux fois par jour.

Rhinocéros blanc, Shamwari Game Reserve

Alexandria ⓫

Carte routière D5. R72, à l'E. de Port Elizabeth.

A lexandria s'est étendue à partir de 1856 autour d'un temple de l'Église hollandaise réformée. À l'ouest, une piste traverse des champs de chicorée avant de passer dans l'ombre de hauts *yellowwoods,* l'une des 170 essences protégées dans l'Alexandria State Forest d'une superficie de 240 km². Long de 35 km, l'**Alexandria Hiking Trail**, l'un des plus beaux sentiers côtiers d'Afrique du Sud, forme une boucle qui demande deux jours de marche. Le randonneur y passe de la pénombre, sous le feuillage des zones densément boisées, à des espaces dégagés où s'élèvent des dunes hautes de 150 m. Au point de départ et à

Woody Cape, des refuges permettent d'y passer la nuit.

🏕 **Alexandria State Forest**
8 km de la R72. 📞 *(046) 653-0601, (042) 233-0556.* ⭕ *7 h-19 h t.l.j.*
▦ 🚶

Port Alfred ⓬

Road map D5. R72, 150 km à l'E. de Port Elizabeth. 🏘 *5 000.* 🏨 *Halyards Hotel.* ℹ️ *Causeway Rd, (046) 624-1235.*

A ncien port de pêche, cette charmante petite station balnéaire possède de superbes plages. Préservées, celles situées à l'est de l'embouchure de la Kowie River permettent de longues promenades solitaires. Celles à l'ouest sont plus aménagées. Kelly's Beach est

sûre pour la baignade, mais surfeurs et pêcheurs apprécient toute la côte. La figure de proue d'un bateau de pêche se dresse devant le **Kowie Museum**, qui retrace l'histoire du bourg.

AUX ENVIRONS
Le Kowie Canoe Trail permet une promenade de deux jours en canoë sur la Kowie River, qui coule entre des collines boisées. Le lieu de bivouac se trouve à 21 km de l'embouchure dans la Waters Meeting Nature Reserve, où un sentier permet de pénétrer dans la brousse et la forêt peuplées de nombreux oiseaux et de petits animaux.

🏛 **Kowie Museum**
Pascoe Crescent. 📞 *(046) 624-4713.* ⭕ *10 h-13 h lun.-ven.* ⬤ *jours fériés.* ▦

Bateaux de pêche et de plaisance voisinent le long des quais de Port Alfred

Grahamstown ⓭

A près une quatrième guerre de frontière, opposant en 1812 éleveurs boers et xhosas, le colonel John Graham établit un poste militaire proche de la côte. Pour stabiliser la région, le gouvernement du Cap tenta d'interposer des fermiers anglais, et il réussit en 1820 à attirer 4 500 immigrants. Beaucoup optèrent en fait pour une vie urbaine, et Grahamstown devint un centre artisanal et commerçant.

Logo du Festival des arts

À la découverte de Grahamstown

Réputée pour ses nombreuses églises, son université et ses musées, la ville renferme une soixantaine de monuments historiques, et d'élégantes maisons géorgiennes et victoriennes bordent ses rues. Ses principales attractions se trouvent dans un rayon de 500 m du City Hall sur High Street.

🏛 Cathedral of St Michael and St George

High St. 📞 (046) 622-3976.
🕐 8 h-16 h 30 t.l.j. ♿
La cathédrale Saint-Michel-et-Saint-Georges, dont la flèche s'élève jusqu'à une hauteur de 51 m au-dessus du centre-ville, a pour origine la St George's Church, la plus ancienne église anglicane d'Afrique du Sud. Ses grandes orgues font partie des plus belles du pays.

🏛 Methodist Church

Bathurst St. 📞 (046) 622-7210. 🕐 t.l.j. ♿
D'élégants vitraux éclairent l'intérieur de l'église méthodiste, ou Commemoration Church (1850).

🏛 Albany Museum Complex

📞 (046) 622-2312.
Cet ensemble regroupe cinq lieux de visite différents. Parmi eux, l'**History Museum** et le **Natural Sciences Museum** exposent entre autres des fossiles, des souvenirs des colons et des vêtements xhosas. Ancienne prison militaire, l'**Old Provost**, en face de la Rhodes University, date de 1838. La **Drostdy Gateway**, qui gardait l'entrée du poste militaire, abrite une boutique de cadeaux et d'artisanat. Le **Fort Selwyn** (1836) offre une vue panoramique de la ville.

🏛 History and Natural Sciences Museums

Somerset St. 📞 (046) 622-2312. 🕐 9 h-13 h, 14 h-17 h lun.-ven., 9 h-13 h sam. ● ven. saint, 25 déc. ⌗ ♿

🏛 Old Provost

Lucas Ave. 📞 (046) 622-2312. 🕐 ven. 9 h-13 h. ● sam.-jeu., ven. saint, 25 déc. ⌗ ♿

🏛 Fort Selwyn

Fort Selwyn Dr. 📞 (046) 622-2312. 🕐 sur r.-v. ⌗ ♿

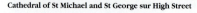
Cathedral of St Michael and St George sur High Street

Drostdy Gateway, entrée de Rhodes University

🏛 Observatory Museum

Bathurst St. 📞 (046) 622-2312.
🕐 9 h-13 h, 14 h-17 h lun.-ven., 9 h-13 h sam. ● ven. saint, 25 déc. ⌗ ♿ (sauf tourelle).
Cette demeure historique, où un bijoutier du milieu du XIXe siècle avait son atelier, conserve dans la tourelle une chambre noire de l'époque victorienne. Ce mécanisme optique projette des images de la ville sur le mur.

Statue du 1820 Settlers Monument

🏛 Rhodes University

Artillery Rd. 📞 (046) 603-8111. ⌗ ticket multi-entrée.
Cette belle université ancienne abrite sur son campus le célèbre **JLB Smith Institute of Ichthyology**, dont l'exposition de créatures marines et d'eau douce comprend deux spécimens de cœlacanthe, un poisson de grand fond archaïque, dont on crut l'espèce éteinte jusqu'en 1938 (p. 202). Une bibliothèque, l'**International Library of African Music**, intéressera les amateurs de musique africaine.

🏛 JLB Smith Institute of Ichthyology

Rhodes University. 📞 (046) 636-1002.
🕐 8 h-13 h, 14 h-17 h lun.-ven. ● sam. dim., ven. saint, 25 déc. ♿

🏛 International Library of African Music

Rhodes University. 📞 (046) 603-8557.
🕐 sur r.-v. ♿

⛪ National English Literary Museum

Beaufort St. 📞 (046) 622-7042.
🕐 8 h-13 h, 14 h-17 h, lun.-ven.
⚫ ven. saint, 25 déc. ♿

Ce musée conserve des documents, des manuscrits et des lettres personnelles ayant un lien avec les plus grands écrivains sud-africains.

⛪ 1820 Settlers Monument

Gunfire Hill. 📞 (046) 622-7115.
🕐 8 h-16 h 30 lun.-ven. ♿ 🅿

Construit en 1974 sur Gunfire Hill, ce monument en forme de bateau évoque un vieux fort. Il rend hommage aux familles anglaises qui arrivèrent dans la région en 1820. Non loin, le complexe Monument Theatre, décoré de peintures modernes, accueille chaque année pendant onze jours le Standard Bank National Arts Festival (p. 37).

Chambre obscure de l'Observatory Museum

L'Old Provost, une ancienne prison militaire

AUX ENVIRONS
À 34 km au nord de Grahamstown, la **Great Fish River Reserve** occupe une superficie de 445 km², entre la Keiskamma River et la Great Fish River. C'est ici que le gouvernement tenta d'installer des colons anglais après la cinquième guerre de frontière entre Boers et Xhosas en 1819. Cette réserve naturelle, la plus vaste de la province du Cap Est, abrite koudous, élands, bubales,

hippopotames, rhinocéros noirs, buffles et léopards.

Des *lodges* fournissent un hébergement confortable. Une randonnée guidée de deux jours (nuit sous la tente) suit la rivière.

🦌 Great Fish River Reserve

Fort Beaufort Rd. 📞 (040) 635-2115.

MODE D'EMPLOI

Carte routière D5. 🗺 100 000. ✈ Port Elizabeth, à 127 km au N.-E. 🚉 High St. 🚌 Cathcart Arms Hotel, Market Square. 🛈 63 High St, (046) 622-3241. 🕐 8 h 30-17 h lun.-ven., 8 h 30-midi sam. ⚫ ven. saint, 25 déc., jours fériés. 🎭 Standard Bank National Arts Festival (juil.). 🌐 www.grahamstown.co.za

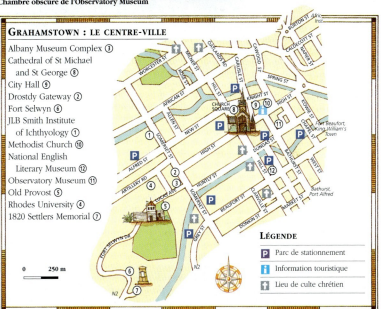

GRAHAMSTOWN : LE CENTRE-VILLE

Albany Museum Complex ③
Cathedral of St Michael
  and St George ⑧
City Hall ⑨
Drostdy Gateway ②
Fort Selwyn ⑥
JLB Smith Institute
  of Ichthyology ①
Methodist Church ⑩
National English
  Literary Museum ⑫
Observatory Museum ⑪
Old Provost ⑤
Rhodes University ④
1820 Settlers Memorial ⑦

LÉGENDE

🅿 Parc de stationnement
🛈 Information touristique
✝ Lieu de culte chrétien

0   250 m

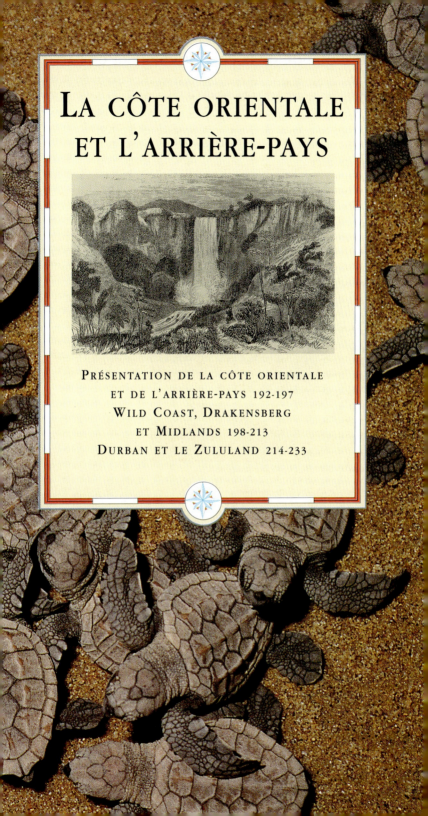

LA CÔTE ORIENTALE
ET L'ARRIÈRE-PAYS

Présentation de la côte orientale et de l'arrière-pa

Dominés par l'immense épine dorsale dentelée du Drakensberg, le plus haut massif d'Afrique du Sud, le Cap Est, le Lesotho et le KwaZulu-Natal offrent au visiteur d'austères paysages de montagne, de douces successions de collines et de magnifiques plages. Les vagues de l'océan Indien ont sculpté les falaises de la Wild Coast, dont le littoral préservé reste souvent uniquement accessible par des pistes. La situation change à partir de Port Edward, point de départ d'une chaîne presque continue de stations balnéaires jusqu'à Durban, le plus grand port d'Afrique. Au nord, vers la frontière avec le Mozambique, forêt subtropicale, savane et vastes écosystèmes aquatiques abritent une faune exceptionnelle.

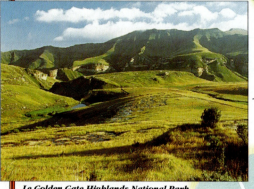

Golden Gate National Park

Le Golden Gate Highlands National Park
s'étend dans la partie nord-est de l'État libre d'Orange sur les contreforts du Maluti. Il renferme d'impressionnantes formations de grès, tel le Sentinel Rock, que permettent de découvrir d'agréables sentiers (p. 207).

0   300 km

WILD COAST, DRAKENSBERG ET MIDLANDS
(p. 198-213)

Le Hole in the Wall, *au large de l'embouchure de la Mpako River, est un des sites les plus connus de la romantique Wild Coast (p. 203).*

Wild Coast

◁ Jeunes caouannes sur la plage de Sodwana Bay, sur la côte du Maputaland

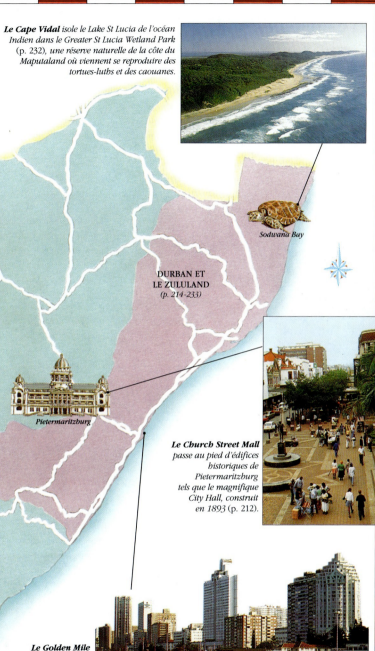

Le Cape Vidal isole le Lake St Lucia de l'océan Indien dans le Greater St Lucia Wetland Park (p. 232), une réserve naturelle de la côte du Maputaland où viennent se reproduire des tortues-luths et des caouanes.

Sodwana Bay

DURBAN ET LE ZULULAND (p. 214-233)

Pietermaritzburg

Le Church Street Mall passe au pied d'édifices historiques de Pietermaritzburg tels que le magnifique City Hall, construit en 1893 (p. 212).

Le Golden Mile de Durban concentre en front de mer, le long d'une promenade de 6 km, de nombreux hôtels, restaurants et lieux de distraction (p. 218).

La culture des Zoulous

Poterie

La sanglante campagne de conquêtes menée par le roi Shaka au début du XIXe siècle, puis la défaite infligée à l'armée anglaise à Isandlhwana pendant la guerre de 1879 ont établi la réputation guerrière du peuple zoulou. Plusieurs sites sont liés à son histoire et peuvent être visités au KwaZulu-Natal dans les districts d'Ulundi, d'Eshowe et de Melmoth. La culture zoulou se caractérise aussi par une riche tradition artisanale, en particulier dans le travail des perles, de la vannerie et de la poterie. Au nord de la province, dans la Tugela River Valley isolée, des clans ruraux restent attachés aux danses et aux coutumes anciennes.

LÉGENDE

KwaZulu-Natal

Le cuir servait à la fabrication de vêtements et de boucliers.

Clôture en nattes de roseau

Hutte zoulou
De l'herbe tressée couvre une armature en branchage. Une peau masque l'entrée.

L'ARTISANAT

Les Zoulous fabriquent des vanneries renommées. Les motifs qui ornent les paniers et les nattes tressés à partir de palme *ilala* ou d'herbe *imizi* ont tous une origine symbolique. Les perles de verre introduites au début du XIXe siècle ont encore élargi l'éventail des significations.

Louche et ouvrage en perles zoulous

Ainsi, un *incwadi*, le message d'amour en perles que les jeunes femmes offrent aux hommes qui leur plaisent, peut être rouge pour évoquer la passion, blanc ou bleu pâle pour exprimer la pureté des sentiments, ou vert pour présager un bonheur paisible.

Le maïs, l'aliment de base, est broyé et consommé sous forme de bouillie épaisse.

Vannier

L'utshwala *(bière) préparée par les femmes avec du sorgho est, après fermentation, filtrée dans de longues passoires en herbe.*

Danses traditionnelles

Les Zoulous accordent une place primordiale aux danses dans tous les rassemblements et événements sociaux. Parfois, il s'agit seulement de petits groupes démontrant leur virtuosité au son d'un tambour et des encouragements des spectateurs, mais lors de certaines cérémonies, des foules entières se mettent à tourner en tapant des pieds et des mains. Beaucoup de danses, comme celles rendues célèbres par Johnny Clegg, sont issues des traditions guerrières.

L'apprentissage des danses demande des années

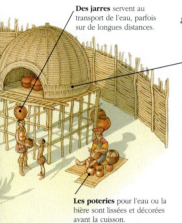

Des jarres servent au transport de l'eau, parfois sur de longues distances.

Stockage du grain, des huttes sur pilotis protégeaient le maïs et le sorgho des rongeurs.

Les poteries pour l'eau ou la bière sont lissées et décorées avant la cuisson.

Le kraal zoulou

L'*imizi,* le village traditionnel, regroupe à l'intérieur d'une enceinte circulaire en herbe tressée plusieurs huttes en chaume ayant la forme de ruches, les *uhlongwa,* autour d'un enclos où le bétail passe la nuit. Bien que cette organisation reste toujours en vigueur, brique, béton et tôle ondulée remplacent désormais les matériaux naturels utilisés jadis.

Le bétail, symbole de richesse, joue un grand rôle dans la société zouloue. On l'enferme la nuit dans un kraal *(enclos).*

Hutte royale

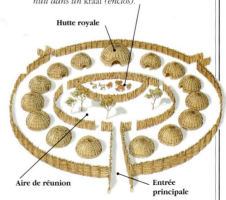

Aire de réunion

Entrée principale

Les armes traditionnelles continuent de faire partie de la vie quotidienne, et les hommes gardent souvent avec eux un bâton ou une massue. Leur port est toutefois devenu illégal dans les réunions politiques, où les esprits ont tendance à s'échauffer.

Le surf à Durban

Logo de Glen d'Arcy

C'est dans les années 1960, quand les planches en fibre de verre ont remplacé celles en bois, que le surf s'est mis à conquérir de nombreux adeptes. Baignée par un courant chaud et possédant de larges plages où se brisent de superbes rouleaux, Durban est devenue la capitale sud-africaine de ce sport et a produit des champions de renom international tels que Max Wetland et Shaun Thomson (pour les anciens). Aujourd'hui s'illustrent Paul Canning et David Weare. Parmi les endroits les plus populaires figurent North Beach, New Pier, Snake Park Beach et Cave Rock (à Bluff, au sud du port).

***Paul Canning** fut le premier Sud-Africain à se qualifier pour le World Championship Tour, une compétition réservée aux 44 meilleurs surfeurs du monde.*

***Après un** bottom turn, virage au bas de la vague, le surfeur peut remonter effectuer un floater, passage sur la crête qui permet de glisser sur l'écume.*

Une belle déferlante assure au passionné un grand moment de joie.

Les planches modernes *sont plus petites, plus légères et plus maniables que les anciennes.*

Les longboards de compétition dépassent 2,8 m et pèsent entre 5,2 et 7 kg.

Les shortboards sont plus légères et plus maniables, et ne doivent pas excéder 3,2 kg dans les épreuves sportives.

De la paraffine rend la planche moins glissante sous les pieds.

CAVE ROCK

À Cave Rock, l'endroit le plus apprécié des surfeurs expérimentés de Durban, un récif proche de la côte produit de puissantes déferlantes qui soutiennent la comparaison avec celles d'Hawaii.

***Shaun Thomson** (au milieu) devint un héros local quand il remporta le championnat du monde en 1977.*

LA CULTURE SURF

La pratique du surf a donné ssance à un véritable style de vie qui possède des adeptes dans le monde entier. Fondé sur le plaisir de se laisser porter par l'une es grandes forces de la nature, il pour principales valeurs la quête de l'intensité, la décontraction et a simplicité. Celles-ci s'expriment notamment dans les graffitis et les peintures murales qui ornent Durban.

La lèvre se forme quand la base de la vague touche le récif.

Les modes vestimentaires liées à la glisse ont d'importantes retombées économiques, et le Gunston 500 offre l'occasion de présenter d'exubérantes créations.

Le tube de la vague se referme parfois sur le surfeur.

Les champions attirent de nombreux admirateurs lors des grandes rencontres.

Le Gunston 500 a lieu en juillet et dure six jours. Organisé pour la première fois en 1969, c'était, avec un prix de 500 R (d'où son nom), la première compétition professionnelle de surf hors d'Hawaii.

PARLER SURF

Line up : zone d'attente de la vague.
Glassy : mer plate.
Tube ou barrel : tunnel formé par le déferlement.
Lip : la lèvre de la vague, là où elle a le plus de puissance.
Bomb : vague énorme.
Filthy : excellent surf.
Grommet : débutant.
Shundies : merci.
Tassie : jeune femme.
Cactus : toute personne que les surfeurs n'aiment pas.

WILD COAST, DRAKENSBERG ET MIDLANDS

*L*e plus haut massif d'Afrique du Sud, la « montagne du Dragon »
des Afrikaners, est appelé Ukhahlamba (« barrière de lances »)
par les Zoulous. Au sud, le Drakensberg descend en pente douce
jusqu'aux forêts tropicales et aux plages de la Wild Coast.

Il y a environ mille ans, les Sans (ou Bushmen) vivaient encore paisiblement de la chasse et de la cueillette dans les vallées bien arrosées qui creusent les flancs du Drakensberg. Les vagues de colonisation des Xhosas et des Zoulous *(p. 42-43)*, puis les Afrikaners et les Anglais les chassèrent de la région, causant leur disparition. Leur culture n'a laissé d'autres traces de son long passage que les délicates peintures qui subsistent sous des surplombs rocheux et dans des grottes.

Au début du XIXe siècle, alors qu'augmentait la pression exercée par les Européens de la colonie du Cap et les Zoulous, dont le centre du royaume se trouvait au nord de la Tugela River, un chef sotho, Moshesh, réussit à réunir plusieurs clans sous son autorité et à fonder un royaume dans la zone de montagnes aujourd'hui appelée le Lesotho.

Au nord-est, au pied du majestueux massif du Drakensberg, la région vallonnée des Midlands vit s'affronter Zoulous, Afrikaners et Anglais, et divers mémoriaux marquent les emplacements des champs de bataille.

La portion de littoral connue sous le nom de Wild Coast (« Côte sauvage ») faisait partie du territoire xhosa déclaré « indépendant » de 1976 à 1994 en tant que bantoustan du Transkei. Cette situation et son isolement ont freiné son développement, et la Wild Coast reste en grande partie intacte, paradis naturel où se succèdent promontoires rocheux et anses aux plages abritées. Des eaux poissonneuses y font le bonheur des pêcheurs.

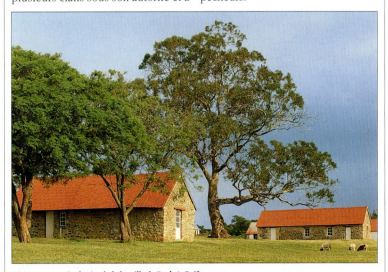

Bâtiments en grès du site de la bataille de Rorke's Drift

◁ Bushman's River et Giant's Castle dans le massif du Drakensberg

À la découverte de la Wild Coast, du Drakensberg et des Midlands

Les hautes terres du Lesotho et la chaîne du Drakensberg forment l'épine dorsale de la région. Des panoramas à couper le souffle et des vallées sauvages arrosées par des torrents y attirent randonneurs et pêcheurs. Au sud, le plateau du Transkei, où des Xhosas habitent encore des huttes traditionnelles, s'étend jusqu'aux criques abritées et aux falaises boisées de la Wild Coast. Au nord de Durban, dans les Midlands du Natal, de charmants hôtels de campagne, des entreprises artisanales et des exploitations laitières se nichent dans des paysages pastoraux.

Champagne Castle, Monk's Cowl et Cathkin Peak, sommets de la chaîne du Drakensberg

LÉGENDE

- Autoroute
- Route nationale
- Autre route
- Parcours pittoresque
- Cours d'eau ou lac
- ⋯ Limite de parc
- – · Frontière internationale
- ⚘ Point de vue

Laager (cercle de chars à bœufs) commémorant la bataille de Blood River (1838) près de Dundee.

Johannesburg

KROONSTAD

WELKOM

Bloemfontein

Bloemfontein

MASERU

Caledon

LESOTH

Bloemfontein

N6

Orange

ALIWAL NORTH

R58

R56

A2

R56

White Kei

R61

R61

QUEENSTOWN

Black Kei

Great Kei

N6

Port Elizabeth

EAST LONDON

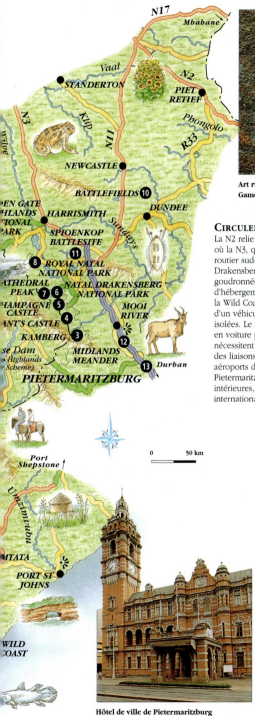

Art rupestre san dans la Giant's Castle Game Reserve, Drakensberg

CIRCULER

La N2 relie East London au KwaZulu-Natal où la N3, qui supporte un dixième du trafic routier sud-africain, permet d'accéder au Drakensberg. Dans le massif, des routes goudronnées mènent à la majorité des sites d'hébergement. Il n'en va pas de même sur la Wild Coast, une région où il faut disposer d'un véhicule pour atteindre les plages isolées. Le Lesotho est difficile à rejoindre en voiture par l'est, où beaucoup de pistes nécessitent un tout-terrain. Des bus assurent des liaisons entre les principales villes. Les aéroports d'East London, Umtata et Pietermaritzburg desservent les lignes intérieures, et seul celui de Maseru est international.

LES SITES
D'UN COUP D'ŒIL

Cathedral Peak ❼
Champagne Castle ❺
Giant's Castle ❹
Golden Gate Highlands
    National Park ❾
Kamberg ❸
Lesotho p. 204-205 ❷
Midlands Meander ⓬
    Natal Drakensberg
National Park ❻
Pietermaritzburg ⓭
Royal Natal National Park ❽
Spioenkop Nature Reserve ⑪
Wild Coast ❶

Excursion
Route des Batailles p. 210 ❿

VOIR AUSSI

• *Hébergement* p. 327-329

• *Restaurants* p. 351-352

Hôtel de ville de Pietermaritzburg

La Wild Coast ❶

Deuxième ville du Cap Est et plus grand port fluvial
d'Afrique du Sud, East London constitue un bon
point de départ pour explorer le littoral de l'ancien
Transkei. La région mérite son nom de Côte sauvage non
seulement parce que les communautés rurales de langue
xhosa y entretiennent des coutumes ancestrales, mais
aussi parce que de très nombreux navires firent naufrage
sur le rivage rocheux, creusé de plages spectaculaires.
Le territoire y reste en majorité la propriété des Xhosas.

Baigneurs et surfeurs apprécient Orient Beach à East London

À la découverte de la Wild Coast

Des criques abritées et de
denses forêts côtières
composent des paysages
paradisiaques. La plupart des
stations balnéaires, des réserves
et des villages sont accessibles
par la N2, mais souvent par des
routes ou des pistes en
mauvais état. Il existe peu de
transports publics en dehors
des bus empruntant la N2.

East London

Carte routière E5. 🏃 101 300.
✈ *R72, à 12 km à l'O. d'East London.*
🚉 *Station Rd.* 🚌 *Oxford St.*
🛈 *Shop 1 & 2, King's Tourism Centre,
Esplanade, (043) 722-6015.*

Au fond d'une baie superbe,
cette agréable ville côtière sur
la Buffalo River possède
plusieurs plages
propices à la
baignade dans les
eaux tièdes de
l'océan Indien.
  Devant l'hôtel de
ville, une statue
entretient le
souvenir de Steve
Biko, militant de la
Conscience noire, mort
sous la torture en 1977
après son arrestation
par la police.
  Le front de mer, ou
Latimer's Landing, offre une
belle vue du fleuve et du port.

🏛 **East London Museum**
319 Oxford St. 📞 *(043) 743-0686.*
🕐 *9 h 30-17 h lun.-ven., 14 h-17 h
sam. ; 11 h-16 h dim. et jours fériés.*
⬤ *ven. saint, 25 déc.* 📷 ✦ ♿

Kwelera

Carte routière E4. 26 km à l'E. d'East
London. 🛈 *Yellow Sands Resort,
(043) 734-3043.*
Un village de vacances permet
de séjourner sur la rive nord
d'un des plus agréables
estuaires de la région. Au sud
s'étend une vaste réserve
forestière où le guib jouit d'un
habitat idéal. La rivière, où
chassent des pygargues
vocifères, peut être remontée
en canoë. Elle longe des
collines peuplées de cycas où
s'accrochent des huttes.

Morgan's Bay et Kei Mouth

Carte routière E4. Par la N2, 85 km à
l'E. d'East London. 🛈 *Morgan's Bay
Hotel, (043) 841-1062.*
Ces deux villages côtiers se
trouvent au cœur d'une
région réputée pour ses
paysages. À Kei Mouth, les
véhicules traversent la Great
Kei River sur un bac pour
rejoindre l'ancien
bantoustan du
Transkei. À Morgan's
Bay, un hôtel
familial *(p. 328)*
borde la plage, les
falaises offrent de
belles promenades
et le Ntshala
Lagoon permet de
se baigner en
sécurité. Plus au sud,
à Double Mouth, un
éperon dominant
l'océan permet de
jouir d'un panorama
hors du commun.

*La pêche a de
nombreux adeptes*

De Kei Mouth à la Mbashe River

Carte routière E4. 95 km à l'E. d'East
London. 🛈 *(043) 841-1004.*
La Kei River marque le début
de la Wild Coast, portion de
littoral de 80 km arrosée par
20 cours d'eau et jalonnée
d'hôtels familiaux à l'ancienne.
Située à une heure de voiture
d'East London, Kei Mouth
s'anime surtout le week-end.
  Plus au nord, la Dwesa
Nature Reserve commence à
la Nqabara River. Elle abrite
des damans arboricoles et des
singes samangos et s'étend

LE CŒLACANTHE

En 1938, un bateau
pêchant au large de
l'embouchure de la
Chalumna River, près d'East
London, sortit de l'eau une prise
si inhabituelle que le capitaine
l'envoya au musée de la ville. Sa conservatrice, Marjorie
Courtenay-Latimer, contacta alors un ichtyologiste de la
Rhodes University. Le poisson appartenait à une espèce que
l'on croyait disparue avec les dinosaures. Il fallut attendre
1952 avant qu'on ne capture un deuxième spécimen au
large des Comores. Couvert d'épaisses écailles, le
cœlacanthe se distingue par ses six nageoires primitives.

Cœlacanthe

Huttes xhosas traditionnelles dans l'ancien Transkei

jusqu'à la Mbashe River. Au bord de cette rivière, The Haven propose un hébergement au sein de la Cwebe Nature Reserve. Les deux réserves protègent 60 km de dense forêt où vivent guibs et céphalophes bleus, ainsi que des prairies côtières peuplées d'élands, de bubales, de gnous et de zèbres.

Un sentier de randonnée traverse toute la Wild Coast dans le sens de la longueur.

Coffee Bay
Carte routière E4. Par la N2.
Ocean View Hotel, (047) 575-2005/6.
Selon la légende, cette petite ville devrait son nom au naufrage, en 1863, d'un navire dont la cargaison de café se répandit sur la côte. Appréciée pour la pêche, la baignade et la randonnée, elle renferme quelques hôtels occupant des sites privilégiés au-dessus des plages. À 6 km au sud, l'érosion a fini par isoler au milieu de l'eau une falaise creusée d'une arche naturelle qui lui vaut d'être baptisée Hole in the Wall (« trou dans le mur »).

Umngazi Mouth
Carte routière E4. 25 km au S. de Port St Johns. *Umngazi River Bungalows, (047) 564-1115/6/8/9.*
Entouré de collines boisées, l'estuaire de l'Umngazi offre un cadre merveilleux où s'adonner à la plongée au tuba, au canoë ou à la planche à voile. La rive nord abrite un des plus réputés complexes balnéaires de la Wild Coast, renommé pour sa cuisine comme pour son service : Umngazi River Bungalows *(p. 329).* Il existe une plage de sable, et on peut rejoindre au sud les falaises appelées Ndluzulu en xhosa, un nom en rapport avec le fracas des vagues.

Mkambati Game Reserve
Carte routière E4. Par la R61 au N. de Port St Johns. *Eastern Cape Tourism, (040) 635-2115.*
Entre la Mzikaba River et la Mtentu River, la plus vaste réserve naturelle de la Côte sauvage protège une bande de 13 km de littoral rocheux et de prairies, où prospèrent élands, springboks, damalisques, impalas, gnous bleus et zèbres. La flore compte des plantes indigènes rares comme le palmier Mkambati qui ne pousse qu'ici. Des vautours du Cap nichent dans la Mzikaba Gorge. Le cours de la Mkambati River est entrecoupé d'une série de cascades. La plus impressionnante, les Horsehoe Falls, se trouve près de la mer.

La réserve possède des bungalows et permet de se baigner, de pratiquer la randonnée, la pêche, l'équitation et le canoë. En allant jusqu'au Wild Coast Sun Hotel and Casino *(p. 224),* installé à la frontière du KwaZulu-Natal, on pourra même jouer à des jeux d'argent.

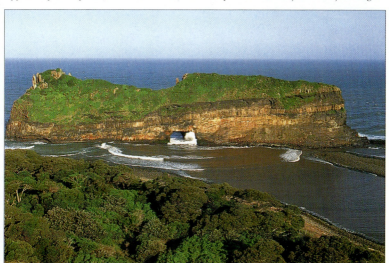
Hole in the Wall est appelé en xhosa esiKhaleni, qui signifie « l'endroit du bruit »

Lesotho ❷

R oyaume enclavé en Afrique du Sud, le Lesotho obtint son indépendance de la Grande-Bretagne le 4 octobre 1966. Les reliefs du Drakensberg, du Maluti et du Thaba Putsoa en faisaient une destination appréciée des amateurs de

Chapeau basotho randonnée et d'escalade jusqu'à ce que des élections provoquent, en 1998, des affrontements destructeurs entre les deux principaux partis politiques, et une instabilité qui a eu des conséquences négatives sur le tourisme. Il est fortement recommandé aux visiteurs de ne pas se déplacer seuls.

Les Cave Houses à Mateka, modelées en boue, offrent un bon exemple d'architecture indigène.

★ Teyateyaneng
Aisément accessible depuis Maseru, la « capitale artisanale » du Lesotho a pour spécialité des tissages colorés, notamment des tapis et tapisseries.

Maseru
Fondée en 1869 sur la Caledon River par les Britanniques, Maseru a subi de graves dommages, en cours de réparation, lors des affrontements politiques de 1998.

À NE PAS MANQUER

★ Katse Dam

★ Sani Pass

★ Teyateyaneng

Neige
En mai et juin, la neige donne au haut pays un aspect irréel, mais il n'existe pas de station de ski.

★ **Katse Dam**
Ce barrage, dont la première phase fut achevée en 1998, alimente le Vaal Dam en Afrique du Sud.

MODE D'EMPLOI

Carte routière D3, D4, E3, E4.
✈ *Moshoeshoe International*, à 18 km au S. de Maseru. **Postes-frontières :** *Sani Pass (8 h-16 h) ; Ficksburg Bridge (24 h/24) ; Caledonspoort (24 h/24) ; Maseru Bridge (6 h-22 h) ; Telle-Bridge (8 h-22 h).* 🚩 *Kingsway, Maseru.* ☎ *(0926622) 31-9485.* ⏰ *8 h-17 h lun.-ven., 8 h 30-13 h sam.* ● *dim.* 🎭 *Anniversaire du roi (17 juil.) ; Independence Day (4 oct.).*

LÉGENDE

- ▬ ▪ Frontière internationale
- ▪ ▪ Limite de district
- ▬ Accès principal
- ═ Route principale (goudronnée)
- ═ Route principale (en terre)
- ═ Route secondaire (goudronnée)
- ═ Route secondaire (en terre)
- 🏞 Parc national ou réserve
- 🅰 Camping
- 🚣 Canoë, rafting
- 🥾 Randonnée pédestre
- ⛰ Site archéologique
- ✳ Point de vue
- ℹ Information touristique

★ **Sani Pass**
La seule route d'accès au Lesotho depuis le KwaZulu-Natal passe par un col dont l'altitude reste au-dessus de 1 300 m pendant plus de 20 km.

La Maletsunyane Waterfall plonge dans une gorge d'une hauteur de 193 m.

0   25 km

PEINTURES RUPESTRES

Finesse du trait et de la couleur

Le Lesotho s'est peu développé en raison de son isolement et les hautes montagnes, où les robustes poneys basothos restent souvent le seul mode de transport, abritent certaines des plus belles peintures rupestres d'Afrique australe. Il existe plus de 400 sites dignes d'une visite, dont Thaba Bosiu, près de Maseru, et les Sekubu Caves de Butha-Buthe dans le Nord. Des empreintes de dinosaures fossilisées subsistent à Moyeni (Quthing) et à la Tsikoane Mission d'Hlotse.

Kamberg ❸

Carte routière E3. Estcourt.
KwaZulu-Natal Nature Conservation,
(033) 845-1000. 8 h-18 h lun.-
jeu., 8 h-16 h 30 ven., 8 h-12 h sam.-
dim.

En hiver, la neige couvre le Giant's Castle

Dans la vallée de la Mooi
River, qui abrite un camp
d'hébergement de 7 bungalows,
Kamberg est un rendez-vous
de pêcheurs de truites où une
station d'alevinage alimente
plusieurs lacs artificiels. Cette
dernière propose des visites
guidées. Des sentiers de
randonnée sillonnent la vallée
et les abords de la rivière.

La Shelter Cave renferme de
superbes peintures rupestres
sans. La promenade, avec un
guide, dure quatre heures.

**On vient à Kamberg pêcher la
truite dans un cadre champêtre**

Giant's Castle ❹

Carte routière E3. Estcourt.
KwaZulu-Natal Nature Conservation,
(033) 845-1000. mêmes horaires
que Kamberg.

Près de 1 500 élands, l'un
des plus importants

troupeaux du pays, peuplent
aujourd'hui la réserve créée en
1903 pour protéger certains
des derniers spécimens à
survivre en Afrique du Sud.

Un affût permet aux visiteurs
d'observer des gypaètes
barbus, une espèce de rapaces
menacée de disparition, dont
200 couples vivent ici.

Les logements consistent en
de confortables bungalows et
petites cabanes, et le camp le
plus important domine la
Bushman's River au pied du
Giant's Castle (3 314 m).
Plusieurs sentiers en partent,
dont une courte randonnée
jusqu'à une grotte où on
découvre plus de
500 peintures rupestres, datant
pour certaines de huit siècles.

Champagne Castle ❺

Carte routière E3. Winterton.

Deuxième sommet
d'Afrique du Sud avec
une hauteur de 3 337 m, le
Champagne Castle se détache
des reliefs environnants au-
dessus d'une charmante

vallée. Une route de 31 km la
dessert depuis la N3 et
conduit à un groupe d'hôtels
haut de gamme et de
résidences en multipropriété
tels que The Nest et le
luxueux Drakensberg Sun. La
région abrite aussi la célèbre
Drakensberg Boys' Choir
School (Chorale de garçons
du Drakensberg) et deux
campings : Dragon Peaks et
Monk's Cowl.

Natal Drakensberg Park ❻

Carte routière E3. Winterton.
KwaZulu-Natal Nature Conservation,
(033) 845-1000. mêmes horaires
que Kamberg.

D'une superficie de
2 350 km², le parc du
Drakensberg du Natal protège
non seulement le plus haut
sommet d'Afrique du Sud,
mais aussi une des plus belles
régions sauvages du pays.
Vallées isolées et épaisses forêts
nappées de brume renferment
une faune abondante, tandis
que plusieurs surplombs
rocheux abritent certains des

LE MASSIF DU DRAKENSBERG

Le massif de la « montagne du Dragon » comprend
les plus hauts sommets d'Afrique du Sud
et marque la frontière avec le Lesotho
sur une longueur de 250 km,
formant un escarpement entre
le haut plateau de l'intérieur
et la côte du KwaZulu-Natal.
Au High Berg rocheux
s'oppose le Little Berg
couvert de prairies. Tous
deux offrent de magnifiques
itinéraires de randonnée.

Giant's Castle

Giant's
Castle Pass   Die Hoek

Hodgson's Peaks

plus beaux exemples d'art rupestre san à nous être parvenus. Ces peintures ont parfois souffert de dégradations, souvent involontaires, de la part des visiteurs. Il faut à tout prix éviter de les toucher et, davantage encore, de les asperger d'eau pour en rehausser les couleurs.

La KwaZulu-Natal Nature Conservation a créé 5 camps d'hébergement dans le parc, qui peuvent accueillir 370 personnes. Les randonneurs disposent de nombreux refuges, sites de camping et grottes où passer la nuit. En bordure du parc, en particulier dans la vallée du Cathkin Peak, plus de deux douzaines d'établissements hôteliers proposent des logements confortables et un large éventail d'activités.

Cathedral Peak ❼

Carte routière E3. Winterton.

L es alentours du Cathedral Peak offrent des itinéraires de randonnée d'où s'ouvrent des panoramas splendides.

Depuis Winterton, la route serpente pendant 42 km entre les villages zoulous éparpillés dans les plis de la Mlambonja Valley pour atteindre la forêt domaniale dont l'office de protection se trouve près du Cathedral Peak Hotel. L'ascension du Mike's Pass fait franchir un dénivelé de 500 m en 5 km. Il faut compter une journée pour grimper jusqu'au sommet de Cathedral Peak.

La Ndedema Gorge renferme la plus vaste forêt du massif et des peintures rupestres sans.

Royal Natal National Park ❽

Carte routière E3. Winterton.
ℹ️ *Tendele camp, (036) 438-6411.*
📞 *National Parks Board Reservations : (012) 343-1991, (031) 304-4934 ou (033) 845-1000.* ⬛ *t.l.j.* 🏃🏻 🎿 🏕️ 🅰️

D ans ce parc de 88 km², un vaste réseau d'itinéraires ne demandant qu'une journée de marche permet de découvrir des reliefs d'une grande diversité, offrant l'occasion d'apercevoir des damans de rocher et des antilopes.

L'Amphithéâtre, un mur de basalte long de 6 km, s'élève jusqu'à une hauteur de 1 500 m. En plongeant dans la vallée, la Tugela River forme une chute d'eau de 948 m. Surplombant la rivière, le camp d'hébergement de Tendele ménage une vue exceptionnelle. Dans les vallées, le Royal Natal Hotel et le camping de Mahai accueillent de nombreux visiteurs le week-end.

Gypaète barbu

Golden Gate Highlands National Park ❾

Carte routière E3. Clarens. 📞 *National Parks Board Reservations : (012) 428-9111, (021) 422-2816, (031) 304-4934.* ⬛ *t.l.j.* 📷 🏃🏻 🎿 🅰️

F ondé en 1963 sur les contreforts des Maloti Mountains pour protéger de spectaculaires affleurements de grès, notamment les falaises dominant la Little Caledon Valley, ce parc national couvre 48 km² dans la partie orientale de l'État libre. La faune comprend des herbivores tels que gnous à queue blanche, ourébis, antilopes-chevreuils, damalisques et cervicapres de montagne, ainsi que des rapaces comme le gypaète barbu, l'aigle de Verreaux et la buse variable.

Le Glen Reenen Camp et le Brandwag Lodge proposent divers hébergements.

Vallée de montagne sauvage dans le Royal Natal National Park

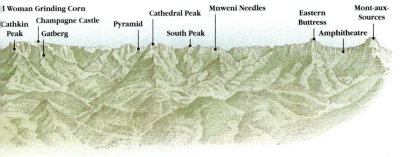

Cathkin Peak | Woman Grinding Corn | Champagne Castle | Gatberg | Pyramid | Cathedral Peak | South Peak | Mnweni Needles | Eastern Buttress | Amphitheatre | Mont-aux-Sources

Au pied du Drakensberg, du bétail broute dans la réserve du Giant's Castle ▷

La route des Batailles ❿

Si les prairies vallonnées et les collines boisées du nord-ouest du KwaZulu-Natal en conservent peu de souvenirs, de sanglantes batailles y opposèrent pourtant les groupes ethniques qui se les disputaient. Dans les années 1820, c'est d'ici que partit la campagne de conquêtes du roi zoulou Shaka, qui bouleversa tout le centre de

Monument de Rorke's Drift

l'Afrique australe. Les 80 années suivantes virent les Zoulous combattre les Ndwandwes, les Afrikaners affronter Zoulous et Anglais, et les Anglais entrer en guerre contre les Afrikaners et les Zoulous. Le Talana Museum propose un guide détaillé des champs de bataille. Il recense plus de 50 sites intéressants.

Elandslaagte ②
En plein orage, le 22 octobre 1899, les Boers contraignirent ici les Britanniques à se replier à Ladysmith.

Talana Museum ③
Ce musée commémore la première bataille de la guerre des Boers (20 octobre 1899) à l'arrivée des 4 500 soldats anglais venus défendre Dundee et ses mines.

Rorke's Drift ⑤
Un musée évoque le courage des 100 défenseurs britanniques qui résistèrent à 4 000 Zoulous pendant douze heures.

Ladysmith ①
En 1899-1900, 12 000 soldats anglais subirent ici un siège de 118 jours mené par le général boer Piet Joubert.

LÉGENDE

▬	Autoroute
▬	Itinéraire
–	Autre route
❊	Point de vue
✕	Champ de bataille

Map labels:
ERMELO · R543 · Volksrust · MAJUBA · LAINGSNEK · SKUINSHOOGTE · N11 · R34 · FORT AMIEL MUSEUM · Utrecht · Newcastle · R33 · FORT MISTAKE · Glencoe · Dundee · R68 · FORTPINE · R33 · R602 · R5 · HARRISMITH · R103 · N11 · R103 · N3 · Styudous · COLENSO · Weenen · BLOUKRANS · R74 · Estcourt · FORT DUNFORT MUSEUM · R622 · DURBAN · 0 25 km · Tugela

MODE D'EMPLOI

Longueur : 380 km
Points de départ :
Ladysmith et Dundee abritent des restaurants et des hôtels. Des cassettes audio sont en vente au Talana Museum de Dundee et à Fugitives Drift, qui offre aussi hébergement et visites guidées.

Blood River ④
Les Afrikaners célébraient cette bataille, livrée le 16 décembre 1838 contre des Zoulous, par un jour férié. Il est devenu en 1994 le jour de la Réconciliation.

Isandlhwana ⑥
Les Zoulous écrasèrent ici en 1879 un contingent britannique envoyé envahir leur territoire.

Une réserve naturelle entoure le lac du Midmar Dam

Spioenkop Public Resort Nature Reserve ⓫

Carte routière E3. À 35 km au S.-O. de Ladysmith sur Winterton Rd.
☎ (036) 488-1578. ⭘ 6 h-18 h t.l.j.

Haut de 1 466 m, le mont du Spioenkop possède un sommet plat où soldats boers et britanniques s'affrontèrent lors d'une sanglante bataille en 1891. Tombes et monuments en entretiennent le souvenir.

Un barrage sur le cours de la Tugela River a créé au pied du mont un lac artificiel, dont le rivage est protégé par une réserve naturelle. L'endroit attire de nombreux amateurs d'activités de plein air, qui viennent profiter du plan d'eau pour pêcher ou pratiquer des sports nautiques. Ils disposent d'un agréable terrain de camping, d'une piscine, d'un musée consacré aux champs de bataille, de courts de tennis et d'une aire de jeux pour enfants. Il existe aussi des aires de pique-nique sur la rive sud, et deux courts sentiers encouragent à découvrir à pied une région peuplée d'élands, de bubales, de zèbres, de girafes, de koudous, de buffles et de rhinocéros blancs.

Le camp de brousse de Ntenjwa n'est accessible qu'en bateau, mais la Nature Conservation assure des liaisons gratuites. Une piste privée, dans un secteur où il est normalement interdit de circuler, conduit au deuxième camp, Iphika, situé au pied du Spioenkop sur la rive nord.

Midlands Meander ⓬

Carte routière E3 Mooi River
🛈 (0332) 330-8195.

Artistes et artisans apprécient depuis longtemps le calme des Midlands, et six ateliers se regroupèrent en 1985 pour créer dans la région une route de l'artisanat, le Midlands Meander (« méandre des Midlands »). L'initiative connut rapidement du succès, et aujourd'hui 4 itinéraires passant par les localités d'Hilton, de Nottingham Road et de Mooi River incitent les visiteurs à s'arrêter dans les 140 échoppes participantes.

Détail de tapisserie, Rorke's Drift

Aromates, fromages, vins, poteries, tissages, articles en cuir, meubles, vitraux et antiquités font partie des produits proposés.

De charmants hôtels de campagne, de paisibles chambres d'hôte, des *lodges* pittoresques et de confortables bed-and-breakfasts permettent de séjourner agréablement. Il existe aussi un établissement thermal réputé et de nombreux pubs et restaurants.

Sur la N103, juste après le lac artificiel du Midmar Dam, un monument signale l'endroit où la police arrêta Nelson Mandela *(p. 55)* le 5 août 1962.

Le monument à la bataille du Spioenkop domine le lac

Pietermaritzburg pas à pas ⓭

Pietermaritzburg a d'humbles origines, et les agriculteurs afrikaners qui établirent ici en 1836 une petite station d'irrigation ne reconnaîtraient pas aujourd'hui la capitale commerciale, industrielle et administrative des Midlands du KwaZulu-Natal. Un mélange d'architectures victorienne, indienne, africaine et moderne lui donne un visage métissé typiquement sud-africain. Le centre-ville et les banlieues ouest, qui s'étendent au pied de collines densément boisées, abritent de nombreux bâtiments et monuments historiques, ainsi que plusieurs musées. Un jardin botanique, plusieurs réserves naturelles et des centres de loisirs se trouvent à l'intérieur même de la cité ou à quelques minutes de voiture.

Statue de Gandhi
À Pietermaritzburg, en 1893, Gandhi dut quitter un wagon de 1ʳᵉ classe parce qu'il n'était pas blanc.

Le Church Street Mall piéton longe des édifices historiques bien conservés.

Old S
Ho

CHURCH STREET

★ Tatham Art Gallery
Ce musée installé dans l'ancienne Cour suprême expose les œuvres d'artistes sud-africains et de maîtres modernes tels qu'Edgar Degas, Henri Matisse et Pablo Picasso.

Presbyterian Church

Parliament Building
L'ancien siège du gouvernement colonial abrite désormais le corps législatif du KwaZulu-Natal.

TIMBER STREET

STREET

LONGMARKET

CLUB LANE

LÉGENDE

– – –   Itinéraire conseillé

À NE PAS MANQUER

★ Natal Museum

★ Tatham Art Gallery

★ City Hall

Architecture coloniale
La First National Bank de style édouardien se dresse sur Longmarket Street à côté d'un immeuble de style Renaissance Revival.

MODE D'EMPLOI

Carte routière E3. 🏠 156 500.
✈ *Durban, à 80 km au S.-E.*
✈ *Oribi Airport, au S. de la ville.*
🚌 *Church St.* 🚌 *Publicity House, angle de Longmarket St et Commercial Rd.* ℹ *Publicity House (033) 345-1348.*
⏰ *8 h-17 h lun.-ven., 8 h-13 h sam. et jours fériés.*
🎭 *Royal Agricultural Show (mai).*
🌐 www.pietermaritzburg.co.za

À la découverte de Pietermaritzburg
La ville se prête bien aux promenades à pied. Entre Church Street et Longmarket Street, un labyrinthe de ruelles, les Lanes, offre une image de son aspect d'antan. Longmarket Street rejoint au nord-est le quartier indien.

AUX ENVIRONS
Destination de vacances et de week-end, le lac du Midmar Dam se trouve à 27 km au nord de Pietermaritzburg au sein du **Midmar Dam Resort**. Plusieurs espèces d'antilopes telles que gnous à queue blanche, élands, bubales, springboks, damalisques et zèbres peuplent la petite réserve naturelle qui s'étend au sud.

À 18 km au nord de Pietermaritzburg, à Howick, un bourg fondé en 1850, une plate-forme panoramique et un restaurant dominent les Howick Falls, une chute d'eau aussi haute que les chutes Victoria du Zimbabwe.

À la sortie d'Howick, sur Karkloof Road, l'**Umgeni River Valley Nature Reserve** renferme plusieurs sentiers de randonnée. Celui qui part du portail d'entrée offre de belles vues de la vallée encaissée, creusée par l'Umgeni River.

🏕 **Midmar Dam Resort**
Howick. 📞 *(033) 330-2067.*
⏰ *24 h/24 t.l.j.* 🏊 ♿ 🅿 📷
🏕 **Umgeni Valley Nature Reserve**
Howick. 📞 *(033) 330-3931.*
⏰ *8 h-16 h 30 t.l.j.*
⚫ *25 déc.* 🏊 🥾

M3 et Durban

★ City Hall
Achevé en 1893, l'élégant hôtel de ville en brique rouge reçut en 1900 sa tour de l'horloge haute de 47 m.

0 _____ 50 m

Voortrekker Museum

Publicity House

Voortrekker Museum
À l'angle de Longmarket Street et de Boshoff Street, la Church of the Vow, bâtie après la bataille de Blood River (p. 49), abrite une exposition consacrée aux colons afrikaners.

The Oval

LOOP STREET

★ Natal Museum
Des insectes géants s'accrochent aux murs extérieurs de ce musée dédié à la faune et aux peuples d'Afrique australe.

AL ROAD

Cascade des Howick Falls

DURBAN ET LE ZULULAND

*A*vec ses plages de l'océan Indien, aux eaux réchauffées par le courant de l'Agulhas, le littoral du KwaZulu-Natal est une des grandes destinations touristiques d'Afrique du Sud. Des pluies abondantes et un ensoleillement généreux y permettent aussi la culture de la canne à sucre. Au nord de la Tugela River, savanes et marécages sauvages évoquent l'Afrique éternelle.

En 1497, le navigateur portugais Vasco de Gama, qui venait de franchir le cap de Bonne-Espérance, aperçut le 25 décembre une large baie encadrée de dunes boisées qu'il baptisa Rio de Natal (« rivière de Noël »). Pour les cartographes, la région inexplorée qui s'étendait derrière le littoral décrit par les marins avait trouvé un nom.

Les premiers Européens à s'établir dans la baie, des commerçants anglais, n'arrivèrent qu'en 1824, alors que Shaka, le génie militaire zoulou *(p. 47),* venait d'unir son peuple en un puissant royaume. L'Empire britannique annexa le Natal en 1843, mais mit encore 60 ans à imposer sa domination aux Zoulous. Dans la baie, Durban commença réellement à se développer à partir des années 1860 grâce à la culture de la canne à sucre.

Les immigrés qui travaillaient dans les plantations donnèrent naissance à l'importante communauté indienne de la ville. Celle-ci est devenue le plus grand port du continent africain et la troisième agglomération urbaine du pays. Le long de la côte, là où prairies et forêts s'étendaient jadis jusqu'à la mer, une large bande de terre cultivée sépare désormais des plages de sable bordées d'hôtels de luxe des collines de l'intérieur entre lesquelles serpentent de grands cours d'eau. Estuaires et lagunes offrent un habitat préservé à de nombreux oiseaux.

Plus au nord, des réserves naturelles portant des noms zoulous comme Hluhluwe-Umfolozi, Mkuzi, Ndumo et Tembe protègent des paysages qui n'ont pas changé depuis le règne de Shaka.

Pêche traditionnelle à Kosi Bay

◁ **À l'intérieur du Temple of Understanding près de Durban**

À la découverte de Durban et du Zululand

Un climat subtropical, de longues plages de sable et des eaux tièdes ont fondé la vocation touristique de la région. Durban, avec ses hôtels de luxe, ses centres commerciaux et les attractions du front de mer, offre une base idéale à la découverte d'un littoral varié, bien desservi par la N2. Dans les plaines côtières, de vastes plantations assurent une grande part de la production de sucre du pays. Au nord de Richards Bay, à trois heures de voiture de Durban par d'excellentes routes, commence une région sauvage où le Greater St Lucia Wetland Park offre à des milliers d'oiseaux un habitat aquatique préservé, tandis que les collines voisines de l'Hluhluwe-Umfolozi Park abritent des rhinocéros, des éléphants, des zèbres, des buffles et des lions.

Zèbres de Burchell broutant dans l'Hluhluwe-Umfolozi Park

Vue aérienne du front de mer de Durban avec Sea World au premier plan

LES SITES D'UN COUP D'ŒIL

Durban ❶
Greater St Lucia Wetland Park ❽
Hluhluwe-Umfolozi Park ❻
Itala Nature Reserve ❼
Kosi Bay ❿
Tembe Elephant Park ⓫
North Coast ❸
Phinda Resource
    Reserve ❾
Shakaland ❺
Simunye Lodge ❹
South Coast ❷

Tugela

R614

BALLI
NORTH COA

Underberg
DONNYBROOK
Umzimkulu
R56
IXOPO

PINETOWN
DURBAN ❶
AMANZIMTOTI
N2 SOUTH
COAST ❷
R612

R56
KOKSTAD
*Umtata et
East London*
Umtamvuna
N2

PORT SHEPSTONE

PORT EDWARD

VOIR AUSSI

- **Hébergement** p. 329-331
- **Restaurants** p. 352-354

KOSI BAY

TEMBE ELEPHANT PARK

⑪ ⑩

Phongola

Lake

Sodwana Bay

elo

A NATURE RESERVE

R66 N2 **MKUZE**

Mkuze

18

Umfolozi

PHINDA RESOURCE RESERVE

Hluhluwe ⑨

⑧

HLUHLUWE- UMFOLOZI PARK ⑥

R618

GREATER ST LUCIA WETLAND

White Umfolozi

MELMOTH

NYE R34

SHAKALAND

⑤

SHOWE

N2

TUGELA MOUTH

TANGER

RICHARDS BAY

0 ——— 50 km

Plage du Cape Vidal près de St Lucia, North Coast

CIRCULER

Au sortir de la province du Cap Est et de la Wild Coast, la N2 longe le littoral à partir de Port Shepstone et offre un accès rapide aux attractions de la région. Seul Durban possède un aéroport international, ceux de Margate et de Richards Bay desservant des lignes intérieures. Plusieurs agences de voyages proposent des visites organisées dans les réserves du Nord.

LÉGENDE

〓 Autoroute

▬ Route nationale

▬ Autre route

▬ Parcours pittoresque

▬ Cours d'eau ou lac

⋯ Limite de parc

– – Frontière internationale

✸ Point de vue

La culture de la canne à sucre est une activité importante au Zululand

Durban ❶

Bouée de sauvetage

Après de violents conflits, le roi zoulou Shaka accorda aux Britanniques en 1824 une concession sur la côte. En 1835, ceux-ci donnèrent au Port Natal des cartographes le nom du gouverneur de la colonie du Cap : Benjamin d'Urban. Le tourisme joue aujourd'hui un rôle important dans l'économie de la ville. Au nord du plus grand port d'Afrique du Sud, Water World propose ses piscines, et l'Umgeni River Bird Park d'immenses volières.

Vue aérienne des Paddling Pools (pataugeoires) du Golden Mile

À la découverte de Durban
Le front de mer concentre la majorité des attractions modernes à courte distance des hôtels, tandis que le centre-ville renferme de nombreux édifices historiques, des musées, des théâtres et des marchés pittoresques.

Le Golden Mile
Le « Mille d'or » de Durban s'étend en fait sur 6 km. Côté terre, immeubles et hôtels forment une bande continue, tandis que du côté de la plage, où des filets protègent les baigneurs des requins, des parcs d'attractions, des stands d'artisanat, des jetées, des marchands de boisson et de glaces se succèdent le long d'une promenade. Un téléphérique offre une vue aérienne de la ville et de son littoral.

Des pousse-pousse décorés de couleurs vives circulent le long du Waterfront. Ils n'ont plus qu'une fonction touristique, mais étaient au début du siècle un des principaux moyens de transport en ville.

Comprenant plusieurs aquariums, **Sea World** abrite de nombreuses créatures marines telles que requins, poissons tropicaux, tortues et raies pastenagues. Des plongeurs pénètrent deux fois par jour dans le plus grand pour distribuer la nourriture. Dauphins, otaries et manchots participent au spectacle du delphinarium. Les vivariums du **FitzSimons Snake Park** contiennent des serpents indigènes, des crocodiles, des lézards et des tortues. Ce parc

est en outre un important fournisseur de venin destiné à la fabrication de sérum.

🐟 Sea World
2 West St, Golden Mile.
📞 (031) 337-3536.
🕐 9 h-17 h t.l.j. 📷 ♿

🐍 FitzSimons Snake Park
248 Lower Marine Parade, Golden Mile. 📞 (073) 156-9606.
🕐 9 h-16 h 30 t.l.j. 📷 ♿

Le port
Victoria Embankment.
Le **BAT Centre** (Bartel Art Trusts) renferme une salle de théâtre et de concert de 300 places, un studio de danse, des galeries d'exposition et des boutiques. Juste à côté, un pub et un restaurant dominent le port. Au **Natal Maritime Museum**, une petite collection de photographies et de souvenirs évoque le passé naval de la ville. Le musée conserve aussi deux remorqueurs, l'*Ulundi* et le *JR More*, ainsi que le *Durban*.

🏛 BAT Centre
Victoria Embankment. 📞 (031) 332-0451. 🕐 8 h 30-17 h lun.-ven., 10 h-14 h 30 sam. ● jours fériés.

🏛 Natal Maritime Museum
Victoria Embankment. 📞 (031) 311-2230. 🕐 8 h 30-16 h lun. sam., 11 h-16 h dim. ♿

🎡 The Wheel
55 Gillespie St. 🅿 (031) 332-4324.
🕐 9 h-17 h t.l.j. ● 1er janv. ♿
Portant le nom de sa grande roue de fête foraine, ce centre commercial, situé entre le port et le Golden Mile, abrite 140 boutiques, des restaurants et 12 cinémas.

Exposition d'art moderne au BAT Centre

La façade du Playhouse est un pastiche du style Tudor

MODE D'EMPLOI

Carte routière F3. KwaZulu-Natal Province. 352 200. 14 km au S.-O. du centre-ville. New Durban Station, Umgeni Rd. New Durban Station. Old Station Bldg, 160 Pine St. (031) 304-4934. Comrades Marathon (juin) ; Rothmans July Handicap (juil.) ; Gunston 500 (juil.). w www.kwazulu-natal.co.za/dbn

Le centre-ville

Le centre de Durban rassemble à courte distance les uns des autres de beaux édifices historiques restaurés, d'intéressants musées et de nombreux cafés et restaurants. Achevé en 1910, l'hôtel de ville a pour modèle celui de Belfast, en Irlande du Nord. Le dôme central s'élève à 48 m de hauteur, et des allégories de l'Art, de la Littérature, de la Musique et du Commerce ornent les quatre coupoles extérieures.

Au rez-de-chaussée, le **Natural Science Museum** présente des collections allant de spécimens géologiques jusqu'à un dinosaure et une momie égyptienne. Des dioramas mettent en scène la faune sud-africaine. Les insectes

de la section KwaNunu méritent un coup d'œil.

À l'étage, la **Durban Art Gallery** fut le premier musée d'art du pays à commencer, dans les années 70, à acquérir les œuvres d'artistes sud-africains noirs.

L'ancien tribunal, construit en 1863, est devenu le **Local History Museum**, consacré à l'époque coloniale.

En face de l'hôtel de ville, **The Playhouse** programme aussi bien de l'opéra que du théâtre expérimental.

Natural Science Museum
City Hall, Smith St. (031) 311-2256. 8 h 30-16 h lun.-sam., 11 h-16 h dim. ven. saint, 25 déc.

Durban Art Gallery
City Hall, Smith St. (031) 311-2271. 8 h 30-16 h lun.-sam., 11 h-16 h dim. ven. saint, 25 déc.

Local History Museum
Angle Smith St & Aliwal St. (031) 311-2225. 8 h30-16 h lun.-sam., 11 h-16 h dim. ven. saint, 25 déc.

The Playhouse
231 Smith St. (031) 369-9555.

Natural Science Museum

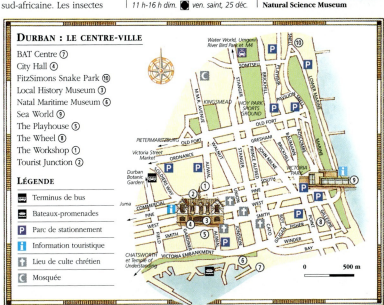

DURBAN : LE CENTRE-VILLE

BAT Centre ⑦
City Hall ④
FitzSimons Snake Park ⑩
Local History Museum ③
Natal Maritime Museum ⑥
Sea World ⑨
The Playhouse ⑤
The Wheel ⑧
The Workshop ①
Tourist Junction ②

LÉGENDE

Terminus de bus
Bateaux-promenades
Parc de stationnement
Information touristique
Lieu de culte chrétien
Mosquée

À la découverte de Durban

Autour du Victoria Street Market, le quartier indien abrite marchands d'épices et sanctuaires richement décorés. Le parc aquatique de Water World est le lieu idéal où passer la journée s'il fait très chaud. À l'Umgeni River Bird Park, l'une des réserves naturelles de la périphérie de Durban, les visiteurs peuvent pénétrer dans des volières pleines d'oiseaux exotiques. La secte de Krishna a fait construire un temple impressionnant dans la banlieue de Chatsworth. Des agences de voyages proposent des visites organisées de tous ces sites.

Curry et épices exotiques

⛩ Tourist Junction

Station Building, 160 Pine St.
((031) 304-4934. **◯** 8 h-17 h lun.-ven., 9 h-14 h sam.-dim. **&**

Le centre d'information touristique de Durban occupe l'ancienne gare, un bâtiment en brique rouge achevé en 1894. À l'entrée, une statue du Mahatma Gandhi rappelle qu'il acheta ici un billet de train pour Johannesburg en 1893.

L'édifice a une curieuse caractéristique : un toit conçu pour supporter une couche de neige de 5 m. En fait, un cabinet d'architecture londonien avait interverti deux plans, et le toit de la gare de Toronto supporta mal le premier hiver rigoureux.

La Tourist Junction diffuse un large éventail de plans et de brochures, et son personnel peut vous conseiller des promenades dans le centre. Elle abrite un office de réservation d'hébergement dans les parcs nationaux (les seuls autres se trouvent à Cape Town et à Pretoria), ainsi qu'un bureau permettant d'acheter des places sur les lignes interurbaines d'autocar.

⛩ The Workshop

99 Aliwal St. **(** (031) 304-9894.
◯ 8 h 30-17 h lun.-ven., 10 h-16 h sam.-dim. **& ⊤ ▭**

Ce centre commercial parmi les plus populaires de la ville a investi le vaste hangar à structure métallique de style victorien qui abritait jadis les ateliers de réparation et d'entretien de la gare. Les portes qui s'ouvrent devant les clients laissaient autrefois passer des trains. The Workshop réunit sous un même toit plusieurs cinémas, un supermarché, des restaurants, des fast-foods et plus de 120 magasins, entre autres des boutiques de mode et des bijouteries.

En face, de l'autre côté d'Aliwal Street en direction de la plage, s'étend la vaste esplanade du Durban Exhibition Centre. Le dimanche matin, il accueille un marché en plein air où la foule se presse autour d'étals de fruits et légumes, d'artisanat et de bibelots.

🏛 Victoria Street Market

Angle de Queen St et Victoria St.
((031) 306-4021. **◯** 6 h-18 h lun.-ven., 6 h-14 h sam., 10 h-14 h dim.

Au bout du pont routier de la N3, là où l'autoroute rejoint les rues du centre de Durban, le marché indien occupe un immeuble de trois étages aux vives couleurs. Chacune de ses 11 coupoles a pour modèle un monument indien différent.

En flânant dans les allées encombrées et bruyantes, entre les innombrables éventaires chargés de produits orientaux, d'épices et d'encens, on a l'impression de changer de continent. À l'étage, d'autres échoppes proposent soieries, articles de mode, vêtements, céramiques et souvenirs.

Bananes

☪ Juma Musjid Mosque

Angle de Queen St et Grey St.
((031) 306-0026. **◯** 10 h-12 h, 14 h-15 h lun.-sam. **⊠** rés. à l'avance.

Également connue sous le nom de Grey Street Mosque, la vaste mosquée Juma Musjid, achevée en 1927, fait face au Victorian Street Market.

Les visiteurs peuvent en découvrir l'intérieur à condition de porter des vêtements cachant les épaules et les genoux et de se déchausser à l'entrée. Les femmes doivent également se couvrir les cheveux.

🌿 Durban Botanic Gardens

Sydenham Rd. **(** (031) 201-1303.
◯ 7 h 30-17 h 15 avr.-sept. ; 7 h 30-17 h 45 sept.-avr. **& ▭**

Vers le nord, Grey Street conduit au champ de courses

The Workshop rassemble des commerces très variés

de Greyville. À gauche, Dartnell Crescent permet de rejoindre le jardin botanique de Durban, fondé en 1849 pour tenter d'acclimater des plantes exotiques.

L'Ernest Thorp Orchid House, une serre aux orchidées qui porte le nom d'un ancien conservateur, est réputée pour le naturalisme de son exposition.

La spectaculaire collection de cycas et de palmiers, l'une des plus riches du monde, comprend plusieurs spécimens rares, tel un *Encephalartos woodii* mâle de la forêt de Ngoye transplanté avec succès en 1916.

Le domaine de 20 ha possède aussi un herbarium, un sentier pour malvoyants, un lac ornemental, un endroit pour prendre le thé et les

Temple of Understanding à Chatsworth

plus vieux jacarandas, importés d'Argentine, à pousser en Afrique du Sud.

🎢 Waterworld
Battery Beach Rd. 📞 *(031) 337-6336.*
🕐 *9 h-17 h lun.-ven., 8 h-17 h sam. et dim.* ♿

Avec ses immenses toboggans, ses piscines à vagues et ses cascades au milieu des palmiers, ce parc aquatique au décor tropical est aisément accessible depuis les plages bordant le Golden Mile. Il attire beaucoup de monde, Durban bénéficiant la majeure partie de l'année d'un climat chaud et parfois même étouffant.

🦜 Umgeni River Bird Park
490 Riverside Rd, Northway.
📞 *(031) 579-4600.* 🕐 *9 h-17 h t.l.j.*
⬤ *25 déc.* ♿ 🅿 ♿

Bordé sur trois côtés par de hautes falaises, ce parc ornithologique occupe un site magnifique sur la rive nord de l'Umgeni River, à 1,5 km

de son embouchure.

Quatre cascades dévalent les parois rocheuses pour alimenter des bassins entourés de palmiers et d'une luxuriante végétation. Les visiteurs peuvent pénétrer dans 4 vastes volières peuplées d'environ 3 000 oiseaux appartenant à 400 espèces. Des cages individuelles abritent des spécimens rares de perroquets, de toucans, de grues, d'aras et de calaos.

D'amusants spectacles avec des oiseaux ont lieu tous les jours, sauf le lundi.

Temple of Understanding
Chatsworth. 📞 *(031) 403-3328.*
🕐 *4 h 30-20 h t.l.j.* ♿

Le « temple de la Compréhension » se dresse au sein d'un jardin aménagé en forme de fleur de lotus. L'architecte autrichien Raudner l'édifia pour l'International Society for Krishna Consciousness, connue sous le nom de secte Hare Krishna.

Pique-nique dans le jardin botanique

LA POPULATION HINDOUE DE DURBAN

À partir de 1850, la culture de la canne à sucre donna son véritable essor économique à la colonie du Natal, mais le travail dans les plantations exigeait une main-d'œuvre bon marché. Le gouvernement colonial des Indes envoya, entre 1860 et 1911, un total de 152 000 travailleurs sous contrat embarqués à Madras et à Calcutta. Pour la plupart de langue tamoule et hindi, ces derniers avaient droit, au terme de cinq ans de dur labeur, à un voyage de retour gratuit. Plus de la moitié d'entre eux décidèrent pourtant de rester, se tournant vers le commerce et la culture maraîchère. Au nombre de plus d'un million, leurs descendants forment la plus grande communauté indienne hors d'Asie. La religion hindoue y est dominante. La plus grande fête, Deepavali, a lieu en janvier. Elle commence par l'allumage d'une lampe dédiée à la déesse de la Lumière pour symboliser la victoire du bien sur le mal. En février, Kavady donne lieu à des actes de mortification.

Statue de Bhaktivedanta Swami, un maître religieux vénéré

Les côtes nord et sud de Durban

Panier zoulou

L e littoral qui s'étend de part et d'autre de Durban est une destination de vacances appréciée des Sud-Africains. Ils viennent profiter d'un climat subtropical, d'une eau réchauffée par le courant d'Agulhas, et des réserves naturelles. Au sud, des stations balnéaires telles que Scottburgh et Port Edward et des appartements de villégiature jalonnent la côte pendant 160 km. Au nord de Durban, sur 156 km de côtes, des villages comme Ballito offrent des plages peu fréquentées.

Croc World
Dans un jardin botanique de 60 ha près de Scottburgh, Croc World possède 12 000 crocodiles du Nil et la plus grande volière d'aigles d'Afrique.

Oribi Gorge
Situées à l'intérieur des terres, à 21 km de Port Shepstone, les superbes gorges de l'Umzimkulwana renferment la spectaculaire chute d'eau des Samango Falls.

Port Edward
Ce village de villégiature bénéficie de la proximité de l'Umtamvuna Nature Reserve et de ses forêts peuplées d'oiseaux.

San Lameer
Deux golfs, une plage privée et une réserve naturelle font de San Lameer une destination de vacances très prisée.

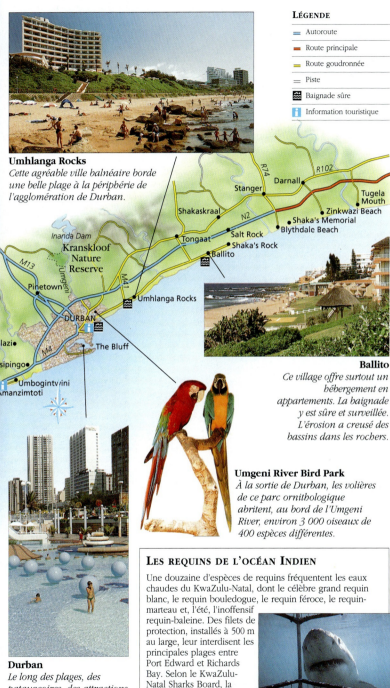

LÉGENDE

Autoroute	
Route principale	
Route goudronnée	
Piste	
Baignade sûre	
Information touristique	

Umhlanga Rocks
Cette agréable ville balnéaire borde une belle plage à la périphérie de l'agglomération de Durban.

Ballito
Ce village offre surtout un hébergement en appartements. La baignade y est sûre et surveillée. L'érosion a creusé des bassins dans les rochers.

Umgeni River Bird Park
À la sortie de Durban, les volières de ce parc ornithologique abritent, au bord de l'Umgeni River, environ 3 000 oiseaux de 400 espèces différentes.

Durban
Le long des plages, des pataugeoires, des attractions foraines, un parc aquatique et une piscine d'eau de mer jalonnent une longue promenade.

LES REQUINS DE L'OCÉAN INDIEN

Une douzaine d'espèces de requins fréquentent les eaux chaudes du KwaZulu-Natal, dont le célèbre grand requin blanc, le requin bouledogue, le requin féroce, le requin-marteau et, l'été, l'inoffensif requin-baleine. Des filets de protection, installés à 500 m au large, leur interdisent les principales plages entre Port Edward et Richards Bay. Selon le KwaZulu-Natal Sharks Board, la société qui entretient les filets, environ 1 200 requins viennent se prendre dans leurs mailles chaque année. **Grand requin blanc**

La côte sud ❷

Coquillage

Plages de sable, mer tiède, rouleaux propices au surf et soleil toute l'année attirent sur la côte sud du KwaZulu-Natal un grand nombre d'habitants de régions moins privilégiées, et aujourd'hui une chaîne de quelque 30 stations balnéaires s'étend le long des 160 km de littoral qui séparent Durban de la province du Cap Est. Mais la région offre plus que les simples joies de la mer, notamment grâce à plusieurs réserves naturelles.

Port Edward

Carte routière E4. N2, à 20 km au S. de Margate. ✈ ⚓ Margate. ℹ Panorama Parade, Margate, (039) 312-2322.

À l'embouchure de l'Umtamvuna River, dont l'estuaire reste navigable en bateau à moteur très en amont, la station balnéaire la plus méridionale du KwaZulu-Natal permet de se baigner en sécurité, de pêcher à la ligne et de pratiquer diverses activités nautiques.

Sur la rive nord, Caribbean Estates est l'une des plus luxueuses résidences en multipropriété du pays. De l'autre côté du fleuve, le Wild Coast Sun, un complexe hôtelier doté d'un casino, domine une portion de côte sauvage couverte de forêts et de prairies. Il fut construit pour les habitants de Durban à l'époque (de 1976 à 1994) où le bantoustan du Transkei s'étendait jusqu'à l'Umtamvuna River, alors que le jeu était interdit sur le territoire sud-africain. Entre mer et rivière, un golf de 18 trous occupe un site magnifique.

En face de l'entrée principale du complexe, le Mzamba

Village Market propose de l'artisanat local, notamment des vanneries, des sculptures sur bois et sur pierre ainsi que des articles en perles.

Principale attraction de la région, l'**Umtamvuna Nature Reserve** protège 30 km de gorges à environ 8 km au nord de Port Edward. Des sentiers sillonnent l'épaisse forêt subtropicale où l'on peut observer de nombreux oiseaux.

✤ Umtamvuna Nature Reserve

Port Edward. Route d'Izingolweni. ☎ (039) 303-2383. ℹ Ezemwelo Kzn Wildlife Service, (033) 845-1000. ⬤ t.l.j.

Margate

Carte routière E4. N2. 👥 12 000. ✈ 4 km à l'intérieur des terres. 🚉 Beachfront. ℹ Panorama Parade, (039) 312-2322. 🌐 www.sunnymargate.com

Capitale touristique de la South Coast, Margate possède un petit aéroport desservi par des vols quotidiens depuis Johannesburg.

La ville s'organise autour d'une large plage de sable doré, dominée par les hautes tours blanches de douzaines d'hôtels et immeubles

d'appartements. Derrière le front de mer, Marine Drive, une avenue parallèle à l'océan, est le pôle commercial. Cette artère concentre banques, restaurants, bars, fast-foods, boutiques, agences immobilières et cinémas.

Sur le chemin de la plage, de vastes pelouses bien entretenues et ombragées par des palmiers se prêtent à la détente ou aux bains de soleil. Les vacanciers et leurs enfants disposent sur le front de mer d'aménagements tels que pataugeoires, piscine d'eau douce, toboggans et minigolf.

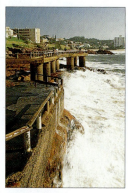

Margate possède des zones aménagées pour la pêche

Uvongo

Carte routière E4. N2, à 12 km au N. de Margate. 👥 6 000. ℹ Panorama Parade, Margate, (039) 312-2322.

Juste avant de se jeter dans l'océan Indien, la Vungu River plonge d'une hauteur de 23 m dans un bassin protégé par de hautes falaises envahies de bananiers sauvages. La cascade, ainsi que le plan d'eau sillonné de bateaux de plaisance, et le banc de sable qui le sépare de la mer forment un des sites les plus agréables de la South Coast.

Les enfants peuvent jouer en toute sécurité sur la plage où se tient tous les jours un marché d'artisanat et de fruits. Non loin, on trouve un restaurant, une résidence en multipropriété et une piscine d'eau de mer. À moins de 2 km au sud sur la route principale, le petit Uvongo Bird Park abrite des oiseaux exotiques.

La piscine du Wild Coast Sun

LE BANANA EXPRESS

Le pittoresque train à vapeur à voie étroite appelé *Banana Express* part de Port Shepstone le jeudi pour une balade qui longe tout d'abord la côte, puis s'enfonce à l'intérieur des terres à travers des plantations de canne à sucre et de bananiers jusqu'au village d'Izotsha. Le trajet dure une heure et demie. Le mercredi, le *Banana Express* se lance à l'assaut d'un dénivelé de 550 m pour atteindre Paddock, à 39 km de Port Shepstone. Avant de reprendre place pour le retour, les passagers peuvent découvrir l'Oribi Gorge Nature Reserve lors d'une promenade guidée (déjeuner inclus). Réservations par téléphone : (039) 682-2455.

Le Banana Express

Oribi Gorge Nature Reserve

Carte routière E4. À 21 km de Port Shepstone à l'intérieur des terres.
(033) 845-1000. t.l.j.
Dans une région densément peuplée où la végétation primaire a dû céder la place aux plantations de canne à sucre et aux immeubles du littoral, les gorges creusées par l'Umzimkulwana River permettent aux amoureux de la nature de retrouver un décor sauvage. Profond de 300 m et large de 5 km, l'impressionnant canyon s'étend sur une longueur de 24 km.

La réserve naturelle qui le protège comprend un petit camp d'hébergement de 8 huttes, et renferme un circuit routier panoramique, 3 sentiers de randonnée et de nombreuses aires de pique-nique. La forêt compte environ 500 essences différentes et abrite de petits mammifères tels que guibs et céphalophes.

L'Oribi Gorge creusée par l'Umzimkulwana River

À Scottburgh, pelouses et plages se prêtent aux bains de soleil

Scottburgh

Carte routière E4. N2, à environ 30 km au S. d'Amanzimtoti. 4 300. Rabuthnot St, (039) 976-1364.
Un tapis presque continu de plantations de canne à sucre frange cette portion du littoral, et leur production partait jadis en cargo de Scottburgh. Le bourg a toutefois perdu sa vocation portuaire et il possède désormais une atmosphère typiquement balnéaire. Peu étendu, il est situé sur un promontoire au-dessus de l'embouchure de la Mpambanyoni River, et la plupart des hôtels et des immeubles d'appartements offrent de larges panoramas de l'océan.

Au siècle dernier, un ruisseau tombait en cascade dans le fleuve. Un grand toboggan l'a remplacé. L'endroit abrite aussi un restaurant, de petites boutiques, un train miniature et une piscine. Plus au sud, un camping borde la plage et un golf jouit d'un emplacement de choix qui donne sur les rouleaux de l'océan.

Amanzimtoti

Carte routière F4. N2, à 27 km au S. de Durban. 16 300. Durban. 95 Beach Rd, (031) 903-7498.
Selon la légende, Amanzimtoti doit son nom au roi zoulou Shaka (p. 47). Rentrant d'une campagne militaire plus bas sur le littoral, celui-ci aurait bu dans un ruisseau et se serait exclamé : *amanzi umtoti* (« l'eau est douce »).

La ville est aujourd'hui une station balnéaire animée aux **Frangipanier** plages bordées de résidences de vacances, d'hôtels, de restaurants, de stands de plats à emporter et de boutiques de vêtements.

La plage la plus populaire se trouve à 3 km au nord de la Manzimtoti River. Elle offre une baignade sûre, des endroits où pique-niquer et une belle piscine d'eau de mer.

La N2 suit le rivage à 400 m, et elle offre un accès aisé aux attractions de la proche périphérie : un petit parc ornithologique, une réserve naturelle et deux golfs.

La côte nord ❸

Le littoral septentrional du KwaZulu-Natal a échappé au développement immobilier qui caractérise la South Coast, et il conserve de vastes espaces sauvages où profiter de baies abritées, de plages peu fréquentées et de dunes boisées. À l'intérieur des terres s'étend un tapis de plantations de canne à sucre.

Une des chambres de Simunye, hébergement à vocation « transculturelle »

Umhlanga Rocks

Carte routière F3. À 20 km au N.-E. de Durban. 🚗 12 600. 🚂 Umhlanga Express. 🛈 Chartwell Drive, (031) 561-4257.

À la sortie de Durban, la plus importante des stations balnéaires de la North Coast possède de belles plages de sable, bordées de restaurants, d'hôtels et d'immeubles d'appartements en multipropriété. Elle connaît une croissance rapide, attirant une population à hauts revenus. Avec ses terrasses de cafés et de restaurants, elle conserve néanmoins une atmosphère paisible. Une promenade de 3 km longe le front de mer.

Plus au nord, à l'embouchure de l'Ohlanga River, une réserve naturelle protège des dunes boisées peuplées de céphalophes bleus, de singes et d'oiseaux. Une passerelle en bois franchit la rivière.

Fleur d'hibiscus

Ballito

Carte routière F3. N2, à 30 km au N. de Umhlanga Rocks. 🚗 2 700. 🚌 Baz Bus. 🛈 Dolphin Coast Publicity, angle de Ballito Dr. et Link Rd, (032) 946-1997.

Ballito et la localité voisine de Salt Rock s'étendent sur 6 km le long d'une côte réputée pour ses plages, ses promontoires rocheux et les bassins qui se forment à marée basse remplis de créatures marines. De bons restaurants bordent la route principale. Les hébergements sont nombreux, du camping aux appartements de luxe.

Mtunzini

Carte routière F3. N2, à 29 km au S.-O. de Richards Bay. 🚌 Baz Bus. 🛈 Hely-Hutchinson St, (035) 340-1421.

Ce joli village dont le nom signifie « à l'ombre » domine la mer depuis un flanc de colline. Les flamboyants plantés le long des rues produisent de belles fleurs rouges en hiver. Un terrain de golf borde la principale artère commerçante. La palmeraie de raphias qui pousse près de la gare est unique en son genre à une latitude aussi australe. La plus proche se trouve à 260 km plus au nord à la frontière avec le Mozambique. Une passerelle surélevée permet de traverser la forêt, et avec de la chance on peut y apercevoir le vautour des palmes, un rapace frugivore.

Peu après la sortie de la ville, à l'est, commence l'Umlalazi Nature Reserve. De confortables cabanes en rondins y bordent un vaste marécage. Un sentier en boucle longe la Mlazi River dans une mangrove où abondent crabes et gobies marcheurs. Depuis l'aire de pique-nique, une promenade en bateau jusqu'à l'embouchure du fleuve permet d'apercevoir pygargues vocifères et martins-pêcheurs, et des sentiers rejoignent à travers la forêt une vaste plage de sable. Parmi les arbres se cachent singes vervets, céphalophes et guibs.

Simunye Lodge ❹

Carte routière F3. Melmoth. D256. 📞 (035) 45-03111. 🕐 7 h-17 h t.l.j. 🍴 🛏

Le linguiste Barry Leitch a créé près de Melmoth un hébergement sans équivalent. Simunye Lodge domine la Mfule River dans un paysage typique du Zululand : des collines herbeuses hérissées d'épineux. L'hôtel n'est pas accessible en voiture, et il faut parcourir 6 km à cheval et

Appartements de vacances et hôtels dominent la plage de Ballito

◁ **Shaka's Rock, près de Ballito, une station balnéaire typique de la North Coast** terminer le voyage dans une voiture tirée par des bœufs ou des ânes.

Les visiteurs peuvent choisir leur chambre dans un bâtiment en pierre ou dans un *kraal* traditionnel *(p. 194-195)*. Des guides évoquent l'histoire de la nation zouloue, et le séjour comprend des démonstrations de danse, de combat et de lancer de sagaie. Les hôtes peuvent aussi visiter des fermes zouloues en activité, une manière de découvrir la vie rurale dans la région.

Entrée du village culturel de Shakaland

Shakaland ❺

Carte routière F3. Eshowe. R68, Norman Hurst Farm, Nkwalini.
📞 *(035) 460-0912.* ⏰ *6 h-21 h t.l.j.*
🍴 *11 h, 14 h t.l.j.* 🍴 🏨
ⓦ www.shakaland.com

Réalisée en 1984, la série télévisée Shaka Zulu a connu une diffusion internationale et hissé son acteur principal, Henry Cele, au rang de vedette. Son tournage a exigé la reconstitution de plusieurs *kraals* du XIXᵉ siècle. Comme le prévoyait le scénario, tous furent incendiés à la fin, sauf le village du père de Shaka, qui est aujourd'hui ouvert au public.

Géré par la chaîne d'hôtels Protea, Shakaland permet aussi de passer la nuit dans une hutte en forme de ruche après avoir goûté au dîner des spécialités zouloues et assisté à des démonstrations

Message d'amour en perles, Shakaland

de danses traditionnelles.

La visite du village comprend la projection d'un documentaire vidéo expliquant les origines du peuple zoulou et une présentation de techniques traditionnelles : construction des huttes, fabrication des lances, préparation de la bière de sorgho, tissage des perles et poterie.

Dans la vallée, épineux et aloès entourent le lac du Goedertrou Dam. Un bateau propose des croisières sur la rivière au coucher du soleil.

Shaka entreprit en 1823 la construction d'une forteresse, KwaBulawayo, sur une colline située à l'est de l'actuel Shakaland. Il n'en subsiste que peu de vestiges, mais le site offre une vue magnifique de la large Mhlatuze Valley.

Shakaland propose un hébergement hors du commun

MÉDECINE TRADITIONNELLE

Les anciennes coutumes des Zoulous réservaient aux hommes la fonction d'*inyanga*, une sorte de guérisseur par les plantes, tandis que l'*isangoma* était une femme douée de pouvoirs psychiques et de la capacité de communiquer avec les esprits ancestraux. Cette stricte division ne s'applique plus aujourd'hui, et la médecine traditionnelle, toujours très en vogue, y compris dans les villes, s'appuie sur le *muthi*, un assortiment de remèdes préparés à partir de bulbes, de feuilles, d'écorces et de racines de plantes indigènes, et où entrent souvent des produits animaux tels que graisse, griffes, crocs et peau. Pour fournir les ingrédients végétaux, beaucoup de réserves naturelles abritent des « jardins *muthi* ».

Inyanga (herboriste) zoulou

Hluhluwe-Umfolozi Park ❻

Carte routière F3. À 30 km à l'O. de Ulundi ou depuis la N2. ☎ *(035) 562-0255 ou (033) 845 1000.* ◻ *avr.-sept. : 6 h-18 h t.l.j. ; nov.-fév. : 5 h-19 h ; oct. et mars : 8 h-19 h.* 🖼 🍴 📷

Sur un territoire de rivières frangées de palmiers et de collines couvertes de forêts d'acacias, ce parc de 964 km² a permis de sauver le rhinocéros blanc.

Pour éviter l'extinction de l'espèce – il n'en restait plus que quelques-uns en Afrique du Sud –, on créa en 1895 les réserves naturelles de Hluhluwe et d'Umfolozi. À partir des années 50, les animaux purent circuler sur une partie de territoire entre les deux espaces protégés, qui furent réunis en 1989. Depuis la réintroduction d'autres mammifères qui avaient disparu de la région, de grands troupeaux de nyalas, d'impalas, de gnous, de koudous, de zèbres et de buffles, ainsi que des éléphants, des girafes, des léopards, des hyènes et des guépards prospèrent au sein d'une végétation variée.

Un lion solitaire fit son apparition en 1958, et on suppose qu'il venait du Kruger National Park, situé 350 km plus au nord. On déplaça peu après deux lionnes de cette réserve, et leurs rejetons peuplent maintenant tout le parc.

Arrivés en 1981, les premiers éléphants venaient

Site de perchoir d'ibis du Cap dans l'Hluhluwe-Umfolozi Park

eux aussi du Kruger Park. Ils se sont parfaitement adaptés à leur nouvel environnement, et l'Hluhluwe-Umfolozi Park abrite aujourd'hui environ 200 pachydermes.

Accessible depuis la N2 à Mtubatuba, l'entrée principale, la Nyalazi Gate, constitue un excellent point de départ à l'exploration des 220 km de pistes carrossables du parc. Vers le sud, la route traverse une forêt clairsemée et franchit à gué la Black Umfolozi River avant de grimper jusqu'au Mpila Camp, qui offre une vue magnifique de la réserve et de la rivière.

Des camps de huttes en roseau au bord des rivières Black Umfolozi, Sontuli, Gqoyeni et Nselweni permettent de découvrir des zones plus isolées. Des guides dirigent des randonnées à pied pour observer les animaux.

Vers le nord, depuis la Nyalazi Gate, la chaussée goudronnée suit les courbes d'un terrain vallonné où abondent les animaux. Elle

grimpe jusqu'à 400 m au-dessus de l'Hluhluwe River dans des collines où la moyenne annuelle des précipitations s'élève à près de 1 000 mm. Une forêt dense abrite céphalophes, guibs, nyalas et singes samangos. Buffles, zèbres, rhinocéros blancs et éléphants lui préfèrent les prairies situées au nord-est à proximité de la Memorial Gate.

Le camp le plus proche de cette entrée, le Hilltop Camp, offre un large panorama depuis une hauteur de 450 m, et peut accueillir jusqu'à 210 personnes en bungalows. On y trouve un restaurant, un bar, un magasin, une station-service et une piscine.

Cob femelle surpris à l'Hluhluwe-Umfolozi Park

Itala Game Reserve ❼

Carte routière F3. Vryheid. R69 via Louwsburg, à 50 km au N.-E. de Vryheid. ☎ *(033) 845-1000.* ◻ *nov.-fév. : 5 h-19 h t.l.j. ; mars-oct. : 6 h-18 h t.l.j.* 🖼 🍴

Depuis le paisible village de Louwsburg, sur la R69, une route goudronnée descend un escarpement abrupt jusqu'à l'Itala Game Reserve, fondée en 1972 par la réunification de 13 exploitations agricoles. D'une superficie de 300 km², elle présente des visages variés.

Sur près de 40 km, la Phongolo River marque la frontière nord de la réserve, et sept de ses affluents ont creusé de profondes vallées densément

Hilltop Camp, dans l'Hluhluwe-Umfolozi Park

Mhlangeni Bush Camp, Itala Game Reserve

belle vue d'Itala depuis sa terrasse en bois et sa piscine.

Un séjour dans la réserve permet souvent d'observer des rhinocéros blancs, des girafes, des bubales, des élands, des phacochères, des zèbres, des gnous, ainsi que le seul troupeau de sassabys, une espèce de damalisque, du KwaZulu-Natal. Les éléphants, buffles, léopards et rhinocéros noirs qui y vivent également se révèlent toutefois plus difficiles à repérer.

L'itinéraire le plus intéressant en voiture suit le Ngubhu Loop, un circuit en boucle de 31 km qui traverse un large bassin dominé par l'escarpement, puis suit le flanc de la falaise sur le chemin du retour. D'autres pistes serpentent à travers l'épaisse forêt de la Dakaneni Valley jusqu'à la Phongolo River. Bien que la faune se révèle moins abondante que sur les reliefs herbeux, le cadre justifie la promenade.

boisées que séparent des hauteurs couvertes de prairies. À l'arrière-plan, l'escarpement de Ngoje, qui s'élève jusqu'à une altitude de 1 446 m, est spectaculaire.

Depuis l'entrée, une route goudronnée de 7 km conduit au prestigieux Ntshondwe Camp, dont les 40 bungalows éparpillés entre rochers et figuiers sauvages permettent de faire sa propre cuisine. Le bâtiment central abrite la réception, un restaurant, un magasin et un café, et offre une vue panoramique de toute la réserve. Devant, une vaste plate-forme en bois, au-dessus d'un point d'eau bordé de roseaux, est un excellent poste d'observation d'oiseaux (320 espèces ont été répertoriées dans le parc). Aucune clôture n'entourant le camp, des phacochères se promènent parfois entre les bungalows. Un sentier mène à une piscine aménagée dans une clairière au pied de la montagne.

Trois camps de brousse permettent de participer à des randonnées accompagnées par des guides. Le Ntshondwe Lodge abrite trois chambres au sommet d'une colline et offre probablement la plus

Observation d'animaux dans l'Itala Game Reserve

Rhinocéros blanc

LES RHINOCÉROS BLANCS ET NOIRS

N'espérez pas distinguer les rhinocéros « blancs », de l'espèce *Ceratotherium simum*, des rhinocéros « noirs » *(Diceros bicornis)* à leur couleur : tous sont gris. Le qualificatif « blanc » est en réalité la traduction du mot anglais *white*, qui dérive lui-même du hollandais *wijd,* signifiant « large ». Le rhinocéros blanc possède en effet une large lèvre qui lui sert à brouter de l'herbe, tandis que le rhinocéros noir s'alimente en saisissant du feuillage avec sa lèvre supérieure allongée. D'un poids dépassant rarement une tonne, le rhinocéros noir vit seul ou en cercle familial étroit réunissant une femelle et ses petits, tandis que le rhinocéros blanc peut peser jusqu'à 2 300 kg et se montre plus sociable. Le rhinocéros blanc faillit disparaître au cours de ce siècle, mais l'Hluhluwe-Umfolozi National Park en abrite aujourd'hui 1 200, ainsi que 400 rhinocéros noirs.

Pygargue vocifère

Greater St Lucia Wetland Park **8**

Carte routière F2. St Lucia. Environ 53 km au N.-E. d'Empangeni. ☎ *(035) 590-1075.* ⏰ *t.l.j., certaines zones sont interdites.* 🚗🚲🛥🍴🏊⚓ Ⓐ Ⓦ www.stlucia.co.za

D'une superficie de 368 km², le Lake St Lucia forme le cœur du Greater St Lucia Wetland Park, s'étendant sur 1 700 km². Du St Lucia Estuary, au sud, aux plaines de Mkuzi, au nord, celui-ci protège plusieurs types d'habitats : montagne, bushveld, palmeraie, forêt alluviale, prairie, marais, forêt côtière, plage et récif corallien.

La station balnéaire de Santa Lucia offre un large choix d'hébergements et d'activités. Des promenades en bateau permettent d'approcher hippopotames, crocodiles, pélicans, pygargues vocifères et oiseaux aquatiques rares. Le Crocodile Centre, au nord du village, propose un aperçu des écosystèmes locaux.

Cape Vidal, à 32 km au nord du St Lucia Estuary, jouit d'une plage protégée par un récif et d'un lac d'eau douce. On peut

GREATER ST LUCIA WETLAND PARK

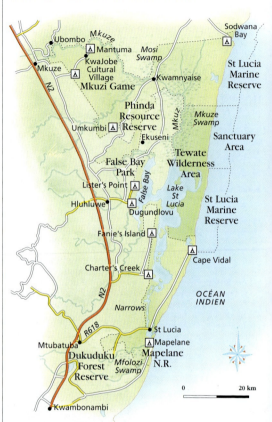

LÉGENDE

━━━ Route principale

━━━ Route goudronnée

═══ Piste

Ⓐ Camping

y pratiquer la pêche au large.

De Cape Vidal à Ponta Do Ouro, à la frontière avec le Mozambique, le littoral a le statut de réserve marine, et des tortues-luths et des caouannes viennent pondre sur ses plages de sable. La pêche reste toutefois autorisée dans certaines zones.

À 65 km au nord du St Lucia Estuary, sur une portion de côte sauvage et inhabitée, **Sodwana Bay** est appréciée pour la plongée sous-marine.

La route entre Sodwana Bay et la N2 longe au sud la **Mkuzi Game Reserve**, qui abrite des centaines d'espèces d'oiseaux et d'animaux terrestres. Quatre excellents affûts facilitent leur observation. Près du camp de Mantuma se trouve le **Kwa Jobe Cultural Village**, consacré à la culture des Zoulous.

Le St Lucia Estuary possède des eaux poissonneuses

Une plage de Kosi Bay, à la pointe nord du KwaZulu-Natal

AUX ENVIRONS

À environ 50 km à l'ouest de Kosi Bay, la **Ndumo Game Reserve** abrite une riche faune aquatique, et 420 espèces d'oiseaux y ont été recensées. Des points d'eau peuplés de crocodiles et d'hippopotames attirent aussi des animaux tels que nyalas, céphalophes et rhinocéros. Aux points d'eau de Nyamithi et de Banzi, des affûts sont d'excellents postes d'observation.

Un petit camp de bungalows et de tentes domine le Banzi Pan, et des pisteurs dirigent des visites guidées en Land Rover.

Ndumo Game Reserve
(033) 845-1000. ☐ t.l.j.

Sodwana Bay
(035) 571-0051.

Mkuzi Game Reserve
(035) 573-9004.

KwaJobe Cultural Village
(035) 573-9004.

Phinda Resource Reserve ❾

Carte routière F3. À 80 km au N.-E. d'Empangeni. (011) 809-4300. ☐ accès limité.

Cette luxueuse réserve privée occupe, à côté du Greater St Lucia Wetland Park, un territoire de 170 km² qui renferme bushveld, marais, savane et forêt de terrain sablonneux. Les activités proposées comprennent une croisière sur la splendide Mzinene River le soir, des repas pris sous un large acacia, des safaris photographiques guidés par des pisteurs expérimentés, des randonnées en brousse et des parties de pêche ou de plongée sur la côte voisine. Abondante, la faune comprend nyalas, koudous, gnous, girafes, zèbres, éléphants, rhinocéros blancs, lions et léopards. Les visiteurs peuvent choisir d'y être hébergés au Nyala Lodge, qui offre une vue panoramique, ou au Forest Lodge, doté de murs en verre au sein d'un épais feuillage. La réserve possède une piste d'atterrissage et organise des transports en avion depuis Johannesburg, ou par route depuis Richards Bay.

Kosi Bay ❿

Carte routière F2. Environ 155 km au N.-E. de Mkuze. (033) 845-1000. ☐ accès limité.

D'une superficie de 80 km² et accessible depuis Mkuze (au sud du Pongolapoort Dam), la Kosi Bay Nature Reserve protège un écosystème formé d'un estuaire, de mangroves et de quatre lacs communicants. Des eaux riches en poissons d'eau douce et de mer en font un lieu apprécié des pêcheurs. Les pièges *tonga*, des écrans en roseau, y sont utilisés depuis plus de 500 ans. La réserve possède un terrain de camping et quelques bungalows à toit de chaume, et permet de participer à des randonnées guidées et à des promenades en bateau. Les visiteurs les plus courageux peuvent aussi découvrir les lacs à pied grâce à un sentier en boucle de quatre jours.

Tembe Elephant Park ⓫

Carte routière F2. Environ 110 km au N. de Mkuze. (031) 202-9090. ☐ accès limité.

Cette réserve animalière, dont la fondation remonte à 1983, offre dans la vallée inondable de la Phongolo River, à la frontière avec le Mozambique, un refuge aux derniers éléphants sauvages du KwaZulu-Natal. Un terrain sablonneux en limite l'accès aux véhicules tout-terrain, et dix visiteurs par jour seulement peuvent y pénétrer. Il existe un petit camp de tentes près de l'entrée, et deux affûts dominent des points d'eau où les éléphants viennent s'abreuver. Le parc abrite aussi des antilopes musquées, une espèce rare.

Des caouannes viennent pondre dans la St Lucia Marine Reserve

LE GAUTENG ET LE MPUMALANGA

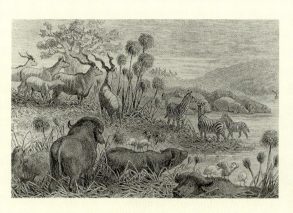

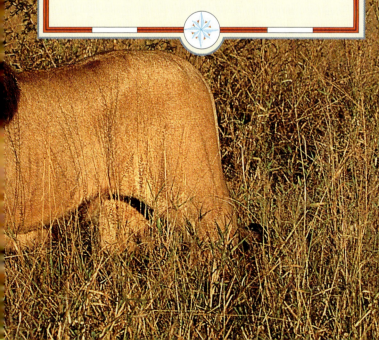

Présentation du Gauteng et du Mpumalanga

Au Gauteng, le « lieu de l'or », l'exploitation aurifère a donné naissance au plus grand pôle urbain d'Afrique australe : Johannesburg et son « autre moitié », le célèbre township de Soweto. À moins de 100 km, Pretoria, la capitale administrative, possède une atmosphère beaucoup plus paisible. Au nord-ouest, le luxe du complexe de loisirs de Sun City offre un curieux contraste avec la beauté sauvage du parc du Pilanesberg. À l'est, un escarpement de 1 000 m de dénivelé marque une rupture brutale entre l'immense plateau central, où la Blyde River a creusé un majestueux canyon, et la plaine du Lowveld, qui renferme le parc national Kruger, le plus vaste du pays.

Le parc de loisirs de Sun City*, après avoir connu un grand succès grâce à son casino, cherche aujourd'hui à attirer une clientèle plus large. Avec le Palace of the Lost City, inauguré en 1994, une délirante résidence de conte de fées a été créée au sein d'une jungle artificielle entourée de plans d'eau comme le Roaring Lagoon.*

Sun City

LE GAUTENG ET SUN CITY
(p. 242-259)

Johannesburg

Johannesburg*, la plus grande ville d'Afrique du Sud et sa capitale économique, est une ville violente où se côtoient partout les extrêmes : misère et opulence, édifices historiques et gratte-ciel…*

Les lions s'adaptent à presque tous les habitats d'Afrique australe hormis la forêt dense. Ils sont à la fois diurnes et nocturnes et vivent en groupes de 3 à 40 individus (le plus souvent de 6 à 12). Il est très fréquent de les apercevoir dans le Kruger National Park, accessible par différentes entrées.

Kruger National Park

BLYDE RIVER CANYON ET KRUGER PARK
(p. 260-277)

Bourke's Luck Potholes

Pilgrim's Rest

*À **Bourke's Luck,** la Treur River et la Blyde River ont creusé de magnifiques marmites de géants dans de la dolomite jaune. Elles portent le nom de Tom Bourke, un mineur qui possédait la terre adjacente à un riche filon.*

0   50 km

Pilgrim's Rest est un ancien village minier magnifiquement restauré, qui doit son existence à la première ruée vers l'or de 1873. À la fin de cette même année, plus de 1 500 prospecteurs s'étaient installés ici, faisant de l'endroit un vaste camp minier.

Écologie au Kruger National Park

Logo du National Parks Board

S'étendant sur 352 km le long de la frontière avec le Mozambique, la plus vaste réserve naturelle d'Afrique du Sud protège, sur une superficie de 19 633 km², une faune et une flore d'une grande diversité. Ce parc est en partie clôturé, et bien qu'ils y vivent dans leur habitat naturel, les animaux n'y ont pas une totale liberté de mouvement. Ils sont particulièrement nombreux dans la partie sud plus verdoyante et, pour préserver l'équilibre de l'écosystème, les guides du parc Kruger limitent certaines populations en capturant des jeunes animaux pour les placer dans d'autres réserves.

SUPERFICIE DU KRUGER NATIONAL PARK

Limites du parc

Les collines arides conviennent aux koudous et aux élands, qui boivent peu.

Les zèbres prospèrent près des points d'eau artificiels, au détriment des animaux ayant besoin de hautes herbes comme l'antilope rouanne ou l'hippotrague noir.

Zèbre

Girafes

L'Olifants River est la plus importante des 7 rivières du parc. Des points d'eau artificiels ont permis aux éléphants de fréquenter des lieux qui ne leur étaient accessibles que l'été, pendant la saison humide.

Les hauts arbres des rives attirent babouins, guibs, céphalophes et girafes.

GÉRER LA DIVERSITÉ

Les scientifiques commencent seulement à mieux connaître la complexe savane africaine. Pour préserver la diversité de l'écosystème, on ferme des points d'eau artificiels qui ont entraîné la multiplication d'animaux, modifiant l'environnement au détriment d'autres espèces.

Les girafes ont pour habitat privilégié les zones plantées d'acacias.

Le koudou, une sorte d'antilope, peuple les bois denses. Il a de faibles besoins d'eau.

L'hippotrague noir a besoin d'une savane de hautes herbes pour survivre.

Des émetteurs radio permettent de surveiller les prédateurs menacés de disparition. Le parc ne compte que 180 guépards et 400 lycaons. Les recherches ont montré que la compétition avec le lion, plus agressif, limite leurs populations.

STATISTIQUES DE SÉCHERESSE

Bien que la direction du parc s'efforce d'en limiter l'impact, les périodes de sécheresse ont de graves conséquences sur les populations d'espèces telles que buffle, hypotrague noire et antilope rouanne. D'autres sont moins affectées.

Espèces	1989	1992	1995
Éléphant	7 468	7 600	8 371
Rhinocéros	1 284	1 803	2 800
Gnou	13 709	13 960	12 723
Girafe	4 877	4 600	4 902
Impala	123 433	101 416	97 297
Buffle	29 575	21 900	19 477
Hippotrague	1 651	1 232	880
Rouanne	200	60	44

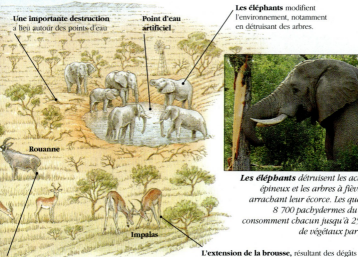

Une importante destruction a lieu autour des points d'eau.

Point d'eau artificiel

Les éléphants modifient l'environnement, notamment en détruisant des arbres.

Rouanne

Impalas

Les éléphants détruisent les acacias épineux et les arbres à fièvre en arrachant leur écorce. Les quelque 8 700 pachydermes du parc consomment chacun jusqu'à 250 kg de végétaux par jour.

L'antilope rouanne, menacée de disparition, a besoin d'une savane de hautes herbes où cacher ses petits, et ne peut s'adapter aux prairies rases dues à la multiplication des zèbres autour des points d'eau.

L'extension de la brousse, résultant des dégâts causés aux grands arbres, notamment par les éléphants, favorise des herbivores comme l'impala, le koudou et la girafe.

RÈGLES DE VISITE

Assurer la sécurité des visiteurs tout en protégeant la faune du parc impose certaines règles, telles que des limitations de vitesse. Observez-les, non seulement à cause des contrôles radar, mais surtout parce que les animaux empruntent aussi les routes. Pour respecter l'heure de fermeture du parc, comptez sur une allure moyenne de 20 km/h, avec les arrêts. Il est interdit de descendre des véhicules hors des aires désignées ; des bêtes sauvages sont imprévisibles et les prédateurs pratiquent l'art du camouflage. Il arrive que des babouins et des singes vervets mendient de la nourriture, en particulier sur la route entre Skukuza et Lower Sabie. Vous risquez une amende si vous leur en donnez, car cela modifie leur comportement naturel, rendant notamment les mâles plus agressifs.

Ne pas nourrir les animaux

Visiteurs en pleine infraction

Les mines d'or

Rands Kruger

L'Afrique du Sud possède d'extraordinaires ressources minières, son sous-sol contenant du charbon, de l'argent, du platine, du chrome, de l'uranium, des diamants, et elle assure le quart de la production mondiale d'or. Partout dans le pays, les modestes prospecteurs du début ont laissé des traces de leur labeur, comme à Pilgrim's Rest *(p. 266)*, dans le Mpumalanga, un village minier témoin de cette page d'histoire. Aujourd'hui, de puissants consortiums contrôlent l'extraction.

LES CHAMPS AURIFÈRES

☐ *Principaux sites d'extraction*

L'usine de traitement envoie à la raffinerie de l'or déjà pur à 90 %.

En 1889, Johannesburg n'était qu'un camp de tentes. Trois ans plus tôt, un prospecteur nommé George Harrison avait découvert le plus grand filon d'or de l'histoire à Langlaagte, à l'ouest de la ville actuelle.

Des immeubles abritent les services administratifs et les bureaux des ingénieurs, des géologues, des géomètres et des planificateurs.

PUITS 9 - VAAL REEFS
Le plus vaste champ aurifère du monde, près de Keksdorp, s'étend à cheval sur les provinces du Nord-Ouest et de l'État libre. Des groupes d'actionnariat noir comme Rainbow Mining sont en train de prendre possession de certains de ses 11 puits.

Le puits principal s'ouvre à 60 m au-dessous du niveau du sol, une enceinte en béton supportant le chevalement. Les mines d'or sud-africaines exploitent des gisements se trouvant à plusieurs kilomètres sous terre.

Les mineurs travaillent sous terre par une température qui peut atteindre 55°C. Les équipes se relaient toutes les huit heures.

La cantine *doit fournir des repas très caloriques, tout en respectant les habitudes alimentaires des différents mineurs.*

Le minerai, *concassé, passe dans un bassin de lessivage où l'on ajoute du cyanure pour le dissoudre. Le produit extrait est chauffé et fondu en barres d'or pur à environ 90 %. Tirer une once troy (31,1 g) d'une tonne de minerai est considéré comme un excellent résultat.*

chevalement construit
dessus du puits abrite
machines d'extraction.

Les terrils *jaunes de la périphérie de Johannesburg contiennent les résidus solides du processus d'extraction. Des plantations ont permis le retour de petits animaux.*

Les mineurs disposent
d'équipements sportifs, de
bibliothèques et de parcs.

Le prix de l'or, *fixé par des courtiers londoniens en dollars par once troy,* *change deux fois par jour, sauf le week-end et les jours chômés par les banques anglaises.*

Un carat *mesure la quantité d'or fin contenue dans un alliage.*

LES MILLIONS DE KRUGER

Une légende affirme que lorsque Paul Kruger, le dernier président de la Zuid-Afrikaansche Republiek (1883-1900), partit en exil pendant la guerre des Boers pour échapper à l'armée anglaise, il emporta tout l'or de l'hôtel de la Monnaie de Pretoria afin d'empêcher ses ennemis britanniques de le récupérer. Le train présidentiel s'arrêta dans la ville de Nelspruit (Mpumalanga) et attendit que l'on ait déchargé de mystérieuses caisses en bois, qui s'évanouirent dans la brousse. Kruger disposait de peu de liquidités (ou autres avoirs) en Europe, et l'or disparu, en livres Kruger, en flans et en lingots, attendrait toujours d'être découvert quelque part entre Nelspruit et Barberton.

Le président Paul Kruger

LE GAUTENG ET SUN CITY

Johannesburg et son agglomération, dont le township de Soweto, se sont développées après la découverte des riches mines d'or du Witwatersrand, dans la province du Gauteng. Au nord de cette vaste conurbation, Pretoria, fondée par les Boers, est devenue la paisible capitale administrative de l'Afrique du Sud. Au nord-ouest, Sun City est entièrement dédiée aux loisirs et aux machines à sous.

Après la découverte en 1886 du gigantesque gisement de Langlaagte, l'or devint le moteur de l'économie nationale, et bouleversa l'évolution de la république du Transvaal, État boer qui restait principalement rural. La quête du précieux métal jaune permit de mettre au jour dans la région d'autres richesses minières, notamment du charbon.

Malgré l'étendue des zones urbaines dans le Gauteng, où vivent plus de 7 millions d'habitants, il n'est pas nécessaire d'aller très loin pour goûter à d'autres plaisirs. Au nord-ouest de Johannesburg, non loin de Pretoria, l'Hartbeespoort Dam offre un vaste plan d'eau aux amateurs de sports nautiques, tandis que le massif du Magaliesberg permet d'agréables randonnées. Au sud, une aire de loisirs entoure un autre lac, le Vaal Dam.

Dans l'ancien bantoustan du Bophuthatswana, aujourd'hui intégré à la province du Nord-Ouest, un ambitieux projet d'aménagement a transformé un site déshérité en un temple dédié au jeu et aux loisirs : Sun City. Le succès a financé son extension et la création, au fond du cratère d'un volcan éteint, d'une fausse « cité perdue » de conte de fées qui a pour cœur un hôtel de luxe : le Palace of the Lost City. Une jungle a été reconstituée tout autour, et des vagues commandées par ordinateur déferlent sur une plage artificielle.

La réalité africaine reprend ses droits dans le magnifique Pilanesberg National Park, où savane et brousse abritent des milliers de grands herbivores et leurs prédateurs.

Floraison des jacarandas de Pretoria en octobre

◁ L'allée des Éléphants mène au Palais de la Cité perdue de Sun City

À la découverte du Gauteng et de Sun City

Située à environ 1 600 m d'altitude sur le plateau du Highveld, la région montagneuse du Witwatersrand (« la crête des eaux blanches ») s'étend de Spring, à l'est, à Randfontein à l'ouest, et concentre près de la moitié de la population urbaine d'Afrique du Sud. Johannesburg est le cœur industriel et commercial de la région. Les étés y sont chauds, avec des soirées fraîches et souvent de brefs et violents orages l'après-midi. À 32 km à l'ouest de Pretoria, le lac du Hartbeespoort Dam constitue un important pôle de loisirs. Au nord-ouest, le Parc national du Pilanesberg côtoie l'oasis artificielle qui entoure les casinos de Sun City.

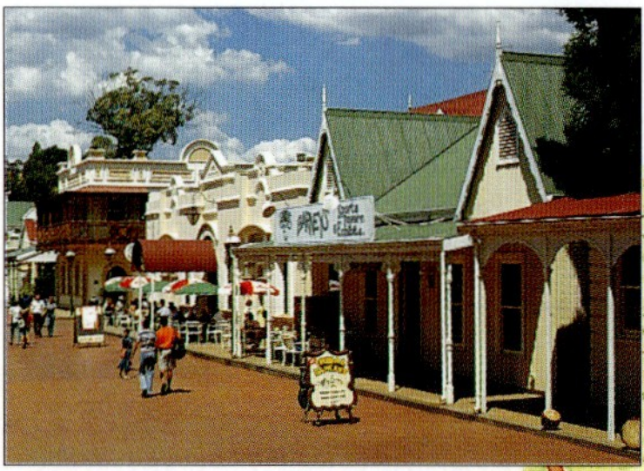

L'histoire reste vivante à Gold Reef City

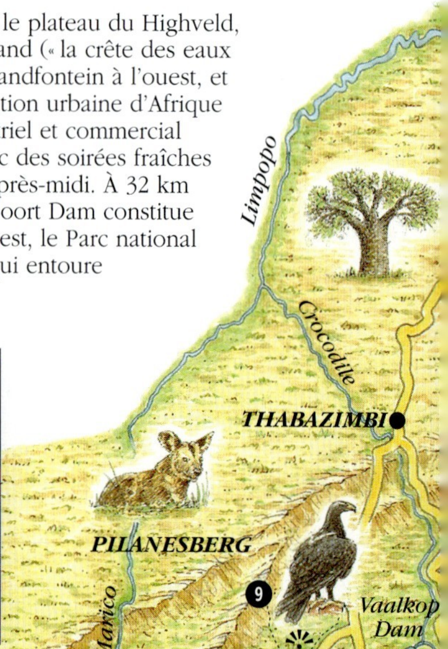

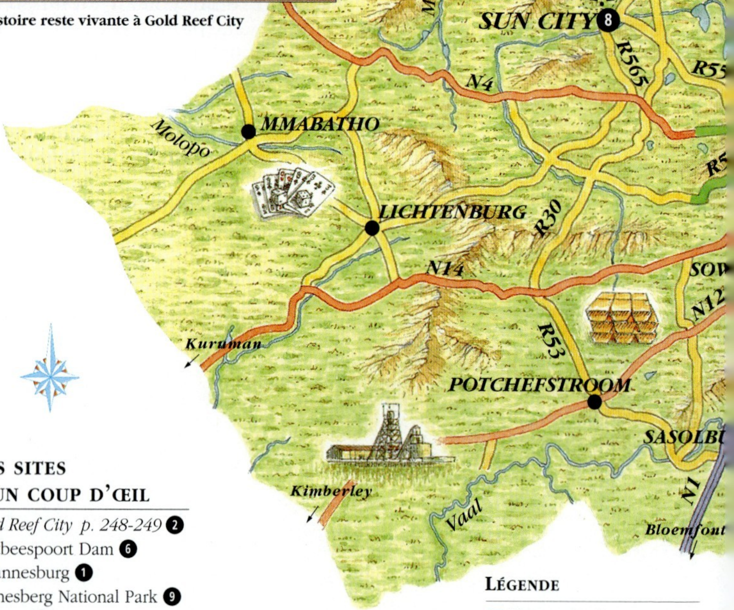

Limpopo

Crocodile

THABAZIMBI

PILANESBERG

Marico

9

Vaalkop Dam

SUN CITY **8**

R565 *R55*

N4

Molopo

MMABATHO

LICHTENBURG *R30*

R5

N14

SOU

N12

Kuruman

R53

POTCHEFSTROOM

SASOLBU

Kimberley

Vaal

N1

Bloemfont

LES SITES D'UN COUP D'ŒIL

0   50 km

LÉGENDE

▭	Route nationale
▭	Autre route
▭	Parcours pittoresque
➤	Cours d'eau ou lac
···	Limite de parc ou de réserve
✲	Point de vue

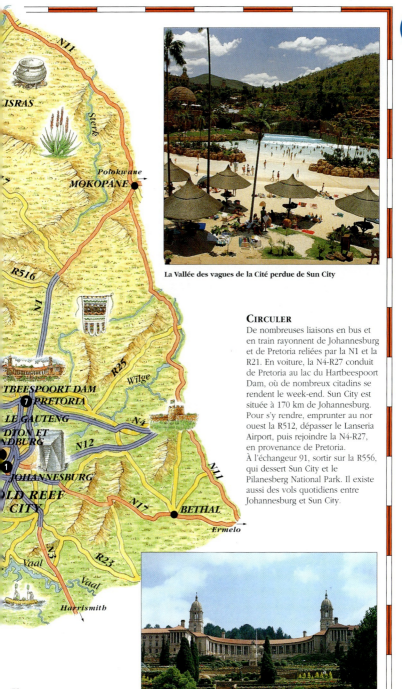

La Vallée des vagues de la Cité perdue de Sun City

CIRCULER

De nombreuses liaisons en bus et en train rayonnent de Johannesburg et de Pretoria reliées par la N1 et la R21. En voiture, la N4-R27 conduit de Pretoria au lac du Hartbeespoort Dam, où de nombreux citadins se rendent le week-end. Sun City est située à 170 km de Johannesburg. Pour s'y rendre, emprunter au nord ouest la R512, dépasser le Lanseria Airport, puis rejoindre la N4-R27, en provenance de Pretoria.
À l'échangeur 91, sortir sur la R556, qui dessert Sun City et le Pilanesberg National Park. Il existe aussi des vols quotidiens entre Johannesburg et Sun City.

Union Buildings, siège du Parlement à Pretoria

Johannesburg ●

Saveur d'Afrique

Capitale financière et commerciale de l'Afrique du Sud, « Jo'Burg » possède plusieurs noms. La plupart, tels Egoli et Gauteng, signifient « endroit de l'or ». Ce sont des gisements aurifères qui ont donné naissance à ce qui est devenu en un siècle une agglomération de plusieurs millions d'habitants, un développement qui s'accompagne toutefois de pauvreté et de criminalité. Située à 1 763 m d'altitude, la ville dresse ses gratte-ciel. Du plus haut, le Carlton Centre, on aperçoit les infrastructures minières avec leurs terrils gigantesques.

Éventaires d'artisanat traditionnel

À la découverte de Johannesburg

Johannesburg est aujourd'hui en pleine transformation. Les quartiers autrefois calmes de Sandton et Randburg sont devenus des lieux à la mode. La ville n'est pas très sûre à explorer à pied, et son système de transports publics laisse à désirer. Aussi est-il préférable de s'inscrire à une visite organisée pour découvrir les sites intéressants.

CENTRE-VILLE
University of the Witwatersrand

Angle de Jorissen St et Bertha St. 📞 (011) 717-1000. ◐ 8 h 30-16 h 30 lun.-ven., sam. (réserv. seulement). ● dim., jours fériés. 🌐
Le campus renferme la Gertrude Posel Gallery, riche en splendides sculptures et objets rituels africains. La James Kitching Gallery du Bernard Price Institute possède la plus belle collection de fossiles du pays.

Market Theatre Complex

Bree Street. 📞 (011) 832-1641. ◐ 9 h-17 h t.l.j. 🏛 ▭ ♿
Ce complexe se trouve au cœur du Newtown Cultural Precinct, qui réunit le South African Breweries Museum (musée des Brasseries), le Workers' Museum and Library (musée et bibliothèque des Travailleurs) et le MuseuMAfricA.

Ancien marché aux fruits indien, ce bâtiment vieux de 90 ans n'est pas dénué de charme. Il renferme trois théâtres, deux galeries d'art, des restaurants, des cafés et une galerie marchande animée.

Chaque samedi matin, un marché aux puces se tient sur la place.

En face du Market Theatre, l'ancien Africana Museum, rebaptisé **MuseuMAfricA** en 1994, abrite une exposition sur l'évolution sociopolitique de Johannesburg et de sa population.

🏛 MuseuMAfricA

Newtown. 📞 (011) 833-5624. ◐ 9 h-17 h jeu.-dim. ● lun. 🌐 ♿

Ancienne Bourse de Johannesburg

Diagonal St. 📞 (011) 298-2800. ● au public.
Cet impressionnant immeuble de verre s'élève de façon assez surprenante dans un quartier central à l'atmosphère très africaine avec ses étals proposant aussi bien des seaux en plastique que des herbes médicinales traditionnelles. Il abritait auparavant la Bourse, Johannesburg Stock Exchange (JSE), désormais installée dans de nouveaux locaux à Sandton.

Kwa Zulu Muti

14 Diagonal St. 📞 (011) 836-4470. ◐ 8 h-17 h lun.-ven., 8 h-13 h 30 sam. ● dim., jours fériés.
Les produits hétéroclites que l'on trouve dans cette boutique présentent un visage de l'Afrique traditionnelle.

Les remèdes et autres potions ne sont pas tous d'origine végétale. Outre les plantes fraîches et séchées, la boutique vend aussi peaux, os, cornes et griffes, ainsi que chauves-souris, grenouilles et insectes séchés.

🏛 Johannesburg Art Gallery et Sculpture Park

Klein St, Joubert Park. 📞 (011) 725-3130. ◐ 10 h-17 h mar.-dim. ● ven. saint. 🌐
Située dans Joubert Park, cette galerie expose des œuvres sud-africaines modernes et traditionnelles, des peintures européennes, des céramiques, des sculptures, des meubles

Herboriste traditionnel africain

Le MuseuMAfricA fait partie du Market Theatre Complex

MODE D'EMPLOI

Carte routière E2. Province du Gauteng. 712 500. 20 km à l'E. de la ville. Terminus Rotunda, angle de Rissik St et Wolmarans St, Braamfontein. Terminus Rotunda. Angle de Riuonia et Maude St, Sandton, (011) 784-9596/7/8 t.l.j. FNB Vita Dance Umbrella (fév.-mars) ; Windybrow Festival (mars) ; Arts Alive (sept.) ; Johannesburg Biennale (oct., années impaires). W www.tourismjohannesburg.co.za

et des textiles. Le petit parc est malheureusement mal fréquenté, et mieux vaut s'y tenir sur ses gardes.

Windybrow Theatre
Angle de Nugget St et Pietersen St. (011) 720-7009.
Ce bâtiment dont l'extérieur pastiche le style Tudor se détache sur un rang de gratte-ciel. Bâti sur une colline, il offre une belle vue, et propose une programmation théâtrale intéressante.

HILLBROW
Densément peuplée, cette banlieue parmi les plus anciennes de Johannesburg renferme de nombreux restaurants et bars, mais connaît une forte criminalité.

Mieux vaut s'y rendre en visite organisée.

Ellis Park Sports Stadium
Angle de Cerrey St et Staib St, Doornfontein. (011) 402-8644. gare d'Ellis Park. depuis le terminus de Rotunda.
Siège de l'équipe de rugby des Gauteng Lions, ce stade de 60 000 places assises, construit en 1982, comprend une piscine olympique. Outre des rencontres sportives, il accueille des concerts de rock.

AUX ENVIRONS
À l'ouest du Market Theatre, dans Jeppe Street, l'**Oriental Plaza**, où flottent des odeurs d'épices exotiques, renferme quelque 300 boutiques et éventaires où l'on trouve des

articles tels que tapis, vêtements et bibelots en bronze. Beaucoup de marchands sont des descendants des Indiens qui s'installèrent au Witwatersrand au XIXe siècle à la fin de leur contrat dans les plantations sucrières du Natal.
Au sud de la ville, **Santarama Miniland** renferme les miniatures d'édifices importants l'Afrique du Sud.

Oriental Plaza
Main St et Bree St, Fordsburg. (011) 838-6752. 8 h 30-17 h lun.-ven., 8 h 30-14 h sam. ven. 12 h-14 h, dim., jours fériés.
Santarama Miniland
Rosettenville Rd, Wemmerpan. (011) 435-0543. 9 h-17 h t.l.j.

ENVIRONS DE JOHANNESBURG

0   5 km

SANDTON
(p. 251)

RANDBURG
(p. 251)

HILLBROW

CENTRE-VILLE

✓ **Soweto**

LÉGENDE

Centre-ville

Autoroute

Routes principales

Routes secondaires

Chemin de fer

✈ Aéroport

Gold Reef City ❷

À environ 8 km au sud de Johannesburg, le Shaft 14, un puits de mine exploité de 1887 à 1971, est devenu le centre d'un parc d'attractions qui présente une image de l'atmosphère de la cité au tournant du siècle, quand le camp de tentes des origines commença à se transformer en véritable ville. Gold Reef City renferme plusieurs musées, et des visites guidées de l'ancienne mine permettent d'en découvrir le fonctionnement. Des spectacles de danse, en particulier de *gumboot*, entretiennent une ambiance festive.

Danseuse de cancan

Golden Loop
Cette montagne russe fait partie des 26 attractions gratuites.

Entrée principale
Ceux qui passent sous les mains du mineur (1,20 m) ne paient pas l'entrée.

Gemstone World

Gold Reef City Train
Ce petit train fait le tour du parc et permet à ses passagers d'en avoir une vue générale. Il s'arrête à trois gares.

★ La *gumboot dance*
La « danse des bottes en caoutchouc » aurait pour origine une danse folklorique autrichienne enseignée par des missionnaires, scandalisés par les déhanchements « païens » des autochtones. Elle offre une réponse ironique à ceux qui ne voient de mérite que dans leurs propres coutumes.

À NE PAS MANQUER

★ Le coulage de l'or

★ La *gumboot dance*

★ Main Street

★ **Main Street**
Des restaurants, des bars, des boutiques et le Gold Reef City Hotel bordent la rue principale, où ont lieu des spectacles de danse.

MODE D'EMPLOI

Carte routière E2. Shaft 14, Northern Parkway, Ormonde, Johannesburg. ☎ (011) 248-6800. 🚌 55 depuis le centre. 🕐 9 h 30-17 h mar.-dim. 💳 inclut attractions et spectacles. 🎟 multilingue. ♿ 🍴 📷 📧
🌐 www.goldreefcity.co.za

The Digger Joe's Prospector Camp
Les visiteurs peuvent s'amuser ici à chercher de l'or dans un ruiseau. Un orpailleur se tient à disposition pour fournir explications et conseils.

Manège de chevaux de bois victorien

Grand-place

Maquette de la mine d'or

Exposition de voitures anciennes

0   50 m

Fête foraine de l'époque victorienne
Convenant aux visiteurs de tous âges, cette fête foraine, dont l'accès est compris dans le prix d'entrée, offre une authentique atmosphère victorienne.

★ **Le coulage de l'or**
Gold Reef City est le seul endroit d'Afrique du Sud où le public peut assister au coulage de lingots.

L'esprit de Sophiatown

Dans les années 1950, l'élite intellectuelle et artistique de la communauté noire vivait dans un bidonville situé à 10 km du centre de Johannesburg : Sophiatown. Creuset où s'est forgée une culture urbaine noire, il est entré dans la mythologie sud-africaine. Peintres, journalistes de *Drum* (le premier magazine « noir » du pays), stylistes et musiciens se

Élégance à Sophiatown

côtoyaient sur les pistes des dancings et discutaient politique dans les *shebeens* (bars illégaux). La magie cessa brutalement quand le gouvernement afrikaner ordonna dans les années 1950 le déménagement forcé de ses habitants à Meadowlands, une banlieue sans caractère à la périphérie lointaine de la ville, à l'origine de l'actuelle Soweto.

Les gangs de Sophiatown
Les États-Unis étaient pris comme modèle, et le gang le plus admiré de Sophiatown pour son élégance et ses voitures avait pour surnom « les Américains ».

L'ESPRIT DE SOPHIATOWN
Malgré la misère, la crasse et la délinquance, Sophiatown possédait une ambiance et une intensité différentes de celles des autres quartiers noirs du pays, et des gens de toutes races s'y installaient.

Musique
Partout on entendait le son des saxophones, des simples pipeaux, des pianos et des harmonicas.

Les **shebeens**
Le Casbah Gang Den était le plus célèbre des bars illégaux où se mêlaient ouvriers et enseignants, blancs et noirs.

L'eau courante était rare.

Le *shokiaan* était un alcool artisanal.

Des matériaux de récupération servaient à la construction des abris.

Le départ
Le gouvernement mit quatre ans à déplacer la communauté à Meadowlands. En 1959, il ne restait plus rien de Sophiatown.

Les murs ont la parole à Soweto

Soweto ❸

Carte routière E2. 🏠 *5 500 000.*
ℹ️ *118469 Senokonyana St, Orlando West, (011) 982-1050.* ⬜ *8 h 30-17 h lun.-ven.*

Peu de Sud-Africains blancs se sont aventurés dans les townships, créés pour parquer les Noirs. Ces immenses banlieues pauvres présentent peu d'intérêt spécifiquement « touristique », mais y pénétrer offre le seul moyen d'avoir une vue concrète des conditions de vie des millions de personnes qui s'y entassent.

Soweto (South Western Township) a vécu en état de guerre en 1976, à la suite de la mort d'étudiants noirs, abattus par la police. Ayant connu pendant des années la répression, ses habitants font preuve aujourd'hui d'une gentillesse surprenante. Il n'est toutefois pas prudent de s'y risquer seul. Plusieurs compagnies *(p. 365)* proposent des visites.

Sandton et Randburg ❹

Carte routière E2. 🏠 *191 800.*
✈️ *Johannesburg International.* 🚌 *Magic Bus, (011) 394-6902.* ℹ️ *Village Walk, angle de Rivonia Rd et Maud St, (011) 783-4620.* ⬜ *9 h-16 h 30 lun.-sam., 9 h-13 h dim.*

Au nord de Johannesburg, là où le tissu urbain devient moins dense, s'étendent des banlieues résidentielles où de hauts murs protègent de spacieux jardins et leurs piscines et courts de tennis.

La riche cité de Sandton possède le centre commercial considéré comme le plus sophistiqué de l'hémisphère Sud : Sandton City. Il est particulièrement réputé pour ses commerces spécialisés, ses boutiques de mode, ses bijouteries et ses marchands d'art africain, de souvenirs et d'articles en cuir. Il abrite aussi 16 cinémas et 20 restaurants et bistros. Plusieurs hôtels cinq étoiles ont ouvert à proximité. Restaurants et cafés

bordent Sandton Square, une place décorée d'une fontaine italianisante. Non loin de Sandton City, Village Walk réunit encore d'autres restaurants, des cinémas et des magasins de prêt-à-porter de luxe, vendant des vêtements et des accessoires importés d'Europe.

À environ 10 km au nord-ouest de Sandton City, une autre banlieue très recherchée, Randburg, renferme l'une des premières rues marchandes piétonnières jamais aménagées

Village Walk à Sandton

en Afrique du Sud et, surtout, le Randburg Waterfront, un centre de loisirs proposant, au bord d'un plan d'eau, des bars, des restaurants, des éventaires d'artisanat, des spectacles vivants, des cinémas, une aire de jeux pour enfants.

Sur Witkoppen Road, au nord de Randburg ct de Sandton, le Klein Jukskei Vintage Car Museum présente une collection de véhicules anciens.

Le Randburg Waterfront est un centre de loisirs de la banlieue nord de Johannesburg

Excursion au Gauteng ⑤

Masque, Heia Safari Ranch

Bien que des zones industrielles couvrent une grande partie du Gauteng, une ceinture verte entoure les agglomérations urbaines de Johannesburg et de Pretoria, offrant à leurs habitants de multiples activités de plein air. Parmi les destinations les plus populaires figurent le centre de reproduction de guépards De Wildt, le lac artificiel du Hartbeespoort Dam et les sentiers de randonnée du massif du Magaliesberg.

De Wildt ⑦
Depuis 1971, cette réserve poursuit un programme de reproduction de guépards. Son succès dément les premiers avis des experts.

Magaliesberg Range ⑥
De nombreux terrains de camping, chambres d'hôte et hôtels proposent un hébergement aux randonneurs venus explorer cette chaîne de collines.

Légende

🛣	Autoroute
▮	Itinéraire
═	Autre route
❊	Point de vue

Kromdraai Conservancy ⑤
Des promenades guidées permettent de découvrir, entre autres, des grottes, des anciennes mines et une réserve faunique.

0   10 km

THABAZIMBI

RUSTENBURG

Buffelspoort Dam

Mooinooi

MAGALIESBERG ⑥

Nooitgedacht Battlesite

Blockhouse

Hartbeespoort

Kosmos

Cableu

R560

WITWATERSBERG

R563

Rhino Park

⑤

④

UPINGTON

Krugersdorp

①

Roodepoort

Carnet de route

Longueur : 200 km. Une heure de bonne route sépare l'Hartbeespoort Dam de Pretoria et de Johannesburg.
Où faire une pause : il existe de bons restaurants à Heia Safari, à l'Aloe Ridge Game Reserve et autour du lac de l'Hartbeespoort Dam.

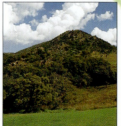

Sterkfontein Caves ④
Site paléontologique de première importance, ces vastes grottes abritent un nombre exceptionnel de fossiles. Des visites guidées partent toutes les 30 min.

Aloe Ridge Game Reserve ②
Ce parc proche de Muldersdrift abrite des buffles, des rhinocéros, des hippopotames et un grand nombre d'antilopes et d'oiseaux, ainsi qu'un centre artisanal zoulou.

Hartbeesport Dam ⑧
De nombreux habitants de Pretoria et de Johannesburg viennent se détendre le week-end autour de ce plan d'eau de 17 km².

Crocodile River Arts and Crafts Ramble ⑨
Le premier week-end du mois, les visiteurs qui suivent cet itinéraire peuvent s'arrêter dans les ateliers et acheter objets d'art, meubles et créations en métal.

Lion Park ⑩
Une route à sens unique mène à une aire de pique-nique après avoir traversé un enclos à lions de 200 ha et un parc peuplé de damalisques, de gnous, d'impalas, de gemsboks et de zèbres.

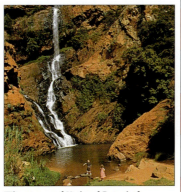

Witwatersrand National Botanical Gardens ①
Ce jardin botanique dont la flore indigène nourrit de nombreux oiseaux a pour pôle la cascade des Witpoortje Falls.

Heia Safari Ranch ③
Impalas, damalisques et zèbres paissent en liberté dans un domaine qui comprend un centre de conférences, un restaurant et des bungalows au bord de la Crocodile River.

Les bateaux à moteur peuvent naviguer sur l'Hartbeespoort Dam

Hartbeespoort Dam ❻

Carte routière E2. Sur la R514, prendre la sortie du téléphérique *(cableway).* ℹ️ *(012) 253-1037.*

Bien qu'il fasse partie de l'**Hartbeespoort Nature Reserve**, la navigation est autorisée sur ce lac artificiel, et on y pratique le ski nautique, la planche à voile et la plaisance. Les pêcheurs y traquent le *kurper* (une variété de brème) et la carpe.

La route qui en fait le tour emprunte un court tunnel avant d'arriver au barrage d'où s'ouvre un large panorama des eaux captives des rivières Crocodile et Magalies. Résidences de vacances, maisons de retraite et stands de produits agricoles et de souvenirs jalonnent l'itinéraire.

Un aquarium abrite de nombreux poissons d'eau douce, des crocodiles, des manchots et des otaries.

AUX ENVIRONS
L'entrée de l'**Hartbeespoort Dam Snake and Animal Park** se trouve dans le village de Schoemansville. Ce zoo privé renferme des serpents et autres reptiles, ainsi que des lions, des panthères, des guépards et des léopards. Une vedette propose des promenades sur le lac.

🐍 **Hartbeespoort Dam Snake and Animal Park**
Schoemansville. 📞 *(012) 253-1162.*
⭕ *8 h-17 h t.l.j.* 🅿️ 🍴 ♿ 🚽

(Cartographie : R566, 513, R514, N4, R511, R511, R512, N14, maarsburg)

Pretoria ❼

Delville Wood Memorial

Après être restée longtemps à la pointe du combat des Boers contre les Anglais et les tribus noires, Pretoria est devenue la capitale administrative de l'Afrique du Sud. Beaucoup plus paisible que Johannesburg, la ville abrite plusieurs instituts universitaires, d'imposants monuments et de nombreux jardins. Quelque 70 000 jacarandas, un arbre importé de Rio de Janeiro en 1888, parent ses rues. Ils fleurissent en octobre et novembre.

Paul Kruger Monument, Church Square, Pretoria

À la découverte de Pretoria

Compact et riche en édifices historiques, agréables parcs, théâtres et restaurants, le centre-ville a pour pôle la place piétonnière de Church Square.

☙ National Zoological Gardens

Angle de Paul Kruger St et Boom St. 🄲 (012) 328-3265. ☐ 8 h-17 h 30 t.l.j. (été), 8 h-17 h (hiver). 🖼 ♿ 🍴

Plus connu sous le nom de Pretoria Zoo, ce jardin zoologique s'étend en bordure de l'Apies River. Les animaux disposent de cages ou d'enclos spacieux, et l'institution consacre d'importants moyens à des programmes de reproduction d'espèces menacées telles que l'aigle bateleur et l'oryx d'Arabie.

⚏ Church Square

Angle de Church St et Paul Kruger St. Plusieurs monuments bordent la place, dont le **Raadsaal** (1890), le Parlement de l'éphémère république boer, et le palais de justice (1899) qui servit d'hôpital militaire aux Anglais jusqu'en 1902.

Œuvre d'Anton Van Wouw, la statue de Paul Kruger fut fondue en 1899, l'année où la république du Transvaal entra en guerre contre les Anglais.

⚏ State Theatre

Angle de Prinsloo St et Church St. 🄲 (012) 392-4000. ☐ t.l.j.

Ce complexe d'inspiration japonaise, comprenant cinq salles, programme des ballets, des concerts, des opéras et du théâtre.

⚏ City Hall

Paul Kruger St.
En face du Transvaal Museum, l'hôtel de ville mêle des influences grecque et romane. Deux statues représentent Marthinus Pretorius, fondateur de la ville, et son père, Andries, dont la ville porte le nom.

🏛 Transvaal Museum

Paul Kruger St. 🄲 (012) 322-7632. ☐ 9 h-17 h lun.-sam., 11 h-17 h dim. 🖼

Ce musée d'histoire naturelle propose une riche collection d'animaux naturalisés et des expositions archéologique et géologique.

L'Austin Roberts Bird Hall présente de nombreux oiseaux d'Afrique australe.

⚏ Melrose House

275 Jacob Maré St. 🄲 (012) 322-2805. ☐ 10 h-17 h mar.-dim. ☐ lun., jours fériés. 🖼

L'architecte anglais William Vale dessina cette demeure dans les années 1880, et il utilisa presque toutes les formes d'embellissements préfabriqués existantes. Le résultat tient à la fois du style Cape Dutch (p. 29), de la résidence de campagne anglaise et du pavillon indien.

Le commandant en chef britannique, Lord Kitchener, s'installa dans la maison pendant la guerre des Boers, et c'est là que fut signé en 1902 le traité mettant fin au conflit. Entourée d'un joli jardin et transformée en musée, Melrose House a gardé une grande part de son mobilier d'origine.

L'ARTISANAT NDEBELE

Les Ndebele ont acquis une grande renommée pour les motifs colorés dont ils parent leurs maisons (p. 359). Ils possèdent aussi un riche artisanat dont un exemple est la nguba ornée de perles, une « couverture de mariage » que la future épouse, inspirée par ses ancêtres, fabrique en suivant les recommandations des doyennes de la tribu. Ce sont les femmes qui, tout en travaillant la terre, créent peintures et objets d'art. Les hommes façonnent le métal, dont les lourds colliers et les bracelets de poignet et de cheville portés par leurs compagnes.

Motifs ndebele

⚏ Union Buildings

Church St, Meintjies Kop.
⬭ t.l.j. (parc seul).

Le Parlement national siège
dans ce bâtiment édifié par
Sir Herbert Baker pour
accueillir les services
administratifs de l'Union sud-
africaine instaurée en 1910.
Sur une colline choisie par
l'architecte, et reliées par une
colonnade néoclassique, deux
ailes marquées d'influences
Cape Dutch et italienne
dominent un parc paysagé et
un imposant amphithéâtre.
Pour des raisons de sécurité,
le public ne peut pas pénétrer
dans les Union Buildings,
mais seulement les
contempler depuis les jardins.

AUX ENVIRONS

Sur la N1, à l'entrée de Pretoria
en venant de Johannesburg,
on aperçoit à gauche le
Voortrekker Monument. Il
rend hommage aux pionniers
afrikaners qui quittèrent la
colonie du Cap dans les
années 1830 pour échapper à
la domination britannique.
   Entrepris en 1938, pour le
centenaire de la bataille de la
Blood River *(p. 49)*, le
monument abrite dans le Hall
of Heroes un cénotaphe qu'un
rayon de soleil éclaire à midi le
16 décembre, date de la bataille.

Voortrekker Monument

   À l'est de Pretoria sur la
R104, et indiquée depuis
Bronkhorstspruit Road,
l'élégante **Sammy Marks
House**, l'ancienne demeure
de Sammy Marks (1843-1920),
le fondateur des South African
Breweries, renferme du
mobilier d'époque.

⚏ Sammy Marks House

Route 104, Bronkhorstspruit Rd.
⬛ (012) 803-6158. ⬭ 9 h-16 h
mar.-ven., 10 h-16 h sam.-dim. ⬤ 25
déc., ven. saint, jours fériés. ⬜ ⬜

⚏ Voortrekker Monument

Eeufees Rd. ⬛ (012) 326-6770.
⬭ 9 h-16 h 45 t.l.j. ⬜
Musée ⬛ (012) 323-0682.

Un splendide jardin entoure Melrose House

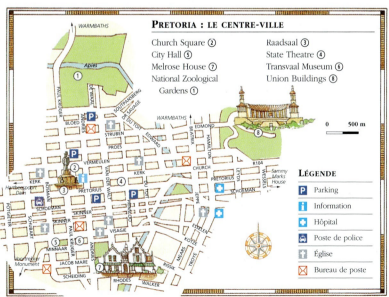

PRETORIA : LE CENTRE-VILLE

Church Square ②
City Hall ⑤
Melrose House ⑦
National Zoological
   Gardens ①

Raadsaal ③
State Theatre ④
Transvaal Museum ⑥
Union Buildings ⑧

0   500 m

LÉGENDE

🅿 Parking

🛈 Information

➕ Hôpital

👮 Poste de police

✝ Église

⊠ Bureau de poste

Le Cascades Hotel à Sun City

Sun City **8**

Carte routière D2. Rustenburg. N4, sortie de la R565. ✈ à 6 km de Sun City. 🚌 Johannesburg (011) 780-7800. 📞 (014) 557-1000. ⬜ t.l.j. 🅿️ ♿ 🍴 🏪 📷 ♻️

Dans une région assez terne, située à deux heures de route des grands centres urbains du Witwatersrand, la « ville qui ne dort jamais » est le Las Vegas sud-africain. Sun International (p. 313) et Computicket (p. 361) proposent des liaisons régulières en autocar depuis le Gauteng, et il existe des vols quotidiens au départ de l'aéroport international de Johannesburg.

Sun City a pour fondateur le milliardaire Sol Kerzner, qui profita, dans les années 1970, du statut prétendument indépendant du bantoustan du Bophuthatswana pour détourner l'interdiction des jeux d'argent alors en vigueur en Afrique du Sud. Le casino du luxueux Sun City Hotel, le seul hôtel qu'abritait alors le parc, joua un rôle majeur dans le succès initial de l'entreprise, même si le lac artificiel et le golf de 18 trous dessiné par le champion sud-africain Gary Player existaient déjà.

La capacité d'hébergement se révéla rapidement insuffisante, et le Cabanas ouvrit en 1980. Ses 284 chambres, les moins chères de Sun City,

accueillent surtout des familles et des visiteurs appréciant les activités de plein air. Le Cascades Hotel, construit en 1984, est luxueux et bien sûr plus coûteux.

Malgré les nombreux casinos ouverts en Afrique du Sud depuis une réforme de la législation, Sun City connaît toujours autant de succès. Si elle le doit surtout aux machines à sous et aux divers jeux de son Entertainment Center, les visiteurs et apprécient aussi d'autres attractions : le lac artificiel permettant de pratiquer de multiples sports nautiques, les boîtes de nuit et les spectacles tels que revues de cabaret, concerts, rencontres sportives et concours de beauté. Lost City a ouvert en 1992. Cette jungle artificielle, équipée de nombreux jeux d'eau, entoure un palace extravagant : le **Palace of the Lost City** (p. 258-259).

À l'entrée de Sun City, les visiteurs des Kwena Gardens peuvent contempler, depuis des passerelles et des postes d'observation, des crocodiles du Nil évoluant dans leur

Entrée du casino

Sun City, une oasis artificielle dans la province du Nord-Ouest

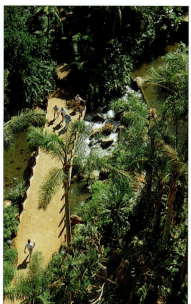

Sentiers et passerelles sillonnent la « jungle »

habitat naturel. Des safaris dans le Pilanesberg National Park partent directement des hôtels.

✕ Kwena Gardens

Sun City. 📞 *(014) 552-1262.*
🕐 *10 h-18 h lun.-dim. Repas des animaux : 16 h 30 t.l.j.* 📷 📹 🏠

Pilanesberg National Park ❾

Carte routière D2. Prendre la sortie Mogwase sur la R510. 📞 *(014) 552-1561.* 🕐 *6 h-18 h t.l.j. (horaires variables).* 📷 ✕ 🎒

En bordure de Sun City, le cratère d'un volcan dont l'activité cessa il y a des millions d'années donne au vaste et superbe Parc national du Pilanesberg une configuration particulière : de petites collines de lave solidifiée forment trois anneaux concentriques autour du lac du Mankwe Dam.

Des fermes occupèrent ce territoire jusqu'en 1979, et la création de la réserve s'accompagna du programme de repeuplement le plus ambitieux jamais tenté en Afrique du Sud avec l'acclimatation de

---

LE PILANESBERG ET SUN CITY EN MONTGOLFIÈRE

Expérience magique et inoubliable, un vol en montgolfière offre un moyen exceptionnel de découvrir la région. Les passagers du ballon glissent au-dessus des troupeaux d'herbivores broutant paisiblement dans le cratère du volcan éteint.

C'est le vent qui détermine la direction que prend le ballon, et la promenade ne peut donc s'effectuer que par temps calme. Elle se déroule dans un silence seulement rompu, de temps à autre, par le déclenchement du brûleur.

Vol en montgolfière au-dessus du bushveld

---

6 000 mammifères de 19 espèces différentes. Le succès de cette opération exigea le remplacement de plantes importées par des variétés indigènes, le détournement de lignes téléphoniques et la remise en état de terrains ravagés par l'érosion.

Le parc abrite aujourd'hui des éléphants, des rhinocéros noirs, des léopards, des zèbres, des buffles et des girafes, ainsi qu'une importante population d'antilopes. Des guides expérimentés conduisent des expéditions en véhicules ouverts, y compris de nuit.

Plus de 300 espèces d'oiseaux, notamment des rapaces, fréquentent le Pilanesberg National Park. Des postes d'approvisionnement facilitent la survie des vautours du Cap, menacés de disparition, qui nichent sur les parois abruptes du massif du Magaliesberg.

Le parc propose une large gamme d'hébergements, depuis des camps de tentes et des huttes jusqu'aux luxueux Kwa Maritane Lodge, Tshukudu Bush Camp et Bakubung Lodge. Ce dernier domine un bassin où s'ébattent des hippopotames. À proximité, un établissement privé propose des bungalows et des emplacements de camping.

Jeunes éléphants au Pilanesberg National Park

Palace of the Lost City

Luminaire

Dans un ancien cratère volcanique, à quelque 180 km au nord-ouest de Johannesburg, Sun International a investi des millions de dollars pour créer de toutes pièces une ville perdue dans la jungle dont ne subsisteraient que des ruines et un hôtel en forme de palais extravagant : le Palace of the Lost City. La démesure au service du rêve est ici partout, sur les terrains de golf et dans le nombre de distractions et de spectacles proposés, comme dans la taille des vagues déferlant dans un lagon artificiel.

King's Suite
Lambrissée d'érable, la suite la plus luxueuse de l'hôtel comprend une bibliothèque privée et un bar.

King Tower

Buffalo Wing

Lost City Golf Course
Un bassin aux crocodiles apporte une difficulté exotique au 13e trou de ce parcours de championnat.

Fontaine au guépard
Ce groupe sculpté en bronze fige en pleine course un guépard et des impalas.

PILANESBERG
Village Wall
Lost City Golf
Course Clubhouse   Baobab Forest
The
Palace
Hotel
Sway Bridge
Hidden Cave Falls
Rainforest
and Hippo Pool   Lake of
Old East
Gate Bridge   Royal
Royal
Amphitheatre
CASCADES
SUN CITY
0   20 m

LOST CITY

① Grand Pool
② Temple of Courage
③ Adventure Mountain
④ Roaring Lagoon
⑤ Bridge of Time
⑥ Superbowl

LÉGENDE

— Route (goudronnée)
▢ Bâtiment
P Parc de stationnement

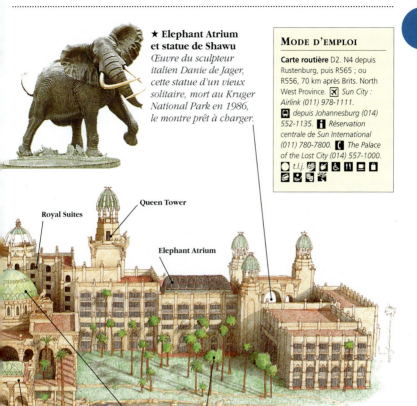

★ Elephant Atrium et statue de Shawu
Œuvre du sculpteur italien Danie de Jager, cette statue d'un vieux solitaire, mort au Kruger National Park en 1986, le montre prêt à charger.

MODE D'EMPLOI

Carte routière D2. N4 depuis Rustenburg, puis R565 ; ou R556, 70 km après Brits. North West Province. ☒ *Sun City : Airlink (011) 978-1111.* 🚌 *depuis Johannesburg (014) 552-1135.* 🛈 *Réservation centrale de Sun International (011) 780-7800.* 📞 *The Palace of the Lost City (014) 557-1000.* ◻ *t.l.j.*

Queen Tower

Royal Suites

Elephant Atrium

Près de 600 000 arbres et arbustes ont été plantés

★ Fresque centrale
La fresque de la coupole de la réception mesure 16 m de diamètre et a demandé 5 000 heures de travail.

Une immense porte donne accès au hall d'entrée, surmonté d'un dôme.

Roaring Lagoon
Toutes les 90 secondes, une vague haute de 2 m traverse le « lagon rugissant ».

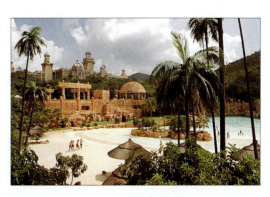

À NE PAS MANQUER

★ **Fresque centrale**

★ **Elephant Atrium et statue de Shawu**

BLYDE RIVER CANYON
ET KRUGER PARK

L e nord-est du pays présente pour principal intérêt ses beautés naturelles : gorges spectaculaires, lacs peuplés de truites et réserves peuplées d'animaux sauvages. Pilgrim's Rest, un ancien village minier, a gardé l'aspect qu'il avait à l'époque de la ruée vers l'or.

Nulle part, la topographie de l'Afrique du Sud ne marque une rupture aussi frappante que le long du Grand Escarpement, où le plateau central et le Drakensberg s'effondrent à l'est dans la plaine du Lowveld. Ici, la Blyde River a creusé un magnifique ravin et la vue porte par endroits jusqu'aux approches du Mozambique.

Les pluies abondantes qui arrosent les reliefs alimentent de très nombreuses cascades, et ont rendu possibles la plantation de pins et d'eucalyptus et le développement de l'exploitation forestière. La Panorama Route, qui part de Graskop une petite bourgade animée, porte bien son nom avec des points de vue tels que la « fenêtre de Dieu ».

Dans la plaine, le Kruger National Park, l'une des réserves naturelles les plus anciennes et les plus étendues du monde, protège un vaste territoire le long de la frontière avec le Mozambique. La partie méridionale du parc, au sud de la Letaba River, est particulièrement réputée pour sa faune. C'est aussi la plus proche de l'agglomération urbaine du Gauteng, et de très loin la plus fréquentée. L'est et le nord du parc possèdent des endroits préservés de la foule. Beaucoup plus coûteuses, les réserves privées qui bordent le parc Kruger à l'est proposent des prestations personnalisées et, pour certaines, luxueuses.

Le Lowveld est une région de domaines producteurs d'agrumes. Mais climat et sol se prêtent aussi à la culture du tabac, des avocats et des mangues.

Les gracieux impalas sont un spectacle commun dans le Kruger National Park

◁ L'érosion a creusé d'immenses marmites de géants au confluent de la Treur River et de la Blyde River

Découvrir le Blyde River Canyon et le Kruger Park

Dans une région où affluèrent au siècle dernier des prospecteurs en quête des pépites d'or charriées par les rivières et les torrents, les touristes viennent aujourd'hui admirer de splendides paysages, tels ceux qu'offrent les gorges de la Blyde River et l'escarpement du Drakensberg, dominant les vastes plaines de l'Est. Ici, le Kruger National Park et des réserves privées permettent d'admirer la faune africaine tout en disposant d'hébergements confortables, voire luxueux, et d'une desserte aérienne directe depuis Johannesburg.

LES SITES D'UN COUP D'ŒIL

Blyde River Canyon **5**
Dullstroom **1**
Kruger National Park **6**
Lydenburg **2**
Pilgrim's Rest
   Alanglade p. 268-269 **4**
Réserves privées **8**
Swaziland p. 276-277 **9**

Excursions

Route des cascades p. 265 **3**
Sud du parc Kruger p. 274 **7**

VOIR AUSSI

• *Hébergement* p. 335-338

• *Restaurants* p. 356-357

LÉGENDE

▬	Route nationale
▬	Autre route
▬	Parcours pittoresque
▬	Cours d'eau ou lac
⋯	Limite de parc ou de réserve
– ·	Frontière internationale
✺	Point de vue

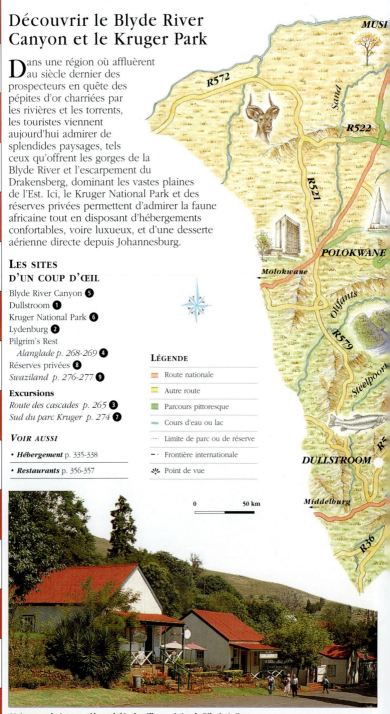

0   50 km

MUSI

R572

Sand

R522

R521

POLOKWANE

Molokwane

Olifants

R579

Steelpoort

DULLSTROOM

Middelburg

R36

Maisons en bois et en tôle ondulée du village minier de Pilgrim's Rest

L'imposant canyon de la Blyde River

CIRCULER

Il faut une voiture pour réellement découvrir la région. Pour rejoindre la frontière du Mozambique, la route la meilleure et la plus directe est la N4 depuis Pretoria. Depuis Johannesburg, la N12 rejoint la N4 près de Witbank. Des routes goudronnées partent de la N4 vers le Nord à destination du parc Kruger et de la Blyde River. La Panorama Route, l'une des plus hautes et des plus belles d'Afrique du Sud, dessert l'ancien village minier de Pilgrim's Rest. Du brouillard peut rendre toutefois la conduite difficile à la fin de l'hiver et au début de l'été.

Point d'eau au Kruger National Park

La route du Long Tom Pass offre de beaux panoramas

Dullstroom ❶

Carte routière E2. Middelburg.
👣 *430.* ℹ *Huguenote St, (013) 254-0254.*

Portant le nom d'un fonctionnaire hollandais et du ruisseau *(stroom)* de la Crocodile River, ce village est la capitale sud-africaine de la pêche à la mouche. Il possède aussi la gare la plus élevée du pays à une altitude de 2 076 m. La température peut atteindre –13 °C en hiver.

AUX ENVIRONS
La **Dullstroom Dam Nature Reserve**, à l'est du village, protège une région de jolies gorges boisées entourant un lac réputé pour la pêche à la truite. Des campings abrités se nichent près du rivage, au sein d'une verdoyante végétation subalpine traversée par plusieurs sentiers de randonnée, tels ceux de Misty Valley, Ratelspruit et Salpeterkrans. L'avifaune est riche et variée.
   À 14 km au nord de Dullstroom, au cœur d'une région de marais, une grande variété de plantes florales prospèrent dans la **Verloren Vlei Nature Reserve**, où la grue caronculée, une espèce menacée, fait l'objet d'un programme de reproduction.
   Sur la route de Nelspruit, les **Sudwala Caves** portent le nom d'un chef swazi qui s'y réfugia au début du XIXᵉ siècle. Des visites guidées permettent de découvrir les stalactites et stalagmites du réseau de salles et de conduits souterrains.
À proximité, une intéressante chronologie retrace l'évolution de l'homme, tandis qu'une forêt de cycas, de palmiers et d'arbustes abrite des dinosaures grandeur nature.

🎣 **Dullstroom Dam Nature Reserve**
📞 *(013) 254-0151.* ⏰ *t.l.j.* 🖼
🎣 **Verloren Vlei Nature Reserve**
📞 *(013) 254-0799.* ⏰ *sur rendez-vous.* 🖼
🕳 **Sudwala Caves**
📞 *(013) 733-4152.* ⏰ *t.l.j.* 🖼

Lydenburg ❷

Carte routière F2. 58 km au N. de Dullstroom. 👣 *6 000.* ℹ *Jock's Country Stall, (013) 235-3076.*

Le nom de Lydenburg signifie « ville de souffrance », et fait référence à l'échec de l'implantation d'une ville dans la région infestée de malaria qui se trouve plus au nord. Les survivants fondèrent ici une nouvelle colonie en 1850, et l'église et l'école qu'ils bâtirent à cette époque subsistent encore.
   Le **Lydenburg Museum** possède comme pièces les plus intéressantes des répliques des Lydenburg Heads *(p. 13)*, 7 têtes en terre datant d'environ 500 apr. J.-C.

🏛 **Lydenburg Museum**
Long Tom Pass Rd. 📞 *(013) 235-2121.* ⏰ *8 h–13 h, 14 h-16 h 30 lun.-ven., 8 h -17 h sam.-dim.* ⬤ *25 déc.* 🖼

AUX ENVIRONS : 50 km séparent Lydenburg de Sabie, située plus à l'est. La route franchit le **Long Tom Pass** et offre de beaux panoramas. Les roues cerclées de métal des chariots qui passaient par ce col ont par endroits laissé des sillons creusés dans le rocher. Des plantations de pins et d'eucalyptus datant du XIXᵉ siècle entourent Sabie, où l'exploitation forestière reste une activité importante. Le **Safcol Forestry Industry Museum** est consacré au bois et à son industrie.

🏛 **Safcol Forestry Museum**
10th Ave, Sabie. 📞 *(013) 764-1058.* ⏰ *8 h 30-16 h lun.-ven., 10 h-15 h sam.-dim.* 🖼

LA PÊCHE À LA TRUITE À DULLSTROOM

Après le succès de l'introduction, à partir de 1890, de la truite de rivière dans les cours d'eau du KwaZulu-Natal, puis du reste du pays, l'acclimatation de la truite arc-en-ciel commença en 1897. Ces poissons abondent désormais, et Dullstroom est devenu un grand centre de la pêche à la mouche. Celle-ci se pratique dans le lac et en rivière, principalement depuis des terrains privés. Le Dullstroom Fly-Fisher's Club propose des adhésions temporaires et fournit d'excellents renseignements. Les visiteurs de passage peuvent s'informer au Dullstroom Dam ou auprès du secrétaire de mairie. Les hébergements disponibles vont de rustiques cabanes en bois à de luxueux *lodges*.

Au bord du lac de Dullstroom

La Route des cascades ❸

À une haute altitude et bénéficiant d'abondantes précipitations, cette partie du Drakensberg où prospectèrent de nombreux chercheurs d'or renferme plus de chutes d'eau que toute autre région d'Afrique du Sud.

Un parcours de 100 km entre les villes de Sabie et Graskop permet d'en découvrir 8, pour la plupart bien signalées et faciles à atteindre en voiture. N'oubliez pas toutefois que les gouttelettes qui se déposent sur les rochers rendent les abords des cascades glissants.

Berlin Falls ⑦
L'eau s'infiltre dans un canal naturel avant de dévaler une hauteur de 80 m.

Lisbon Falls ⑥
Dans une région où les mineurs nommaient les sites d'après leurs villes d'origine, la cascade de Lisbonne mesure 90 m.

MacMac Falls ④
Cette cascade de 70 m doit son nom à des orpailleurs écossais. Une aire de pique-nique se trouve à proximité.

Maria Shires Falls ⑤
Un fort grondement signale dans la forêt les Maria Shires Falls, surtout après une grosse averse

Bridal Veil Falls ③
Une brume de gouttelettes en suspension forme un « voile de mariée ».

LÉGENDE

▭	Itinéraire
⹀	Autre route
⁖	Sentier
✻	Point de vue

Lone Creek Falls ②
La rivière tombe d'une hauteur de près de 70 m au milieu des arbres et des fougères.

CARNET DE ROUTE

Point de départ : Sabie.
Longueur : 100 km
Comment y aller : depuis Sabie, prenez la R532 à gauche pour les chutes d'Horseshoe, Lone Creek et Bridal Veil, et la R532 en direction de Graskop pour celles de MacMac, Maria Shires, Lisbon, Berlin et Forest.

Horseshoe Falls ①
Il faut traverser un camping pour atteindre ces chutes qui ont une forme très proche de celle d'un fer à cheval.

0   5 km

Pilgrim's Rest ❹

En 1874, un groupe de prospecteurs, dont un prétendu pèlerin *(pilgrim)*, eurent enfin de la chance en arrivant dans une jolie vallée du Lowveld. Ils n'espéraient pas rester et se contentèrent de bâtir en bois et en tôle ondulée, mais le filon mit près de cent ans à s'épuiser. Situé à 15 km à l'ouest du massif du Drakensberg, leur village, entièrement restauré, est devenu un lieu historique.

Tombe

MODE D'EMPLOI

Carte routière F2. 🛈 *Information Centre, (013) 768-1060.* ☐ *9 h-16 h 30 t.l.j.* 🅿 *multientrées.* 🅰 *(013) 768-1367.*

LÉGENDE

— Route principale

☐ Site intéressant

0 ___ 500 m

Dredzen, une boutique d'une époque révolue à Pilgrim's Rest

LÉGENDE DU PLAN

The Old Print House ①
Information Centre ②
The Miner's House ③
Dredzen & Company ④
Alanglade ⑤

À la découverte de Pilgrim's Rest

Le village se trouve à 35 km au nord de Sabie, et un unique billet, vendu par l'Information Centre, donne accès à tous les bâtiments.

Entre St Mary's Church et la poste, la rue principale traverse le « quartier résidentiel » qui renferme le cimetière. Celui-ci possède une curieuse sépulture : la Robber's Grave (la « tombe du voleur »). Au Diggings Site, sur la rive de Pilgrim's Creek, les visiteurs peuvent s'initier à la recherche de pépites avec de véritables orpailleurs.

L'atelier d'imprimerie (Old Print House) d'où sortait le journal local occupe un édifice typique avec ses plaques de tôle ondulée recouvrant une ossature en bois. Miner's House remet en perspective le mythe de la ruée vers l'or, époque où les mineurs menaient une vie rude et simple. Dredzen & Company, l'épicerie générale, expose les articles domestiques de base de la fin du XIXe siècle.

L'exploitation du gisement passa entre les mains de grandes compagnies. Le directeur de la mine habitait dans une vaste demeure, à l'écart du bruit et de la poussière : Alanglade *(p. 268-269)*.

AUX ENVIRONS

Cette région en bordure du spectaculaire escarpement du Drakensberg vit du tourisme et de l'exploitation forestière.

Depuis Pilgrim's Rest, la R533, goudronnée, franchit le Bonnet Pass pour rejoindre Graskop, d'où explorer le Kruger Park *(p. 272-274)* dont le camp principal, Skukuza, se trouve à 70 km.

Vue offerte par la « fenêtre de Dieu »

La R534, ou Panorama Route, commence à 3 km de Graskop et mène à de belles cascades (p. 265). Le Grand Escarpement se caractérise ici par un dénivelé de près de 1 000 m entre le plateau du centre et la plaine du Lowveld qui s'étend à l'est. Du sommet de la fracture, la vue, considérée comme une des plus belles du pays, porte par endroits jusqu'à 100 km en direction du Mozambique.

Le bar du Royal Hotel était autrefois une chapelle

Les Three Rondavels du Blyde River Canyon

Blyde River Canyon ❺

Carte routière F2. Sur la R534. 🔲 *(031) 761-6031.* ⏱ *7 h-17 h t.l.j.* 🖼🅿🍴🅰

Le flot impérieux de la Blyde River a creusé une épaisseur de 700 m de schiste argileux et de quartzite, créant un canyon de 20 km de long où falaises, îles, plateaux et pentes couvertes de broussailles composent des paysages exceptionnels. Au cœur de cette gorge s'étend le lac du Blydepoort Dam.

Tous les primates sud-africains, comme le babouin chacma, les singes vervet et samango et les deux espèces de galagos, cohabitent dans le ravin où vivent aussi de grandes antilopes et beaucoup d'oiseaux. Hippopotames et crocodiles fréquentent la rivière. Abondante, la végétation compte de nombreuses variétés florales, notamment des orchidées.

À la découverte de la Blyde River Canyon Nature Reserve
Un circuit de 300 km au départ de Graskop, passant par Bosbokrand, Klaserie, Swadini et Bourke's Luck, offre des vues splendides du Grand Escarpement, du lac et du canyon. Il existe divers itinéraires de randonnée de plusieurs jours et des sentiers de promenade. Des hébergements disponibles à Swadini et Blydepoort permettent de faire étape.

Kowyn's Pass
La R533, route goudronnée entre Graskop et le Lowveld, offre des vues spectaculaires et traverse la pittoresque Panorama Gorge qu'agrémente une gracieuse cascade.

Swadini Aventura
🔲 *(015) 795-5141.* ⏱ *t.l.j.*
Cette station de loisirs située au fond du canyon du côté de Blydepoort propose divers hébergements, un restaurant, et des promenades en bateau sur le lac. Le centre d'information fournit des renseignements sur le barrage et sur les Kadishi Falls, le plus grand lieu de formation de tuf du monde.

Three Rondavels
Ces trois collines doivent leur nom et leurs silhouettes de huttes traditionnelles des Xhosas ou des Zoulous à l'érosion d'une roche plus tendre sous un « chapeau » de quartzite où poussent des buissons à feuilles persistantes.

Les Bourke's Luck Potholes

Deux autres sites jalonnent la route qui domine le Blyde River Canyon : World's End et Lowveld View.

Bourke's Luck
🔲 *(013) 761-6019.* ⏱ *7 h-17 h t.l.j.* 🖼
Au confluent de la Blyde (« joyeuse ») et de la Treur (« triste »), des tourbillons et les galets qu'ils entraînaient ont creusé d'impressionnantes marmites de géants. Les prospecteurs du siècle dernier en tirèrent de grandes quantités d'or. Près de la R532, Bourke's Luck (« la chance de Bourke ») abrite le siège de la réserve naturelle et son bureau de renseignement.

Le Pinnacle, Panorama Route

Panorama Route
Cette partie de la R534, qui zigzague pendant 18 km au bord du canyon, offre de splendides panoramas du Lowveld. Des noms comme Wonderview (« vue merveilleuse ») et God's Window (« fenêtre de Dieu »), s'ils semblent emphatiques, se révèlent justifiés quand on découvre ces paysages d'une beauté à couper le souffle.

The Pinnacle
La Panorama Route passe aussi à côté de cette impressionnante colonne de rocher qui paraît jaillir tout droit des broussailles. Les lignes dessinées par les couches de grès rappellent ses origines sédimentaires. Malgré l'altitude au-dessus du niveau actuel de la mer, il semble évident que le haut du rocher se trouvait autrefois immergé.

Pilgrim's Rest : Alanglade

Véritable palais selon les standards de Pilgrim's Rest, Alanglade servit de résidence à toute une série de directeurs des Transvaal Gold Mining Estates, mais reste intimement associée à ses premiers occupants : Alan et Gladys Barry, qui s'y installèrent avec leurs jeunes enfants en 1916. Avec son mobilier de style géorgien, la demeure, transformée en musée, semble attendre leur retour.

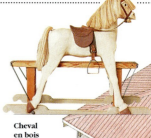

Cheval en bois

★ La cuisine
Le personnel devait nourrir de grandes tablées, et plusieurs celliers et annexes complétaient la cuisine.

Sonnette
Un voyant indiquait aux domestiques dans quelle pièce quelqu'un avait besoin de leurs services.

Des blocs de pierre locale forment l'assise.

Des portes vitrées séparent les pièces.

Des fenêtres cintrées distinguent les entrées.

Véranda
Les vérandas servaient de chambres, car la maisonnée comptait 7 enfants et de nombreux domestiques.

À NE PAS MANQUER

★ La cuisine

★ La chambre d'Erica

Façade d'Alanglade (1915)

★ **La chambre d'Erica**
La fille aînée était le seul enfant à disposer de sa propre chambre, bien qu'elle n'y dormît qu'aux vacances.

Les trophées représentent la faune du Lowveld.

Nursery

Les sols étaient recouverts de nattes végétales.

Mobilier ancien
Le Museum Services meubla Alanglade d'antiquités comme cette armoire en bois de rose.

L'HÉRITAGE D'ALAN BARRY

Le 15 août 1930, Richard Alan Barry, directeur général des Transvaal Gold Mining Estates Ltd, écrivait dans son journal intime : « Quitte Pilgrim's Rest. Triste séparation d'un travail, d'amis et d'associés. » Après deux autres maisons baptisées du même nom à Johannesburg, cette troisième Alanglade avait vu en quatorze ans grandir une nouvelle génération de Barry. Elle porte toujours le nom que lui avaient donné ses premiers occupants.

Trois des enfants d'Alan Barry

Roseraie
Seule la petite roseraie a conservé son aspect originel, avec sa disposition géométrique et ses bordures de plantes herbacées.

Kruger National Park ❻

Le plus grand et le plus ancien parc national d'Afrique du Sud est sans conteste l'une des plus belles et des plus riches réserves fauniques du monde. Il couvre un territoire long de 352 km entre la Limpopo River et la Crocodile River, et large, en moyenne d'est en ouest, de 60 km. Sa superficie, 19 633 km², correspond presque à celle d'Israël. Les différences géologiques et climatiques y définissent 16 zones de végétation distinctes.

Les baobabs
Ces arbres poussent en grand nombre dans la partie nord du parc.

Observation de la faune
La plupart des camps possèdent des plates-formes d'où l'on peut scruter la brousse.

Les girafes
Surprise près du camp de Satara, l'une des 5 000 girafes du parc.

LÉGENDE

– - · Frontière internationale

▬ Route principale

▬ Route goudronnée

= Piste

🅰 Camp

🅰 Camp de brousse

🅰 Camp privé

📷 Aire de pique-nique

✳ Point de vue

0   10 km

Bassin à hippopotames
Le parc abrite plus de 3 000 hippopotames. Beaucoup vivent dans la partie sud du parc, le long de la Sabie River.

◁ **Zèbres et impalas s'abreuvent à l'un des nombreux points d'eau du Kruger National Park**

Arbres *mopane* et sable rouge près de Punda Maria dans le nord du parc

MODE D'EMPLOI

Carte routière F1-2. ✖
Skukuza, Phalaborwa, Nelspruit.
📞 **Réservation centrale :**
National Parks Board. (012) 428-9111 ou (011) 678-8870.
⌚ *5 h 30-18 h 30 sept.-mars, 6 h-18 h avr.-août. Se prémunir contre la malaria.*
🌐 www.parks-sa.co.za/knp

LE NORD DU PARC KRUGER

Les lits de plusieurs rivières, souvent asséchées, creusent d'immenses étendues semi-arides où poussent des arbres mopane, une essence particulièrement appréciée des éléphants. La région abrite aussi des troupeaux de buffles et des antilopes telles que le céphalophe noir, l'antilope rouanne, l'éland, le bubale de Lichtenstein, le damalisque et le grisbok.

Punda Maria

Ce camp isolé à la pointe nord du parc séduira les amateurs de solitude. Les huttes datent de 1933. L'aire de pique-nique de Pafuri attire les ornithologues amateurs, qui peuvent espérer y voir le trogon de Narina à la robe pourpre et verte, le merle à longue queue, la pintade huppée et des guêpiers. Au bord de la Luvuvhu River, des nyalas paissent tranquillement à l'ombre de figuiers sauvages, d'arbres à fièvre, d'acajous du Natal, d'ébéniers et de baobabs.

Shingwedzi et Mopani

À 47 km au sud de Punda Maria, sur une hauteur surplombant le Pioneer Dam, Shingwedzi possède une piscine à la fraîcheur bienvenue toute l'année dans une région sèche et chaude. Encore plus au sud, le camp de Mopani est une base idéale pour explorer la région. Des routes suivent les deux rives de la superbe Shingwedzi River aux abords fréquentés par des éléphants, des buffles, des nyalas, des cobs à croissant, des lions et des léopards.

Letaba

Des chalets disposés en demi-cercle dominent la Letaba River dans l'un des camps les plus agréables du parc. L'Elephant Hall expose entre autres les défenses de vieux mâles surnommés les « Sept Magnifiques ». Elles seraient les plus grandes jamais trouvées en Afrique du Sud.

LE CENTRE DU PARC KRUGER

Bien qu'aucun cours d'eau d'importance n'arrose les plaines du centre du parc, la savane permet la survie de grands troupeaux d'herbivores. Leur présence attire dans cette région la moitié des lions du Kruger. Pendant l'hiver, impalas, zèbres, gnous, buffles et girafes se pressent autour des points d'eau et des lacs artificiels aménagés dans les lits sableux des rivières.

Quelques excellents postes d'observation permettent de

Pintades huppées

les apercevoir depuis la route au nord de Lower Sabie. Une aire de pique-nique borde le Mlondozi Dam, où une terrasse ombragée domine la vallée. Très populaire, le point de vue de Nkumbe offre un panorama exceptionnel de la plaine. L'eau de l'Orpen Dam, au pied des collines de N'wamuriwa, attire koudous, éléphants et girafes.

Olifants

Ce camp agréable couronne une colline au-dessus de la plaine inondable de l'Olifants River où vivent de grands troupeaux d'éléphants.

Satara et Orpen

Satara se trouve dans une région remarquable par sa population de lions. Des routes longeant les rivières Sweni, Nuanetsi et Timbavati permettent l'observation des animaux. À l'ouest, non loin de la Timbavati Game Reserve, une réserve privée, le camp d'Orpen, offre un hébergement rustique.

Après les pluies d'été près de Satara

Excursion dans le sud du parc Kruger ❼

Le sud du parc Kruger ne représente qu'un cinquième de sa superficie mais attire la majorité des visiteurs. La région est en effet aisément accessible depuis le Gauteng, et abrite trois des cinq plus grands camps. Malgré les routes parfois encombrées, cette partie du parc est considérée comme celle offrant le plus de chances d'apercevoir des animaux. Les paysages y sont magnifiques, en particulier dans la plaine de la Sabie River.

Tshokwane Picnic Site ②
Située près de l'ancienne piste de chars à bœufs tracée dans les années 1880, cette aire de pique-nique offre un cadre agréable pour une pause. Un kiosque vend des rafraîchissements.

Skukuza ①
Le plus grand camp du Kruger peut accueillir 1 000 visiteurs. Ils y disposent d'un aérodrome, d'une agence de location de voitures, d'une banque, d'une poste, d'un musée, d'une bibliothèque, d'un restaurant et d'une boutique.

Nkuhlu Picnic Site ⑤
L'aire de pique-nique ombragée de Nkuhlu borde la Sabie River peuplée de crocodiles. Des pygargues vocifères fréquentent aussi les lieux, ainsi que des singes qui chapardent la nourriture dans les assiettes.

Lower Sabie Road (H4-1) ④
Sur 43 km entre Skukuza et Lower Sabie, la route la plus appréciée du parc suit de près le cours de la Sabie River à travers une région très riche en faune sauvage.

0   5 km

Légende
▬ Itinéraire
= Autre route
☀ Point de vue

Mode d'emploi
Point de départ : de Paul Kruger Gate pour Skukuza, Tshokwane et Lower Sabie.
Longueur : 100 km.
Comment y aller : N4 depuis Nelspruit, R538 vers Hazyview, et R536 pour Paul Kruger Gate.

Lower Sabie ③
De taille modeste, le camp de Lower Sabie domine une partie de la rivière souvent fréquentée par des éléphants, des buffles, des hippopotames, des canards et des hérons.

Les réserves privées ❽

Les réserves privées, bordées par la Sabie River et l'Olifants River, forment une zone tampon entre la frontière occidentale du parc Kruger et les régions densément peuplées de Lebowa et de Gazankulu. Dans les années 1960, une clôture séparait ces zones du parc, notamment pour éviter l'extension d'épidémies, mais celle-ci bloquait aussi les routes de migration. Un accord entre toutes les parties a permis sa destruction, et, depuis 1994, les troupeaux ont retrouvé leur liberté de circuler.

Hippopotames dans un bassin naturel de la Sabi Sabi Game Reserve

À la découverte des réserves privées

Hébergement de luxe, service attentif, richesse de la faune et excursions de jour comme de nuit accompagnées de guides expérimentés expliquent le succès des réserves privées, malgré leur coût élevé.

Sabie Sand Complex

Mpumalanga, 🎫 *réservations : Selati (011) 483-3939 ; Bushlodge (011) 483-3939 ; Mala Mala (031) 765-2900 ; Londolozi (011) 809-4300.* ⬜ *accès limité.* 🏕️ 🍴 *pension complète.*

Sabie Sand réunit les réserves de Mala Mala, Londolozi et Sabi Sabi, et possède une frontière commune de 33 km avec le parc Kruger. Les visiteurs sont pratiquement assurés de voir les Cinq Grands *(p. 24-25)*, ainsi que des hyènes, des guépards et des lycaons.

Les hôtes jouissent d'un choix d'hébergements allant de confortables camps de brousse à de luxueux chalets. Les camps de Selati, Sabie River, Bushlodge, Mala Mala et Londolozi donnent accès à la partie méridionale de la région, réputée pour sa faune.

Manyeleti

Mpumalanga, 🎫 *(013) 735-5753.* ⬜ *accès limité.* 🏕️ *pension complète.*

Moins fréquentée mais aussi riche en animaux, Manyeleti borde le parc Kruger près d'Orpen. Les visiteurs peuvent y dormir sous les tentes confortables de l'Honeyguide Camp ou dans les splendides chalets de Khoka Moya.

Safari dans la brousse

Timbavati

Mpumalanga. 🎫 *réservations pour les différents lodges : (015)793-1453.* ⬜ *accès limité.* 🏕️ 🍴 *pension complète.*

Jouxtant la zone centrale du parc Kruger, ce territoire sauvage de 550 km² renferme 5 sites d'hébergement qui proposent chacun des expéditions à pied et des safaris en véhicule tout-terrain dans la réserve.

Le camp de tentes de M'bali et les huttes en bambou de l'Umlani Bush Camp se trouvent au nord, tandis que les luxueux *lodges* de Kambaku, Ngala et Tanda Tula permettent de découvrir le centre.

Klaserie

Mpumalanga. 🎫 *réservations : Thorny Bush (011) 793-1976, King's Camp (013) 755-4408 ; Umlali (015) 793-1483, Motswari (011) 463-1990.* ⬜ *accès limité.* 🏕️ 🍴 *pension complète.*

Bordée à l'est par le Kruger National Park et l'Olifants River, Klaserie est constituée de plusieurs réserves privées. D'une superficie totale de plus de 620 km², la région est restée fermée au public jusqu'en 1995, mais possède désormais d'excellents *lodges* et camps de brousse. La Klaserie River, qui serpente à travers la brousse semi-aride, attire d'innombrables oiseaux et mammifères. Parmi ces derniers Grands : lion, léopard, éléphant, rhinocéros et buffle.

Hébergement de luxe à la Mala Mala Private Reserve

Swaziland

Hutte traditionnelle swazi à Mlilwane

L e royaume du Swaziland a échappé aux invasions des Zoulous et des Boers, et, après une période de protectorat britannique, le pays a obtenu son indépendance en 1968. Depuis 1986, Mswati III règne sur une population de presque un million d'habitants. Les reliefs de l'ouest du pays offrent de beaux parcours de randonnée. La région centrale bénéficie d'un climat tropical favorable aux cultures fruitières, et est réputée pour son artisanat.

★ Mbabane
La capitale du Swaziland a pour origine un comptoir commercial, ouvert en 1888 par Michael Wells à un point de passage de la rivière. Le Swaz Market est très animé.

★ Mlilwane Wildlife Sanctuary
Ici, rhinocéros blancs, girafes, zèbres et antilopes vivent en sécurité sur 45 km². Le restaurant du camp domine un bassin à hippopotames.

À NE PAS MANQUER

★ Hlane Royal
   National Park

★ Mbabane

★ Mlilwane Wildlife
   Sanctuary

★ Piggs Peak

Manzini
Centre industriel proche de l'aéroport, la plus grande ville du Swaziland possède des marchés colorés où acheter produits frais et artisanat.

★ **Piggs Peak**
Des artisans exposent le long de la route qui mène au casino, situé au nord de ce centre forestier.

La Phopanyane Nature Reserve est privée. De nombreux oiseaux peuplent une végétation subtropicale.

MODE D'EMPLOI

Carte routière F2. ✈
Matsapha (Manzini) à 34 km au S.-E. de Mbabane. 🚌 *Baz Bus de Durban à Pretoria via Mbabane.* **Postes-frontières :** *Ngwenya (7 h-22 h) ; Bulembu (8 h-16 h) ; Matsamo (7 h-20 h) ; Mananga (8 h-18 h) ; Lavumisa (7 h-22 h) ; Mahamba (7 h-22 h).* ℹ *Swazi Plaza, Mbabane.* ☎ *(09268) 404-2531.* 🕐 *8 h-16 h lun.-ven., 9 h-minuit sam.* ⬤ *dim., jours fériés.* 🎭 *Umhlanga Reed Dance (août-sept.) ; Independence Day (6 sept.).*
Mlilwane Wildlife Sanctuary
☎ *(09268) 528-3944.*
Hlane Royal National Park
☎ *(09268) 528-3944.*

Malolotja Nature Reserve
La réserve renferme la plus vieille mine du monde, Ngwenya. Elle offre un panorama spectaculaire. Le fer spéculaire et l'hématite extraits il y a 43 000 ans servaient à des fins cosmétiques.

À Big Bend, la canne à sucre prospère le long de la Lusutfu River.

★ **Hlane Royal National Park**
Ce parc et la réserve adjacente de Mlawula protègent 370 km² de dense forêt et les Lubombo Mountains. Éléphants, rhinocéros blancs, antilopes, hippopotames et girafes y vivent à l'écart des lions et des guépards. Des safaris à pied peuvent y être organisés sur demande.

LÉGENDE

▬· Frontière internationale	Ⓐ Camping
▪ ▪ Frontière provinciale	🛶 Canoë, rafting
▬ Route principale	🚶 Randonnée pédestre
▬ Route goudronnée	🌿 Point de vue
▭ Piste	ℹ Information touristique

0   20 km

L'INTÉRIEUR ARIDE

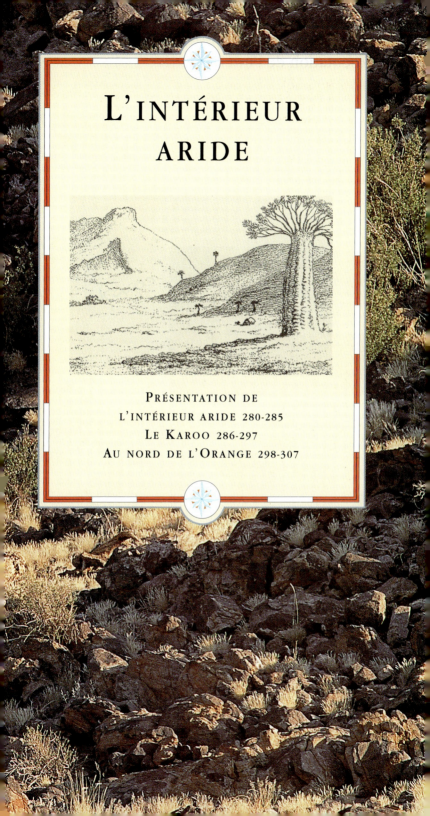

Présentation de l'intérieur aride

L'immense région du Karoo semi-désertique étend sa maigre savane dans les provinces du Cap Nord, du Cap Est et du Cap Ouest et dans celle de l'État libre d'Orange. De paisibles bourgs et villages, souvent riches en architectures Cape Dutch et victorienne, sont les centres marchands de vastes zones agricoles. Au nord, l'Orange River irrigue un ruban fertile et verdoyant avant la mer de dunes rouges du Kalahari, désert où survit une faune très variée malgré la sécheresse. À l'est, la région de Kimberley recèle les plus célèbres mines de diamant du monde.

Dans le Richtersveld, *la flore prend des formes étranges comme le* kokerboom *(« arbre à carquois ») dont les Sans faisaient des flèches.*

Upington

Richtersveld

LE KAROO
(p. 286-297)

La Camel Rider Statue *d'Upington rend hommage aux policiers qui patrouillaient dans le Kalahari au début du XXe siècle.*

◁ **Un** *kokerboom* **(arbre à carquois) dans la région semi-désertique de l'Augrabies Falls National Park**

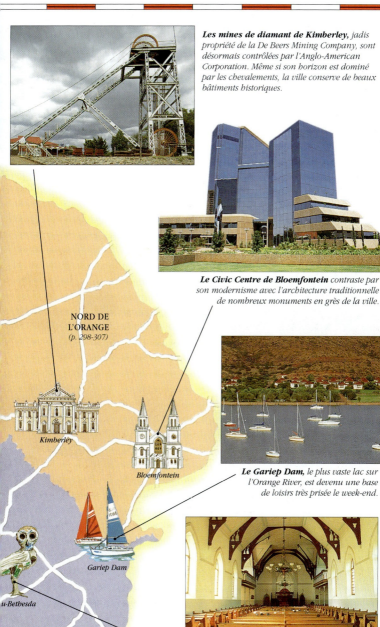

Les mines de diamant de Kimberley, *jadis propriété de la De Beers Mining Company, sont désormais contrôlées par l'Anglo-American Corporation. Même si son horizon est dominé par les chevalements, la ville conserve de beaux bâtiments historiques.*

Le Civic Centre de Bloemfontein *contraste par son modernisme avec l'architecture traditionnelle de nombreux monuments en grès de la ville.*

NORD DE
L'ORANGE
(p. 298-307)

Kimberley

Bloemfontein

Le Gariep Dam, *le plus vaste lac sur l'Orange River, est devenu une base de loisirs très prisée le week-end.*

Gariep Dam

u-Bethesda

Nieu-Bethesda, *dont la Dutch Reformed Church fut achevée en 1905, attire surtout les visiteurs pour son étrange Owl House.*

0　　　　100 km

La vie dans le désert

Balaustium

Au nord de l'Orange River, l'immense zone aride a pour coeur le désert du Kalahari, qui couvre des parties de la province du Cap Nord et de la Namibie, ainsi que la majorité du Botswana. Le sol absorbe rapidement les précipitations, de 150 à 400 mm par an, et la flore comprend principalement des herbacées, des arbustes et l'acacia *eriolaba*, dit à « épines de dromadaire », qui pousse dans les lits de rivières asséchées. Même si la région paraît désertique, elle abrite en fait une faune d'une étonnante diversité qui s'est parfaitement adaptée pour survivre dans cet environnement difficile.

Les rivières, *telle l'Auob, ne se remplissent pas chaque année, mais seulement après des pluies exceptionnelles.*

Le carquois contient des flèches empoisonnées avec une larve de scarabée.

Le gemsbok *(oryx) se nourrit d'herbes, de feuilles et de racines et peut se passer d'eau. Sa température varie en fonction des conditions extérieures et dépasse parfois 45 °C.*

Les lions du Kalahari *ne vivent que dans le Kgalagadi Transfrontier Park. Quand les antilopes migrent, ils se contentent de proies plus petites telles que porcs-épics et otocyons.*

L'otocyon *peut détecter avec ses grandes oreilles des proies souterraines du désert telles que termites et larves de scarabée.*

L'hyène brune *est avant tout un charognard, mais elle se nourrit aussi de fruits, d'insectes, d'œufs d'oiseaux et de petits animaux. Bien adaptée aux régions arides, elle peut vivre de longues périodes sans boire.*

Le tsama, *sorte de pastèque amère, est une source de vitamine C et d'eau pour les Bushmen et les animaux.*

La buse variable, l'un des nombreux rapaces du Kalahari, est une espèce migratrice. Elle arrive en Afrique du Sud en octobre et repart en mars.

Le ganga namaqua mâle parcourt tous les trois à cinq jours jusqu'à 60 km pour aller boire et tremper les plumes de sa poitrine. L'eau qu'elles emmagasinent sert à abreuver les petits.

Des bâtons servent à déterrer racines et tubercules.

Les œufs d'autruche fournissent protéines et humidité.

La vipère heurtante (puff adder), *un serpent très venimeux, laisse en se déplaçant des traces caractéristiques sur les dunes du Kalahari.*

LES BUSHMEN

Les premiers occupants du sous-continent africain, les Sans (ou Bushmen) nomades, ont quasiment disparu. Un petit groupe vit sur un territoire alloué en 1997 au sud du Kgalagadi Transfrontier Park. La vie moderne a sérieusement affecté leur culture, et même dans les régions les plus isolées du Botswana, les clans mènent désormais des vies sédentaires. Leurs membres tiraient jadis toute leur subsistance d'une nature hostile, et 20 espèces d'insectes et 180 plantes et racines faisaient partie de leur alimentation.

Les geckos aboyeurs émettent le soir des appels perçants. S'ils se sentent menacés, ils se figent pour se confondre avec le sable rouge.

Le scarabée **Sparrmannia flava** *possède une sorte de fourrure qui lui permet de rester actif la nuit, quand il fait très froid.*

Des éoliennes pompent l'eau rare dans des réservoirs métalliques. Malgré la sécheresse, le Kalahari permet des activités agricoles comme l'élevage du mouton caracul et, là où il existe des points d'eau, de variétés de bovins particulièrement rustiques.

L'Orange River

Arbre à carquois

La majeure partie de l'Afrique du Sud possède un climat sec, l'importance des précipitations décroissant d'est en ouest, et à peine 8 % des eaux de pluie atteignent les rares grands cours d'eau. L'Orange River et ses affluents irriguent à eux seuls près de la moitié du pays. Long de 2 450 km entre le nord-est du Lesotho, où il prend sa source, et l'océan Atlantique, le fleuve serpente à travers les plaines arides du Cap Nord, où des roues en bois puisent dans les canaux d'irrigation pour arroser les champs d'une étroite bande fertile plantée de vignobles, de palmiers dattiers, de luzerne et de coton.

Le Richtersveld National Park, créé en 1991 dans une région montagneuse, ne possède qu'un réseau de pistes pour véhicules tout-terrain.

À Alexander Bay, des dragueurs cherchent des diamants en raclant le fond de l'estuaire de l'Orange River, peuplé de nombreux oiseaux.

Le Fish River Canyon traverse la frontière namibienne.

0   50 km

Les randonnées en canoë (p. 361) connaissent une popularité grandissante. Plusieurs agences spécialisées de Cape Town organisent des expéditions de plusieurs jours, avec hébergement en camping sur les rives du fleuve.

Aux Augrabies Falls, baptisées Aukoerebis (« lieu du grand bruit ») par les Khoisans, l'Orange River plonge de 56 m dans une gorge encaissée. Depuis 1966, un parc national protège la chute d'eau et ses environs.

Onseepkans, un petit poste frontière, sert de base de départ à des randonnées en canoë sur l'Orange River.

Upington, sur la rive nord, est la plus grande ville arrosée par l'Orange River. Elle tire une partie de sa prospérité des fruits secs, surtout des raisins, et le spectacle des grappes étalées au soleil au bord de la route n'a rien d'inhabituel.

La Pella Mission et son église catholique entourée de palmiers dattiers possèdent un petit air mexicain. Les deux missionnaires qui élevèrent le sanctuaire n'avaient qu'une encyclopédie pour tout manuel de construction.

LÉGENDE

▪ ▪	Frontière internationale
▬	Route principale
▬	Route goudronnée
=	Piste
△	Camping
⛵	Canoë/rafting

LE KAROO

Immense territoire de plaines arides entrecoupées de collines coniques et d'affleurements de dolérites, le Karoo présente un visage qui n'appartient qu'à l'Afrique du Sud, avec ses villes et villages aux maisons basses en grès à l'architecture caractéristique. Depuis les années 1970, plusieurs réserves naturelles protègent une faune et une flore longtemps négligées.

Les colons hollandais du XVIIᵉ siècle hésitèrent longtemps à se risquer dans une région que les Khoisans appelaient « la terre de la grande soif ». Un officier du nom de Schrijver en explora néanmoins la partie orientale en 1689, et la colonie du Cap avait intégré l'est et le sud du Karoo en 1795. Les autorités partagèrent les vastes plaines en exploitations d'élevage de moutons. Malheureusement, une chasse incontrôlée décima les grands troupeaux de zèbres de montagne, de springboks, de bubales, de gnous à queue blanche, d'élands et de zèbres quaggas qui y migraient alors au rythme des saisons et des précipitations. Quatre-vingts ans plus tard, les quaggas avaient disparu et l'extinction menaçait aussi les zèbres de montagne et les gnous à queue blanche.

La colonisation entraîna la fondation de nouvelles villes. Établie en 1786 pour servir de siège au tribunal, Graaff-Reinet prospéra rapidement, et elle abrite de nombreux monuments historiques, notamment des édifices de style Cape Dutch. Avec leurs toits à forte pente, leurs murs en grès et leurs larges porches, les fermes traditionnelles possèdent elles aussi beaucoup de cachet.

Malgré son aridité, le Karoo recèle de superbes paysages que protègent plusieurs réserves naturelles. La Karoo Nature Reserve entoure Graaff-Reinet de trois côtés, tandis que le Karoo National Park s'étend juste au nord de Beaufort West. Le Mountain Zebra National Park, près de Cradock, a sauvé le zèbre de montagne de l'extinction. À l'est, sur l'Orange River, le lac du Gariep Dam, le plus grand lac du pays, alimente en eau la province du Cap Est.

Plantes grasses résistantes à la sécheresse, les ficoïdes (*vygies*) ne fleurissent qu'après la pluie

◁ L'éolienne est devenue le symbole officieux de l'aride Karoo

À la découverte du Karoo

Dans cette région de plaines apparemment sans limites, les routes filent tout droit jusqu'à l'horizon. De vastes exploitations extensives produisent une grande part de la laine et de la viande de mouton du pays. Elles dépendent souvent d'éoliennes pour leur alimentation en eau. Il n'existe que 70 bourgs et villages dans ce territoire inhospitalier dont Beaufort West est la plus grande agglomération. Beaucoup de localités, à l'instar de Graaff-Reinet, conservent un cachet historique. À Beaufort West, Graaff-Reinet et Cradock, des réserves naturelles protègent des paysages, une faune et une flore caractéristiques.

UPINGTON

Orange

N14

Springbok

Verneuk Pan

R27

Swartkolkvloer Pan

LES SITES D'UN COUP D'ŒIL

Cradock ❻
Gariep Dam ❼
Graaff-Reinet p. 292-293 ❷
Karoo National Park ❶
Karoo Nature Reserve ❸
Mountain Zebra National Park ❺
Nieu-Bethesda ❹

R63

R354

Riet

Doring

Cape Town

Attelage à Cradock

VOIR AUSSI

• *Hébergement* p. 338

• *Restaurants* p. 357

Autruche du Mountain Zebra National Park

CIRCULER

La N1, qui relie Cape Town à Johannesburg, traverse Beaufort West. La N9 s'en sépare à Colesberg pour rejoindre Graaff-Reinet. La N10 dessert Cradock et le Mountain Zebra National Park, créé à proximité. Des routes secondaires goudronnées conduisent aux villages moins importants et permettent d'explorer les zones les plus isolées de la région malgré l'importance des distances. La circulation reste modérée et les localités abritent pour la plupart de confortables bed-and-breakfasts et des restaurants. Les bus assurant des liaisons interurbaines s'arrêtent à Beaufort West, Graaff-Reinet et Cradock.

De style Cape Dutch, le Drotsdy de Graaff-Reinet est une résidence de magistrat typique

Orange

PRIESKA

Kimberley

Orange

N12

N12

N10

N9

N1

N9

Bloemfontein

GARIEP DAM 7

R56

R390

LÉGENDE

▬	Route nationale
▬	Autre route
▬	Parcours pittoresque
～	Cours d'eau ou lac
⋯	Limite de parc
☼	Point de vue

R63

4 **NIEU BETHESDA**

GRAAFF-

CRADOCK 6

2

KAROO NATIONAL PARK

BEAUFORT WEST

3

5

KAROO NATURE RESERVE

MOUNTAIN ZEBRA NATIONAL PARK

N9

rge

Little Fish

KING WILLIAM'S

R67

N2

↓ *Port Elizabeth*

0   50 km

Karoo National Park ❶

Carte routière C4. N1, à 2 km au S. de Beaufort West. 🛈 *(023) 415-2828.* 📞 *réservations : (012) 428-9111.* ⏱ *5 h-22 h t.l.j.* 🅿🎣🚶

Fondé en 1979 à la périphérie de Beaufort West pour protéger une zone typique d'une région longtemps négligée, le Karoo National Park s'est beaucoup agrandi et renferme aujourd'hui, outre de vastes plaines, les Nuweveld Mountains. Cervicapres, antilopes-chevreuils, koudous, steinboks, chacals et loups fouisseurs n'ont jamais cessé d'habiter ce territoire aride, tandis que le springbok, le bubale, le gemsbok, le gnou à queue blanche, le zèbre de montagne, le rhinocéros noir et le lapin riverain *(Bunolagus monticularis)* ont dû être réintroduits. On a recensé quelque 196 espèces d'oiseaux et plus de 20 couples d'aigles de Verreaux.

Aisément accessible depuis la N1, le camp d'hébergement aménagé au pied des Nuweveld Mountains renferme de spacieux chalets de style Cape Dutch, un camping, une boutique, une piscine et un restaurant. Le bureau d'information occupe non loin une ferme historique, l'Ou Skuur Farmhouse. Dans la

Des milliers de springboks peuplaient jadis le Karoo

partie occidentale du parc, les véhicules tout-terrain peuvent emprunter une piste qui offre, après le coucher du soleil, l'occasion d'apercevoir des animaux aux mœurs nocturnes tels que le loup fouisseur, un prédateur proche de la hyène.

Depuis le camp, deux parcours, le Fossil Trail et le Bossie Trail, proposent une information sur la géologie du Karoo et la végétation qui lui est spécifique. Des panneaux en braille jalonnent le Fossil Trail, accessible en fauteuil roulant. Un parcours de 11 km, aisé à effectuer à pied en une journée, part aussi du camp.

Graaff-Reinet ❷

Voir p. 29-293.

Karoo Nature Reserve ❸

Carte routière C4. Graaff-Reinet. 🛈 *(04989) 2-3453.* ⏱ *6 h-18 h avr.-sept. ; 6 h-19 h oct.-mars.* 🅿

Autour de Graaff-Reinet *(p. 292-293)*, cette réserve naturelle protège 145 km² d'un territoire caractéristique du Karoo. À l'ouest de la ville s'ouvre la Valley of Desolation, où des masses de dolérites s'élèvent jusqu'à 120 m au-dessus du fond de la vallée.

Une route de 14 km conduit à un point de vue où débute un court sentier. Il existe aussi un parcours en boucle d'une journée. On l'atteint par la porte Berg-en-dal à la sortie ouest de Graaff-Reinet. Un itinéraire de deux à trois jours permet de découvrir les reliefs de la partie sud-est de la réserve.

À l'est, le territoire protégé comprend le mont Driekoppe, qui domine la plaine de 600 m. Plus de 220 espèces d'oiseaux y vivent. Au centre de la Karoo Nature Reserve, la pêche et la navigation sont autorisées sur le lac du Van Ryneveld's Pass Dam qu'entourent des aires de pique-nique. Les routes qui partent des rives offrent une chance d'apercevoir certains des mammifères de la réserve tels que zèbres de montagne, buffles, bubales, springboks, koudous et damalisques. Leur nombre ne cesse de croître.

Valley of Desolation, Karoo Nature Reserve

Le jardin d'Owl House abrite un étrange rassemblement

Des poiriers agrémentent aujourd'hui Martin Street, la rue principale bordée de propriétés souvent entourées de haies de cognassiers, tandis que des champs irrigués et des peupliers se détachent sur l'arrière-plan déchiqueté des montagnes du Karoo. Pienaar Street franchit la Gat River et longe un vieux moulin à eau. L'édifice avait à l'origine une roue en bois.

Entre autres créateurs, le village a attiré Athol Fugard, dramaturge qui a su conquérir un public mondial avec des pièces telles que *Maître Harold*.

Nieu Bethesda ❹

Carte routière C4. À 50 km au N. de Graaff-Reinet. 🚗 950. 🏠 *Church St, (049) 892-4248.*

Pour atteindre Nieu-Bethesda, il faut quitter la N9 à 27 km au nord de Graaff-Reinet, puis traverser le Voor Sneeuberg (« devant la montagne enneigée ») sur une piste bien entretenue.

Attention, prévoyez une réserve suffisante de carburant car aucune station-service ne permet de s'approvisionner au village.

Le massif du Sneeuberg a pour point culminant le Kompasberg, haut de 2 502 m. Ce sommet doit son nom de « montagne de la boussole » au baron Van Plettenberg, gouverneur de la colonie du Cap, qui, lors d'une visite de la région en 1778 avec le colonel Jacob, remarqua qu'il constituait un bon poste de surveillance des alentours.

C'est un pasteur de l'Église réformée hollandaise, le révérend Charles Murray, qui fonda Nieu Bethesda après avoir acquis une ferme en 1875. La fertilité de la vallée au milieu de ce territoire desséché lui avait évoqué la piscine Béthesda (Évangile selon Jean, V, 2). La construction de l'église qui se dresse aujourd'hui dans Parsonage Street s'acheva en 1905, mais au moment de sa consécration, les fonds perçus n'avaient couvert qu'un tiers des 5 600 livres nécessitées par les travaux. Malgré la vente aux enchères de lots de terre arable appartenant à l'Église, la dette ne fut complètement payée qu'en 1929.

🏛 The Owl House

River St. 🕘 *9 h-17 h t.l.j.* 📞 *(049) 841-1623.* 🈂

Il émane de la « maison de la Chouette » une atmosphère si particulière qu'elle est considérée comme l'un des cinquante sites historiques les plus intéressants d'Afrique du Sud. Plus qu'une demeure, il s'agit en fait d'une œuvre de cet art appelé « brut » ou naïf, car étranger aux circuits habituels. Helen Martins consacra trente ans à réaliser, avec l'aide de son assistant Koos Malgas, les sculptures en béton qui se trouvent dans le jardin : chouettes, moutons, dromadaires, personnages, sphynx et symboles religieux. Dans la maison, du verre de couleur pilé décore murs, portes et plafonds, tandis que des miroirs reflètent la lumière.

Chouette

HELEN MARTINS (1897-1976)

Née à Nieu-Bethesda le 23 décembre 1897, Helen quitta la maison pour suivre des études d'enseignante à Graaff-Reinet. Elle épousa un jeune diplomate, mais les époux se séparèrent rapidement. Un second mariage échoua à son tour, et Helen rentra à Nieu-Bethesda pour s'occuper d'un père âgé et irascible. Après sa mort, elle se retira dans un monde qui lui était propre et peupla son jardin d'étranges sculptures, miroir de l'univers mythique qui l'habitait. Après avoir pilé du verre pendant de nombreuses années, Helen commença à perdre la vue à la fin de sa vie, et elle se suicida à l'âge de 78 ans en buvant de la soude caustique. Elle laissait une œuvre inclassable et mystérieuse.

La chambre décorée avec du verre pilé

Graaff-Reinet pas à pas ❷

L a Compagnie hollandaise des Indes orientales envoya en 1786 un *landdrost* (magistrat) faire respecter la loi et l'administration néerlandaise dans la région éloignée du Karoo. Un bourg naquit autour du tribunal, et fut nommé d'après le gouverneur Cornelis Jacob Van de Graaff et son épouse, Hester Cornelia Reinet. Neuf ans plus tard, les habitants de la ville chassèrent le *landdrost* pour instaurer la première république boer d'Afrique du Sud. Elle ne résista que quelques mois au pouvoir colonial.

Exposition de l'Urquhart House

War Memorial
Il honore les victimes des deux guerres mondiales.

Huguenot Monument

PARK STREET

Town Hall

Valley of Desolation

NORTH STREET

CALEDON STREET

Église réformée
Deux variétés de pierres locales servirent à la construction de la Groot Kerk, achevée en 1887.

CHURCH STREET

Old Library Museum

SOMERSET STREET

0   100 m

PARLIAMENT STREET

South African War Memorial
Dévoilé en 1908, il rend hommage aux Boers qui se battirent contre les troupes britanniques.

LÉGENDE
– – – Itinéraire conseillé

STRETCH'S COURT

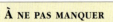

★ Stretch's Court
Ces logements d'employés et d'esclaves affranchis datent des années 1850.

Le Spandau Kop domine la ville

MODE D'EMPLOI

Carte routière C4. 50 000.
Port Elizabeth à 236 km au S.-
E. Kudu Motors, Church St.
Publicity Association (049) 892-
4248. 8 h-17 h lun.-ven., 9 h-
12 h sam., dim. **Reinet House**
(049) 892-3801. 8 h-
12 h 30, 14 h-17 h lun.-ven., 9 h-
15 h sam., 9 h-12 h, 14 h-17 h
dim. Heritage Festival (sept.).

À la découverte de Graaff-Reinet

La ville borde la Sundays
River, et ses jardins et ses
avenues plantées d'arbres
offrent un contraste frappant
avec l'aride Karoo qui
l'entoure. Graaff-Reinet abrite
plus de 200 maisons classées
monuments historiques. C'est
le quartier entre Bourke Street
et Murray Street qui présente
le plus d'intérêt architectural.

⛪ Église réformée hollandaise

De style néo-gothique, cette
belle église de la fin du
XIXᵉ siècle s'inspire de la
cathédrale de Salisbury
(XIIIᵉ siècle).

🏛 Stretch's Court

En 1855, le capitaine Charles
Stretch acheta un terrain
proche du tribunal afin d'y
construire des logements pour
ses employés. Restaurés en
1977, ils forment aujourd'hui
l'annexe de l'hôtel installé
dans le Drotsdy.

🏛 Old Library Museum

Church St. 9 h-12 h 30, 14 h-17 h
lun.-ven.
Cet édifice de 1847 abrite
l'office de tourisme et une
exposition de photos et de
fossiles du Karoo.

🏛 Hester Rupert Gallery

Church St. (04989) 2-2121.
10 h-12 h, 15 h-17 h lun.-ven.,
10 h-12 h sam., dim.
Des artistes contemporains
sud-africains sont exposés
dans l'ancienne Dutch
Reformed Mission Church.

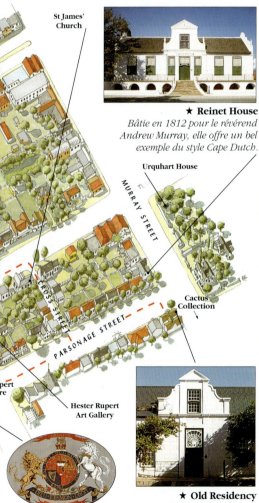

St James' Church

MURRAY STREET

CROSS STREET

PARSONAGE STREET

Urquhart House

Cactus Collection

Hester Rupert Art Gallery

...pert ...re

★ Reinet House
*Bâtie en 1812 pour le révérend
Andrew Murray, elle offre un bel
exemple du style Cape Dutch.*

Drostdy
*Tribunal et résidence du
landdrost, dessiné en 1804
par Louis Michel Thibault,
le Drotsdy conserve cette
plaque héraldique.*

★ Old Residency
*Cette imposante demeure
Cape Dutch achevée dans
les années 1820 a conservé
son imposte d'origine. Le
bâtiment fait aujourd'hui
fonction d'annexe de la
Reinet House.*

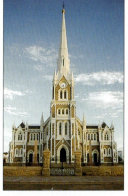

Église réformée hollandaise

Zèbre de montagne dans le Mountain Zebra National Park

Mountain Zebra National Park ❺

Carte routière D4. À 26 km à l'O. de Cradock. ☎ *(048) 881-2427.* ◯ *7 h-18 h mai-sept. ; 7 h-19 h oct.-avr.*

L e Parc national des zèbres de montagne, situé à l'ouest de Cradock, est un des plus petits d'Afrique du Sud, mais il présente un intérêt qui dépasse largement sa superficie. À sa création en 1937, il ne restait plus que 6 zèbres de montagne. En 1949, 2 spécimens seulement survivaient. Les efforts de protection aboutirent cependant, et le troupeau compte aujourd'hui environ 270 membres, tandis que plusieurs groupes sont allés repeupler d'autres réserves naturelles. Le parc renferme aussi des springboks, des bubales, des élands, des cervicapres et des gnous à queue blanche. Un projet d'agrandissement devrait permettre l'introduction du guépard et du rhinocéros noir.

Le camp d'hébergement domine une vallée et comprend des bungalows, un camping, un restaurant, une boutique et un centre d'information. Une courte marche depuis les chalets conduit à la piscine creusée à la base d'une arête de granite.

Au départ du camp, un circuit carrossable de 28 km traverse la Wilgeboom Valley, boisée et réputée pour ses formations rocheuses. La route passe par le Doornhoek Cottage, qui servit de décor au tournage du film *La Nuit africaine*, tiré du roman d'Olive Schreiner, et mène à une aire de pique-nique ombragée au pied des montagnes. Le circuit nord, dont le point de départ se trouve juste avant Wilgeboom, grimpe jusqu'au Rooiplaat Plateau, qui ménage des vues magnifiques du Karoo et abrite la majeure partie de la faune du parc. Le petit matin et la fin de l'après-midi sont les meilleurs moments pour découvrir cet endroit.

Il existe aussi un itinéraire de randonnée de trois jours. Il part du camp et offre l'occasion, dans le sud de la réserve, d'apercevoir des animaux et de découvrir les reliefs granitiques du Bankberg.

Cradock ❻

Carte routière D4. 🚶 *11 500.* 🚏 *Church St.* 🚌 *Struwig Motors, Voortrekker St.* ℹ️ *Stockenstroom St, (048) 881-2383.*

E n 1812, vers la fin de la quatrième guerre de frontière, sir John Cradock fonda deux avant-postes militaires pour surveiller les confins orientaux de la colonie. L'un donna naissance à Grahamstown, l'autre à Cradock. La région se révéla propice à l'élevage des moutons mérinos, et le bourg se développa rapidement. La Dutch Reformed Church domine sa grand-place centrale. Achevée en 1867, elle s'inspire de l'église St Martin-in-the-Fields de Londres.

Église réformée hollandaise de Cradock

Derrière l'hôtel de ville, le **Great Fish River Museum** retrace l'histoire des premiers pionniers. Dans Market Street, **Die Tuishuise** (*p. 338*) accueille des hôtes en bed-and-breakfast dans 14 maisons du milieu du XIXᵉ siècle restaurées. Chacune reflète le style architectural d'une époque.

À environ 5 km au nord de la ville, le **Cradock Spa** propose, à l'intérieur comme en plein air, des piscines alimentées par une source chaude.

🏛 The Great Fish River Museum

87 High St. ☎ *(048) 881-4361.* ◯ *8 h-13 h, 14 h-16 h mar.-ven. ; 9 h-12 h sam.* ● *lun., dim.*

OLIVE EMILIE SCHREINER (1855-1920)

La Nuit africaine fut le premier roman sud-africain à susciter un réel intérêt hors du pays. Son auteur, Olive Schreiner, en commença la rédaction alors qu'elle travaillait comme gouvernante dans des fermes des environs de Cradock. Publié en 1883 sous le pseudonyme masculin de Ralph Iron, l'ouvrage connut un succès immédiat. La romancière rédigea aussi de nombreux écrits politiques où elle prenait la défense des opprimés, qu'il s'agisse des femmes ou des gens de couleur. Elle mourut à Wynberg (Cape Town), mais son mari la fit enterrer sur le Buffelskop, au sud de Cradock. Elle repose à côté de sa fille, morte quelques heures après sa naissance.

Olive Schreiner

Maisons aux porches *(stoeps)* **caractéristiques dans une rue de Cradock**

Cradock Spa
Marlow Rd. **C** *(048) 881-2709.*
O *7 h-20 h t.l.j.*

Gariep Dam ❼

Carte routière D4. Au N.-.E. de
Colesberg sur la R701. **C** *(051) 754-
0060 (Gariep Hotel).*

L'Orange River est le plus
long et le plus important
des fleuves d'Afrique du Sud.
Même sans tenir compte de
son principal affluent, la Vaal
River, son bassin de drainage
représente un tiers du pays.

Si les Khoisans avaient
nommé le cours d'eau Gariep,
il doit son nom actuel au
colonel Robert Gordon, qui,
en atteignant sa rive en 1779,
le baptisa d'après les princes
d'Orange, la famille qui
assura l'indépendance des
Provinces-Unies hollandaises.

En 1928, le docteur
A. D. Lewis proposa l'idée
d'un tunnel qui relierait le Cap
Est à l'Orange River. Malgré la
remise d'un rapport dès 1948,
le gouvernement prit son
temps et le Premier ministre
Hendrik Verwoerd ne donna
le feu vert à l'ambitieux projet
qu'en 1962. Les travaux
commencèrent en 1966 et la
dernière brèche dans le
barrage de la retenue d'eau
fut colmatée en 1970. Le
barrage mesure 90 m de
hauteur et est large de 948 m
au sommet. Le lac du Gariep
Dam est le plus grand
d'Afrique du Sud. À son
niveau le plus haut, il possède
une superficie de 374 km².

L'Orange-Fish Tunnel part
d'Oviston, au milieu de la rive
sud. Long de 83 km, il rejoint
la source de la Great Fish
River près de Steynsburg.
Achevé en 1975, c'est la
deuxième conduite forcée du
monde par la longueur. D'un
diamètre de 5 m, elle peut
détourner jusqu'à un quart du
débit du fleuve.

Une étendue de bushveld
entoure le Gariep Dam, et le
territoire délimité par l'Orange
et le Caledon, un affluent,
renferme trois belles réserves
naturelles d'une surface totale
de 452 km². Les autorités y
ont réintroduit avec succès
le springbok, le damalisque,
le gnou à queue blanche et
le rare zèbre de montagne.
Au niveau du barrage,
Aventura Midwaters
propose des bungalows
confortables, un camping

et des activités de plein air
telles que bateau, pêche,
tennis, golf, équitation et
baignade.

À la source du lac, une
réserve faunique au nom de
circonstance, **Tussen-die-
Rivière** (« entre les rivières »),
abrite des springboks, des
gnous à queue blanche, des
bubales, des élands, des
gemsboks, des zèbres et des
rhinocéros blancs. Des chalets
dominent le confluent des
deux cours d'eau et des
sentiers de randonnée
sillonnent la moitié orientale
de la réserve.

Aventura Midwaters
Gariep Dam. **C** *(051) 754-0045.*
O *t.l.j.*
Tussen-die-Riviere
Game Reserve
Gariep Dam. **C** *(051) 763-1114.*
O *t.l.j.*

Bungalows au bord de l'eau, Gariep Dam

Dans le Karoo National Park, les cottages où logent les visiteurs sont situés dans un cadre superbe ▷

AU NORD DE L'ORANGE

Au nord du plus grand fleuve d'Afrique du Sud, les dunes rouges du Kalahari sont interrompues seulement par trois arêtes montagneuses qui brisent la monotonie du paysage jusqu'aux prairies du Highveld. Telles des oasis, quelques villes comme Upington offrent une escale aux voyageurs. Le long de l'Orange River, des vignes permettent la production de raisins secs et de vins de qualité.

Cette région aux paysages austères abrite une faune d'une grande richesse malgré l'aridité, et quelques sites chargés d'histoire.

Dans le territoire alors quasiment inexploré où les derniers Sans nomades avaient trouvé refuge, Robert et Mary Moffat construisirent en 1820 une mission et une école à Kuruman, à 263 km au nord-est de l'actuelle Upington. Ils consacrèrent cinquante ans de leur vie à traduire la Bible en langue setswana. Leur gendre, le pasteur David Livingstone, sera le premier Européen à explorer l'Afrique centrale.

Dans la colonie du Cap, les fermiers afrikaners supportaient de moins en moins l'administration britannique, et beaucoup partirent vers le nord en quête de nouvelles terres. En 1836, un groupe de *voortrekkers (p. 48-49)* traversa l'Orange River et s'installa près de Thaba Nchu. En 1854 naissait l'État libre d'Orange, une république boer qui se donna pour capitale la localité de Bloemfontein, située un peu plus à l'ouest. Mais la découverte de diamants en 1866 bouleversa les fondements de l'économie du pays et l'équilibre démographique de la région. Kimberley attira des dizaines de milliers de prospecteurs qui creusèrent le Big Hole, un cratère de 800 m de profondeur d'où sortirent 2 722 kg de diamants entre 1871 et la fin de son exploitation en 1914.

Plus à l'ouest sur l'Orange River, le révérend Christiaan Schröder fonda en 1871 une mission au bord du fleuve, à la demande d'un chef griqua local. Ses canaux d'irrigation créèrent dans le désert des vignobles, des vergers et des champs de blé, et permirent le développement de la ville d'Upington.

Mangoustes carnivores, les suricates vivent en groupes familiaux aux liens étroits

◁ Un *halfmens (Pachypodium namaquanum)* se détache sur les plaines brumeuses du Richtersveld

À la découverte du nord de l'Orange

Upington constitue une base idéale pour découvrir l'immensité de dunes rouges aux frontières du Kalahari. Bien qu'aucune rivière permanente n'y ait coulé depuis des milliers d'années, une faune nombreuse et variée a réussi à y survivre. Kimberley est née de la plus grande ruée vers le diamant de la planète, et elle conserve d'intéressants témoignages de cette période fiévreuse. En se dirigeant vers l'est, les moyennes annuelles de précipitations augmentent régulièrement. L'élevage et la culture des céréales ont transformé les paysages de la province de l'État libre, dont la capitale, Bloemfontein, abrite de nombreux bâtiments anciens.

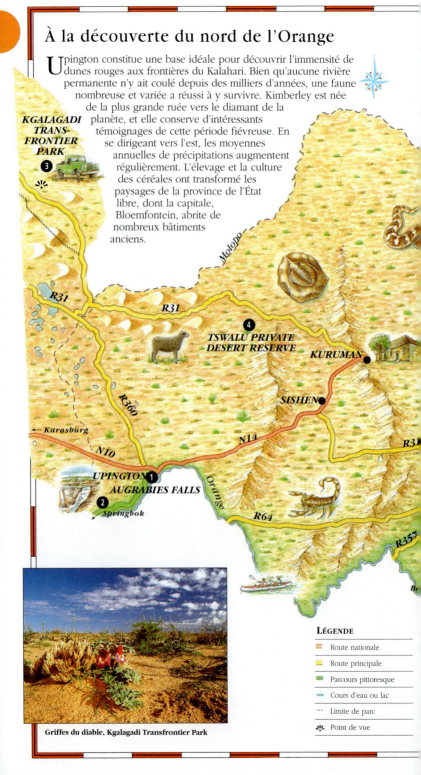

KGALAGADI TRANS-FRONTIER PARK
3

Molopo

R31

R31

4

TSWALU PRIVATE DESERT RESERVE

KURUMAN

SISHEN

R360

Karasburg

N14

R31

N10

UPINGTON 1

AUGRABIES FALLS

2

Springbok

Orange

R64

R357

Be

Griffes du diable, Kgalagadi Transfrontier Park

LÉGENDE

- Route nationale
- Route principale
- Parcours pittoresque
- Cours d'eau ou lac
- Limite de parc
- Point de vue

LES SITES
D'UN COUP D'ŒIL

Augrabies Falls National Park **2**
Bloemfontein **6**
Kgalagadi Transfrontier Park **3**
Kimberley **5**
Tswalu Private Desert Reserve **4**
Upington **1**

0   50 km

Le Big Hole à Kimberley, creusé entre 1871 et 1914

CIRCULER

Depuis Johannesburg et les provinces du Cap Est et du Cap
Ouest, des routes nationales rejoignent les villes du nord de
l'Orange. Bien que de grandes distances séparent les zones
habitées et qu'il existe peu de stations-service ou de débits de
boissons fraîches sur le trajet, un trafic peu important et des
chaussées goudronnées rendent les déplacements aisés. La
R360 conduit au nord d'Upington au Kgalagadi Transfrontier
Park, dont les pistes ne nécessitent pas de véhicule tout-
terrain. D'ouest en est, la R64 relie Upington,
Kimberley et Bloemfontein, trois villes dotées
d'un aéroport. Des liaisons par autobus permettent
également de rejoindre d'autres localités.

VOIR AUSSI

• *Hébergement* p. 338-339

• *Restaurants* p. 357

RYBURG

N14

Johannesburg

N12

Vaal

WARRENTON

R64

5

IBERLEY

Modder

R705

R43

N1

BLOEMFONTEIN
6

N8

Maseru

Riet

N6

N1

Orange

Graaff-
Reinet

Gariep
Dam

**Le tournesol est une des grandes
cultures de l'État libre**

Maison du révérend Christiaan Schröder à Upington

Upington ❶

Carte routière B3. 🏘 36 300.
ℹ️ *Schröder St, (054) 332-6064.*
✈️ *à 7 km au N.-E. de la ville.*
🚉 🚌 *gare d'Upington.*

L a route qui conduit à Upington traverse une vaste plaine désolée, mais le paysage change brusquement quand elle atteint l'Orange River et la bande verdoyante qui encadre le fleuve.

Deuxième ville du Cap Nord après Kimberley, Upington est le pôle social et commerçant d'une fertile région agricole plantée de luzerne, de coton, de vergers et de vignobles.

Malgré les affrontements qui opposaient à la fin du XIXe siècle Khoisans nomades et colons blancs, c'est à la demande du chef local que le révérend Christiaan Schröder fonda en 1871 la mission qui fit creuser les premiers canaux d'irrigation. Son église fait désormais partie du **Kalahari-Oranje Museum**, qui borde la rue principale. Une statue rend hommage aux policiers qui patrouillaient jadis à dos de dromadaire dans ce territoire désertique.

À la sortie de la ville, sur une île au milieu du fleuve, l'un des meilleurs centres d'hébergement du pays, Die Eiland, appartenant à la ville, offre un choix allant de l'emplacement de tente au bungalow, et est aussi le point de départ de croisières vespérales sur l'Orange River.

Les cinq domaines viticoles de la région appartiennent à l'**OranjeRivier Wine Cellars**, qui propose des visites guidées et des dégustations. Sur la rive sud, dans Louisvale Road, la South African Dried Fruit Co-op conditionne jusqu'à 250 tonnes de fruits secs par jour.

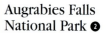

Plante « pierre »

🏛 **The Kalahari– Oranje Museum**
Schröder St. 📞 *(054) 332-6064.* 🕐 *8 h-12 h 30, 13 h 30-17 h lun.-ven.* ♿
🍷 **OranjeRivier Wine Cellars**
📞 *(054) 337 8800.* 🕐 *8 h-17 h lun.- ven, 9 h-12 h sam.* ⚫ *jours fériés.* 📷

Augrabies Falls National Park ❷

Carte routière B3. À 100 km à l'O. d'Upington. ℹ️ *(054) 452-9200.*
🕐 *t.l.j.* 📞 *réservations : (012) 343-1991.* 🅿️🚻🥾🏊⛺
🌐 *www.parks-sa.co.za*

C e parc national, créé en 1966, a pour but de protéger la chute d'eau des Augrabies Falls formée par l'Orange River dans la plus grande gorge granitique du monde. En période de débit normal, la cascade principale déferle d'une hauteur de 56 m, tandis que la Bridal Veil Waterfall (« la cascade du voile de mariée ») dessine un ruban blanc de 75 m sur la paroi nord du ravin.

Le centre d'accueil qui se trouve près de l'entrée du parc renferme une boutique, un restaurant et un bar. Des sentiers en partent en direction des chutes. Malgré les barrières de sécurité, la plus grande prudence est recommandée sur les rochers, que l'humidité rend glissants.

Le camp d'hébergement abrite 59 chalets, 3 piscines et un vaste camping. Un sentier de 39 km, le Klipspringer Trail, permet de découvrir la partie du parc située au sud du fleuve. Il offre des points de vue magnifiques de la gorge et du désert qui l'entoure.

La Black Rhino Adventure Company organise des descentes de rivière et des visites guidées sur la rive nord où vivent des rhinocéros noirs et de grandes antilopes comme l'éland et le koudou.

Les Augrabies Falls dans le parc national du même nom

Kgalagadi Transfrontier Park ❸

Carte routière B2. À 80 km au N. d'Upington. ⊞ (054) 561-2000. 📞 *réservations : (012) 343-1991.* ⊙ *t.l.j.* 🏕 🐾 🏃 ⛺ W www.parks-sa.co.za/kgalagadi

Springbok (*Antidorcas marsupialis*)**, Kgalagadi Transfrontier Park**

Au milieu d'un océan de dunes herbeuses, deux lits de rivière asséchés traversent le plus vaste parc national du continent africain. Géré par le Botswana et l'Afrique du Sud, il couvre une superficie de 34 390 km², soit près de deux fois celle du Kruger National Park *(p. 238-239)*. La frontière entre les deux pays n'est pas marquée à l'intérieur du parc, notamment pour permettre aux antilopes de survivre aux aléas du climat en migrant.

La R360 conduit au parc depuis Upington. La route goudronnée s'arrête près d'Andriesvale, puis une piste longe la clôture de la réserve pendant 58 km, avant d'atteindre l'entrée sud et son terrain de camping poussiéreux. Non loin, le camp de Twee Rivieren ab. chalets. D. Riv. su. l'A. cam. Nossc. aires d. le Nossc.

L'aridit. Kgalagadi d'offrir un h. autant d'espè. que la savane, trouve 3 carni. dont le lion du K. crinière noire, le gépard, la hyène brune, le chat sauvage, le ratel et le suricate. La faune comprend aussi de nombreux reptiles et oiseaux, notamment des rapaces tels que le faucon chanteur. Le tisserin fabrique d'impressionnants nids collectifs dans les acacias.

Quarante éoliennes alimentent dans les oueds des points d'eau essentiels à la survie des springboks, gnous, bubales, gemsboks et autres antilopes.

Tswalu Private Desert Reserve ❹

Carte routière C2. À 115 km au N.-O. de Kuruman. ⊞ *informations et réservations : (053) 781-9211.* 🏕

D'une superficie de 750 km², la plus grande réserve privée d'Afrique du Sud protège de vastes étendues du Kalahari aux dunes de sable rouge et les pittoresques montagnes du Korannaberg. Elle doit son existence aux efforts de l'homme d'affaires nique Stephen uit, et réunit, s d'élevage emiers travaux émonter s et électriques, es ainsi

que 38 réservoirs en béton. Il fallut aussi vendre environ 7 000 têtes de bétail.

Boler a investi plus de 54 millions de rands pour développer Tswalu. Il a ainsi réintroduit 4 700 animaux appartenant à 22 espèces, dont le lion, le léopard, le guépard, le rhinocéros blanc, le buffle, le zèbre, la girafe, l'hippotrague, le damalisque, l'éland et le gemsbok. Mais la réserve possède sans conteste pour fleuron les 8 rhinocéros « du désert » (sous-espèce *Diceros bicornis bicornis*) déplacés avec l'autorisation du gouvernement namibien. Ils ont été suivis par 7 éléphants « du désert ».

Géré par la Conservation Corporation, le *lodge* de Tswalu propose un hébergement très coûteux, mais luxueux, dans 9 pavillons à toit de chaume. Le bâtiment principal domine une agréable piscine.

... VAN DER POST (1906-1996)

..ère afrikaner et de père hollandais, Laurens Van der Post s'illustra en tant que soldat, écrivain, philosophe et explorateur. Pendant la Seconde Guerre mondiale, il obtint le grade de colonel, mais tomba aux mains des Japonais et resta prisonnier à Java jusqu'en 1945, une détention qui lui inspira le court roman rendu célèbre par le film *Furyo*. À son retour, il commença à explorer les contrées sauvages de l'Afrique du Sud, et publia en 1958 un fascinant récit sur l'univers des Bushmen, les derniers représentants de la culture san : *Le Monde perdu du Kalahari*, l'un des premiers livres à décrire ce mode de vie sur le point de disparaître.

Sir Laurens Van der Post

Kimberley ❺

La première ruée vers le diamant eut lieu dans la région en 1869, après la découverte de précieux cristaux dans les murs de la ferme de Bultfontein. À 4,5 km au nord-ouest, en juillet 1871, des prospecteurs qui campaient près d'une petite colline envoyèrent en pénitence le cuisinier du groupe au sommet. Il redescendit avec un diamant. Deux ans plus tard, quand le camp de tentes de New Rush prit le nom de Kimberley, il abritait 50 000 mineurs. À l'arrivée de Cecil John Rhodes *(p. 50)*, 3 600 concessions étaient exploitées.

Scène de rue au **Kimberley Mine Museum**

À la découverte de Kimberley

Héritage des années où les prospecteurs montaient leur tente là où ils trouvaient de la place, les rues de Kimberley forment un fouillis très différent du plan régulier auquel obéissent beaucoup de villes sud-africaines.

▥ Kimberley Mine Museum

West Circular Rd. ℹ Tucker St, (053) 833-1557. 🎫 🚫 📷
Ce pittoresque musée en plein air, aménagé autour du Big Hole, consiste en une rue pavée bordée de nombreux immeubles de la fin du siècle dernier. Tous décorés de meubles et d'objets authentiques, la petite église, la pharmacie, diverses boutiques et le bar recréent l'atmosphère des années de fièvre de la ville.

▥ Kimberley Club

70-72 Du Toitspan Rd. ℹ (053) 832-4224. 🕐 t.l.j. 🚫 📷
C'est dans cet établissement luxueux achevé en 1896 que se retrouvaient les magnats de l'exploitation minière. Pour respecter la tradition, le bar principal reste interdit aux femmes.

♣ Oppenheimer Memorial Gardens

Jan Smuts Blvd.
Ces jardins abritent la Digger's Fountain, entourée de 5 mineurs en bronze, et une colonnade contenant un buste de sir Ernest Oppenheimer, le diamantaire d'origine allemande qui fonda en 1917 l'Anglo American Corporation.

🏛 William Humphreys Art Gallery

Cullinan Crescent. ℹ (053) 831-1724. 🕐 10 h-17 h lun.-sam., 14 h-17 h dim. 🎫 gratuit le mer. et le 1er week-end du mois. 🚹
La galerie William Humphreys présente en face des Memorial Gardens une collection d'œuvres européennes et sud-africaines.

🏛 McGregor Museum

Egerton Rd. ℹ (053) 842-0099. 🕐 9 h-17 h lun.-sam., 14 h-17 h dim. 🎫 🚹 📷
Cecil John Rhodes habita pendant la guerre des Boers cette demeure achevée en 1897. Elle abrite désormais un musée des Arts et Traditions populaires et d'Histoire naturelle, comprenant des sections d'archéologie et d'ethnologie, ainsi que des peintures rupestres.

🏛 Duggan-Cronin Gallery

Egerton Rd. ℹ (053) 842-0099.
🕐 9 h-17 h lun.-sam., 14 h-17 h dim.
L'exposition réunit 8 000 photos d'intérêt anthropologique prises sur une période de vingt ans par Alfred Duggan-Cronin. Ce dernier, arrivé à Kimberley en 1897, se passionna pour les peuples indigènes de la région du Cap Nord.

🏛 Honoured Dead Memorial

Dalham Rd et Oliver Rd.
Ce monument aux morts, dessiné par sir Herbert Baker, rend hommage aux soldats britanniques tombés en 1899. Surnommé Long Cecil, le canon qui le flanque fut construit dans les usines De Beers.

Le McGregor Museum, Kimberley

La ruée vers le diamant à Kimberley

Surnommée le « Grand Trou », la mine de Kimberley est devenue le plus célèbre des quatre sites d'extraction de diamants de la région. Deux ans à peine après la découverte en 1871 de veines de kimberlite diamantifère dans d'anciennes cheminées volcaniques, 30 000 prospecteurs y travaillaient. Les photos de l'époque montrent un réseau de câbles rayonnant vers les bords de l'excavation. Ils servaient à remonter le minerai

Barney Barnato

détaché au pic et à la pelle. Malgré leur outillage rudimentaire, les mineurs avaient réussi en 1889 à creuser une fosse de 150 m de profondeur. Les difficultés toujours plus grandes qu'ils rencontraient, et les problèmes posés par des concessions situées à des hauteurs différentes, les incitèrent à s'unir en syndicats. Diverses compagnies finirent par absorber ces regroupements avant d'être elles-mêmes acquises par Cecil John Rhodes.

Le Cullinan *est le plus gros diamant jamais trouvé. Le Kimberley Mine Museum en expose une réplique.*

Cecil John Rhodes, représenté ici en bâtisseur d'empire dans un journal du XIXᵉ siècle, assit sa fortune sur les mines de Kimberley.

Dans les années 1870, les mineurs travaillaient six jours par semaine malgré la chaleur, la poussière et les mouches.

LE BIG HOLE

D'une superficie de 17 ha, le « Grand Trou », d'un périmètre de 1,6 km, finit par atteindre une profondeur de 800 m, dont 240 creusés à la main. Un conduit souterrain le prolongea jusqu'à 1 098 m sous terre. En 1914, les 22,6 millions de tonnes de roches extraites avaient livré 14,5 millions de carats. De l'eau remplit aujourd'hui le fond de l'excavation.

Des wagonnets aidaient à sortir la roche diamantifère.

De Beers Consolidated Mines, *propriété de Cecil John Rhodes, acheta en 1889 les mines de Barney Barnato pour la somme de 5 338 650 livres.*

Le Big Hole, dont l'exploitation cessa en 1914, est le plus grand trou creusé de main d'homme du monde et le centre du Kimberley Open Air Mine Museum.

Bloemfontein ❻

Ville natale de Tolkien, l'auteur du *Seigneur des anneaux*, Bloemfontein est à la fois le siège du Parlement de la province de l'État libre et la capitale judiciaire de l'Afrique du Sud. Elle se trouve à l'intersection de 6 grands axes de circulation qui traversent le pays et jouit, à 1 400 m d'altitude, d'étés modérés et d'hivers assez frais. La « fontaine des fleurs » dont elle porte le nom, située à l'ouest du centre actuel, offrait une étape aux *voortrekkers* du XIXe siècle *(p. 48-49)*, et l'histoire de la cité est intimement liée à la lutte pour l'indépendance des Afrikaners. Nombre de ses monuments datent de l'époque où elle était la capitale de la république de l'État libre d'Orange, instaurée après le rappel au Cap en 1854 du représentant britannique : le major Henry Warden.

Cour d'appel, Bloemfontein

À la découverte de Bloemfontein

Le fort du major Warden n'existe plus depuis longtemps, mais une partie du Queen's Fort élevé en 1848 subsiste au sud du centre-ville.

De beaux édifices en grès bordent President Brand Street, dont la cour d'appel, construite en 1929 en face du Fourth Raadsaal. Ce dernier, où siège aujourd'hui le Parlement de l'État libre, est un bâtiment en pierre et en brique bâti pendant la présidence de Frederick Reitz. (1893).

🏛 National Museum

36 Aliwal St. 📞 *(051) 447-9609.* 🕐 *8 h-17 h lun.-ven., 10 h-17 h sam., 12 h-17 h dim.* 📷 💻

Non loin du Fourth Raadsaal, ce musée présente entre autres une intéressante collection de fossiles de dinosaures, et la reconstitution d'une rue du XIXe siècle où ne manquent ni l'épicerie-bazar ni la pharmacie.

Détail du Women's Memorial

🏛 National Museum for Afrikaans Literature

Angle de President Brand St et de Maitland St. 📞 *(051) 405-4711.* 🕐 *7 h 30-16 h lun.-ven., 9 h-12 h sam.*

Près de la cour d'appel, l'exposition évoque les grands auteurs afrikaners, y compris ceux qui s'opposèrent à l'apartheid comme André Brink *(p. 27)*.

👑 Old Presidency

President Brand St. 📞 *(051) 448-0949.* 🕐 *10 h-16 h lun.-ven.*

L'ancien siège de la présidence, achevé en 1861 dans le style victorien, occupe l'emplacement de la demeure du major Warden.

👑 First Raadsaal

St George's St. 📞 *(051) 447-9610.* 🕐 *10 h-13 h lun.-ven.* 📷 ♿

Construit par Warden en 1849, le plus vieux bâtiment de la ville servit d'école puis devint le siège du premier *Volksraad* (« conseil du peuple ») de l'État

libre d'Orange, sans perdre son toit de chaume ni son sol en terre battue.

⛪ Tweetoringkerk

Charles St. 📞 *(051) 430-4274.*

Consacrée en 1881, cette église à double flèche présente un aspect sans équivalent en Afrique du Sud. Son architecte s'inspira des cathédrales gothiques européennes. À l'intérieur, remarquez les boiseries entourant la chaire et l'orgue.

🍁 King's Park

King's Way. 📞 *(051) 405-8483.*

À la périphérie occidentale de Bloemfontein, des allées ombragées, des parterres de fleurs et des pelouses vallonnées entourent un lac, Loch Logan, et un petit zoo.

🏛 National Women's Memorial et War Museum

Monument Rd. 📞 *(051) 447-3447.* 🕐 *8 h-16 h 30 lun.-ven., 10 h-16 h 30 sam., 14 h-16 h 30 dim.* 📷

Au sud de la ville, le Monument aux femmes et le Musée militaire entretiennent le souvenir des milliers de femmes et d'enfants afrikaners et noirs qui périrent dans les camps de concentration britanniques pendant la guerre des Boers.

Emily Hobhouse, une Anglaise qui fit campagne contre un tel traitement, repose au pied du monument.

AUX ENVIRONS

Au nord du centre, la **Franklin Nature Reserve** protège Naval Hill, où la British Naval Brigade installa son artillerie pendant la guerre des Boers. L'université américaine du Michigan construisit en 1928 à son

Peinture par Cecil Skotnes, Oliewenhuis Art Gallery

Façade de l'Oliewenhuis Art Gallery

sommet un observatoire qui resta opérationnel jusqu'en 1972, le temps de découvrir plus de 7 000 systèmes stellaires. Il abrite aujourd'hui un théâtre.

En continuant vers le nord, l'**Oliewenhuis Art Gallery**, entourée d'un spacieux jardin, présente une belle collection d'art sud-africain.

Plusieurs réserves fauniques se trouvent au nord de Bloemfontein. La **Soetdoring Nature Reserve** borde le vaste lac du Krugerdrif Dam, dont le barrage est situé à 5 km.

Des aires de pique-nique fréquentées par de nombreux oiseaux jalonnent ses rives et le cours d'eau qui l'alimente. Des antilopes comme le gnou à queue blanche et le gemsbok vivent là en liberté, tandis qu'un enclos isole des prédateurs tels que les lions.

Il faut parcourir environ 150 km sur la N1 avant d'atteindre la bifurcation pour la **Willem Pretorius Game Reserve**. De grands troupeaux de gazelles profitent des étendues herbeuses qui entourent l'Allemanskraal Dam, tandis qu'élands, koudous, buffles, girafes et rhinocéros blancs peuplent les collines de la rive nord où se perchent les bungalows de l'**Aventura Aldam Resort.**

🦌 **Franklin Nature Reserve**
Union Ave, Naval Hill. 🕐 *t.l.j.*

🏛 **Oliewenhuis Art Gallery**
Harry Smith St. ☎ *(051) 447-9609*.
🕐 *8 h-17 h lun.-ven., 10 h-17 h sam., 13 h-17 h dim.* 📧

🦌 **Soetdoring Nature Reserve**
R64 (Kimberley Rd).
☎ *(051) 433-9002*. 🕐 *7 h-18 h t.l.j.*
🏕 🍴 🚶

🦌 **Willem Pretorius Game Reserve**
N1 vers Kroonstad. ☎ *(057) 651-4003*. 🕐 *t.l.j.* 🏕 🍴

🏕 **Aventura Aldam Resort**
N1 vers Kroonstad. ☎ *(057) 652-2200*. 🕐 *t.l.j.* 🏕 🍴 🚶

Girafe de la Franklin Nature Reserve sur Naval Hill

**BLOEMFONTEIN :
LE CENTRE-VILLE**

Appeal Court ②
First Raadsaal ⑤
Fourth Raadsaal ⑥
King's Park ①
National Museum ⑦
National Museum for
  Afrikaans Literature ③
Old Presidency ④
Tweetoringkerk ⑧

0   500 m

LÉGENDE

🅿 Parc de stationnement
ℹ️ Information touristique
✝ Lieu de culte chrétien

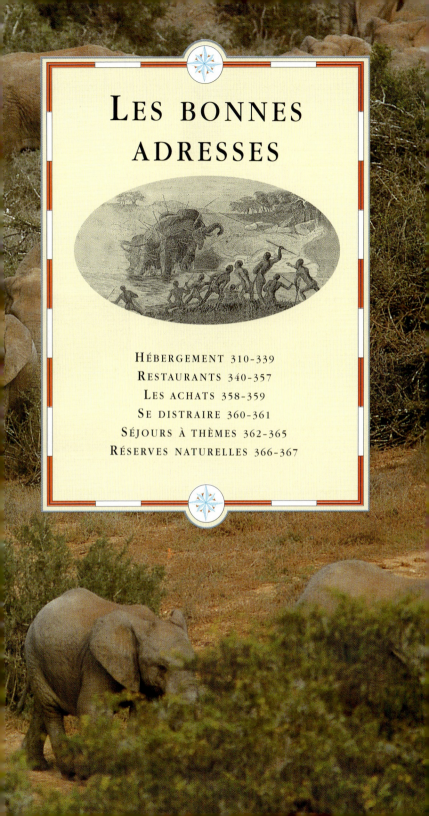

LES BONNES ADRESSES

HÉBERGEMENT

Pays de grandes distances qu'il fallait jadis parcourir à cheval ou en char à bœufs, l'Afrique du Sud entretient une solide tradition d'hospitalité, et tous les établissements, de l'immense hôtel de chaîne au plus petit bed-and-breakfast, font beaucoup d'efforts pour que les voyageurs se sentent chez eux. Le large éventail d'hébergements disponibles reflète la diversité du pays lui-même. Par leur luxe, des palaces comme l'extravagant Palace of the Lost City de Sun City *(p. 258-259)* ou le Mount Nelson de Cape Town à l'élégance colo-

Portier du Mount Nelson Hotel

niale *(p. 315)* soutiennent la comparaison avec les meilleurs hôtels du monde, tandis que les pensions de la plupart des villages *(dorps)* présentent plus d'intérêt pour leur calme et leur cuisine familiale que pour leur standing et leur équipement. Les domaines agricoles et les *lodges* des réserves naturelles privées permettent de se confronter à la réalité de la terre sud-africaine tout en bénéficiant de tout le confort moderne. Les terrains de camping, les camps de brousse et les auberges de jeunesse s'adressent à des visiteurs au budget plus serré.

OÙ CHERCHER

Les distances qui séparent villes et bourgs peuvent inquiéter les visiteurs se déplaçant en voiture, mais même les villages les plus isolés possèdent au moins un hôtel, un bed-and-breakfast, un motel ou des locations. L'hébergement à la ferme est aussi très répandu.

Les cités sud-africaines offrent un large choix, que l'on voyage en famille ou pour affaires, et que l'on aspire au luxe ou à la simplicité. Les régions les plus touristiques peuvent aussi satisfaire tous les goûts et toutes les bourses : beaucoup de réserves, par exemple, abritent aussi bien de luxueux hôtels que des camps à l'équipement rudimentaire, tandis que les stations balnéaires proposent en général un choix allant de l'emplacement de tente à l'appartement de plusieurs pièces.

Vous pourrez vous renseigner sur les hébergements disponibles en vous rendant directement à l'office de tourisme local (généralement bien signalé) ou en passant par l'intermédiaire d'organismes tels que l'AA Travel Information Centre, The National Accommodation Selection, la Youth Hostel Association ou la Guesthouse Association of Southern Africa *(p. 313)*. Dans une petite localité, adressez-vous au bureau de poste, dans un magasin ou même à la police.

PRIX

Les tarifs s'appliquent le plus souvent aux chambres, mais peuvent aussi être indiqués par personne (*« per person sharing »*). Ils incluent en général les taxes et parfois le service. Le personnel attendra toutefois un pourboire, de 10 à 15 %.

Hébergement à Mala Mala *(p. 275)*

Lors de séjours en demi-pension *(dinner, bed and breakfast)*, ou dans le cas d'hébergement comprenant le petit déjeuner *(bed and breakfast)*, les clients sont souvent obligés de payer pour les repas qu'ils ne prennent pas. Toutefois, certains propriétaires se montrent compréhensifs lorsqu'ils sont prévenus suffisamment à l'avance. Si vous êtes végétarien, n'hésitez pas à le signaler.

Une belle vue augmente le prix d'une chambre, de même que le fait de disposer d'une baignoire. La haute saison coïncide avec les périodes de vacances de Pâques et d'été, mais la majorité des établissements ne ferment pas en hiver (de mai à août). Les chaînes internationales qui accueillent surtout une clientèle d'affaires proposent parfois des forfaits spéciaux le week-end.

Hébergement en huttes au camp d'Olifants, parc Kruger *(p. 273)*

◁ **Troupeau d'éléphants de l'Addo Elephant Park près de Port Elizabeth**

Le Fairy Knowe Motel jouit d'une magnifique situation sur la Garden Route

CLASSEMENT

Les établissements hôteliers sud-africains sont classés par **Satour**, l'autorité touristique nationale, et également par **Portfolio of Places.** Indiqué sur une plaque à l'entrée, le nombre d'étoiles (de une à cinq) correspond à l'équipement disponible et aux prestations fournies. Toutefois, une auberge de campagne confortable et chaleureuse pourra très bien afficher la même catégorie qu'une adresse en ville bruyante et guère plus accueillante qu'un hôtel de rendez-vous. Les hôtels cinq étoiles offrent tous des chambres et des suites spacieuses, ainsi que des services tels que coiffeur et blanchisserie, mais ils s'adressent pour la plupart à une clientèle d'affaires, et beaucoup occupent des bâtiments modernes qui manquent d'atmosphère. Satour accrédite des pensions et des cottages en *self-catering* (où les hôtes peuvent faire leur cuisine).

SERVICES

Si la plupart des hôtels possèdent des places de stationnement, celles-ci ne sont pas toujours couvertes ni gardées. Certains établissements offrent la possibilité de faire laver sa voiture ou mettent à disposition des véhicules avec ou sans chauffeur.

Les chambres sont le plus souvent équipées du téléphone, mais appeler depuis une cabine est en général beaucoup moins cher. Les téléviseurs sont de plus en plus répandus, et il y en a presque toujours au moins un dans la pièce commune. Toutefois, il est encore rare que les hôtels reçoivent les chaînes transmises par câble ou satellite.

Le chauffage central reste également une exception, et la plupart des établissements fournissent en hiver des appareils de chauffage d'appoint. Beaucoup de cottages, en particulier à la campagne, possèdent des cheminées. Dans certains pensions et bed-and-breakfasts parmi les plus chic, un *honesty bar* permet de consommer bière, vin, sodas et eau minérale.

À la campagne, une chambre donnant sur la rue principale peut se révéler bruyante. Mais avant de demander une chambre donnant sur l'arrière, vérifiez qu'il n'y a pas de gaines d'évacuation.

Les hôtels proposent en général un coffre où déposer des biens de valeur.

CHAÎNES D'HÔTELS

Les établissements haut de gamme appartiennent en majorité à des chaînes (p. 313), et beaucoup proposent des forfaits spéciaux pour les séjours en famille ou hors des périodes d'affluence. Les tarifs dépendent de leur classement et de leur situation.

AVEC DES ENFANTS

Attention, beaucoup d'hôtels, de pensions et de *lodges* de brousse haut de gamme n'acceptent pas les enfants de moins de dix ans.

Dans les établissements où ils sont les bienvenus, ils peuvent en général partager la chambre de leurs parents pour un modeste supplément.

RÉSERVER

Mieux vaut confirmer par lettre ou par fax une réservation téléphonique. Les hôtels réclament le plus souvent des arrhes, que vous perdrez en cas d'annulation à la dernière minute. La loi leur impose de vous avertir d'une augmentation de prix, si celle-ci intervient après réservation.

Avant d'accepter une chambre et de signer le registre, demandez à la voir. Si vous avez des besoins particuliers, vérifiez qu'ils sont satisfaits.

Les chambres doivent être généralement libérées à midi.

Comptoir de réception du Palace of the Lost City *(p. 258-259)*

LOCATIONS

Les Sud-Africains préfèrent passer leurs vacances dans des logements où ils sont indépendants plutôt qu'à l'hôtel, et les visiteurs bénéficient ainsi, dans les régions les plus fréquentées, d'un large choix d'appartements, de cottages (parfois appelés chalets), de bungalows et de *rondavels* (huttes rondes en roseau).

Beaucoup de réserves naturelles louent de vastes tentes de safari pourvues d'une cuisine en plein air, tandis que, dans le Karoo *(p. 290-291)*, de grands âtres permettent de lutter contre le froid des nuits d'hiver. Les bungalows des campings municipaux n'offrent souvent

Cottage dans le Blyde River Canyon *(p. 267)*

Club Mykonos à Langebaan

qu'un confort rudimentaire, mais l'équipement des cottages privés, tels ceux de certains domaines viticoles du Cap *(p. 128-141)*, peut aller jusqu'au four à micro-ondes et à l'antenne satellite.

Les villages de vacances et les réserves naturelles les plus importantes proposent aussi bien des logements où il faut partager cuisine, laverie et toilettes que des bungalows indépendants *(self-catering)*. Ceux-ci renferment habituellement une cuisine bien équipée, un mobilier confortable, du linge de toilette et de la literie, mais mieux vaut s'en assurer à la réservation.

Les offices de tourisme des villes et des régions pourront vous fournir les adresses et les numéros de téléphone de logements à louer. L'agence **Roger & Kay's Travel Selection** centralise des offres dans tout le pays.

COTTAGES RURAUX

Louer un cottage à la ferme ou dans un paisible village permet de profiter de l'hospitalité des habitants et de mieux connaître leur mode de vie. On en trouve notamment au Mpumalanga (**Jacana Country Homes and Trails**), dans les Midlands du KwaZulu-Natal (**The Underberg Hideaway**) et dans les alentours de Cape Town.

BED-AND-BREAKFAST

Cette forme d'hébergement, correspondant aux chambres d'hôte en Europe, connaît une popularité grandissante, en particulier le long de la Garden Route et dans de grandes villes comme Cape Town, Johannesburg et Port Elizabeth. Les propriétaires s'efforcent en général d'offrir à leurs clients un service attentif.

SÉJOURS À LA FERME

Il existe dans tout le pays des *guest farms* (ou *holiday farms*) où passer des vacances assez bon marché. Les visiteurs sont hébergés dans la ferme ou dans un cottage proche, et disposent d'une cuisine s'ils ne partagent pas les repas de leurs hôtes. Ils peuvent participer à des activités telles que la traite des vaches ou le ramassage des œufs.

LODGES DANS LES RÉSERVES

Les *lodges* (hébergement) de la plupart des réserves privées *(p. 366-367)* s'adressent à une clientèle aisée à qui ils offrent une excellente cuisine, des chambres luxueuses et une découverte de la faune sous la conduite de guides expérimentés. Beaucoup moins coûteux, les parcs nationaux restent confortables.

La Koornhoop Guesthouse de style victorien, Observatory, Cape Town

Auberges de jeunesse

L a Hosteling Association dispose de plusieurs auberges de jeunesse dans le pays. Les YMCA et YWCA offrent le même genre d'hébergement.

Si on n'y impose pas de limite d'âge, la préférence est toutefois donnée aux voyageurs les plus jeunes. Ce type d'hébergement se caractérise d'ailleurs par une absence d'intimité et un confort spartiate.

Campings

L a majorité des communes sud-africaines, en particulier dans les zones les plus fréquentées en période de vacances, possèdent au moins un *caravan park* municipal. Il n'est pas nécessaire d'avoir sa propre caravane ou un camping-car pour s'y installer, car beaucoup d'entre eux louent des caravanes ou des bungalows.

Les campings les plus vastes renferment une boutique, un restaurant, une piscine et, parfois, des courts de tennis ou un terrain de boules. Tous possèdent des endroits réservés à la préparation du traditionnel barbecue *(braaivleis),* et le bureau

Camping dans le Natal Drukensberg Park *(p. 206)*

d'accueil vend le plus souvent du bois sec.

Si vous préférez prévoir vos étapes, l'**AA Travel Services** vous fournira les coordonnées de campings dans les villes où vous comptez vous rendre.

Rest camps

S ans atteindre le luxe des *lodges* des réserves privées, les camps d'hébergement *(rest camps)* des parcs nationaux et provinciaux *(p. 336-367),* bien meilleur marché, proposent plusieurs formes de logement, notamment en bungalow, et souvent une piscine, une boutique et un restaurant.

Sous la tente

L es abords des principaux cours d'eau et le littoral marin abritent de nombreux sites de camping. Intégrés ou non à un *caravan park,* ils accueillent surtout des familles sur des emplacements destinés à de grandes tentes séparées par des écrans ou des haies.

Sources thermales

L es sources chaudes, comme celle de Cradock *(p. 294),* n'ont pas suscité le développement de stations sophistiquées comme en Europe et l'hébergement des curistes, en hôtel ou en camping, reste simple.

Choisir un hôtel

Les établissements suivants ont été choisis dans une large gamme de tarifs, pour leur emplacement, leur bon rapport qualité/prix ou la qualité de leurs prestations. Ils sont présentés par catégories de prix dans chaque ville, et les onglets de couleur correspondent aux chapitres du guide. Le tableau ci-dessous offre une brève description de chaque hôtel et quelques critères de choix.

	NOMBRE DE CHAMBRES	PISCINE	RESTAURANT	ÉQUIPEMENTS ENFANTS	JARDIN
CAPE TOWN					
CITY BOWL : *Formule 1 Hotel* @ all@formule1.co.za ®® Jan Smuts Ave, Foreshore, 8001. **Plan** 5 D1. (021) 418-4664. FAX (021) 418-4661. Cet établissement appartenant à une chaîne bon marché propose un hébergement sans surprise.	64				
CITY BOWL : *Cape Gardens Lodge Hotel* ®®® 88 Queen Victoria St, Gardens, 8001. **Plan** 5 B2. (021) 423-1260. FAX (021) 423-2088. @ info@capegardens.co.za En face des Company Gardens, cet hôtel confortable cumule les avantages d'une situation centrale, d'une atmosphère rurale et d'une vue magnifique.	56		●	■	
CITY BOWL : *Cape Town Lodge* ®®® 101 Buitengracht St, Cape Town, 8001. **Plan** 5 A1. (021) 422-0030. FAX (021) 422-0090. Non loin du centre, cet établissement bien équipé possède des aménagements adaptés aux handicapés physiques.	114		●	■	
CITY BOWL : *Palm Tree Manor* ®®® 11 Glynnville Terrace, Gardens, 8001. **Plan** 5 B3. (021) 461-3698. FAX (021) 462-3330. Le style colonial africain ajoute une touche d'élégance à cette demeure victorienne. Toutes les chambres ont une vue superbe.	4				
CITY BOWL : *Table Mountain Lodge* @ tml@iafrica.com ®®® 10A Tamboerskloof Rd, Tamboerskloof, 8001. **Plan** 4 F2. (021) 423-0042. FAX (021) 423-4983. Au pied de Signal Hill, cette pension offre un beau panorama de la Table Mountain. Elle accueille les enfants à partir de 12 ans.	8	■			●
CITY BOWL : *Underberg Guesthouse* @ underbrg@netactive.co.za ®®® 6 Tamboerskloof St, Tamboerskloof, 8001. **Plan** 4 F2. (021) 426-2262. FAX (021) 424-4059. Confortable, l'Underberg possède un décor original dans une demeure victorienne datant de 1860.	11			■	●
CITY BOWL : *Acorn House* @ welcome@acornhouse.co.za ®®®® 1 Montrose St, Oranjezicht, 8001. **Plan** 5 A4. (021) 461-1782. FAX (021) 461-1768. Cette maison de style colonial, dessinée par sir Herbert Baker en 1904, est devenue une pension.	7	■			●
CITY BOWL : *Cape Heritage Hotel* @ info@capeheritage.co.za ®®®® Heritage Square, 92 Bree St, 8001. **Plan** 5 A1. (021) 424-4646. FAX (021) 424-4949. En bordure du quartier malais, les chambres reflètent les apports des diverses cultures de Cape Town.	15		●		
CITY BOWL : *Hiddingh Mews Protea Hotel* ®®®® Hiddingh Ave, Gardens, 8001. **Plan** 5 B3. (021) 462-3099. FAX (021) 465-4485. @ info@proteahotels.com Le Hiddingh Mews se trouve près d'un élégant centre commercial entre la Table Mountain et le centre-ville.	56				●
CITY BOWL : *Holiday Inn Garden Court De Waal* ®®®® Mill St, Gardens, 8001. **Plan** 5 B3. (021) 465-1311. FAX (021) 461-6648. On peut rejoindre à pied les Company Gardens depuis cette succursale d'une chaîne internationale.	136	■	●		
CITY BOWL : *iKhaya Guest Lodge* @ ikhaya@iafrica.com ®®®® Dunkley Sq, Gardens, 8001. **Plan** 5 A3. (021) 461-8880. FAX (021) 461-8889. Pension à l'atmosphère très africaine.	17		●		
CITY BOWL : *Leeuwenvoet House* ®®®® 93 New Church St, Tamboerskloof, 8001. **Plan** 4 F2. (021) 424-1133. FAX (021) 424-0495. À courte distance à pied de nombreux restaurants, ce superbe monument historique (1862) propose, à une clientèle d'affaires principalement, des chambres au décor personnalisé.	12	■		■	●

PISCINE
Elle est souvent petite et découverte.

RESTAURANT
Restaurant dans l'hôtel, ouvert à tous.

ÉQUIPEMENTS ENFANTS
Baby-sitting, berceaux et parcs sont disponibles. Certains établissements proposent aussi dans leurs restaurants des portions réduites et des chaises hautes.

JARDIN
L'hôtel possède un jardin ou une terrasse.

	NOMBRE DE CHAMBRES	PISCINE	RESTAURANT	ÉQUIPEMENTS ENFANTS	JARDIN
CITY BOWL : Lion's Kloof Lodge @ christene@lionsklooflodge.co.za ⓇⓇⓇ	7	■			●
CITY BOWL : Town House Hotel @ hotel@townhouse.co.za ⓇⓇⓇ	104	■	●		●
CITY BOWL : Trevoyan Guesthouse @ trevoyan@iafrica.com ⓇⓇⓇ	6	■			●
CITY BOWL : Villa Lutzi @ villalutzi@hot.co.za ⓇⓇⓇ	11	■		■	●
CITY BOWL : Cape Sun Inter-Continental ⓇⓇⓇⓇ	368	■	●		●
CITY BOWL : Mount Nelson Hotel ⓇⓇⓇⓇⓇ	226	■	●		●
CITY BOWL : No. 1 Chesterfield @ info@one-chesterfield.com ⓇⓇⓇⓇ	8	■	●		●
CITY BOWL : Villa Belmonte @ villabel@iafrica.com ⓇⓇⓇⓇ	14	■	●	■	●
CITY BOWL : Welgelegen Guesthouse @ lanie@city-bowl.co.za ⓇⓇⓇⓇ	8	■			●
V & A WATERFRONT : Breakwater Lodge ⓇⓇⓇ	291		●	■	
V & A WATERFRONT : Victoria Junction @ info@proteahotels.com ⓇⓇⓇⓇ	172	■	●		
V & A WATERFRONT : Cape Grace Hotel ⓇⓇⓇⓇⓇ	121	■	●	■	

CITY BOWL : Lion's Kloof Lodge @ christene@lionsklooflodge.co.za ⓇⓇⓇ
26 Higgo Crescent, Higgovale, 8001. **Plan 4 E4.** ☎ (021) 426-5515. FAX (021) 422-2047.
Cette pension sur les pentes de la Table Bay Mountain est située dans un jardin magnifique et la piscine domine la ville. 🛏 📺 ✉ ✂ ♿ 🅿 ⓫

CITY BOWL : Town House Hotel @ hotel@townhouse.co.za ⓇⓇⓇ
60 Corporation St, Cape Town, 8001. **Plan 5 B2.** ☎ (021) 465-7050. FAX (021) 465-3891.
Proche du Parlement, le Town House possède l'élégance et le confort discret d'un club privé. 🛏 📺 ✉ ✂ ♿ 🍴 🅿 ⓫

CITY BOWL : Trevoyan Guesthouse @ trevoyan@iafrica.com ⓇⓇⓇ
12 Gilmour Hill Rd, Tamboerskloof, 8001. **Plan 4 F2.** ☎ (021) 424-4407. FAX (021) 423-0556.
Au cœur de Tamboerskloof, une pension de style colonial. 🛏 📺 ✉ ✂ 🅿 ⓫

CITY BOWL : Villa Lutzi @ villalutzi@hot.co.za ⓇⓇⓇ
6 Rosmead Ave, Oranjezicht, 8001. **Plan 4 F4.** ☎ (021) 423-4614. FAX (021) 426-1472.
Les hôtes de la Villa Lutzi jouissent du calme d'un quartier résidentiel, situé à courte distance du centre. 🛏 📺 ✉ 目 ♿ 🅿 ⓫

CITY BOWL : Cape Sun Inter-Continental ⓇⓇⓇⓇ
Strand St, Cape Town, 8001. **Plan 5 B1.** ☎ (021) 488-5100. FAX (021) 423-1861.
@ capesun@interconti.com Une tour moderne de 32 étages offre, au cœur de la ville, des panoramas de la Table Mountain et du Waterfront. 🛏 📺 ✉ 目 ✂ ♿ 🍴 🅿 ⓫

CITY BOWL : Mount Nelson Hotel ⓇⓇⓇⓇⓇ
76 Orange St, Gardens, 8001. **Plan 5 A2.** ☎ (021) 483-1000. FAX (021) 423-1060.
@ reservations@mountnelson.co.za Ce palace ouvrit ses portes en 1899 pour les passagers des paquebots de l'Union Castle Shipping Line. Réputé pour son service impeccable et la beauté de ses jardins, il reste un des hauts lieux de Cape Town. 🛏 📺 ✉ 目 ✂ ♿ 🍴 🅿 ⓫

CITY BOWL : No. 1 Chesterfield @ info@one-chesterfield.com ⓇⓇⓇⓇ
1 Chesterfield Rd, Oranjezicht, 8001. **Plan 4 F5.** ☎ (021) 461-7383. FAX (021) 461-4688.
Dans le quartier chic d'Oranjezicht, cette maison dessinée dans les années 1920 par Herbert Baker accueille les enfants à partir de 14 ans. 🛏 📺 ✉ ✂ 🅿

CITY BOWL : Villa Belmonte @ villabel@iafrica.com ⓇⓇⓇⓇ
33 Belmont Ave, Oranjezicht, 8001. **Plan 5 A4.** ☎ (021) 462-1576. FAX (021) 462-1579.
Cette demeure victorienne restaurée offre, au pied de la Table Mountain, tout le luxe désiré par les voyageurs exigeants. Un accueil chaleureux et une excellente cuisine lui ont valu de nombreux prix. 🛏 📺 ✉ 目 🅿 ⓫

CITY BOWL : Welgelegen Guesthouse @ lanie@city-bowl.co.za ⓇⓇⓇⓇⓇ
6 Stephen St, Gardens, 8001. **Plan 4 F3.** ☎ (021) 426-2373. FAX (021) 426-2375.
Dans une impasse paisible, cet élégant manoir victorien datant de 1890 possède une piscine. 🛏 📺 ✉ 目 ⓫

V & A WATERFRONT : Breakwater Lodge ⓇⓇⓇ
Portswood Rd, 8001. **Plan 2 D4.** ☎ (021) 406-1911. FAX (021) 406-1070.
@ brkwater@forteskng-hotels.co.za Le complexe qui incorpore l'ancienne Breakwater Prison (1854) propose un hébergement relativement bon marché.
🛏 📺 ✉ 目 ✂ ♿ 🅿 ⓫

V & A WATERFRONT : Victoria Junction @ info@proteahotels.com ⓇⓇⓇⓇ
Somerset Rd, Greenpoint, 8001. **Plan 2 D5.** ☎ (021) 418-1234. FAX (021) 418-5678.
Cet hôtel moderne et chic mêle les styles Art déco et contemporain, et propose aux enfants des visites guidées. 🛏 📺 ✉ 目 ✂ ♿ 🅿 目 ⓫

V & A WATERFRONT : Cape Grace Hotel ⓇⓇⓇⓇⓇ
West Quay, 8001. **Plan 2 E4.** ☎ (021) 410-7100. FAX (021) 419-7622.
@ reservations@capegrace.com Entouré d'eau de trois côtés, cet établissement de luxe offre un large panorama du port et de la cité au pied de la Table Moutain. Un pont basculant le relie au Waterfront. 🛏 📺 ✉ 目 ✂ ♿ 🍴 🅿 ⓫

<table>
<tr><td colspan="2">

Catégories de prix pour une nuit en chambre double, taxes et service compris mais sans le petit déjeuner.
Ⓡ moins de 150 R
ⓇⓇ de 150 R à 300 R
ⓇⓇⓇ de 300 R à 500 R
ⓇⓇⓇⓇ de 500 R à 1000 R
ⓇⓇⓇⓇⓇ plus de 1000 R

</td><td>

Piscine
Elle est souvent petite et découverte.
Restaurant
Restaurant dans l'hôtel, ouvert à tous.
Équipements enfants
Baby-sitting, berceaux et parcs sont disponibles. Certains établissements proposent aussi dans leurs restaurants des portions réduites et des chaises hautes.
Jardin
L'hôtel possède un jardin ou une terrasse.

</td></tr>
</table>

	NOMBRE DE CHAMBRES	PISCINE	RESTAURANT	ÉQUIPEMENTS ENFANTS	JARDIN
V & A Waterfront : *The Commodore* ⓇⓇⓇⓇ Portswood Rd, 8001. **Plan 2 D4.** ☎ *(021) 415-1000.* 🅵🅰🆇 *(021) 415-1100.* @ hotels@legacyhotels.co.za Cet établissement récent, près du front de mer historique, offre un beau panorama de la baie et de la Table Mountain. ▨ 📺 🛇 ☰ 🏊 ⛖ 🍴 P 🚼	236	■	●	■	
V & A Waterfront : *Portswood Hotel* ⓇⓇⓇⓇ Portswood Sq, 8001. **Plan 2 D4.** ☎ *(021) 418-3281.* 🅵🅰🆇 *(021) 419-7570.* @ hotels@legacyhotels.co.za À courte distance du Waterfront, toutes les chambres du Portswood ont une vue superbe. Le hall abrite un puits. ▨ 📺 🛇 ☰ 🏊 ⛖ 🍴 P 🚼	103	■	●	■	
V & A Waterfront : *The Table Bay Hotel* ⓇⓇⓇⓇⓇ Quay 6, 8001. **Plan 2 E3.** ☎ *(021) 406-5000* 🅵🅰🆇 *(021) 406-5767.* Tout en restant à proximité du centre et du Waterfront, les hôtes de l'hôtel principal de Sun International jouissent de prestations de grand luxe et de vues portant, côté Table Bay, jusqu'à Robben Island, et côté ville, jusqu'à la Table Mountain. ▨ 📺 🛇 ☰ 🏊 ⛖ 🍴 P	329	■	●	■	
V & A Waterfront : *Victoria & Alfred Hotel* ⓇⓇⓇⓇ Pierhead, 8001. **Plan 2 E4.** ☎ *(021) 419-6677.* 🅵🅰🆇 *(021) 419-8955.* @ res@v-and-a.co.za Le Victoria & Alfred jouit d'une situation idéale pour profiter des boutiques et de l'animation nocturne du front de mer. ▨ 📺 🛇 ☰ 🏊 ⛖ 🍴 P	68		●	■	
V & A Waterfront : *Villa Via Hotel* ⓇⓇⓇⓇ Granger Bay, 8001. **Plan 2 D5.** *(021) 418-5729.* 🅵🅰🆇 *(021) 418-5717.* Jouxtant le V & A Waterfront, le Villa Via possède son propre port de plaisance. La vue porte jusqu'à Robben Island. ▨ 📺 🛇 ☰ 🏊 ⛖ P	182	■		■	
En dehors du centre : *Lion's Head Lodge* @ lionshead@mweb.co.za ⓇⓇ 319 Main Rd, Sea Point, 8001. **Plan 1 A4.** ☎ *(021) 434-4163.* 🅵🅰🆇 *(021) 439-3813.* Non loin de boutiques, de restaurants et de plages, ce petit hôtel propose aussi des appartements avec cuisine. ▨ 📺 ☰ P	49	●	■		●
En dehors du centre : *Afton Grove Country Guest House* ⓇⓇⓇ Chapman's Peak Dr, Noordhoek, 7985. **Carte routière B5.** ☎ *(021) 785-2992.* 🅵🅰🆇 *(021) 785-3456.* @ afton@iafrica.com Des cottages de luxe dans un cadre rural permettent l'équitation et l'observation des oiseaux. ▨ 📺 🛇 ☰ 🏊 P 🚼	7			■	●
En dehors du centre : *Bantry Bay Luxury Suites* ⓇⓇⓇ 8 Alexander Rd, Bantry Bay, 8001. **Plan 3 B1.** ☎ *(021) 434-8448.* 🅵🅰🆇 *(021) 434-8212.* @ bantrybay@relais.co.za Près des plages, des magasins et des restaurants de Clifton, cet hôtel haut de gamme offre de très belles vues. ▨ 📺 🛇 ☰ ⛖ P	41			■	●
En dehors du centre : *Boulders Beach Guesthouse* ⓇⓇⓇ 4 Boulders Place, Simon's Town, 7975. **Carte routière B5.** ☎ *(021) 786-1758.* 🅵🅰🆇 *(021) 786-1825.* @ boulders@iafrica.com Cette pension confortable se trouve à seulement 70 m de la plage, non loin d'une petite colonie de manchots du Cap. ▨ 🛇 P 🚼	17		●	■	
En dehors du centre : *Brenwin & Cha'Mel* @ reservations@brenwin.co.za ⓇⓇⓇ 1 Thornhill Rd, Green Point, 8001. **Plan 1 C4.** ☎ *(021) 434-0220.* 🅵🅰🆇 *(021) 439-3465.* Accueil chaleureux et belles chambres caractérisent cette pension-cottage qui ne reçoit les enfants qu'à partir de 12 ans. ▨ 📺 🛇	22				●
En dehors du centre : *Centurion All-suite Hotel* ⓇⓇⓇ 275 Main Rd, Sea Point, 8001. **Plan 1 A4.** ☎ *(021) 434-0006.* 🅵🅰🆇 *(021) 434-0051.* Proche de la mer et de restaurants, cet établissement est rénové tous les deux ans pour maintenir son standing. ▨ 📺 🛇 ⛖ P	70	■			
En dehors du centre : *Cotswold House* ⓇⓇⓇ 6 Cotswold Dr, Milnerton, 7441. **Carte routière B5.** ☎ *(021) 552-3637.* 🅵🅰🆇 *(021) 552-4228.* Cette maison Cape Dutch, construite par un gouverneur général d'Afrique du Sud, offre une vue magnifique de la Table Bay. ▨ 📺 🛇 🏊 P 🚼	6	■			●

En dehors du centre : *La Splendida Luxury Suites* ®®® 22
121 Beach Rd, Mouille Point, 8001. **Plan** 1 A4. (021) 439-5119. FAX (021) 439-5112.
@ lasplend@mweb.co.za Cet hôtel d'inspiration Art déco, situé entre le Waterfront et Sea Point, possède sa propre piscine.

En dehors du centre : *Leisure Bay Luxury Suites* ®®® 32
Lagoonbeach Rd, Milnerton, 7441. **Carte routière** B5. (021) 551-7440. FAX (021) 551-7441.
@ leisurebay@relais.co.za À 15 min en voiture de Cape Town, et à 30 m d'une plage de sable blanc, cet hôtel accueille surtout les hommes d'affaires.

En dehors du centre : *Lord Nelson Inn* ®®® 10
St George's St, Simon's Town, 7975. **Carte routière** B5. (021) 786-1386. FAX (021) 786-1009.
Orné de souvenirs maritimes, le Lord Nelson domine la baie. Boutiques et restaurants sont proches, ainsi que la colonie de manchots de Boulders.

En dehors du centre : *Namaste* @ namasteb@mweb.co.za ®®® 3
62 Ixia St, Milnerton, 7435. **Carte routière** B5. (021) 794-3561. FAX (021) 794-0560.
Au cœur de la verdoyante Constantia Valley, ce bed-and-breakfast accueillant est à proximité des vignobles, des boutiques et des restaurants.

En dehors du centre : *Toad Hall* @ vano@iafrica.com ®®® 2
9 ΛB Bull Rd, Froggy Farm, Simonstown **Plan** 3 B5. & FAX (021) 786-3878.
Ce bed-and-breakfast est installé dans une luxueuse demeure privée. Magnifique vue de False Bay.

En dehors du centre : *Villa Rosa Guesthouse* @ villaros@mweb.co.za ®®® 9
277 High Level Rd, Sea Point, 8001. **Plan** 1 A5. (021) 434-2768.
FAX (021) 434-3526. Cette belle demeure de style victorien fait face à la mer, à proximité de tous les commerces utiles.

En dehors du centre : *Whale Bay Guest & Conference House* ®®® 10
402 Main Rd, Simon's Town, 7975. **Carte routière** B5. (021) 786-3291. FAX (021) 786-2455.
@ info@whalebay.com Cette pension proche de plages familiales est parfaite pour l'observation des baleines. Enfants de plus de 12 ans.

En dehors du centre : *Alphen Hotel* @ reservations@alphen.co.za ®®®® 34
Alphen Dr, Constantia, 7800. **Carte routière** B5. (021) 794-5011. FAX (021) 794-5710.
À seulement 20 min du centre-ville dans un cadre rural, le bâtiment principal de cet hôtel (1752) est un monument historique. Détendez-vous au bord de la piscine après une longue journée de visite.

En dehors du centre : *Ambassador Hotel & Suites* ®®® 100
34 Victoria Rd, Bantry Bay, 8001. **Plan** 3 B5. (021) 439-6170. FAX (021) 439-6336.
@ reservations@ambassador.co.za L'Ambassador est perché sur des rochers au-dessus de l'océan, et ses hôtes jouissent depuis le bar de somptueux couchers de soleil.

En dehors du centre : *Andros* @ andros@kingsley.co.za ®®® 9
6 Paradise View Rd, Claremont, 7700. **Carte routière** B5. (021) 797-9777.
FAX (021) 797-0300. Profitez d'une piscine au sein d'un vaste jardin à courte distance à pied d'un grand centre commercial de la périphérie.

En dehors du centre : *Protea Cape Castle Hotel* @ cape@castles.co.za ®®® 63
3 Main Rd, Green Point, 8001. **Plan** 1 A4. (021) 439-1016. FAX (021) 439-1019.
Non loin du Waterfront, le Protea Cape Castle propose des logements indépendants dotés de cuisines entièrement équipées. L'aire aménagée pour les barbecues est commune.

En dehors du centre : *Constantia Lodge* ®®® 8
Duntaw Cl, Constantia, 7800. **Carte routière** B5. (021) 794-2410. FAX (021) 794-2418.
@ constantialodge@intekom.co.za Bien abrité du vent, le Constantia Lodge propose des chambres décorées avec goût au sein d'un vaste jardin doté d'un court de tennis en quick. Terrains de golf à proximité.

En dehors du centre : *Courtyard Hotel* @ info@citylodge.co.za ®®® 70
Liesbeeck Pkwy, Mowbray, 7700. **Carte routière** B5. (021) 448-3929. FAX (021) 448-5494.
Classée monument historique, cette demeure Cape Dutch, bâtie vers 1815, possède dans son jardin le deuxième plus vieux figuier du pays. Il aurait été planté en 1840.

En dehors du centre : *Greenways Country House* ®®® 14
1 Torquay Ave, Claremont, 7700. **Carte routière** B5. (021) 761-1792. FAX (021) 761-0878.
@ greenways@intekom.co.za Un parc paisible entoure une charmante demeure rurale dont la construction remonte aux années 1920.

Légende des symboles, voir rabat de couverture

Catégories de prix pour une nuit en chambre double, taxes et service compris mais sans le petit déjeuner.
Ⓡ moins de 150 R
ⓇⓇ de 150 R à 300 R
ⓇⓇⓇ de 300 R à 500 R
ⓇⓇⓇⓇ de 500 R à 1000 R
ⓇⓇⓇⓇⓇ plus de 1000 R

PISCINE
Elle est souvent petite et découverte.
RESTAURANT
Restaurant dans l'hôtel, ouvert à tous.
ÉQUIPEMENTS ENFANTS
Baby-sitting, berceaux et parcs sont disponibles. Certains établissements proposent aussi dans leurs restaurants des portions réduites et des chaises hautes.
JARDIN
L'hôtel possède un jardin ou une terrasse.

	NOMBRE DE CHAMBRES	PISCINE	RESTAURANT	ÉQUIPEMENTS ENFANTS	JARDIN
EN DEHORS DU CENTRE : *Houtkapperspoort* @ info@houtkapperspoort.com ⓇⓇⓇ Constantia Nek, Cape Town. **Plan 1 A5.** 📞 *(021) 794-5216.* FAX *(021) 794-2907.* Un hébergement dans des cottages construits en pierre locale, pour deux à huit personnes. 🛏 TV 📧 P	9	■		■	●
EN DEHORS DU CENTRE : *Olaf's Guesthouse* @ olafs@icon.co.za ⓇⓇⓇ 24 Wisbeach Rd, Sea Point, 8001. **Plan 1 A4.** 📞 *(021) 439-8943.* FAX *(021) 439-5057.* Cette pension offre un très grand confort et est proche des restaurants et des boutiques. Elle n'accepte les enfants qu'à partir de 12 ans. 🛏 TV 📧	11	■			●
EN DEHORS DU CENTRE : *Palm House* ⓇⓇⓇ Oxford St, Wynberg, 7800. **Carte routière B5.** 📞 *(021) 761-5009.* FAX *(021) 761-8776.* Située à la périphérie sud, non loin de centres commerciaux, l'élégante Palm House ne se trouve qu'à 20 min de l'aéroport international du Cap. 🛏 TV 📧 ▤ ⓑ P	11	■		■	●
EN DEHORS DU CENTRE : *President Hotel* @ info@proteahotels.com ⓇⓇⓇ Alexander Rd, Bantry Bay, 8001. **Plan 3 B1.** 📞 *(021) 434-8111.* FAX *(021) 434-9991.* Cet établissement accueillant porte aux femmes voyageant seules une attention particulière. Proche de la promenade du front de mer, il offre un accès aisé au Waterfront et au centre-ville. 🛏 TV 📧 ▤ ⓑ P	349	■	●	■	
EN DEHORS DU CENTRE : *Romney Park Luxury Suites* ⓇⓇⓇ Romney Rd, Green Point, 8001. **Plan 1 B4.** 📞 *(021) 439-4555.* FAX *(021) 439-4747.* @ romneypark@relais.co.za Le voyageur exigeant jouira ici d'un hébergement élégant, à courte distance du centre, des plages et du Waterfront. 🛏 TV 📧 ▤ ⓑ P	34	■		■	
EN DEHORS DU CENTRE : *Sirroco Guesthouse and Health Spa.* ⓇⓇⓇ 3 The Glen, Sea Point, 8001. **Plan 1 A5.** 📞 *(021) 439-0086.* FAX *(021) 439-3552.* Manoir victorien situé dans une zone résidentielle calme, néanmoins à proximité de nombreux magasins et restaurants. 🛏 TV 📧 ▤ ⓑ P ⓑ	11	■			
EN DEHORS DU CENTRE : *Southernwood Country House* ⓇⓇⓇ 19 Ave, Constantia, 7800. **Carte routière B5.** 📞 *(021) 794-3208.* FAX *(021) 794-7551.* @ souwood@mweb.co.za Dans un domaine boisé de Constantia, près du célèbre Kirstenbosch Botanical Garden. Enfants à partir de 12 ans. 🛏 TV 📧 P	5				●
EN DEHORS DU CENTRE : *Villa Sunshine* @ contact@villasunshine.co.za ⓇⓇⓇ 1 Rochester Rd, Bantry Bay, 8001. **Plan 3 B2.** 📞 *(021) 439-8224.* FAX *(021) 439-8219.* Cette pension de style méditerranéen domine la mer près des plages, non loin de nombreux restaurants et de transports publics. 🛏 TV 📧 ▤ P ⓑ	7	■			
EN DEHORS DU CENTRE : *Vineyard Hotel* @ enquiries@vineyard.co.za ⓇⓇⓇⓇ Colinton Rd, Newlands, 7700. **Carte routière B5.** 📞 *(021) 683-3044.* FAX *(021) 683-3365.* Construit pour lady Anne Barnard en 1799, ce monument historique possède un jardin superbe, une piscine chauffée et un centre de remise en forme. 🛏 TV 📧 ▤ ⓑ P ⓑ	160	■	●	■	●
EN DEHORS DU CENTRE : *Welgeleë Guesthouse* @ welgelee@mweb.co.za ⓇⓇⓇ Dressage Cl, Constantia, 7800. **Carte routière B5.** 📞 *(021) 794-7397.* FAX *(021) 794-7397.* Les silos d'une ancienne ferme ont été soigneusement rénovés et transformés en hébergement original sur trois étages. 🛏 TV 📧 ▤ P	10	■			
EN DEHORS DU CENTRE : *Winchester Mansions Hotel* ⓇⓇⓇ 221 Beach Rd, Sea Point, 8001. **Plan 1 A4.** 📞 *(021) 434-2351.* FAX *(021) 434-0215.* @ winman@mweb.co.za Une cour intérieure à l'italienne et des fontaines contribuent au charme de cet hôtel qui accueille les enfants à partir de 12 ans. 🛏 TV 📧 ⓑ	53	■	●	■	
EN DEHORS DU CENTRE : *Alphen Hotel* @ reservations@alpha.co.za ⓇⓇⓇⓇ PO Box 35, Constantia, 7848. **Carte routière B5.** 📞 *(021) 794-5011.* FAX *(021) 5710.* Le charme de l'ancien et le confort moderne dans une demeure historique, à l'ombre de vieux chênes. Calme et accès facile aux sites touristiques du Cap. 🛏 TV 📧 P ⓑ	34	■	●		●

EN DEHORS DU CENTRE : *Cellars-Hobenort Hotel* ⓇⓇⓇⓇⓇ 53
93 Brommersvlei Rd, Constantia, 7800. **Carte routière** B5. ☎ *(021) 794-2137.*
FAX *(021) 794-2149.* @ info@cellars-hobenort.co.za Demeure de campagne luxueuse.
Enfants à partir de 14 ans. 🛏 TV 🖥 🍽 P 🛗

EN DEHORS DU CENTRE : *Clifton House* @ md38@pixie.co.za ⓇⓇⓇⓇⓇ 5
1 Clifton St, Clifton, 8001. **Plan** 3 B4. ☎ *(021) 438-2308.* **FAX** *(021) 438-3716.*
Situé sur le flanc du Lion's Head, cet établissement offre un panorama
spectaculaire, mais n'accepte pas les enfants. 🛏 TV 🖥 🍽 P 🛗

EN DEHORS DU CENTRE : *Constantia Uitsig Country Hotel* ⓇⓇⓇⓇⓇ 16
Spaanschemat River Rd, Constantia, 7800. **Carte routière** B5. ☎ *(021) 794-6500.*
FAX *(021) 794-7605.* @ zinta@uitsig.co.za Ce domaine viticole historique renferme
deux des meilleurs restaurants de Cape Town. 🛏 TV 🖥 🍽 P 🛗

EN DEHORS DU CENTRE : *Peninsula All-suite Hotel* ⓇⓇⓇⓇⓇ 109
313 Beach Rd, Sea Point, 8001. **Plan** 1 A4. ☎ *(021) 439-8888.* **FAX** *(021) 439-8886.*
@ hotel@peninsula.co.za Des suites dotées de cuisines bien équipées et des vues
spectaculaires de la baie rendent cet hôtel très populaire. 🛏 TV 🖥 🍽 ♿ 🍴 P 🛗

EN DEHORS DU CENTRE : *Sea Castle* @ sea@castles.co.za ⓇⓇⓇⓇⓇ 11
15 Victoria Rd, Clifton, 8001. **Plan** 3 B5. ☎ *(021) 438-4010.* **FAX** *(021) 438-4015.*
Les chambres spacieuses, toutes avec vue sur mer, sont décorées de marbre,
de granite et de bois précieux. 🛏 TV 🖥 P 🛗

EN DEHORS DU CENTRE : *Steenberg Country Hotel* ⓇⓇⓇⓇⓇ 24
Steenberg Rd, Constantia, 7800. **Carte routière** B5. ☎ *(021) 713-2222.* **FAX** *(021) 713-2221.*
@ hotel@iafrica.co.za La demeure Cape Dutch (1682) d'un paisible domaine viticole
de Constantia Valley abrite des chambres somptueuses donnant sur les vignobles
ou le jardin. Un golf de 18 trous vient d'y être aménagé. 🛏 TV 🖥 🍽 P 🛗

EN DEHORS DU CENTRE : *The Bay Hotel* @ res@thebay.co.za ⓇⓇⓇⓇⓇ 78
Victoria Rd, Camps Bay, 8001. **Plan** 3 B5. ☎ *(021) 438-4444.* **FAX** *(021) 438-4455.*
Membre des Small Luxury Hotels of the World, le Bay allie sophistication et
modernité en face de la plage de Camps Bay. La terrasse permet de siroter un
cocktail en regardant le soleil se coucher sur l'océan. 🛏 TV 🖥 🍽 ♿ P 🛗

VIGNOBLES DU CAP

FRANSCHHOEK : *Auberge Bligny* @ bligny@mweb.co.za ⓇⓇⓇ 8
28 Van Wijk St, 7690. **Carte routière** B5. ☎ *(021) 876-3767.* **FAX** *(021) 876-3483.*
Entourée de vignobles au pied des montagnes, une ferme superbement
restaurée abrite une pension. 🛏 TV 🖥 ♿ P

FRANSCHHOEK : *Franschhoek Country Guesthouse* ⓇⓇⓇ 14
Main Rd, 7690. **Carte routière** B5. ☎ *(021) 876-3386.* **FAX** *(021) 876-2744.*
@ fch@mweb.co.za Rénovée avec goût, cette demeure victorienne de 1890
est proche de restaurants à la périphérie du village. 🛏 TV 🖥 ⚡ P 🛗

FRANSCHHOEK : *Rusthof Guesthouse* @ rusthof@kingsley.co.za ⓇⓇⓇⓇ 5
12 Huguenot Rd, 7960. **Carte routière** B5. ☎ *(021) 876-3762.* **FAX** *(021) 876-3682.*
Agréables, les chambres possèdent un décor personnalisé, le chauffage
par le sol et la climatisation. 🛏 TV 🖥 🍽 ⚡ P 🛗

FRANSCHHOEK : *L'Auberge le Quartier Français* ⓇⓇⓇⓇⓇ 15
16 Huguenot Rd, 7960. **Carte routière** B5. ☎ *(021) 876-2151.* **FAX** *(021) 876-3105.*
@ res@lqf.co.za Situé au cœur du village, cet hôtel haut de gamme jouxte un
restaurant primé pour sa cuisine d'influence provençale. 🛏 TV 🖥 🍽 ♿ P 🛗

HERMON : *Bartholomeus Klip Farmhouse* ⓇⓇⓇⓇⓇ 5
Par la R44 depuis Tulbagh/Wellington. **Carte routière** B5. ☎ *(022) 448-1820.*
FAX *(022) 448-1829.* @ bartholomeus@icon.co.za Cette ferme construite en 1903 propose
un hébergement campagnard plein de charme dans un cadre superbe. 🛏 🖥 ⚡ P

KUILS RIVER : *Zevenwacht Country Inn* ⓇⓇⓇ 20
Langverwacht Rd, 7580. **Carte routière** B5. ☎ *(021) 903-5123.* **FAX** *(021) 906-1570.*
@ reservations@zevenwacht.co.za Cette demeure de style Cape Dutch propose
d'excellents dîners, des visites de caves et des démonstrations de fabrication
de fromage. 🛏 TV 🍽 ⚡ P 🛗

MONTAGU : *Kingna Lodge* @ kingna@lando.co.za ⓇⓇⓇⓇ 8
11 Bath St, 6720. **Carte routière** B5. ☎ *(023) 614-1066.* **FAX** *(023) 614-2405.*
Dans un manoir victorien de la fin du XIXᵉ siècle, cette hôtellerie propose
entre autres un programme de remise en forme. 🛏 TV 🖥 🍽

Légende des symboles, voir rabat de couverture

Catégories de prix pour une nuit en chambre double, taxes et service compris mais sans le petit déjeuner.
Ⓡ moins de 150 R
ⓇⓇ de 150 R à 300 R
ⓇⓇⓇ de 300 R à 500 R
ⓇⓇⓇⓇ de 500 R à 1000 R
ⓇⓇⓇⓇⓇ plus de 1000 R

PISCINE
Elle est souvent petite et découverte.

RESTAURANT
Restaurant dans l'hôtel, ouvert à tous.

ÉQUIPEMENTS ENFANTS
Baby-sitting, berceaux et parcs sont disponibles. Certains établissements proposent aussi dans leurs restaurants des portions réduites et des chaises hautes.

JARDIN
L'hôtel possède un jardin ou une terrasse.

	NOMBRE DE CHAMBRES	PISCINE	RESTAURANT	ÉQUIPEMENTS ENFANTS	JARDIN
MONTAGU : *Montagu Country Inn* @ montinn@iafrica.com ⓇⓇⓇⓇ 27 Bath St, 6720. **Carte routière** B5. ☎ *(023) 614-3125.* ℻ *(023) 614-1905.* Entouré de montagnes, cet établissement Art déco donne accès à de nombreux sentiers de randonnée et pistes de VTT. 🛏 📺 🍴 🅿 🔧	23	■	●	■	●
MONTAGU : *Mimosa Lodge* @ mimosa@lando.co.za ⓇⓇⓇⓇⓇ Church St, 6720. **Carte routière** B5. ☎ *(023) 614-2351.* ℻ *(023) 614-2418.* Un couple de Suisses offre un accueil chaleureux dans sa villa victorienne construite en 1860. 🛏 🍴 ♿ 🅿 🔧	11	■	●		●
PAARL : *Goedemoed Country Inn* @ goedemoed@mweb.co.za ⓇⓇⓇ Cecilia St, 7646. **Carte routière** B5. ☎ *(021) 863-1102.* ℻ *(021) 863-1104.* Un agréable jardin, une piscine et un paysage de vignobles ajoutent à la séduction de cette pension accueillante, à l'atmosphère campagnarde. 🛏 📺 🍴 🅿 🔧	8	●	■	■	●
PAARL : *Lemoenkloof Gastehuis* ⓇⓇⓇ 396A Main Rd, 7646. **Carte routière** B5. ☎ *(021) 872-7520.* ℻ *(021) 872-7532.* Un monument historique aux chambres confortables au cœur de la ville. Accès aisé à la Route des vins. 🛏 📺 🍴 🅿 🔧	20	■		■	●
PAARL : *Mountain Shadows Guesthouse* ⓇⓇⓇ Klein Drakenstein Rd, 7620. **Carte routière** B5. ☎ *(021) 862-3192.* ℻ *(021) 862-6796.* @ mshadow@icon.co.za Au calme parmi des vignobles, cette demeure de style Cape Dutch se détache sur un arrière-plan montagneux. 🛏 📺 🍴 🅿 🔧	11	●		■	●
PAARL : *Pontac Estate Hotel Garni* @ pontac@iafrica.com ⓇⓇⓇⓇ 16 Zion St, 7646. **Carte routière** B5. ☎ *(021) 872-0445.* ℻ *(021) 872-0460.* Au pied du Paarl Rock, cette superbe ferme vieille de 250 ans occupe une situation idéale pour visiter les caves de la KWV. 🛏 📺 🍴 🅿	16	■	●		●
PAARL : *Grande Roche Hotel* @ reserve@grandroche.co.za ⓇⓇⓇⓇⓇ Plantasie St, 7646. **Carte routière** B5. ☎ *(021) 863-2727.* ℻ *(021) 863-2220.* Affilié à Relais et Châteaux, un domaine de 1707 restauré avec goût propose un hébergement cinq étoiles dans des chalets entourés de vignobles. Le Bosman's Restaurant est régulièrement classé parmi les meilleures tables d'Afrique du Sud. 🛏 📺 🍴 ♿ 🍽 🅿 🔧	35	●	●	■	●
PAARL : *Roggeland Country House* @ rog@iafrica.com ⓇⓇⓇⓇ Roggeland Rd, 7623. **Carte routière** B5. ☎ *(021) 868-2501.* ℻ *(021) 868-2113.* À 15 km de Paarl, ferme historique meublée d'antiquités à l'atmosphère rurale. Cuisine régionale de qualité. 🛏 📺 🍴 ♿ 🅿	11	■	●		●
ROBERTSON : *The Grand Hotel & Guesthouse* ⓇⓇⓇ 68 Barry St, 6705. **Carte routière** B5. ☎ *(023) 626-3272.* ℻ *(023) 626-1158.* @ grandhotel@lando.co.za Cet hôtel confortable se trouve à 800 m de la route principale, dans un paisible quartier résidentiel. 🛏 📺 🍴	10	■	●	■	
SOMERSET WEST : *Albourne Guesthouse* @ info@albourne.co.za ⓇⓇⓇ 61 Loursenford Rd, 7130. **Carte routière** B5. ☎ *(021) 852-2184.* ℻ *(021) 852-7050.* Séjourner dans cette résidence Cape Dutch donne accès à l'Erinvale Golf Course, situé à 2 km. 🛏 📺 🍴 🅿 🔧	16				●
SOMERSET WEST : *Die Ou Pastorie Guesthouse* ⓇⓇⓇ 41 Lourens St, 7130. **Carte routière** B5. ☎ *(021) 852-2120.* ℻ *(021) 851-3710.* @ info@dieoupastorie.co.za Un monument historique datant de 1819 abrite cette pension élégante, située à proximité de trois golfs remarquables. 🛏 📺 🍴 🅿 🔧	16	■	●		●
SOMERSET WEST : *Erinvale Estate Hotel* ⓇⓇⓇⓇ 1 Erinvale Ave, 7130. **Carte routière** B5. ☎ *(021) 847-1160.* ℻ *(021) 847-1169.* @ hotel@erinvale.co.za De nombreux clients de ce gracieux hôtel, niché au pied des majestueuses Heldeberg Mountains, au sein d'un jardin bien entretenu, viennent pour relever le défi du réputé Erinvale Golf Course. 🛏 📺 🍴 🍴 ♿ 🅿 🔧	57	■	●	■	●

SOMERSET WEST : *Somerton Manor* @ info@somerton.co.za ⓇⓇⓇⓇ 12
13 Somerset St, 7130. **Carte routière** B5. **(** *(021) 851-4682.* FAX *(021) 851-4672.*
De style Cape Dutch, cette pension possède sauna, gymnase, jacuzzi, piscine et
salle de billard. La cave renferme 2 000 bouteilles de vin. 🚗 TV 🏊 🍴 ⚡ ♨ P 🛏

SOMERSET WEST : *Straightway Head Country House* ⓇⓇⓇ 19
Parel Catley Rd, 7130. **Carte routière** B5. **(** *(021) 851-7088.* FAX *(021) 851-7091.*
@ reception@straightway.co.za 9 km seulement séparent cet établissement
confortable, entouré de montagnes, des plages de False Bay. 🚗 TV 🏊 ♿ P

SOMERSET WEST : *Zandberg Farm Country Guesthouse* ⓇⓇⓇ 11
Winery Rd, 7130. **Carte routière** B5. **(** & FAX *(021) 842-2945.* @ info@zandberg.co.za
Une chapelle historique, une plantation d'herbes aromatiques et un lac artificiel
ajoutent aux attraits de ce domaine viticole vieux de trois siècles. Primé, le
restaurant adjacent propose une cuisine « Cape-Provençale ». 🚗 TV 🏊 ♿ P

SOMERSET WEST : *Lord Charles Hotel* ⓇⓇⓇⓇ 197
Faure & Stellenbosch rds, 7130. **Carte routière** B5. **(** *(021) 855-1040.* FAX *(021) 855-1107.*
@ info@the-lord-charles.co.za Dans un domaine privé de 9 ha au cœur des
vignobles du Cap, le superbe Lord Charles offre un accès aisé à plusieurs
terrains de golf, ainsi qu'à des plages. 🚗 TV 🏊 🍴 ⚡ ♿ P 🛏

SOMERSET WEST : *Willowbrook Lodge* ⓇⓇⓇⓇ 11
1 Morgenster Ave, 7130. **Carte routière** B5. **(** *(021) 851-3759.* FAX *(021) 851-4152.*
@ willowb@iafrica.com Cet élégant lodge en bord de rivière est situé dans un
jardin primé. Le restaurant offre une cuisine moderne très inventive. 🚗 TV 🏊 ♿

STELLENBOSCH : *Bonne Esperance Guest Lodge* ⓇⓇⓇ 15
17 Van Riebeeck St, 7600. **Carte routière** B5. **(** *(021) 887-0225.* FAX *(021) 887-8328.*
@ stay@bonneesperance.com Cette villa de style victorien, entourée d'un porche,
abrite une confortable pension. 🚗 🏊 🍴 ⚡ P 🛏

STELLENBOSCH : *De Goue Druif* @ gouedruif@new.co.za ⓇⓇⓇ 6
110 Dorp St, 7599. **Carte routière** B5. **(** *(021) 883-3555.* FAX *(021) 883-3588.*
Des antiquités meublent avec goût ce monument historique édifié en 1792.
🚗 TV 🏊 🍴 ♨ P 🛏

STELLENBOSCH : *Ryneveld Lodge* @ ryneveld@iafrica.com ⓇⓇⓇ 15
67 Ryneveld St, 7600. **Carte routière** B5. **(** *(021) 887-4469.* FAX *(021) 883-9549.*
Plusieurs cottages indépendants, destinés principalement aux familles, complètent
les chambres aménagées dans un ancien logement d'esclaves. 🚗 TV 🏊 🍴 ♿ P

STELLENBOSCH : *Yellow Lodge Guesthouse* ⓇⓇⓇ 11
32 Herold St, 7600. **Carte routière** B5. **(** *(021) 887-9660.* FAX *(021) 887-5686.*
@ yellodge@alternet.com Au sein d'un jardin planté de bananiers à la sortie
du bourg, ce lodge spacieux est équipé d'une antenne satellite et reçoit
des chaînes sud-africaines et allemandes. 🚗 TV 🏊 ⚡ P 🛏

STELLENBOSCH : *Dorpshuis Country House* ⓇⓇⓇⓇ 23
22 Dorp St, 7600. **Carte routière** B5. **(** *(021) 883-9881.* FAX *(021) 883-9884.*
@ info@dorpshuis.co.za Décorée d'antiquités, cette pension borde la charmante
Dorp Street au cachet historique. 🚗 TV 🏊 🍴 ♿ ♨ P

STELLENBOSCH : *D'Ouwe Werf* @ ouwewerf@iafrica.com ⓇⓇⓇ 25
30 Church St, 7600. **Carte routière** B5. **(** *(021) 887-4608.* FAX *(021) 887-4626.*
Au cœur de Stellenbosch, la plus vieille auberge d'Afrique du Sud repose
sur les fondations de la première église de la région. On peut toujours
voir le sol d'origine sous le restaurant. 🚗 TV 🏊 🍴 P 🛏

STELLENBOSCH : *Eendracht Gastehuis* @ eendracht@iafrica.com ⓇⓇⓇ 11
161 Dorp St, 7600. **Carte routière** B5. **(** *(021) 883-8843.* FAX *(021) 883-8842.*
Cette confortable demeure, reconstruite dans le style de 1710, permet
de se loger en plein centre de Stellenbosch. 🚗 TV 🏊 ⚡ ♿ P 🛏

STELLENBOSCH : *Lanzerac Manor & Winery* ⓇⓇⓇⓇ 48
Lanzerac Rd, 7600. **Carte routière** B5. **(** *(021) 887-1132.* FAX *(021) 887-2310.*
@ info@lanzerac.co.za L'élégance raffinée rappelle que le domaine a trois siècles.
Entouré des magnifiques montagnes de Jonkershoek et de l'Helderberg, il occupe
un cadre remarquable au milieu des vignobles. 🚗 TV 🏊 🍴 ♿ P 🛏

TULBAGH : *De Oude Herberg* ⓇⓇ 5
6 Church St, 6820. **Carte routière** B5. **(** & FAX *(023) 230-0260.*
Cette pension occupe un monument historique (1840) en plein cœur du village
historique de Tulbagh. 🚗 TV 🏊 ⚡ ♿ P

Légende des symboles, voir rabat de couverture

Catégories de prix pour une nuit en chambre double, taxes et service compris mais sans le petit déjeuner.
Ⓡ moins de 150 R
ⓇⓇ de 150 R à 300 R
ⓇⓇⓇ de 300 R à 500 R
ⓇⓇⓇⓇ de 500 R à 1000 R
ⓇⓇⓇⓇⓇ plus de 1000 R

PISCINE
Elle est souvent petite et découverte.
RESTAURANT
Restaurant dans l'hôtel, ouvert à tous.
ÉQUIPEMENTS ENFANTS
Baby-sitting, berceaux et parcs sont disponibles. Certains établissements proposent aussi dans leurs restaurants des portions réduites et des chaises hautes.
JARDIN
L'hôtel possède un jardin ou une terrasse.

	NOMBRE DE CHAMBRES	PISCINE	RESTAURANT	ÉQUIPEMENTS ENFANTS	JARDIN
TULBAGH : *Rijk's Ridge* @ bookings@rijks.co.za ⓇⓇⓇ Près de Church St, 6820. **Carte routière** B5. 📞 *(023) 230-1006*. **FAX** *(023) 230-1125*. Une ferme Cape Dutch dans un cadre spectaculaire. 🛏 📺 ⬛ ♿ 🅿	15	●			●
WELLINGTON : *Diemersfontein Gastehuis* @ hospitality@diemersfontein.co.za ⓇⓇⓇ Sur la R303 vers Wellington. **Carte routière** B5. 📞 *(021) 873-2671*. **FAX** *(021) 873-4526*. Cette gracieuse demeure du tournant du siècle fait partie d'un domaine viticole, et donne accès à des pistes cavalières et des sentiers de randonnée. 🛏 ⬛ 🅿 🔆	16	●			●
WORCESTER : *Church Street Lodge* @ manager@churchstreet.co.za ⓇⓇ 36 Church St, 6850. **Carte routière** B5. 📞 *(023) 342-5194*. **FAX** *(023) 342-8859*. Au cœur du village historique de Worcester, cette maison Cape Dutch loue des chambres confortables. 🛏 📺 ⬛ 🔆 ♿ 🅿 🔆	20				

TERRASSE CÔTIÈRE OCCIDENTALE

	NOMBRE DE CHAMBRES	PISCINE	RESTAURANT	ÉQUIPEMENTS ENFANTS	JARDIN
CEDARBERG : *Bushmanskloof Wilderness Reserve* ⓇⓇⓇⓇⓇ R364. Box 53405, Kenilworth, 7945. **Carte routière** B4. 📞 *(021) 797-0990*. **FAX** *(021) 761-5551*. @ info@bushmanskloof.co.za À trois heures de Cape Town dans les Cedarberg Mountains, un complexe hôtelier de luxe permet de surprendre zèbres, gnous ou élands, et de visiter les sites d'art rupestre de la région. 🛏 ⬛ ▤ 🅿 🔆	10	●	●	●	●
CLANWILLIAM : *Saint du Barrys Country Lodge* ⓇⓇⓇ 13 Augsburg Dr, 8135. **Carte routière** B4. 📞 *(027) 482-1537*. **FAX** *(027) 482-1537*. @ saintdubarrys@clanwilliam.co.za Près des montagnes du Cedarberg, cet établissement à toit de chaume, qui porte le nom d'un saint helvétique du XIXᵉ siècle, se distingue par son confort et son accueil chaleureux. 🛏 📺 ⬛ ♿ 🅿	5	●			●
DARLING : *Trinity Guesthouse* @ mclaughlin@worldonline.co.za ⓇⓇⓇ 19 Long St, 7345. **Carte routière** B5. 📞 & **FAX** *(022) 492-3430*. Située dans la vieille ville, cette demeure victorienne rénovée avec goût offre une retraite paisible et des prestations excellentes. 🛏 📺 🅿	5				●
KAMIESKROON : *Kamieskroon Hotel* ⓇⓇⓇ Old National Rd, 8241. **Carte routière** A4. 📞 *(027) 672-1614*. **FAX** *(027) 672-1675*. @ kamieshotel@kingsley.co.za Au cœur du Namaqualand, ce confortable hôtel de campagne propose des visites écologiques et des ateliers photographiques depuis 1984. Mieux vaut réserver au printemps, à la saison des fleurs sauvages. 🛏 ⬛	21	●	●		
LANGEBAAN : *Falcon's Rest Guesthouse* ⓇⓇⓇ 21A Zeeland St, 7357. **Carte routière** A5. 📞 & **FAX** *(022) 772-1112*. Cette pension proche du golf offre une vue superbe sur le lagon. Les enfants sont acceptés et des repas peuvent être fournis. 🛏 📺 ⬛ 🔆	12	●	●		
LANGEBAAN : *The Farmhouse Guesthouse* ⓇⓇⓇ 5 Egret St, 7357. **Carte routière** A5. 📞 *(02277) 2-2062*. **FAX** *(022) 772-1980*. @ farmhous@mweb.co.za En bordure du West Coast National Marine Park, cette ferme construite en 1860 domine le bassin. 🛏 📺 ⬛ 🔆	18	●	●		
MOOREESBURG : *Karbonaatjieskraal Guest House* ⓇⓇ N1 (près de Mooreesburg). **Carte routière** B5. 📞 *(023) 358-2134*. **FAX** *(023) 358-2133*. Depuis cette pension, la vue s'ouvre sur les Matroosberg Mountains, dont les sommets se couvrent de neige en hiver. 🛏 ⬛ 🔆 🅿 ⏻	12				
PIKETBERG : *Noupoort Guest Farm & Conference Centre* ⓇⓇ N7. PO Box 101, Piketberg, 7320. **Carte routière** B4. 📞 *(022) 914-5754*. **FAX** *(022) 914-5834*. @ reservations@noupoort.com Le calme et l'air pur de la montagne à 90 min de CapeTown. Le sauna permet de se détendre après une randonnée. 🛏 ⬛ ▤ 🔆 ♿ 🅿 🔆	32	●	●	●	●
RIEBEEK WEST : *Riebeek Valley Hotel* @ rvhotel@netactive.co.za ⓇⓇⓇⓇ 4 Dennehof St, 7306. **Carte routière** B4. 📞 *(022) 461-2672*. **FAX** *(022) 461-2692*. Cette demeure victorienne pleine de recoins, bâtie en 1904, offre une retraite romantique et luxueuse à la campagne. 🛏 ⬛ ▤ 🔆 🅿 🔆	9	●	●		

RIEBEEK KASTEEL : *Arts Inn*   ®®   5
13 Fontein St, 7307. **Carte routière** B4. **[** & FAX *(022) 488-1794.*
Une ambiance méditerranéenne flotte dans cette maison de 1911 bordant
la grand-place d'un village proche du Bothmanskloof Pass.

SPRINGBOK : *Masonic Hotel*   ®®   35
Van Riebeeck St. **Carte routière** A3. **[** *(027) 712-1505.* FAX *(027) 712-1730.*
Cet hôtel moderne et impeccable se trouve au cœur du Namaqualand, région
qui se couvre de fleurs de septembre à octobre.

VELDDRIF : *Doornfontein Bird & Game Lodge*   ®®   10
Doornfontein, PO Box 17, Velddrif, 7965. **Carte routière** A4. **[** & FAX *(022) 783-0853.*
@ doornfontein@xsinet.co.za Sur les rives de la Berg River, à l'entrée de St Helena's
Bay, avec un accès direct à la mer. Magnifiques promenades.

VELDDRIF : *Kersefontein Farm*   ®®   2
Près de la R45. Box 15, Hopefield, 7355. **Carte routière** A4. **[** & FAX *(022) 783-0850.*
Au bord de la Berg River, dans une ferme classée monument historique, un cottage
à toit de chaume et des dépendances restaurées permettent des activités comme
la baignade, la randonnée, le bateau et le vélo.

YZERFONTEIN : *Auberge*   ®®   33
16 Mile, Yzerfontein, 7351. **Carte routière** A5. **[** & FAX *(022) 451-2424.*
@ info@capequest.co.za Au bord de l'Océan, près des dunes sous le vent,
un établissement de style rustique.

CAP SUD

ARNISTON : *The Arniston Hotel*   ®®®®   30
Beach Rd, 7280. **Carte routière** B5. **[** *(028) 445-9000.* FAX *(028) 445-9633.*
@ arniston@brd.dorea.com Cet hôtel moderne fait face à l'océan, près d'un village
de pêcheurs fondé il y a deux siècles non loin de la pointe australe de l'Afrique.
Il ménage un accès aisé aux plages et à une vaste grotte marine.

BETTY'S BAY : *Buçaco Sud Guesthouse*   ®®®   5
2609 Clarence Dr, 7141. **Carte routière** B5. **[** & FAX *(028) 272-9750.*
@ bucaco@hermanus.co.za Au pied des Kogelberg Mountains, une pension entourée
de *fynbos* offre une vue spectaculaire sur l'océan à proximité de plages et d'une
colonie de manchots. On s'y réchauffe en hiver autour d'un bon feu.

BREEDE RIVER : *Breede River Lodge*   ®®®®   21
Breede River, Witsands, 6761. **Carte routière** B5. **[** *(028) 537-1631.* FAX *(028) 537-1650.*
@ breederiver@relais.co.za Très prisé des pêcheurs, cet établissement sur l'estuaire
de la Breede River domine une baie fréquentée par les baleines australes de mai
à octobre. Il possède une atmosphère décontractée, et le restaurant sert
en saison des huîtres élevées dans la région.

GRABOUW : *Houw Hoek Inn* @ houwhoek@iafrica.com   ®®®   37
Près de la N2, 7160. **Carte routière** B5. **[** *(028) 284-9646.* FAX *(028) 284-9112.*
Située dans une paisible vallée à une heure de Cape Town, l'Houw Hoek
renvendique le titre de plus vieille auberge d'Afrique du Sud.

GREYTON : *The Post House*   ®®®   13
Main St, 7233. **Carte routière** B5. **[** *(028) 254-9995.* FAX *(028) 254-9920.*
@ info@posthouse.co.za Dans un village fréquenté le week-end par les Capetoniens,
des personnages de l'auteur pour enfants Beatrix Potter ont inspiré le décor des
chambres de cette pension datant du début du XIXe siècle.

GREYTON : *The Greyton Lodge*   ®®®®   21
46 Main St, 7233. **Carte routière** B5. **[** *(028) 254-9876.* FAX *(028) 254-9672.*
@ greytonlodge@kingsley.co.za Cette hôtellerie, construite en 1880 au pied de
montagnes, offre une base confortable d'où partir en randonnée. Détendez-vous
sur la terrasse avant de savourer une cuisine campagnarde.

HERMANUS : *Auberge Burgundy*   ®®®®   14
16 Harbour Rd, 7200. **Carte routière** B5. **[** *(028) 313-1201.* FAX *(028) 313-1204.*
@ auberge@hermanus.co.za Cette luxueuse demeure de style provençal agrémentée
de jardins aromatiques est située au centre-ville. Elle est proche du vieux port,
des boutiques, des plages et des restaurants.

HERMANUS : *Whale Rock Lodge* @ wrl@hermanus.co.za   ®®®®   11
26 Springfield Ave, 7200. **Carte routière** B5. **[** *(028) 313-0014.* FAX *(028) 312-2932.*
Ce magnifique établissement à toit de chaume ne se trouve qu'à 10 min à pied
d'un site d'observation de baleines sur le sentier de la falaise.

Légende des symboles, voir rabat de couverture

Catégories de prix pour une nuit en chambre double, taxes et service compris mais sans le petit déjeuner.
® moins de 150 R
®® de 150 R à 300 R
®®® de 300 R à 500 R
®®®® de 500 R à 1000 R
®®®®® plus de 1000 R

PISCINE
Elle est souvent petite et découverte.

RESTAURANT
Restaurant dans l'hôtel, ouvert à tous.

ÉQUIPEMENTS ENFANTS
Baby-sitting, berceaux et parcs sont disponibles. Certains établissements proposent aussi dans leurs restaurants des portions réduites et des chaises hautes.

JARDIN
L'hôtel possède un jardin ou une terrasse.

	NOMBRE DE CHAMBRES	PISCINE	RESTAURANT	ÉQUIPEMENTS ENFANTS	JARDIN
HERMANUS : The Marine Hotel @ marine@hermanus.co.za ®®®®® Marine Dr, 7200. **Carte routière B5.** ((028) 313-1000. FAX (028) 313-0160. Cet hôtel de luxe récemment rénové occupe sur la falaise une situation privilégiée qui en fait un excellent poste d'observation des baleines. Il possède deux restaurants et un héliport, et donne accès à des équipements sportifs.	47	■	●		●
KLEINMOND : The Beach House @ beachhouse@relais.co.za ®®®® 13 Beach Rd, 7195. **Carte routière B5.** ((028) 271-3130. FAX (028) 271-4022. Toutes les chambres ont vue sur la montagne ou l'océan. Les clients du restaurant aperçoivent souvent des baleines en hiver.	23	■	●		●
MALGAS : Malgas Hotel & Conference Centre ®®® Main Rd, 6666. **Carte routière B5.** ((028) 542-1049. FAX (028) 542-1718. @ info@malgas.co.za À environ 50 km de Swellendam, près de l'embarcadère du dernier bac d'Afrique du Sud tiré à la main, le Pont, profitez des promenades en canoë ou en barque proposées sur la Breede River.	21		●	●	●
McGREGOR : The Old Mill Lodge ®®® Meul St, 6708. **Carte routière B5.** ((023) 625-1841. FAX (023) 625-1841. @ mcgregor@lando.co.za Cette paisible retraite datant de 1860 occupe un cadre champêtre à la périphérie d'un village pittoresque.	10		●		●
OUDTSHOORN : De Oude Meul Country Lodge ®® Schoemanspoort, 6620. **Carte routière C5.** (& FAX (044) 272-7190. @ deoudemeul@mweb.co.za Proche des Cango Caves et des élevages d'autruches, cet établissement familial borde la Grobbelaars River.	12	■	●		●
OUDTSHOORN : Altes Landhaus Country Lodge ®®® Schoemanshoek, 6620. **Carte routière C5.** ((044) 272-6112. FAX (044) 279-2652. Une maison Cape Dutch de 1898, dans un élevage d'autruches.	6	■			●
OUDTSHOORN : Queen's Hotel @ ostrich@pixie.co.za ®®® 5 Baron Van Rheede St, 6620. **Carte routière C5.** ((044) 272-2101. FAX (044) 272-2104. De style colonial, le Queen's jouit d'une situation privilégiée en centre-ville, près du musée de l'Autruche.	40	■	●	■	●
OUDTSHOORN : Hlangana Lodge @ info@hlangana.co.za ®®®® 51 North St, 6620. **Carte routière C5.** ((044) 272-2299. FAX (044) 279-1271. Une pension confortable, proche de la ville sur la route des Cango Caves.	12	■		■	●
OUDTSHOORN : Rosenhof Country Lodge ®®®® 264 Baron van Rheede St, 6620. **Carte routière C5.** ((044) 272-2232. FAX (044) 272-3021. @ ostrich@pixie.co.za Près des Cango Caves, une roseraie entoure cette charmante maison de style victorien d'où la vue s'ouvre sur les montagnes du Swartberg. Elle sert une cuisine familiale traditionnelle.	12	■	●		●
SWELLENDAM : The Rose Garden B&B ®® 19 Andrew Whyte St, 6740. **Carte routière B5.** (& FAX (028) 514-1471. Hébergement et repas comme à la maison dans une résidence privée. Le patio s'ouvre sur une roseraie et la vue donne sur les monts du Langeberg.	3			■	●
SWELLENDAM : Klippe Rivier @ krh@sdm.dorea.co.za ®®®®® Voortrekker, 6740. **Carte routière B5.** ((028) 514-3341. FAX (028) 514-3337. Inscrite dans un paysage de montagnes, de vignobles et de champs de blé, cette demeure Cape Dutch de 1827 est devenue une pension pittoresque.	7	■	●		●
LA ROUTE JARDIN VERS GRAHAMSTOWN					
ADDO : Cosmos Cuisine Guesthouse @ cosmos@netversity.co.za ®®® Main St, 6105. **Carte routière D5.** (& FAX (042) 234-0323. Cette pension confortable se trouve près de l'Addo Elephant Park et du FitzPatrick Lookout, un point de vue sur la Sundays River Valley.	6	■	●		●

THE CRAGS : *Hog Hollow Country Lodge* ⓇⓇⓇⓇ 12
Askop Rd, 6602. **Carte routière** C5. 🕻 & FAX (04453) 4-8879.
@ info@hog-hollow.com Dans cette retraite rustique à 16 km à l'est de Plettenberg Bay, les cottages ont une cheminée et offrent des vues splendides. 🛏🗝Ⓟ🛁

GEORGE : *Hilltop Country Lodge* ⓇⓇⓇⓇ 7
Victoria Bay, sortie N2 entre George & Wilderness. **Carte routière** C5. 🕻 (044) 889-0199.
FAX (044) 889-0151. @ welcome@hilltopcountrylodge.co.za Ce bed-and-breakfast situé au cœur d'une réserve de *fynbos* jouit d'une vue splendide. 🛏📺🗝➿Ⓟ

GEORGE : *Protea Hotel King George* ⓇⓇⓇⓇ 64
Box 9292, King George Drive 6529. **Carte routière** C5. 🕻 (044) 874-7659.
FAX (044) 874-7664. @ reservations@mweb.co.za Bien situé, pour les affaires comme pour le tourisme, cet hôtel est réputé pour la qualité du service. Les chambres superbes et luxueuses donnent sur le célèbre George Golf. 🛏📺🗝➿➿Ⓟ🛁

GEORGE : *Fancourt Hotel and Country Club* ⓇⓇⓇⓇⓇ 100
Montagu St, Blanco, 6529. **Carte routière** C5. 🕻 (044) 804-0000. FAX (044) 804-0700.
@ reservations@fancourt.co.za Le Fancourt propose un hébergement de luxe dans une demeure coloniale de 1845 et des chalets bâtis dans le jardin. Il possède 4 restaurants et son propre golf de 27 trous, et permet de nombreuses autres activités sportives. 🛏📺🗝➿➿🍽Ⓟ🛁

GRAHAMSTOWN : *The Cock House Guesthouse* ⓇⓇⓇ 7
10 Market St, 6140. **Carte routière** D5. 🕻 (046) 636-1287. FAX (046) 636-1285.
@ cockhouse@imaginet.co.za À courte distance à pied du centre historique, cette demeure de 1826 a gardé ses parquets en *yellowwood*. 🛏📺🗝➿➿Ⓟ🛁

GRAHAMSTOWN : *Evelyn House Country Lodge* ⓇⓇⓇ 7
16 High St, 6140. **Carte routière** D5. 🕻 (046) 622-2366. FAX (046) 622-2424.
@ grahotel@intekom.co.za Cette demeure de style géorgien, à deux étages, est située dans un quartier calme, proche de l'université. 🛏📺🗝➿➿♿🍽Ⓟ🛁

GRAHAMSTOWN : *Settler's Inn* @ settlers@intekom.co.za ⓇⓇⓇ 52
N2. Box 19, Grahamstown, 6140. **Carte routière** D5. 🕻 (046) 622-7313.
FAX (046) 622-4951. Située en périphérie, la Settler's Inn accueille volontiers les enfants et les animaux domestiques. 🛏📺🗝➿➿♿Ⓟ🛁

JEFFREY'S BAY : *Stratos Guest House* @ stratos@agnet.co.za ⓇⓇⓇⓇ 8
11 Uys St, 6330. **Carte routière** D5. 🕻 (042) 293-1116. FAX (042) 293-3072.
Maison moderne et élégante, près d'une célèbre plage réservée au surf. 🛏🗝➿Ⓟ

KNYSNA : *Point Lodge Luxury Guesthouse* ⓇⓇⓇ 9
Point Cl, 6570. **Carte routière** C5. 🕻 (044) 382-1944. FAX (044) 382-3455.
Les ornithologues amateurs apprécieront cette petite pension qui domine le lagon, à 3 km à l'ouest de Knysna. 🛏📺🗝➿Ⓟ

KNYSNA : *Wayside Inn* @ waysideinn@pixie.co.za ⓇⓇⓇ 15
48 Main Rd, 6570. **Carte routière** C5. 🕻 & FAX (044) 382-6011.
Des nattes en sisal et des lits en fer forgé donnent le ton du décor des chambres. Le petit déjeuner est servi par une ouverture percée dans la porte. 🛏📺Ⓟ🛁

KNYSNA : *Falcon's View Manor* ⓇⓇⓇⓇ 9
2 Thesen Hill, 6570. **Carte routière** C5. 🕻 (044) 382-6767. FAX (044) 382-6430.
@ reservations@falconsview.com Meublée avec élégance, cette villa victorienne de 1898 possède un beau jardin. La véranda offre un large panorama du lagon et des Heads. Au dîner, la salle à manger est éclairée aux bougies. 🛏📺🗝➿➿Ⓟ

KNYSNA : *Portland Manor* @ portlandmnr@mweb.co.za ⓇⓇⓇⓇ 24
Rheenendal Rd, près de la N2. **Carte routière** C5. 🕻 & FAX (044) 388-4804.
À 20 min de la ville, une plantation d'agrumes du XIXᵉ siècle abrite une petite réserve animalière. La demeure de 1864 a été restaurée mais conserve ses parquets et ses plafonds en *yellowwood*. 🛏🗝➿🛁

KNYSNA : *Belvedere Manor* @ manager@belvedere.co.za ⓇⓇⓇⓇ 30
Duthie Dr, 6570. **Carte routière** C5. 🕻 (044) 387-1055. FAX (044) 387-1059.
Au bord du lagon de Knysna, le bâtiment principal (1834) est entouré de cottages, chacun avec une véranda et une cheminée. 🛏📺🗝➿➿♿Ⓟ🛁

KNYSNA : *St James of Knysna* @ stjames.knysna@pixie.co.za ⓇⓇⓇⓇ 16
The Point, 6570. **Carte routière** C5. 🕻 (044) 382-6750. FAX (044) 382-6756.
Le St James offre confort et luxe au bord du lagon, à 5 min du centre-ville. Les suites comprennent toutes un salon et une superbe salle de bains avec douche séparée. Le téléviseur est relié à une antenne satellite. 🛏📺🗝➿➿Ⓟ🛁

Légende des symboles, voir rabat de couverture

Catégories de prix pour une nuit en chambre double, taxes et service compris mais sans le petit déjeuner.
Ⓡ moins de 150 R
ⓇⓇ de 150 R à 300 R
ⓇⓇⓇ de 300 R à 500 R
ⓇⓇⓇⓇ de 500 R à 1000 R
ⓇⓇⓇⓇⓇ plus de 1000 R

PISCINE
Elle est souvent petite et découverte.

RESTAURANT
Restaurant dans l'hôtel, ouvert à tous.

ÉQUIPEMENTS ENFANTS
Baby-sitting, berceaux et parcs sont disponibles. Certains établissements proposent aussi dans leurs restaurants des portions réduites et des chaises hautes.

JARDIN
L'hôtel possède un jardin ou une terrasse.

	NOMBRE DE CHAMBRES	PISCINE	RESTAURANT	ÉQUIPEMENTS ENFANTS	JARDIN
MOSSEL BAY : *Rose & Crown Hotel* ⓇⓇ 3 Matfield St, 6500. **Carte routière** C5. ☎ *(044) 691-1069.* FAX *(044) 691-3424.* Séjournez dans un décor de style Tudor à courte distance à pied de boutiques, de plages et du Dias Museum.	12		●		
MOSSEL BAY : *Eight Bells Mountain Inn* ⓇⓇⓇ Robinson Pass on the R328. **Carte routière** C5. ☎ *(044) 631-0000.* FAX *(044) 631-0004.* @ bells@mweb.co.za Entre Mossel Bay et Oudtshoorn, ce domaine de montagne de 160 ha abrite des cabanes en bois et des huttes à toit de chaume.	25	■	●	■	
MOSSEL BAY : *Santos Beach Protea Hotel* ⓇⓇⓇ Santos Rd, 6500. **Carte routière** C5. ☎ *(044) 690-7103.* FAX *(044) 691-1945.* @ info@proteahotels.com Proche de la ville, cet établissement de la chaîne Protea domine la baie et possède une aire de jeux pour enfants.	58	■	●	■	
PLETTENBERG BAY : *Mallard River Lodge* ⓇⓇⓇ Rietvlei Rd, 6600. **Carte routière** C5. ☎ *(044) 533-2982.* FAX *(044) 533-0687.* @ mallard@pixie.co.za Au bord de la Bitou River, cet édifice plein de charme abrite des chambres qui offrent toutes une vue panoramique.	5	■			
PLETTENBERG BAY : *Country Crescent Hotel* ⓇⓇⓇⓇ Piesang Valley Rd, 6600. **Carte routière** C5. ☎ *(044) 533-3033.* FAX *(044) 533-2016.* @ crescent.hotels@pixie.co.za Au cœur de la Piesang Valley, cet hôtel ne se trouve qu'à quelques minutes des plages.	21	■			●
PLETTENBERG BAY : *Hunter's Country House* ⓇⓇⓇⓇ Près de la N2. **Carte routière** C5. ☎ *(044) 532-7818.* FAX *(044) 532-7878.* @ res@hunterhotels.com. Affilié à Relais et Châteaux, cet hôtel, considéré comme l'un des meilleurs d'Afrique du Sud, loue à 10 km de Plettenberg Bay des suites indépendantes au sein d'une forêt indigène. Le domaine renferme aussi une cave, une serre, une boutique et une chapelle privée.	23	■	●		●
PLETTENBERG BAY : *The Plettenberg* @ plettenberg@pixie.co.za ⓇⓇⓇⓇ 40 Church St, 6600. **Carte routière** C5. ☎ *(044) 533-2030.* FAX *(044) 533-2074.* Cet élégant établissement affilié à Relais et Châteaux domine depuis un promontoire rocheux deux plages dont s'approchent les baleines de juillet à octobre. L'agencement des chambres permet de profiter des vues spectaculaires. Bonne cuisine et excellents vins.	40	■	●	■	
PORT ALFRED : *The Halyards* @ reservations@halyardshotel.com ⓇⓇ Royal Alfred Marina, 6170. **Carte routière** D5. ☎ *(046) 624-2410.* FAX *624-2466.* Cet hôtel luxueux, très confortable, se trouve au cœur de la marina et à quelques minutes du centre-ville.	36	■	●	■	
PORT ELIZABETH : *Brighton Lodge* @ brighton@global.co.za ⓇⓇ 21 Brighton Dr, Summerstrand, 6001. **Carte routière** D5. ☎ *(041) 583-4576.* FAX *583-4104.* Les clients du confortable Brighton Lodge jouissent, dans une banlieue résidentielle, d'un superbe panorama de l'Algoa Bay	10	■			
PORT ELIZABETH : *Villa Hestia* @ vhestia@mweb.co.za ⓇⓇ 14 10th Ave, 6001. **Carte routière** D5. ☎ *(041) 583-3927.* FAX *(041) 503-8513.* Cette pension borde la splendide Pollock Beach, et met à la disposition de ses hôtes trois appartements indépendants et des chambres.	10				●
PORT ELIZABETH : *Beach Hotel* @ reservations@pehotels.co.za ⓇⓇⓇ Marine Dr, 6001. **Carte routière** D5. ☎ *(041) 583-2161.* FAX *(041) 583-6220.* Cet hôtel de vacances moderne fait face à l'Algoa Bay. Hobie Beach s'étend de l'autre côté de la rue.	58		●	■	
PORT ELIZABETH : *Hacklewood Hill Country House* ⓇⓇⓇ 152 Prospect Rd, Walmer, 6070. **Carte routière** D5. ☎ *(041) 581-1300.* FAX *(041) 581-4155.* @ hacklewood@pehotels.co.za Dans la banlieue verdoyante de Walmer, près de l'aéroport, cette demeure victorienne date de 1898.	8	■	●		

PORT ELIZABETH : *Marine Protea Hotel* ⓇⓇⓇ 73
Marine Dr, 6001. **Carte routière** D5. 📞 *(041) 583-2101.* 📠 *(041) 583-2076.*
@ info@proteahotels.com Le Marine permet de profiter en bord de plage de tout
le confort moderne et d'un beau panorama.

PORT ELIZABETH : *Shamwari Game Reserve* ⓇⓇⓇⓇ 56
Box 32017, Summerstrand, 6019. **Carte routière** D5. 📞 *(042) 203-1111.* 📠 *(042) 235-1224.*
@ shamwaribooking@global.co.za Réserve privée de 12 000 ha à 72 km de Port
Elizabeth vers Grahamstown, qui propose un hébergement de luxe dans des fermes
restaurées et des safaris en véhicules ouverts, y compris la nuit.

SEDGEFIELD : *Lake Pleasant Hotel* ⓇⓇⓇ 33
N2. Box 2, Sedgefield, 6573. **Carte routière** C5. 📞 *(044) 349-2400.* 📠 *(044) 349-2401.*
@ lake.pleasant@pixie.co.za À 6 km de Sedgefield, ce petit hôtel familial de la Route
Jardin est situé au bord du Groenvlei. On peut y observer les oiseaux et pratiquer
diverses activités nautiques dans une réserve naturelle.

WILDERNESS : *Protea Wilderness Hotel* @ info@proteahotels.com ⓇⓇⓇ 158
Sur la N2. **Carte routière** C5. 📞 *(044) 877-1110.* 📠 *(044) 877-0600.*
Les enfants apprécieront une étape dans cet établissement proche de la plage.
Il possède un trampoline, des courts de tennis et de squash, un minigolf,
une piscine chauffée et un sauna.

WILD COAST, DRAKENSBERG ET MIDLANDS

BALGOWAN : *Granny Mouse Country House* ⓇⓇⓇ 16
R103. Old Main Rd, 3275. **Carte routière** E3. 📞 *(033) 234-4071.* 📠 *(033) 243-4429.*
@ info@grannymouse.co.za Au bord d'une rivière au cœur des Midlands du Natal,
un cadre rural recèle des cottages bien équipés. La cuisine campagnarde et une
riche carte de vins ont établi la renommée du restaurant.

BERGVILLE : *Karos Mont-Aux-Sources Hotel* ⓇⓇⓇ 75
R74 (près du Royal Natal National Park). **Carte routière** E3. 📞 & 📠 *(036) 438-6230.*
@ reservationsmont@orion-hotels.co.za Dans le nord du Drakensberg, cet hôtel offre
une vue splendide de l'Amphithéâtre. Culminant à 348 m, le Mont-Aux-Sources
est le plus haut sommet du pays.

BERGVILLE : *Sandford Park Lodge* ⓇⓇⓇ 26
Box 7, Bergville, 3350. **Carte routière** E3. 📞 *(036) 448-1001.* 📠 *(036) 448-1047.*
@ sandfordparklodge@mweb.co.za Sur les contreforts du Drakensberg, un jardin
entoure ce relais de poste à toit de chaume vieux de 150 ans.

EAST LONDON : *Hotel Osner* ⓇⓇ 113
Court Crescent, 5201. **Carte routière** E5. 📞 & 📠 *(043) 743-3433.*
Cet hôtel, qui fait partie des « Osner Resorts », est situé en bord de mer à
proximité des nightclubs.

EAST LONDON : *Kennaway Hotel* ⓇⓇ 106
Esplanade, 5201. **Carte routière** E5. 📞 & 📠 *(0437) 22-5531.*
Proche du front de mer et du centre, cet hôtel de chaîne se révèle économique
pour les familles.

EAST LONDON : *King David Hotel* @ kingdavidhotel@africa.com ⓇⓇ 80
Inverleith Terrace & Currie St, 5201. **Carte routière** E5. 📞 *(043) 722-3174.* 📠 *(043) 743-6939.*
Situé à 2 km de la ville et à deux pas de la plage, cet établissement possède
une décoration inspirée du Moyen-Orient.

FOURIESBURG : *Wyndford Holiday Farm* @ roylyn@wyndford.co.za ⓇⓇ 26
Caledonspoort, 9725. **Carte routière** E3. 📞 *(058) 223-0274.* 📠 *(058) 223-0664.*
Dans la province de l'État libre, cet établissement est bien adapté aux familles
avec sa piscine et sa salle de jeux. Également, tennis, équitation et randonnées.
Les personnes âgées bénéficient de réductions en basse saison.

HIMEVILLE : *Sani Pass Hotel & Leisure Resort* ⓇⓇⓇ 80
Sani Pass Rd, 3256. **Carte routière** E3. 📞 *(033) 702-1320.* 📠 *(033) 702-0220.*
Ⓦ www.sanipasshotel.com Cet établissement possède plusieurs piscines, un golf
de 9 trous, des courts de tennis et des terrains de boules. Il est situé à 1 500 m
d'altitude, au pied du Sani Pass, un col menant au Lesotho, seulement
accessible aux véhicules tout-terrain.

KEI MOUTH : *Kei Mouth Beach Hotel* @ beachhotel@keimouth.co.za ⓇⓇⓇ 29
R349. Box 8, Kei Mouth, 5260. **Carte routière** E4. 📞 *(043) 841-1017.* 📠 *(043) 841-11175.*
À une heure de route de la ville la plus proche, les hôtes apprécient ici les plages
désertes de la Wild Coast et une faune et une flore préservées.

Légende des symboles, voir rabat de couverture

| | | **Catégories de prix** | | | | | |

Catégories de prix pour une nuit en chambre double, taxes et service compris mais sans le petit déjeuner.
Ⓡ moins de 150 R
ⓇⓇ de 150 R à 300 R
ⓇⓇⓇ de 300 R à 500 R
ⓇⓇⓇⓇ de 500 R à 1000 R
ⓇⓇⓇⓇⓇ plus de 1000 R

PISCINE
Elle est souvent petite et découverte.

RESTAURANT
Restaurant dans l'hôtel, ouvert à tous.

ÉQUIPEMENTS ENFANTS
Baby-sitting, berceaux et parcs sont disponibles. Certains établissements proposent aussi dans leurs restaurants des portions réduites et des chaises hautes.

JARDIN
L'hôtel possède un jardin ou une terrasse.

Établissement	NOMBRE DE CHAMBRES	PISCINE	RESTAURANT	ÉQUIPEMENTS ENFANTS	JARDIN
LESOTHO : *Katse Lodge* ⓇⓇⓇ Katse Dam. Carte routière E3. ((0926622) 91-0202. FAX (0926622) 91-0004. Au bord du lac du Katse Dam, ce petit établissement offre une belle vue et l'occasion d'observer les nombreux oiseaux qu'attire le plan d'eau.	14		●	▦	●
LESOTHO : *Lesotho Sun* @ agmlesun@apelfang.co.za ⓇⓇⓇ Hilton Rd, Maseru. Carte routière D3. ((0926622) 31-3111. FAX (092622) 31-0104. Le service de navettes depuis l'aéroport international de Maseru n'est que l'une des prestations proposées par ce grand hôtel moderne, comprenant un casino, un cinéma et le réputé Lehaha Grill.	198	▦	●	▦	●
LESOTHO : *Maseru Sun* ⓇⓇⓇ 12 Orpen Rd, Maseru. Carte routière D3. ((0926622) 31-2434. FAX (0926622) 31-0158. Cet hôtel de luxe, situé à 5 km du poste frontière de Maseru Bridge, permet de jouir de tout le confort, dont un sauna. Il renferme un casino et se trouve à proximité d'un terrain de golf.	115	▦	●	▦	●
LIDGETTON : *Penny Lane Guesthouse* ⓇⓇⓇ Farm N° 13, Old Main Rd. Carte routière E3. ((033) 234-4332. FAX (033) 234-4617. @ pennylane@pixie.co.za Sur le parcours du Midlands Meander, cette pension associe des éléments africains à une atmosphère campagnarde, dans une région renommée pour la pêche à la truite. Un feu réchauffe le pub les soirs d'hiver.	7	▦	●		●
MOOI RIVER : *Hartford House* @ info@hartford.co.za ⓇⓇⓇ Giant's Castle Rd, Mooi River, 3300. Carte routière E3. ((033) 263-2713. FAX (033) 263-2818. Le haras élève des étalons pour les cheiks de Dubaï, et la maison de maître est splendide. Le jardin est magnifique en été. Pêche à la truite.	11	▦	●		●
MORGAN'S BAY : *Morgan Bay Hotel* @ mbhotel@mweb.co.za ⓇⓇ R349. Morgan's Bay, 5292. Carte routière E4. ((043) 841-1062. FAX (043) 841-1130. Proche d'une vaste plage, ce petit hôtel familial se prête bien à un séjour avec des enfants.	33	▦	●	▦	
NOTTINGHAM ROAD : *The Blend Country House* ⓇⓇ Nottingham Rd, 3280. Carte routière E4. ((033) 263-6441. FAX (033) 263-6372. @ theblend@furturenet.co.za Atmosphère intime de pub et accueil chaleureux caractérisent cette maison de style colonial située sur les pentes du Drakensberg.	8	▦	●	▦	●
NOTTINGHAM ROAD : *Rawdons Hotel* @ hotel@rawdons.co.za ⓇⓇⓇ R103. Old Main Rd, 3280. Carte routière E3. ((033) 263-6044. FAX (033) 263-6048. Près d'un lac idéal pour la pêche à la truite, cet établissement à toit de chaume comprend un pub à l'anglaise, un gymnase, un sauna, un court de tennis, une piscine et une brasserie. Le *carvery lunch* (viande découpée à table) du dimanche est devenu légendaire dans la région.	29	▦	●		●
PENNINGTON : *Selborne Hotel* ⓇⓇⓇⓇ Old Main Rd, 4184. Carte routière E3. ((039) 975-1133. FAX (039) 975-1811. @ info@selborne.com Récemment rénové, ce complexe de la côte sud date des années 1950 et s'adresse en priorité à une clientèle de joueurs de golf. Il possède aussi une plage privée.	49	▦	●	▦	●
PIETERMARITZBURG : *Imperial Protea Hotel* ⓇⓇⓇ 224 Loop St, 3201. Carte routière E3. ((033) 342-6551. FAX (033) 342-9796. @ info@proteahotels.com Au cœur de la ville historique, cet hôtel propose entre autres un parking surveillé, un service de blanchisserie et un bar à cocktails.	70		●	▦	
PIETERMARITZBURG : *Redlands Hotel and Lodge* ⓇⓇⓇ 1 George McFarlane Lane, 3201. Carte routière E3. ((033) 394-3333. FAX (033) 394-3338. @ redlands@mweb.co.za Un parc agréable, un peu à l'extérieur de la ville, renferme ce petit hôtel de luxe, doté d'un bon restaurant.	20		●	▦	●

PIETERMARITZBURG : *Wartburger Hof Country Hotel* ⓡⓡⓡⓡ | 20
53 Noodsberg Rd, 3233. **Carte routière** E3. 🎔 & FAX *(033) 503-1482.*
@ wartburger.hof@futurenet.co.za Ce chalet confortable, à 30 minutes de
Pietermaritzburg, évoque l'Allemagne et l'Afrique. 🎔 📺 🎔 🎔 🎔 🎔 P 🎔

PORT EDWARD : *The Estuary Guesthouse* ⓡⓡⓡⓡ | 31
Main Rd, 4295. **Carte routière** E4. 🎔 *(039) 311-2675.* FAX *(039) 311-2689.*
@ estuary@venturenet.co.za À 5 km du Wild Coast Casino, cette demeure Cape
Dutch restaurée domine l'estuaire et une plage propice à la baignade.
Les activités incluent salle de jeux, pêche et randonnées. 🎔 📺 🎔 🎔 🎔 P 🎔

PORT ST JOHNS : *Umngazi River Bungalows* ⓡⓡⓡ | 48
R61. Box 391, Pinetown, 3600. **Carte routière** E4. 🎔 *(047) 564-1115.* FAX *(047) 564-1115.*
Les prix incluent toutes les prestations dans ces chalets à toit de chaume,
donnant sur l'océan Indien, à 10 km de Port St Johns. 🎔 🎔 P 🎔

RICHMOND : *The Oaks Hotel at Byrne* ⓡⓡⓡ | 43
Byrne Valley, 3780. **Carte routière** E3. 🎔 *(033) 212-2324.* FAX *(033) 212-2211.*
@ theoaks@iafrica.com Cet hôtel de campagne possède une aire et une salle de jeux
pour enfants, des chevaux, un trampoline et un tennis. 🎔 📺 🎔 🎔 🎔 & P 🎔

RORKE'S DRIFT : *i'Sibindi Lodge* ⓡⓡⓡ | 6
Box 124, Dundee, 3000. **Carte routière** E3. 🎔 *(011) 467-1886.* FAX *(011) 467-4758.*
@ info@zulunet.co.za Près des champs de bataille d'Isandhlawana et de Rorke's Drift,
les hôtes occupent des huttes traditionnelles zouloues dans l'i'Sibindi Eco Reserve.
La vue s'ouvre sur la vallée où une rivière irrigue la forêt. 🎔 🎔 🎔 P

RORKE'S DRIFT : *Fugitives' Drift Lodge* ⓡⓡⓡⓡ | 8
R33. Rorke's Drift, 3016. **Carte routière** E3. 🎔 *(034) 642-1843.* FAX *(034) 271-8053.*
@ info@fugitives-drift-lodge.com Cet établissement est situé dans une réserve de
1 620 ha au bord de la Buffalo River, dominant plusieurs champs de bataille entre
Anglais et Zoulous. Les chambres sont décorées avec de l'artisanat local. Pêche,
randonnée, obervation des oiseaux et visites organisées. 🎔 🎔 🎔 P 🎔

VAN REENEN : *Oaklands Country Manor* ⓡⓡⓡ | 13
Skaapdrift Rd, 3372. **Carte routière** E3. 🎔 *(058) 671-0067.* FAX *(058) 671-0077.*
W oaklands@compuserve.com Près de la route des Batailles et du col de Van Reenen
(1 680 m), cette confortable demeure bénéficie d'un cadre magnifique. 🎔 🎔 🎔 P 🎔

VRYHEID : *Villa Prince Imperial* ⓡⓡⓡ | 12
201 Deputasie St, 3100. **Carte routière** F3. 🎔 & FAX *(034) 983-2610.*
@ princeimperial@intekom.co.za Sur la Route des Batailles, cette pension se trouve
près de l'Itala Game Reserve. 🎔 📺 🎔 P 🎔

WINTERTON : *Cathedral Peak Hotel* ⓡⓡⓡⓡ | 42
R74. PO Winterton, 3340. **Carte routière** E3. 🎔 *(036) 488-1888.* FAX *(034) 983-2619.*
@ info@cathedralpeak.co.za Une destination de choix au pied du Drakensberg.
L'hôtel est proche de peintures rupestres sans et de cascades. Des promenades en
hélicoptère sont organisées par l'hôtel. 🎔 📺 🎔 & 🎔 P 🎔

WINTERTON : *Cayley Lodge* @ cayley@global.co.za) ⓡⓡⓡ | 24
R74. Box 241, Winterton, 3340. **Carte routière** E3. 🎔 (& FAX) *(036) 468-1020.*
Cet établissement à toit de chaume offre, au sein d'un parc de 115 ha, une vue
splendide du Drakensberg et se révèle idéal pour la randonnée à pied ou à cheval.
Un lac permet le ski nautique et les croisières vespérales. 🎔 🎔 🎔 P 🎔

WINTERTON : *The Nest Resort Hotel* ⓡⓡⓡ | 54
R74. Champagne Castle Rd, 3340. **Carte routière** E3. 🎔 *(036) 468-1068.* FAX *(036) 468-1390.*
@ thenest@thenest.co.za Dans cet hôtel du Drakensberg, un entraîneur initie
les clients à la version britannique du jeu de boules. 🎔 🎔 🎔 & 🎔 P 🎔

DURBAN ET LE ZULULAND

BABANANGO : *Babanango Valley Lodge* ⓡⓡⓡⓡ | 6
Près de la R68. **Carte routière** F3. 🎔 *(035) 835-0062.* FAX *(035) 835-0160.*
@ info@classicafrica.com Dans un site protégé de 2 025 ha, voici une bonne base
d'où explorer Isandhlwana, Rorke's Drift, le pays zoulou et l'Hluhluwe Umfolozi
Game Reserve. Vue superbe et dîner aux chandelles. 🎔 🎔 🎔 & P

BALLITO : *Thompson's Bay Lodge* @ tbl@iafrica.com ⓡⓡⓡ | 5
87 Ocean Dr, Ballito, 4420. **Carte routière** F3. 🎔 *(032) 525-5606.* FAX *(032) 525-8619.*
Sur la côte nord du Natal, à 60 km de Durban, cet hôtel sur la plage possède
son propre bassin marin et une piscine. Il donne accès à des courts de tennis
et à un golf. 🎔 📺 🎔 🎔 🎔 🎔 P 🎔

Légende des symboles, voir rabat de couverture

Catégories de prix pour une nuit en chambre double, taxes et service compris mais sans le petit déjeuner.
Ⓡ moins de 150 R
ⓇⓇ de 150 R à 300 R
ⓇⓇⓇ de 300 R à 500 R
ⓇⓇⓇⓇ de 500 R à 1000 R
ⓇⓇⓇⓇⓇ plus de 1000 R

PISCINE
Elle est souvent petite et découverte.

RESTAURANT
Restaurant dans l'hôtel, ouvert à tous.

ÉQUIPEMENTS ENFANTS
Baby-sitting, berceaux et parcs sont disponibles. Certains établissements proposent aussi dans leurs restaurants des portions réduites et des chaises hautes.

JARDIN
L'hôtel possède un jardin ou une terrasse.

	NOMBRE DE CHAMBRES	PISCINE	RESTAURANT	ÉQUIPEMENTS ENFANTS	JARDIN
BOTHA'S HILL : *Falcon Crest* @ robroyhotel@mweb.co.za ⓇⓇ 18 Old Main Rd, 3660. **Carte routière F3.** ☎ *(031) 777-1305.* 🆑 *(031) 777-1364.* Des cottages confortables se nichent dans un beau jardin surplombant la Valley of a Thousand Hills. 🚗 📺 🖊 ♿ Ⓟ 🔲	20	▪	●	▪	
BOTHA'S HILL : *Rob Roy Hotel* @ robroyhotel@mweb.co.za ⓇⓇⓇ Rob Roy Crescent, 3660. **Carte routière F3.** ☎ *(031) 777-1305.* 🆑 *(031) 777-1364.* Près de Pietermaritzburg, cet hôtel rénové en 1997 offre une vue exceptionnelle de la Valley of a Thousand Hills. 🚗 📺 🖊 ♿ Ⓟ 🔲	39	▪	●	▪	
CENTRE DE DURBAN : *Holiday Inn Garden Court South Beach* ⓇⓇ 73 Marine Parade, 4001. **Carte routière F3.** ☎ *(031) 337-2231.* 🆑 *(031) 337-4640.* Un hôtel abordable, offrant un hébergement simple mais propre sur le front de mer, face à un centre commercial. 🚗 📺 🖊 ▤ ⚡ ♿ Ⓟ 🔲	414	▪	●	▪	
CENTRE DE DURBAN : *Beach Hotel* @ beach@goodersonleisure.co.za ⓇⓇⓇ 107 Marine Parade, 4001. **Carte routière F3.** ☎ *(031) 337-5511.* 🆑 *(031) 337-5409.* Propre et bon marché, le Beach Hotel se trouve sur le Golden Mile, à proximité de l'aquarium, des pataugeoires et du parc d'attractions. 🚗 📺 🖊 ▤ Ⓟ	112		●	▪	
CENTRE DE DURBAN : *Durban City Lodge* @ info@citylodge.co.za ⓇⓇⓇ Angle de Old Fort Rd et Brickhill Rd, 4001. **Carte routière F3.** ☎ *(031) 332-1447.* 🆑 *(031) 332-1483.* Cette succursale de chaîne bien tenue jouit d'une situation centrale, près des plages et du centre-ville. 🚗 📺 🖊 ▤ ⚡ ♿ Ⓟ 🔲🔲	161	▪			●
CENTRE DE DURBAN : *Hotel Tropicana* ⓇⓇⓇ 85 Marine Parade, 4001. **Carte routière F3.** ☎ *(031) 368-1511.* 🆑 *(031) 332-6890.* @ tropicana@gooderson.co.za Le Tropicana, bien situé près des plages du Golden Mile, offre des tarifs modérés. 🚗 📺 🖊 ▤ Ⓟ 🔲	168		●	▪	
CENTRE DE DURBAN : *Protea Edward Hotel* ⓇⓇⓇⓇ 149 Marine Parade, 4001. **Carte routière F3.** ☎ *(031) 337-3681.* 🆑 *(031) 332-1692.* @ info@proteahotels.com L'un des plus vieux hôtels de Durban fait face au Golden Mile, et offre une vue imprenable de l'océan Indien. 🚗 📺 🖊 ▤ ⚡ ♿ 🔲	101	▪	●	▪	
CENTRE DE DURBAN : *The Royal Hotel* ⓇⓇⓇⓇ 267 Smith St, 4001. **Carte routière F3.** ☎ *(031) 333-6000.* 🆑 *(031) 307-5427.* @ reserve@theroyal.co.za Un service impeccable a valu au Royal, ouvert il y a plus de 150 ans près du Victoria Embankment, de se voir élire pendant cinq années consécutives meilleur hôtel urbain d'Afrique du Sud. 🚗 📺 🖊 ▤ ⚡ ♿ 🛎 Ⓟ	272	▪	●	▪	
ESHOWE : *Shakaland Protea Hotel* @ res@shakaland.com ⓇⓇⓇ R68. Box 103, Eshowe, 3815. **Carte routière F3.** ☎ *(035) 460-0912.* 🆑 *(035) 460-0824.* Dans la vallée du Nkwaleni, surplombant l'Umhatuze Lake, les hôtes sont hébergés dans les huttes en ruche du musée vivant de Shakaland, la reconstitution d'un village traditionnel zoulou. 🚗 🖊 Ⓟ 🔲	50	▪	●	▪	
GINGINDHLOVU : *Mine Own Country House* @ remark@active.co.za ⓇⓇⓇ R102. Box 25, 3800. **Carte routière F3.** ☎ *(035) 337-1262.* 🆑 *(035) 337-1025.* Cette demeure de style colonial américain permet de visiter Shakaland, les réserves et les champs de bataille. 🚗 📺 ▤ ⚡	5	▪	●		
HLUHLUWE : *Hluhluwe River Lodge* ⓇⓇⓇⓇ N2. Box 105, Hluhluwe, 3960. **Carte routière F3.** ☎ *(035) 562-0246.* 🆑 *(035) 562-0248.* @ info@hluhluwe.co.za Sur la rive occidentale du Greater St Lucia Wetland Park, des chalets climatisés à toit de chaume seront le point de départ de safaris, de promenades en bateau et de randonnées dans la forêt. 🚗 🖊 ▤ Ⓟ 🔲	12	▪	●	▪	
HLUHLUWE : *Zulu Nyala Heritage Hotel* ⓇⓇⓇⓇⓇ Old Hluhluwe Main Rd, 3960. **Carte routière F3.** ☎ *(035) 562-0177.* 🆑 *(035) 562-0582.* @ heritage@zulunyala.co.za Cet hôtel de luxe d'une région typique du pays zoulou offre de riches possibilités d'observation des oiseaux et de la faune terrestre. On peut y découvrir les traditions et la culture des Zoulous. 🚗 🖊 ⚡ Ⓟ 🔲	63	▪	●	▪	●

HLUHLUWE : *Zulu Nyala Game Lodge* ⓇⓇⓇⓇ 37
Mzinene Rd, 3960. **Carte routière** F3. 【 & FAX *(035) 562-0169.*
@ zulu@res.com Des cottages en pierre à toit de chaume offrent
une large vue de la brousse depuis le sommet d'une colline.

HLUHLUWE : *Zululand Tree Lodge* ⓇⓇⓇⓇ 24
Ubizane Game Reserve. **Carte routière** F3. 【 *(035) 562-1020.* FAX *(035) 562-1032.*
Parcourue de pistes cavalières, une réserve privée adjacente à l'Hluhluwe-
Umfolozi Park propose un hébergement dans des chalets surélevés.

PORT SHEPSTONE : *Kapenta Bay All-suite Resort Hotel* ⓇⓇⓇ 50
Princess Elizabeth Dr, 4240. **Carte routière** E4. 【 *(039) 682-5528.* FAX *(039) 682-4530.*
@ hotel@kapentabay.co.za De style méditerranéen, cet établissement accueillant de
la South Coast possède une magnifique piscine en bord de mer.

SALT ROCK : *Salt Rock Hotel and Beach Resort* ⓇⓇⓇⓇ 69
Basil Hulett Dr, 4391. **Carte routière** F3. 【 *(032) 525-5025.* FAX *(032) 525-5071.*
@ hotel@saltrockbeach.co.za À marée haute, la mer atteint la pelouse de cet hôtel de
la North Coast. Possibilité de plonger avec des dauphins.

SODWANA BAY : *Rocktail Bay Lodge* ⓇⓇⓇⓇ 10
Entre les baies de Kosi et de Sodwana. **Carte routière** F3. 【 *(011) 883-0747.*
FAX *(011) 883-0911.* @ info@sden.wildernis.co.za Au cœur de la Maputaland Coastal
Forest Reserve, ce *lodge* offre des chalets en bois bâtis sur pilotis sous de
gigantesques acajous du Natal. Pension complète.

SOUTHBROOM : *The Country Lodge* ⓇⓇⓇ 24
Old South Coast Rd, 4277. **Carte routière** E4. 【 *(039) 316-8380.* FAX *(039) 313-0157.*
@ destsafr@venturenet.co.za Forêt et jardin tropical composent un cadre enchanteur
et protégé où venir jouir du calme. Golf à proximité.

SOUTHBROOM : *Sanlameer Estate Hotel* ⓇⓇⓇ 40
Lower S Coast Main Rd, 4277. **Carte routière** E4. 【 *(039) 313-0011.* FAX *(039) 313-0157.*
@ info@sanlameer.com Complexe dédié au golf, Sanlameer permet de choisir
entre un hôtel luxueux et des villas indépendantes. Il possède sa propre
étendue de plage sauvage, typique de la South Coast.

UMHLALI : *Shortens Country House* ⓇⓇⓇ 15
Compensation Rd, 4390. **Carte routière** F3. 【 *(032) 947-1140.* FAX *(032) 947-1144.*
@ lodge@shortenshotel.com Cette résidence de campagne coloniale (1903), sur la
verdoyante North Coast, est à 30 min de route de Durban.

UMHLANGA ROCKS : *Oyster Box Hotel* @ oysterbox@iafrica.co.za ⓇⓇⓇ 95
2 Lighthouse Rd, 4320. **Carte routière** F3. 【 *(031) 561-2233.* FAX *(031) 561-4072.*
Cet hôtel de style méditerranéen, au bord de la plage et près du phare,
s'adresse à une clientèle familiale.

UMHLANGA ROCKS : *Umhlanga Sands Hotel* ⓇⓇⓇ 237
Lagoon Dr, 4320. **Carte routière** F3. 【 *(031) 561-2323.* FAX *(031) 561-2333.*
Cette succursale de la chaîne Southern Sun offre un confort sans surprise
dans une station balnéaire prisée de la North Coast.

GAUTENG ET SUN CITY

BOKSBURG : *Airport Grand* @ airport@legacyhotels.co.za ⓇⓇⓇ 151
100 North Rd, 1459. **Carte routière** E2. 【 *(011) 823-1843.* FAX *(011) 823-2194.*
5 min en voiture séparent cet établissement qui accueille une clientèle d'affaires
de l'aéroport international de Johannesburg.

JOHANNESBURG : *5th Avenue Gooseberry* @ mwberryh@mweb.co.za ⓇⓇⓇ 7
44 th Ave, Linden, 2195. **Carte routière** E2. 【 FAX *(011) 888-557.* FAX *(011) 782-4905.*
Dans la banlieue nord de Johannesburg, cette pension au charme très britannique,
offre des chambres toutes décorées de façon différente.

JOHANNESBURG : *The Cottages Guesthouse* ⓇⓇⓇ 13
30 Gill St, Observatory, 2198. **Carte routière** E2. 【 *(011) 487-2829.* FAX *(011) 487-2404.*
@ mckenna@iafrica.com La maison en pierre à toit de chaume date des années 1920.
Des cottages aux décors personnalisés bordent le sentier de randonnée du Mervin
King et offrent un panorama de 360° de Johannesburg.

JOHANNESBURG : *Thandidille Mountain Lodge* ⓇⓇⓇ 10
5 Linda Place, Northcliff, 2195. **Carte routière** E2. 【 *(011) 476-1887.* FAX *(011) 678-554.*
Des jeux d'eau animent le jardin subtropical qui entoure cette petite hôtellerie.
Les chambres ont des touches ethniques dans leur décor.

<table>
<tr><td colspan="2">

Catégories de prix pour une nuit en chambre double, taxes et service compris mais sans le petit déjeuner.
Ⓡ moins de 150 R
ⓇⓇ de 150 R à 300 R
ⓇⓇⓇ de 300 R à 500 R
ⓇⓇⓇⓇ de 500 R à 1000 R
ⓇⓇⓇⓇⓇ plus de 1000 R

</td><td colspan="5">

PISCINE
Elle est souvent petite et découverte.
RESTAURANT
Restaurant dans l'hôtel, ouvert à tous.
ÉQUIPEMENTS ENFANTS
Baby-sitting, berceaux et parcs sont disponibles. Certains établissements proposent aussi dans leurs restaurants des portions réduites et des chaises hautes.
JARDIN
L'hôtel possède un jardin ou une terrasse.

</td></tr>
</table>

	NOMBRE DE CHAMBRES	PISCINE	RESTAURANT	ÉQUIPEMENTS ENFANTS	JARDIN
JOHANNESBURG : *Wedgwood Mews* ⓇⓇⓇ 75 Second Ave, Melville, 2092. **Carte routière** E2. ☎ 482-4124. **FAX** (011) 726-755. @ wwmews@iafrica.com Le « village » de Melville où se trouve cet établissement élégant abrite des restaurants et des boutiques chic. 🖬 📺 🔲 🔳 ♿ 🅿 🔲	6				●
JOHANNESBURG : *Airport Holiday Inn* ⓇⓇⓇⓇ Johannesburg International Airport. **Carte routière** E2. ☎ (011) 975-1121. **FAX** (011) 975-5846. Ce grand hôtel de chaîne se révèle pratique pour les voyageurs en transit ou ceux devant décoller très tôt. 🖬 📺 🔲 🔳 ♿ 🅿 🔲	366	■	●	■	
JOHANNESBURG : *Holiday Inn Crowne Plaza Sunnyside Park* ⓇⓇⓇⓇ 2 York Rd, Sunnyside, 2193. **Carte routière** E2. ☎ (011) 643-7226. **FAX** (011) 642-0019. Situé dans les faubourgs de la ville, ce manoir victorien fut la résidence de lord Milner pendant la guerre des Boers. 🖬 📺 🔲 🔳 ♿ 🅿 🔲	96	■	●	■	●
JOHANNESBURG : *No 10 2nd Avenue, Houghton Estate* ⓇⓇⓇ 10 2nd Ave, Houghton, 2041. **Carte routière** E2. ☎ (011) 483-3037. **FAX** (011) 483-3051. @ numberten@icon.co.za Dans une banlieue paisible et arborée, cette demeure ancienne restaurée abrite un bed-and-breakfast décontracté. 🖬 📺 🅿 ♿ 🔲	12				●
JOHANNESBURG : *Balalaika Protea Hotel* ⓇⓇⓇ Maud St, Sandown. **Carte routière** E2. ☎ (011) 322-5000. **FAX** (011) 322-5022. @ reservations@proteahotel.co.za Un hôtel tranquille bien que non loin de la route Pretoria-Johannesburg. 🖬 📺 🔲 🔳 ♿ 🅿 🔲	12	■	●		●
JOHANNESBURG : *The Westcliff* @ westcliff@iafrica.com ⓇⓇⓇⓇ 67 Jan Smuts Dr, Westcliff, 2193. **Carte routière** E2. ☎ (011) 646-2400. **FAX** (021) 646-3500. Cette villa italianisante, construite par Orient Express Hotels en 1997, offre une vue magnifique. Le restaurant sert des spécialités méditerranéennes. 🖬 📺 🔲 🔳 ♿ 🍴 🅿 🔲	121	■	●		●
MAGALIESBURG : *Mount Grace Country House Hotel* ⓇⓇⓇ Magaliesburg, 2805. **Carte routière** D2. ☎ (014) 577-1350. **FAX** (014) 577-1202. @ graceres@grace.co.za Détruit par un incendie, cet hôtel de campagne, entouré par 4 ha de superbes jardins, a été récemment reconstruit. Les hôtes occupent des chambres en pierre à toit de chaume. Les suites, luxueuses, ont leur propre patio. Cuisine raffinée et excellents vins. Idéal pour les promenades, la pêche, la nage et l'observation des oiseaux. 🖬 📺 🔲 🅿 🔲	65	■	●		●
MAGALIESBURG : *Valley Lodge* @ res@valleylodge.co.za ⓇⓇⓇ Jennings St, 2805. **Carte routière** D2. ☎ (014) 577-1301. **FAX** (014) 577-1306. À une heure de route de Pretoria, 40 ha de parc entourent au bord de la Magalies River cette accueillante retraite campagnarde. 🖬 📺 🔲 🍴 🅿	60	■	●	■	●
MAGALIESBURG : *De Hoek Country House* ⓇⓇⓇⓇ Portion 7, Zeekoehoek, 2805. **Carte routière** D2. ☎ (014) 577-1198. **FAX** (014) 577-4530. @ dehoek@iafrica.com La Magalies River longe cette maison de maître en grès entourée d'un jardin. Une cuisine d'influences à la fois méditerranéenne, suisse et française est servie dans la salle à manger où trône une table en acajou pour 18 convives. 🖬 📺 🔳 🅿 🔲	7	■	●		●
MIDRAND : *Midrand Protea Hotel Landmark Lodge* ⓇⓇⓇ Samrand, Sterling St, 1690. **Carte routière** E2. ☎ (011) 805-3885. **FAX** (011) 657-1033. @ reservations@proteahotels.com Avec sa piscine, sa véranda et ses chambres confortables, cet hôtel situé dans un environnement de verdure offre un excellent rapport qualité-prix. 🖬 📺 🔲 🔳 🔳 🅿	112	■	●	■	●
MIDRAND : *Constantia Hotel* @ conhotel@global.co.za ⓇⓇⓇ 546 16th Ave, Constantia Park, 1685. **Carte routière** E2. ☎ (011) 315-5035. **FAX** (011) 315-1466. Cet hôtel de style provençal offre un hébergement agréable tout en permettant un accès aisé aux autoroutes. Le calme règne dans le jardin, qui abrite une piscine. 🖬 📺 🔲 🔳 🅿 🔲	34	■		■	●

MIDRAND : *Midrand Protea Hotel* @ info@proteahotels.com   ⓇⓇⓇ | 177
14th St, Noordwyk, 1687. **Carte routière** E2. **(** *(011) 318-1868.* FAX *(011) 318-2429.*
Dans un pôle commercial animé entre Sandton et Pretoria, cet hôtel de chaîne
haut de gamme est décoré avec goût, mettant en harmonie granite local
et mobilier en merisier.

PILANESBERG : *Tshukudu Lodge* @ hotels@legacyhotels.co.za   ⓇⓇⓇⓇ | 8
Box 6805, Rustenburg, 0300. **Carte routière** D2. **(** *(014) 552-6255.* FAX *(014) 552-6266.*
Le luxueux Tshukudu domine depuis un promontoire rocheux une superbe
vallée et un point d'eau où se rassemblent les animaux.

PILANESBERG : NATIONAL PARK : *Bakubung Game Lodge*   ⓇⓇⓇⓇ | 142
Box 294, Sun City, 0136. **Carte routière** D2. **(** *(014) 552-6000.* FAX *(014) 552-6300.*
@ hotels@legacyhotels.co.za Ces chalets climatisés sont situés en bordure du
Pilanesberg National Park qui occupe un ancien cratère volcanique. Vous pourrez
approcher lions, léopards, guépards et antilopes. Il existe un service régulier de
navettes avec le complexe de loisirs de Sun City.

PRETORIA : *Brooklyn Lodge* @ blodge@global.co.za   ⓇⓇⓇ | 10
Bronkhorst St, New Muckleneuk, 0181. **Carte routière** E2. **(** *(012) 460-3936.*
FAX *(012) 460-2988.* Cet hôtel installé dans un centre commercial est tout proche
de l'Austin Roberts Bird Sanctuary.

PRETORIA : *Meintjieskop Guesthouse* @ meiguest@cis.co.za   ⓇⓇⓇ | 8
145 Eastwood St, Arcadia, 0083. **Carte routière** E2. **(** *(012) 342-0738.* FAX *(012) 430-4037.*
La pension Meintjieskop s'adresse surtout à des hommes d'affaires, non loin du
domaine présidentiel et à 400 km des Union Buildings.

PRETORIA : *Oxnead Guesthouse* @ sunguide@mweb.co.za   ⓇⓇⓇ | 10
Marnewick St, Moreleta Park, 0044. **Carte routière** E2. **(** *(012) 993-4515.*
FAX *(012) 998-9168.* Les clients de cette demeure de style Cape Georgian apprécient
sa cuisine, ses vins et la proximité de terrains de golf.

PRETORIA : *Pretoria Manor House Guesthouse*   ⓇⓇⓇ | 10
605 Jorissen St, Sunnyside, 0027. **Carte routière** E2. **(** *(012) 344-3562.* FAX *(012) 344-3682.*
@ ptamanor@intekom.co.za Décoré d'antiquités, cet hôtel est proche des stades
de rugby Loftus Versfeld et de l'université.

PRETORIA : *Victoria Hotel*   ⓇⓇⓇ | 15
Paul Kruger St & Scheiding St, 0001. **Carte routière** E2. **(** *(012) 323-6054.* FAX *(012) 324-2426.*
Situé en plein centre, cet hôtel datant de 1896 est le plus ancien de Pretoria.

PRETORIA : *La Maison Guesthouse* @ lamaison@intekom.co.za   ⓇⓇⓇ | 6
235 Hilda St, Hatfield, 0083. **Carte routière** E2. **(** *(012) 430-4341.* FAX *(012) 342-1531.*
Cet établissement haut de gamme, à 30 min du Johannesburg International
Airport, possède un merveilleux jardin.

PRETORIA : *Leriba Lodge & Conference Centre*   ⓇⓇⓇ | 41
End St, Centurion, 0149. **Carte routière** E2. **(** *(012) 660-3300.* FAX *(012) 660-2433.*
@ leriba@netactive.co.za Ce *lodge* de style africain est situé dans le bushveld, au bord
d'une rivière, mais à 10 min à pied des équipements urbains.

PRETORIA : *Manor House Tswane*   ⓇⓇⓇⓇ | 13
358 Aries St, Waterkloof, 0145. **Carte routière** E2. **(** *(012) 346-1774.* FAX *(012) 346-1776.*
@ marvolmh@global.co.za À 10 km du centre de Pretoria, un bâtiment de style Cape
Dutch offre une luxueuse retraite dans un cadre paisible.

RANDBURG : *Randburg Inn* @ randburginn@hot.co.za   ⓇⓇⓇ | 113
Angle de Republic Rd et Main Rd, 2125. **Carte routière** E2. **(** *(011) 789-1155.*
FAX *(011) 789-3753.* Cet hôtel moderne et confortable se trouve à courte distance à
pied du Randburg Waterfront.

ROSEBANK : *The Rosebank Hotel*   ⓇⓇⓇ | 318
Tyrwhitt Ave, 2196. **Carte routière** E2. **(** *(011) 447-2700.* FAX *(011) 447-3276.*
@ rosebank@rosebankhotel.co.za Apprécié des hommes d'affaires, cet hôtel est
bien situé par rapport au centre-ville ou aux quartiers Nord. Jazz le samedi soir
au restaurant Silver Rose.

ROSEBANK : *Park Hyatt* @ parkhyatt@hyatt.co.za   ⓇⓇⓇⓇ | 244
191 Oxford Rd, 2196. **Carte routière** E2. **(** *(011) 280-1234.* FAX *(011) 280-1238.*
Dans ce cinq-étoiles proche de boutiques et de restaurants, prenez un cocktail
au Jabulanis Bar ou savourez un café et une pâtisserie au Conservatory. Le
Regent's Club n'accepte que les hommes d'affaires.

Légende des symboles, voir rabat de couverture

		NOMBRE DE CHAMBRES	PISCINE	RESTAURANT	ÉQUIPEMENTS ENFANTS	JARDIN

Catégories de prix pour une nuit en chambre double, taxes et service compris mais sans le petit déjeuner.
Ⓡ moins de 150 R
ⓇⓇ de 150 R à 300 R
ⓇⓇⓇ de 300 R à 500 R
ⓇⓇⓇⓇ de 500 R à 1000 R
ⓇⓇⓇⓇⓇ plus de 1000 R

PISCINE
Elle est souvent petite et découverte.

RESTAURANT
Restaurant dans l'hôtel, ouvert à tous.

ÉQUIPEMENTS ENFANTS
Baby-sitting, berceaux et parcs sont disponibles. Certains établissements proposent aussi dans leurs restaurants des portions réduites et des chaises hautes.

JARDIN
L'hôtel possède un jardin ou une terrasse.

ROSEBANK : *The Grace* @ graceres@grace.co.za   ⓇⓇⓇⓇ
54 Bath Ave, 2196. **Carte routière E2.** 📞 *(011) 280-7300.* 📠 *(011) 280-7333.*
Affilié au Cape Grace de Cape Town et au Mount Grace de Magallesburg, cet établissement cinq-étoiles des Small Luxury Hotels of the World se trouve dans une banlieue arborée à quelques minutes du centre et de galeries marchandes haut de gamme. Il comprend 12 suites et 3 *penthouses*.

75 — Piscine ●, Restaurant ●, Équipements enfants ●, Jardin ●

SANDTON : *Town Lodge Sandton* @ tlgray.resv@citylodge.co.za   ⓇⓇ
Grayston Dr & Webber Rd, 2146. **Carte routière E2.** 📞 *(011) 784-8850.* 📠 *(011) 784-8888.*
Cet hôtel de chaîne fonctionnel s'avère parfait pour un séjour d'affaires ou une étape d'une nuit.

142 — Piscine ●, Équipements enfants ●

SANDTON : *City Lodge Morningside*   ⓇⓇⓇ
Angle de Rivonia Rd & Hill Rd, 2146. **Carte routière E2.** 📞 *(011) 884-9500.* 📠 *(011) 884-9440.*
@ clmside.resv@citylodge.co.za Cet hôtel propose un hébergement de qualité à des prix modérés dans une des banlieues les plus chic de Johannesburg. Les enfants partageant la chambre de leurs parents ne paient pas.

161 — Piscine ●, Restaurant ●, Équipements enfants ●

SANDTON : *Holiday Inn Garden Court*   ⓇⓇⓇ
1 Cullinan Cl, Morningside, 2146. **Carte routière E2.** 📞 *(011) 884-1804.* 📠 *(011) 884-6040.*
Le Holiday Inn Garden Court possède une superbe piscine, et offre près du cœur de Sandton un luxe à prix raisonnable.

150 — Piscine ●, Restaurant ●, Équipements enfants ●, Jardin ●

SANDTON : *Holiday Inn Hotel & Suites*   ⓇⓇⓇⓇ
115 Katherine St, Sandown, 2146. **Carte routière E2.** 📞 *(011) 884-8544.* 📠 *(011) 884-8545.*
@ sandtoncity@southernsun.com Cet hôtel de style colonial français est proche des boutiques et des quartiers de loisirs de Sandton.

122 — Piscine ●, Restaurant ●, Équipements enfants ●, Jardin ●

SANDTON : *Zulu Nyala Country Manor*   ⓇⓇⓇⓇ
70E Third Rd, Chartwell, 2146. **Carte routière E2.** 📞 *(011) 708-1969.* 📠 *(011) 708-2220.*
@ zncmres@zulunyala.com À proximité de l'aéroport et du Lion Park, à la périphérie de Sandton, cette demeure à toit de chaume entourée d'un jardin de 2 ha se caractérise par des chambres spacieuses et confortables. Accueil chaleureux.

16 — Piscine ●, Jardin ●

SANDTON : *The Michelangelo*   ⓇⓇⓇⓇⓇ
Sandton Square, 2146. **Carte routière E2.** 📞 *(011) 282-7000.* 📠 *(011) 282-7170.*
@ hotels@legacyhotels.co.za Ce prestigieux cinq-étoiles de style Renaissance est situé sur une place offrant boutiques et restaurants haut de gamme. Service de qualité et excellente cuisine africaine mêlant des saveurs de tout le continent.

242 — Piscine ●, Restaurant ●, Équipements enfants ●

SANDTON : *Sandton Sun Inter-Continental*   ⓇⓇⓇⓇ
Fifth St, Sandton, 2146. **Carte routière E2.** 📞 *(011) 780-5000.* 📠 *(011) 780-5002.*
@ joburg@interconti.com Attenant au plus vaste complexe commercial d'Afrique, ce cinq-étoiles tout en verre et en marbre renferme un restaurant africain, un méditerranéen, un portugais et un japonais, ce dernier de haute qualité.

564 — Piscine ●, Restaurant ●

SUN CITY : *Sun City Hotel, Cascades and Cabanas*   ⓇⓇⓇⓇ
Box 2, 0316. **Carte routière D2.** 📞 *(014) 557-1000.* 📠 *(014) 5557-3447.*
Le complexe de loisirs de Sun City abrite trois hôtels près de l'Entertainment Centre et de ses machines à sous. Le Cabanas s'adresse plutôt à des familles et est aussi le moins onéreux. Le Cascades, entouré d'une piscine et de cascades, et le Sun City Hotel, plus ancien et plus animé avec ses salles de jeu et ses boîtes de nuit, possèdent tous deux le luxe d'un cinq-étoiles.

340 — Piscine ●, Restaurant ●, Équipements enfants ●, Jardin ●

SUN CITY : *The Palace of the Lost City*   ⓇⓇⓇⓇⓇ
Box 308, 0316. **Carte routière D2.** 📞 *(014) 557-3000.* 📠 *(014) 557-3111.*
Le Palais de la Cité perdue reconstitue, au sein d'une jungle artificielle, un faste digne des plus grands délires hollywoodiens. Rien ne manque ni dans l'exubérance du décor ni dans le luxe des prestations. Ses tarifs s'adressent toutefois à des visiteurs fortunés.

338 — Piscine ●, Restaurant ●, Équipements enfants ●, Jardin ●

SWAZILAND : *Mlilwane Lodge* @ reservations@biggame.co.sz ⓇⓇ 22
Mlilwane Wildlife Sanctuary. **Carte routière** F2. (*(09268) 416-1591.* FAX *(09268) 528-3924.*
La réserve permet de loger dans un chalet, dans une des 16 huttes en ruche
ou à l'auberge de jeunesse. 🛏 🍽

SWAZILAND : *Malolotja Lodge* ⓇⓇⓇ 37
Malolotja Nature Reserve. **Carte routière** F2. (*(09268) 416-1151.* FAX *(09268) 416-1480.*
@ malolotja@sntc.org.sz Ce camp d'hébergement comprend 5 cabanes rustiques
en rondins et 15 emplacements de camping (il en existe 17 autres dans la réserve).
Une petite boutique vend des provisions de base à l'entrée principale. 🛏 🍽

SWAZILAND : *Tavern Inn* ⓇⓇⓇ 16
Angle Allister Miller St & Gilfillian St, Mbabane. **Carte routière** F2. (*(09268) 404-2361.*
FAX *09268) 404-2479.* Cet hôtel de style Tudor loue des appartements indépendants
et constitue une excellente base pour explorer Mbabane. 🛏 🍽

SWAZILAND : *Ezulwini Sun* ⓇⓇⓇⓇ 120
Entre Mbabane & Manzini. **Carte routière** F2. (*(09268) 416-6800.* FAX *(09268) 416-1782.*
Depuis le poste frontière d'Oshoek/Ngwenya, des panneaux signalent cet
établissement familial situé dans une vallée pittoresque. 🛏 📺 🍽 ♿ P

VANDERBIJLPARK : *Riverside Sun* @ riversidesunresort@southernsun.com ⓇⓇⓇ 169
Kemmons Wilson Dr, 1900. **Carte routière** E2. (*(016) 932-1111.* FAX *(016) 932-1348.*
Cet hôtel moderne borde la Vaal River, et permet des activités comme la
navigation de plaisance et le ski nautique. 🛏 📺 🍽 ♿ 🍴 P 🏊

VEREENIGING : *Riviera International Hotel* ⓇⓇⓇⓇ 104
Maria Milani Dr, 1930. **Carte routière** E2. (*(016) 422-2861.* FAX *(016) 421-2908.*
@ reservations@riviera.co.za Le Riviera propose le long de la Vaal River un éventail
complet de loisirs sportifs. Il possède un golf de 18 trous. 🛏 📺 🍽 ♿ P

BLYDE RIVER CANYON ET KRUGER PARK

DULLSTROOM : *Walkersons* @ chl-wks@mweb.co.za ⓇⓇⓇⓇⓇ 20
Waboomkop–Lydenburg Rd. **Carte routière** E2. (*(013) 254-0246.* FAX *(013) 254-0262.*
Au sein d'un domaine de 600 ha, toutes les chambres du luxueux bâtiment en
pierre à toit de chaume possèdent une cheminée et donnent sur le lac. Les hôtes
ont à leur disposition tout l'équipement pour pêcher la truite. 📺 🍽 🏊

GRASKOP : *The Graskop Hotel* @ graskophotel@mweb.co.za ⓇⓇⓇ 41
3 Main St, 1270. **Carte routière** F2. (& FAX) *(013) 767-1244.*
Cet hôtel confortable au décor ethnique abrite un atelier d'artisanat, à courte
distance des sites d'intérêt tels que Pilgrim's Rest, Blyde River Canyon
et le point de vue appelé God's Window. 🛏 📺 🍽 🏊

HAENERTSBURG : *Glenshiel Country Lodge* ⓇⓇⓇⓇ 15
R71 vers Magoebaskloof, 0730. **Carte routière** E1. (*(015) 276-4335.* FAX *(015) 276-4338.*
Dans cette retraite tenue par son propriétaire au bord de l'Ebenezer Dam, les suites
ouvrent sur le jardin et renferment des cheminées. Vallonnée, la région offre un
cadre idéal aux randonnées pédestres avec ses forêts et ses plantations de thé et
de fruits exotiques. On y pratique aussi la pêche à la truite. 🛏 📺 🍽 ♿ P 🏊

HAZYVIEW : *Chestnut Country Lodge* ⓇⓇⓇⓇ 9
Emmet Rd, Kiepersol, 1241. **Carte routière** F2. (*(013) 737-8195.* FAX *(013) 737-8196.*
@ reservations@chestnutlodge.co.za Un jardin plein d'oiseaux entoure cette ferme
rénovée. Cuisine campagnarde et belles promenades. 🛏 🍽 🍴 P 🏊

HAZYVIEW : *Sabi River Sun* ⓇⓇⓇ 60
Main Rd, Perry's Farm, 1242. **Carte routière** F2. (*(013) 737-7311.* FAX *(013) 737-7314.*
À 20 km du Kruger National Park, ce complexe confortable comprend cinq
piscines, un golf, des terrains de boules et des courts de tennis et de squash.
🛏 📺 🍽 🍴 🏊 P

HAZYVIEW : *Highgrove House* @ highgrove@ns.lia.net ⓇⓇⓇⓇⓇ 8
R40. Box 46, Kiepersol, 1241. **Carte routière** F2. (*(013) 764-1844.* FAX *(013) 764-1855.*
Ce *lodge* de style colonial est une excellente base pour sillonner la région
et les réserves d'animaux. Son environnement pastoral, sa cuisine
et ses excellents vins lui ont valu une renommée internationale. 🛏 🍽 P

HAZYVIEW : *Umbhaba Lodge* @ umbhaba@iafrica.com ⓇⓇⓇⓇⓇ 23
Box 1677, 1242. **Carte routière** F2. (*737-7636.* FAX *(013) 737-7629.*
Les enfants sont les bienvenus dans cet établissement de luxe, entouré d'un
magnifique jardin subtropical. Outre la visite des sites de la région, il permet
des activités comme la pêche, l'équitation et la randonnée. 🛏 📺 🍽 🏊 P 🏊

Catégories de prix pour une nuit en chambre double, taxes et service compris mais sans le petit déjeuner.
Ⓡ moins de 150 R
ⓇⓇ de 150 R à 300 R
ⓇⓇⓇ de 300 R à 500 R
ⓇⓇⓇⓇ de 500 R à 1000 R
ⓇⓇⓇⓇⓇ plus de 1000 R

PISCINE
Elle est souvent petite et découverte.

RESTAURANT
Restaurant dans l'hôtel, ouvert à tous.

ÉQUIPEMENTS ENFANTS
Baby-sitting, berceaux et parcs sont disponibles. Certains établissements proposent aussi dans leurs restaurants des portions réduites et des chaises hautes.

JARDIN
L'hôtel possède un jardin ou une terrasse.

	NOMBRE DE CHAMBRES	PISCINE	RESTAURANT	ÉQUIPEMENTS ENFANTS	JARDIN
HENDRIKSDAL : *Artist's Cafe and Guesthouse* ⓇⓇⓇ Hendriksdal Siding, Sabie. **Carte routière** F2. ☎ (& FAX) (013) 764-2309. @ artscafe@mweb.co.za Une ancienne gare, construite vers 1920, abrite des chambres et un restaurant. 🛏🍴♿🅿	4		●		■
KRUGER NATIONAL PARK : *camps publics* ⓇⓇⓇ Box 787, Pretoria, 0001. **Carte routière** F2. ☎ (012) 428-9111. FAX (012) 343-0905. @ reservations@parks-sa.co.za Réservations aux bureaux du National Parks Board de Pretoria ou de Johannesburg. *Balule :* (centre) 6 *rondavels* de 3 lits, aires de barbecue : pas d'électricité. ⛺ *Berg-en-Dal :* (sud) bungalows de 6 lits, *rondavels* de 3 lits, 2 cottages, laverie et centre d'information. 🛏♿🏧⛺ *Crocodile Bridge :* (sud) une vingtaine de bungalows de 3 lits. 🏧⛺♿ *Letaba :* (centre) grand camp doté de bungalows, de *rondavels* et de cottages, d'un atelier de réparation automobile et d'un centre pédagogique. 🛏♿🏧 *Lower Sabie :* (sud) bungalows, *rondavels* et cottages. 🛏🏧 *Mopani :* (nord) *rondavels* de 3 lits et cottages de 6 lits. 🛏🏧 *Olifants :* (centre) cottages et bungalows à toit de chaume, ainsi qu'un centre d'information, une station-service, un musée et un amphithéâtre. 🛏🏧 *Orpen :* (centre) petit camp avec des bungalows de 2 et 3 lits. 🏧 *Pretoriuskop :* (sud) bungalows, *rondavels* et cottages. 🛏♿🏧 *Punda Maria :* (nord) bungalows familiaux, cottages de 2 et 3 lits. 🏧 *Satara :* (centre) grand camp doté de bungalows familiaux, de *rondavels*, de cottages, d'un atelier de réparation automobile et d'une station-service. 🛏♿🏧 *Shingwedzi :* (nord) grand camp de bungalows et de *rondavels*. 🛏🏧 *Skukuza :* (sud) le plus grand camp abrite bungalows, *rondavels* et cottages, ainsi que banque et cabinet médical. 🛏♿🏧✉		■ ■ ■ ■ ■ ■ ■ ■	● ● ● ● ● ● ● ●		 ● ●
KRUGER NATIONAL PARK : *camps de brousse* ⓇⓇⓇ *Bateleur :* (nord) petit camp de 10 cottages avec cuisine. 🛏 *Mbyamiti :* (sud) 15 cottages familiaux avec cuisines. 🛏 *Sirheni :* (nord) 15 cottages familiaux avec cuisine. 🛏 *Shimuwini :* (nord) 6 cottages avec cuisine. 🛏 *Talamati :* (centre) 15 cottages familiaux avec cuisine. 🛏					
KRUGER NATIONAL PARK : *camps privés* ⓇⓇⓇⓇ *Boulders :* (nord) 4 bungalows de 2 lits et un cottage. 🛏 *Malelane :* (sud) 5 cottages de luxe pouvant accueillir 18 hôtes. 🛏 *Nwanetsi :* (centre) camp pouvant loger 16 personnes. 🛏 *Roodewal :* (centre) camp de 19 personnes avec cuisine commune. 🛏					
MAGOEBASKLOOF : *Magoebaskloof Hotel* ⓇⓇⓇ Entre Pietersburg & Tzaneen. **Carte routière** E1. ☎ (015) 276-4776. FAX (015) 276-4780. @ enquiries@magoebaskloof.co.za Dans un cadre de montagne, cet hôtel bien équipé donne accès à plusieurs sentiers de randonnée. Prix modérés. 🛏📺🏊🅿🍴	60	■	●	■	
MALELANE : *Buhala Country House* ⓇⓇⓇⓇ N4. Box 165, Malelane, 1320. **Carte routière** F2. ☎ (013) 792-4372. FAX (013) 790-4306. @ buhala@lbm.co.za Ce bed-and-breakfast à toit de chaume domine la Crocodile River en bordure du Kruger National Park, et offre un confort à l'ancienne. Toutes prestations incluses. 🛏🍴🏊🅿🍴	7	■	●		
MALELANE : *Malelane Sun Inter-Continental Lodge* ⓇⓇⓇⓇ Riverside Farm. Box 392, 1320. **Carte routière** F2. ☎ (013) 790-3304. FAX (013) 790-3303. À quelques minutes en voiture du Kruger National Park, des chalets individuels à toit de chaume sur la Crocodile River sont un hébergement idéal quand on n'a pu obtenir de place dans le parc lui-même. 🛏🍴🏊🍴♿🅿🍴	102	■	●	■	●
NELSPRUIT : *Holiday Inn Express* ⓇⓇ White River Rd, 1200. **Carte routière** F2. ☎ (013) 757-0000. FAX (013) 757-0008. Pour faire étape sur la route du Kruger National Park. 🛏🍴🏊🅿🍴	89	■	●		●

NYLSTROOM : *Shangri-La Country Lodge* ⓇⓇⓇⓇ | 34
Eersbewoond Rd, 0570. **Carte routière** E2. 📞 *(014) 717-5381.* 📠 *(014) 717-3188.*
@ info@shangri-la.co.za À 15 km de Nylstroom, des *rondavels* entourent une
piscine étincelante dans cette retraite campagnarde tenue en famille. 🛏 📺 ☕ Ⓟ 🔥

PILGRIM'S REST : *Crystal Springs Mountain Lodge* ⓇⓇⓇ | 164
Box 10, Pilgrim's Rest, 1290. **Carte routière** F2. 📞 *(013) 768-5000.* 📠 *(013) 768-5024.*
@ info@crystalsprings.co.za Cette réserve faunique abrite des cottages individuels
dotés d'une cuisine. Des courts de squash et de tennis, un minigolf et un
gymnase entourent une piscine couverte et chauffée. 🛏 📺 ☕ 🍴 Ⓟ 🔥

PILGRIM'S REST : *Inn on Robber's Pass* ⓇⓇⓇ | 9
Box 76, 1290. **Carte routière** F2. 📞 *(013) 768-1491.* 📠 *(013) 768-1386.*
@ innonrp@global.co.za À 17 km de Pilgrim's Rest, ce havre de paix aux chambres
aménagées dans d'anciennes écuries séduira les amoureux de la nature. 🛏 ☕ Ⓟ 🔥

PILGRIM'S REST : *Mount Sheba Country Lodge* ⓇⓇⓇⓇ | 25
Box 100, Pilgrim's Rest, 1290. **Carte routière** F2. 📞 *(013) 768-1241.* 📠 *(013) 768-1248.*
@ lodge@mountsheba.threecities.co.za À 25 km de Pilgrim's Rest, profitez sur un
plateau d'un air pur et de paysages spectaculaires. Des sentiers sillonnent la
forêt où des lacs attendent les pêcheurs de truites. 🛏 📺 ☕ 🍴 Ⓟ 🔥

PILGRIM'S REST : *Royal Hotel* @ royal@mweb.co.za ⓇⓇⓇⓇ | 50
Main Rd, 1290. **Carte routière** F2. 📞 *(013) 768-1100.* 📠 *(013) 768-1188.*
Les bâtiments de bois et métal de ce monument national datent des années 1900.
Vous apprécierez la cuisine familiale. 🛏 ☕ ♨ ⚿ 🍴 Ⓟ 🔥

SABIE SAND RESERVE : *Idube Game Reserve* ⓇⓇⓇⓇ | 10
Box 2617, Northcliff, 2115. **Carte routière** F2. 📞 *(011) 888-3713.* 📠 *(013) 735-5432.*
@ info@idube.com Le prix comprend les repas, les randonnées en brousse et les
safaris (deux par jour), ainsi que l'hébergement dans des chalets sur pilotis dotés
de douches privées en plein air, de climatiseurs et de ventilateurs. 🛏 ☕ 🔥 Ⓟ

SABIE SAND RESERVE : *Sabi Sabi* @ res@sabisabi.com ⓇⓇⓇⓇ | 57
Box 52665, Saxonwold, 2132. **Carte routière** F2. 📞 *(011) 483-3939.* 📠 *(011) 483-3799.*
Plusieurs fois primé, ce complexe possède trois camps d'hébergement, Bush,
River et Selati, où les clients jouissent du luxe au cœur même de la brousse.
Des guides expérimentés les accompagnent, de jour comme de nuit,
pour observer des animaux sauvages en véhicules ouverts. 🛏 ☕ 🍴 Ⓟ 🔥

SABIE SAND RESERVE : *Singita Private Game Reserve* ⓇⓇⓇⓇ | 18
Box 650881, Benmore, 2010. **Carte routière** F2. 📞 *(011) 234-0990.* 📠 *(011) 234-0535.*
@ singita@singita.co.za Membres de Relais et Châteaux, les *lodges* d'Ebony et
de Boulders proposent des prestations haut de gamme : cuisine gastronomique,
riche cave, randonnées pédestres et safaris de jour et de nuit. 🛏 ☕ 🍴 Ⓟ

SABIE SAND RESERVE : *Ulusaba Private Game Reserve* ⓇⓇⓇⓇ | 20
Box 239, Lonehill, 2062. **Carte routière** F2. 📞 *(011) 465-4240.* 📠 *(011) 465-6649.*
@ safaris@ulusaba.com Ulusaba marie ambiance ethnique et sophistication, et
propose d'excitants camps de brousse aux enfants. Les hôtes choisissent entre
la forêt, au Safari Lodge, et une vue dégagée, au Rock Lodge. 🛏 ☕ 🍴 Ⓟ

SCHOEMANSKLOOF : *Old Joe's Kaia Country Lodge* ⓇⓇⓇ | 14
Schoemanskloof Valley Rd, 1207. **Carte routière** F2. 📞 *(013) 733-3045.* 📠 *(013) 733-3777.*
@ info@oldjoes.co.za Dans une vallée où ont été observées plus de 170 espèces
d'oiseaux, les tarifs comprennent la pension complète dans des cabanes en rondins
ou des *rondavels* décorés dans le style colonial. Beau jardin subtropical. 🛏 ☕ Ⓟ

TIMBAVATI PRIVATE GAME RESERVE : *King's Camp* ⓇⓇⓇⓇ | 10
Box 427, Nelspruit, 1200. **Carte routière** F2. 📞 *(015) 793-3633.* 📠 *(015) 793-3634.*
@ kings@kingscamp.com Les tarifs élevés comprennent toutes les prestations dans
ce camp de bungalows climatisés. De jour comme de nuit, des safaris
en véhicules découverts permettent d'observer les Cinq Grands. 🛏 ☕ 🍴 🔥

TIMBAVATI PRIVATE GAME RESERVE : *M'Bali Camp* ⓇⓇⓇⓇ | 15
Box 67865, Bryanston, 2021. **Carte routière** F2. 📞 *(011) 463-1990.* 📠 *(011) 463-1992.*
@ reservations@motswari.co.za Bâties sur pilotis, les maisons en bois, roseau et toile
possèdent des porches donnant sur le lac. Les prestations comprennent des safaris
en véhicules ouverts, des randonnées guidées et une cuisine raffinée. 🛏 ☕ Ⓟ 🔥

TIMBAVATI PRIVATE GAME RESERVE : *Ngala Lodge* ⓇⓇⓇⓇ | 21
Box 1211, Sunninghill Park, 2157. **Carte routière** F2. 📞 *(011) 784-7677.* 📠 *(011) 784-7667.*
@ bookings@ccafrica.com Cet hôtel de luxe permet de participer à des safaris
avec guides expérimentés, et de dîner sous les étoiles. 🛏 ☕ 🍴 ⚿ Ⓟ 🔥

Légende des symboles, voir rabat de couverture

Catégories de prix pour une nuit en chambre double, taxes et service compris mais sans le petit déjeuner.
Ⓡ moins de 150 R
ⓇⓇ de 150 R à 300 R
ⓇⓇⓇ de 300 R à 500 R
ⓇⓇⓇⓇ de 500 R à 1000 R
ⓇⓇⓇⓇⓇ plus de 1000 R

PISCINE
Elle est souvent petite et découverte.

RESTAURANT
Restaurant dans l'hôtel, ouvert à tous.

ÉQUIPEMENTS ENFANTS
Baby-sitting, berceaux et parcs sont disponibles. Certains établissements proposent aussi dans leurs restaurants des portions réduites et des chaises hautes.

JARDIN
L'hôtel possède un jardin ou une terrasse.

	NOMBRE DE CHAMBRES	PISCINE	RESTAURANT	ÉQUIPEMENTS ENFANTS	JARDIN
TIMBAVATI PRIVATE GAME RESERVE : *Tanda Tula Safari Camp* ⓇⓇⓇⓇⓇ Box 32, Constantia, 7848. **Carte routière** F2. ((015) 793-2436. FAX (015) 794-7605. @ tandatula@worldonline.co.za Dans ce luxueux camp de tentes d'une réserve près du parc Kruger, les suites ont leur plate-forme en bois dominant la brousse. 🖼🗝🍴🛏	12	■			
TZANEEN : *Coach House* @ coachhouse@mweb.co.za ⓇⓇⓇⓇ Old Coach Rd, Agatha, 0850. **Carte routière** E1. ((015) 306-8000. FAX (015) 306-8008. Dans un cadre spectaculaire sur un plateau, un ancien relais de coche bâti en 1892 propose des chalets individuels dans un splendide jardin. Il possède une cave de 8 000 bouteilles. 🖼📺🗝🏊🛗🍴P🛏	47	■	●		●
WATERVAL ONDER : *Bergwaters Lodge* @ bergwlodge@yebo.co.za ⓇⓇⓇ Box 71, 1195. **Carte routière** F2. (& FAX (013) 257-7059. Le Bergwaters occupe un bâtiment en pierre datant de la guerre des Boers, et peut arranger une partie de pêche à la mouche. 🖼📺🗝🍴🏊🍴P🛏	13	■	●		●
WHITE RIVER : *Kirby Country Lodge* ⓇⓇⓇ Jatinga Rd, 1240. **Carte routière** F2. ((013) 751-2645. FAX (013) 750-1836. @ kirbycl@netactive.co.za À 25 min du parc Kruger, un jardin de 6 ha aux arbres peuplés d'oiseaux garantit le calme de cet hôtel à toit de chaume. 🖼🗝🏊P	10	■	●		●
WHITE RIVER : *Hulala Lakeside Lodge* ⓇⓇⓇⓇ R40. 23 km après White River. **Carte routière** F2. ((013) 764-1893. FAX (013) 764-1864. @ lodge@hulala.threecities.co.za Au bord d'un lac, l'Hulala conviendra à un séjour en famille (enfants au-dessus de 10 ans). Pêche, bateau. 🖼🗝🍴P🛏	21	■	●	■	
WHITE RIVER : *Jatinga Country Lodge* ⓇⓇⓇⓇ Jatinga Rd, 1240. **Carte routière** F2. ((013) 751-5059. FAX (013) 751-5119. @ info@jatinga.co.za Ces cottages à toit de chaume, au bord de la White River, constituent une bonne base d'où explorer les réserves naturelles. Le restaurant propose des plats accommodant les produits du jardin. 🖼📺🗝P🛏	14	■	●		●
WHITE RIVER : *Cybele Forest Lodge* ⓇⓇⓇⓇⓇ R40. Box 346, White River, 1240. **Carte routière** F2. ((013) 764-1823. FAX (013) 764-9510. @ cybele@iafrica.co.za Dans une région aux rivières prisées des pêcheurs, cette retraite raffinée, meublée d'antiquités et de superbes tissus, possède sa propre écurie et reçoit en pension complète. Excellente cuisine. 🖼📺🗝🍴🛗P	12	■	●		●
KAROO					
BEAUFORT WEST : *Hotel Formule 1* ⓇⓇ 144 Donkin Rd, 6970. **Carte routière** C4. ((023) 415-2421. FAX (023) 415-2358. Cet hôtel de chaîne est économique, propre et simple. 🖼📺🗝🍴P	52				
BEAUFORT WEST : *Matoppo Inn* ⓇⓇⓇ 7 Bird St, 6970. **Carte routière** C4. ((023) 415-1055. FAX (023) 415-1080. À 2 km du Karoo National Park, cette résidence historique (1834) abrite parquets en *yellowwood*, hauts plafonds et belles antiquités. 🖼📺🗝🍴🛗P	9	■	●		
COLESBERG : *Sunset Chalets* ⓇⓇ 14 Torenberg St, 9795. **Carte routière** C4. ((082) 493-8814. FAX (051) 753-0589. Un établissement récent près des boutiques, des restaurants et du golf. 🖼P	19	■	●	■	
COLESBERG : *Kuilfontein Stable Cottages* ⓇⓇⓇ N1. Box 17, 9795. **Carte routière** C4. (& FAX (051) 753-1364. @ kuil@mweb.co.za Le haras et la bergerie appartiennent à la même famille depuis 1876. Les écuries ont été transformées dans un style provençal pour recevoir les hôtes. 🖼🏊🛏	5	■			●
CRADOCK : *Die Tuishuise* @ tuishuise@global.co.za ⓇⓇⓇ 36 Market St, 5880. **Carte routière** D5. ((048) 881-1322. FAX (048) 881-5388. Proches du Mountain Zebra National Park et de l'Olive Schreiner Museum, les cottages soigneusement restaurés de Die Tuishuise datent des années 1840. Ils offrent un bel exemple de l'architecture du Karoo au siècle dernier. 🖼📺🗝🍴P	16		●	■	

GRAAFF-REINET : *Kingfisher Lodge* ®® 5
33 Cypress Grove, 6280. **Carte routière** C4. [(& FAX) (049) 892-2657.
Dans une banlieue paisible, des tapis persans et des meubles anciens donnent
une atmosphère douillette et surannée à cette demeure privée. Bonne cave.
TV P

GRAAFF-REINET : *Drostdy Hotel* @ drostdy@intekom.co.za ®®® 55
30 Church St, 6280. **Carte routière** C4. [(049) 892-2161. FAX (049) 892-4582.
Construite en 1806, l'ancienne résidence du *landdrost* (magistrat) possède un
charme certain. Elle abrite les pièces communes. Les chambres et les suites
occupent des cottages ouvriers tout aussi historiques. TV P

NORD DE L'ORANGE

ALLEMANSKRAAL DAM : *Aventura's Aldam Resort* ®® 75
N1. P/Bag X06, Ventersburg, 9450. **Carte routière** D3. [(057) 652-2200. FAX (057) 652-0014.
@ info@aventura.co.za La chaîne Aventura propose autour de lacs, de rivières et de
sources chaudes des hébergements avec cuisine surtout pour les familles. P

AUGRABIES NATIONAL PARK : *Kalahari Adventure Centre* ® 8
À 10 km de l'Augrabies Falls National Park. **Carte routière** B3. [& FAX (054) 451-0218.
@ info@kalahari.co.za Ce petit hôtel bon marché permet de séjourner à
proximité de la cascade des Augrabie Falls et des caves de Kakamas. P

BLOEMFONTEIN : *De Oude Kraal* @ deoude@intekom.co.za ®®® 8
À 35 km au N. de la ville sur la N1 S., 9325. **Carte routière** D3. [(051) 564-0636.
FAX (051) 564-0635. Cet établissement rustique a été créé dans une ferme restaurée
située sur une exploitation qui, à l'origine, appartenait à la tribu des Griqua.
TV P

BLOEMFONTEIN : *Hobbit House* @ hobbit@intekom.co.za ®®® 12
19 President Steyn Ave, 9301. **Carte routière** D3. [(& FAX) (051) 447-0663.
Le nom de cette pension de style victorien rend hommage à J.R.R. Tolkien,
né à Bloemfontein. Bien que située dans un quartier résidentiel, elle reste
proche du centre. Le pub est accueillant. TV P

BLOEMFONTEIN : *Bains Game Lodge* ®®® 120
Kimberley Rd, Bainsulei, 9305. **Carte routière** D3. [(051) 4351-1761. FAX (051) 4351-1852.
Situé aux portes de Bloemfontein, ce *lodge* propose bungalows, chalets et
emplacements de camping. La brousse à proximité de la ville. TV P

GARIEP DAM : *Gariep Dam Hotel* ®®® 23
N1. PO 20, Gariep Dam, 9922. **Carte routière** D4. [(051) 754-0060. FAX (051) 754-0268.
Sans surprise mais propre et confortable, cet hôtel permet de faire étape
entre le Gauteng et le Cap. TV P

KALAHARI : *Molopo Kalahari Lodge* @ reservations@molopo.co.za ®®® 20
R31 (près de Kgalagadi Transfrontier Park). **Carte routière** B2. [& FAX (054) 511-0008.
À seulement 60 km des dunes de sable rouge du Kalahari, cet établissement
donne sur un paysage apaisant. Le désert devient magique dans la clarté lunaire.
P

KALAHARI : *Tswalu Private Desert Reserve* ®®®®® 9
N14 (près de Kuruman). **Carte routière** C2. [(021) 426-4137. FAX (021) 426-4150.
@ tswalures@cybertrade.co.za À la pointe sud du Kalahari, cette réserve naturelle
privée de 100 000 ha propose des safaris en voiture, des randonnées à pied
et des promenades à cheval. P

KIMBERLEY : *Protea Diamond Lodge* @ info@proteahotels.co.za ®® 32
124 Du Toitspan Rd, 8300. **Carte routière** D3. [(053) 831-1281. FAX (053) 831-1284.
Cet hôtel familial offre un bon rapport qualité-prix, à proximité du Big Hole
et du Mine Museum. TV P

KIMBERLEY : *Edgerton House* @ edgerton@muselo.co.za ®®® 12
5 Edgerton Rd, 8300. **Carte routière** D3. [(053) 831-1150. FAX (053) 831-1871.
Dans une partie historique de la ville, en face du McGregor Museum, cette demeure
vieille d'un siècle et restaurée avec amour abrite des chambres confortables
donnant sur le jardin. Celui-ci renferme une piscine et un salon de thé. Il faut
commander à l'avance pour le déjeuner ou le dîner. TV P

UPINGTON : *Protea Hotel Upington* @ info@proteahotels.co.za ®® 57
24 Schroder St, 8801. **Carte routière** B3. [(054) 337-8500. FAX (054) 337-8499.
Cet hôtel moderne en centre-ville est une bonne étape sur le trajet des parcs
nationaux du Kgalagadi Transfrontier et des Augrabies Falls. TV P

Légende des symboles, voir rabat de couverture

RESTAURANTS

Depuis les stands de rue vendant des saucisses grillées (*boerewors*) et les succursales des chaînes de *steakhouses*, jusqu'à des tables haut de gamme proposant des spécialités telles que fruits de mer ou mets orientaux, méditerranéens ou français, les villes offrent un large choix d'établissements. Les Sud-Africains aiment particulièrement manger en plein air, et les terrasses de café s'emplissent aux beaux jours. Le barbecue traditionnel (*braai*) est une institution nationale. Les restaurants où déguster une cuisine africaine recherchée se multiplient. Le patrimoine gastronomique national comprend aussi les plats indiens, spécialités du KwaZulu-Natal, et les currys dits « Cape Malay » appréciés au Cap Ouest.

Mr. DELIVERY
Service de livraison

Le Village Walk de Sandton dans le Gauteng

HABITUDES ALIMENTAIRES SUD-AFRICAINES

Beaucoup de restaurants sont ouverts au déjeuner du lundi au vendredi et au dîner du mardi au dimanche. Le jour de fermeture le plus courant est le lundi, sauf pour les restaurants italiens qui choisissent plutôt le mardi. Les cafés (*coffee shops*), ouverts en général de 9 h à 17 h, permettent de prendre des déjeuners légers composés de plats tels que salades et quiches. Vous pourrez y essayer le petit déjeuner traditionnel : œufs au bacon et saucisses. Les muffins appréciés avec le thé (et disponibles aussi dans de nombreux commerces d'alimentation) peuvent être parfumés au son, à la banane ou aux dattes.

Principal repas de la journée, le dîner réunit les familles à partir de 18 h 30, tandis que de nombreux restaurants servent jusqu'à 22 h. Dans les grandes villes, certains établissements accueillent les clients jusqu'à minuit et même plus tard.

OÙ MANGER

Vous trouverez de bons restaurants dans tous les grands centres urbains et dans les régions touristiques.

Un guide annuel, *Eat Out*, diffusé chez les marchands de journaux, recommande des adresses dans tout le pays. En revanche, le mensuel *SA City Life* ne concerne que Durban, Johannesburg et Cape Town.

RÉSERVATIONS

Les tables les plus chic ou les plus en vogue affichent parfois complet des semaines à l'avance, et mieux vaut toujours réserver pour éviter une déception. Si vous avez pris une réservation et que vos projets changent, pensez à l'annuler.

PRIX ET POURBOIRES

Le prix moyen d'un repas avec entrée et dessert (sans compter le vin et le pourboire) dans un bon établissement s'élève à environ 100-120 rands. Certaines spécialités comme les fruits de mer peuvent toutefois alourdir l'addition. Un copieux sandwich de traiteur coûtera rarement plus de 20 R et il faut compter 40 R pour un solide petit déjeuner traditionnel.

Le pourboire constitue une part importante de la rémunération du personnel. Laissez de 10 à 15 % selon la qualité du service.

Braai préparé dans une paillote (*skerm*) de la West Coast

QUE MANGER

A u KwaZulu-Natal, ne manquez pas les spécialités indiennes, et à Cape Town la cuisine dite « malaise ». Les restaurants africains permettent aussi de découvrir de nouvelles saveurs. Sur le littoral, les produits de la mer, calmars, langoustes ou poissons tels que le *yellowtail* et le *kabeljou (p. 91)*, sont à la fois excellents et peu chers. Dans certains restaurants sud-africains, les repas sont accompagnés d'une eau-de-vie de pêche appelée *witblits (p. 143)*. Vous pourrez aussi manger français, portugais, italien, grec, thaïlandais, indonésien ou chinois.

Witblits **(eau-de-vie)**

Les Sud-Africains aiment la viande et préparent souvent un *braai (p. 17)* s'ils invitent chez eux. Les chaînes de *steakhouses* offrent un bon rapport qualité-prix, et les végétariens apprécieront leurs salades et leurs plats de légumes. Les saucisses grillées vendues dans les rues constituent d'excellents en-cas.

VINS

L es vignobles sud-africains produisent des crus de qualité, en particulier des vins blancs, et beaucoup de restaurants en proposent un large choix à des prix très divers. Le vin servi au verre provient en général d'un cubitainer, mais certains restaurants permettent aussi de goûter des appellations en bouteille. Les tables les plus chic ont à leur carte des crus étrangers.

Il est parfois possible, en particulier dans les régions productrices, d'apporter sa propre bouteille, une solution économique même en payant un droit de bouchon (à partir de 10 R).

LIVRAISONS

D es services de livraison à domicile de plats préparés existent dans toutes les villes principales. Partout dans le pays, la société « Mr Delivery » travaille avec divers établissements, fast-foods mais aussi restaurants, et pratique des tarifs raisonnables. Vous trouverez ses coordonnées dans l'annuaire.

TABAC

L a législation sur le tabagisme est en vigueur en Afrique du Sud. Il est interdit de fumer dans la salle à manger principale des restaurants. La plupart des établissements possèdent une section non-fumeurs. Précisez vos souhaits lorsque vous effectuez une réservation.

AVEC DES ENFANTS

L es enfants ne sont pas les bienvenus partout, notamment le soir dans les restaurants chic. En effet, beaucoup de Sud-Africains considèrent que dîner à l'extérieur est une sortie à réserver aux adultes.

Les établissements plus décontractés, et ceux permettant de manger à l'extérieur, se révèlent les plus agréables en famille. Les chaises hautes et les menus spéciaux restent cependant rares. Une demi-portion coûtera en général les trois quarts du prix normal. Certaines chaînes comme Spur Steakhouses offrent aux enfants un service particulièrement attentif.

La chaîne Spur Steakhouses fait bon accueil aux enfants

ÉTIQUETTE

S ans imposer le port de la cravate, beaucoup de restaurants haut de gamme exigent une tenue de ville. Partout ailleurs, les blue-jeans ou les chaussures de sport sont acceptés.

ACCÈS EN FAUTEUIL ROULANT

D e plus en plus d'établissements haut de gamme se dotent de rampes d'accès et de toilettes à large porte, mais la majorité des restaurants restent peu ou pas adaptés aux besoins des personnes handicapées. Mieux vaut se renseigner avant de se déplacer.

À table dans le patio de la Tradouw Guesthouse, Barrydale

Que manger en Afrique du Sud

De la pizzeria italienne au traiteur chinois, les villes sud-africaines offrent un large choix d'établissements de restauration où savourer des mets très variés. Mais une visite serait incomplète sans goûter à la cuisine dite Cape Malay, aux currys indiens du KwaZulu-Natal et aux plats épicés de l'Afrique noire. Les deux océans abondent en poissons et fruits de mer, vendus dans tout le pays. Les habitants de la West Coast les apprécient tout particulièrement grillés au barbecue et dégustés à l'ombre de paillotes sur la plage.

Koeksusters, un dessert

Rooibos et chutney Mrs Ball Cette tisane sans caféine et des sauces à base de fruits sont des spécialités locales.

Samosas

Pâté de snoek

Chilli bites

Bobotie

Légumes

La cuisine Cape Malay *exclut l'alcool et le porc. Les samosas fourrés et les* chilli bites, *des beignets épicés, sont souvent végétariens. Le* bobotie *est un ragoût d'agneau.*

Le breyani *Cape Malay associe de l'agneau ou du poulet à du riz et des lentilles parfumés à la coriandre.*

Le waterblommetjie **bredie** *est un ragoût des tiges d'une variété de nénuphar qui pousse au Cap.*

Les spécialités portugaises *apparaissent souvent sur la carte des restaurants. Très populaire, la chaîne Nando commercialise sa propre gamme de sauces.*

Lors du traditionnel braai *du week-end, on cuit au barbecue des boerewors (saucisses) et des sosaties (brochettes).*

Le smoorsnoek *est un ragoût au curry de* snoek *(p. 91), un poisson qu'on trouve en abondance sur la côte Atlantique.*

CUISINE AFRICAINE

Potjie en fonte

Un nombre croissant de restaurants africains haut de gamme ouvrent dans les grandes villes. Leurs cartes ne proposent pas uniquement des spécialités des différentes cultures indigènes d'Afrique australe, mais aussi des recettes de pays comme l'Éthiopie, le Mali, le Sénégal, le Kenya et le Maroc. Les prix sont toutefois très élevés. Pour avoir un aperçu culinaire plus authentique, et bien meilleur marché, l'idéal est de s'inscrire à une visite guidée dans un township. Elles prévoient presque toutes un arrêt dans un *shebeen* (bar jadis illégal), où vous pourrez goûter aux plats consommés couramment par la population locale.

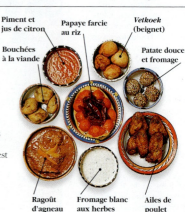

Piment et jus de citron

Papaye farcie au riz

Vetkoek (beignet)

Bouchées à la viande

Patate douce et fromage

Ragoût d'agneau

Fromage blanc aux herbes

Ailes de poulet

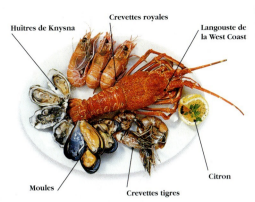

Huîtres de Knysna

Crevettes royales

Langouste de la West Coast

Moules

Crevettes tigres

Citron

Les fruits de mer *comprennent une grande variété de poissons et de crustacés, pêchés dans les deux océans qui baignent les côtes sud-africaines. Langoustes, crevettes et coquillages figurent à la carte de nombreux restaurants dans tout le pays.*

VIANDES SÉCHÉES

Sous un climat chaud auquel ils n'étaient pas habitués, les pionniers durent inventer des méthodes de

Biltong

conservation des aliments. Ils créèrent ainsi des spécialités culinaires qui restent très appréciées aujourd'hui. Ainsi est né le *biltong*, une viande séchée, dont le nom dérive de l'anglais *bull tongue* (« langue de taureau »), très prisé quand il est composé de gibier. Les *droëwors* (saucisses sèches) et le *bokkoms* (poisson salé de la West Coast) ont une origine similaire.

Droëwors

Mangue râpée

Légumes

Tomates et oignons

Concombre au yaourt

Crabe

Moules

Les currys indiens, *servis avec plusieurs sauces, apprêtent en général du bœuf, de l'agneau, du poulet ou des légumes, mais peuvent avoir une base plus inhabituelle comme le crabe.*

Les brochettes de fruits, *une spécialité africaine, changent de composition avec les saisons.*

Les desserts Cape Malay *tels que la tarte au lait (melk tert) ou encore le pudding au géranium sont souvent très riches.*

Pour obtenir des fruits confits, *cerises ou tranches d'orange ou de figue sont conservées dans un sirop sucré.*

FRUITS D'AFRIQUE DU SUD

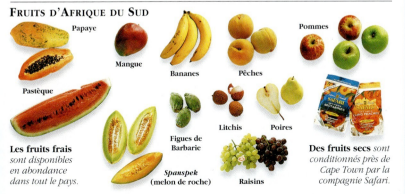

Papaye

Mangue

Bananes

Pêches

Pommes

Pastèque

Figues de Barbarie

Litchis

Poires

Les fruits frais *sont disponibles en abondance dans tout le pays.*

Spanspek (melon de roche)

Raisins

Des fruits secs *sont conditionnés près de Cape Town par la compagnie Safari.*

Choisir un restaurant

Les établissements sélectionnés ici sont classés par ordre alphabétique dans leur catégorie de prix, et par quartier ou localité. Ils ont été choisis dans une large gamme de tarifs pour la qualité de leur cuisine, leur bon rapport qualité-prix ou l'attrait de leur situation. Les onglets de couleur correspondent aux couleurs utilisées pour distinguer les différentes régions du guide.

	CARTES BANCAIRES	ENFANTS BIENVENUS	TABLES À L'EXTÉRIEUR	BAR	RÉSERVATION
CAPE TOWN					
CITY BOWL : *Noon-Gun Tea Room and Restaurant* ® 273 Longmarket St, 8001. **Plan** 5 A1. (021) 424-0529. Un restaurant Cape Malay au pied de Signal Hill. **V**		●	■		
CITY BOWL : *Happy Wok* ®® 1er étage, Lifestyle Centre, 50 Kloof St, 8001. **Plan** 5 A2. (021) 422-2582. Très prisé, le « Wok heureux » propose des plats thaïlandais, chinois, japonais, vietnamiens et indonésiens. **V**	AE DC MC V				■
CITY BOWL : *Chief Pan Asian Kitchen* ®®® 12 Mill St, 8001. **Plan** 5 B3. (021) 465-6058. On vient déguster ici dans une ambiance détendue des spécialités du Cap comme la *bobotie* malaise et le ragoût appelé *poljiekos*. **V** ● *dim.*	AE DC MC V		■	●	
CITY BOWL : *Anatoli* ®®® 24 Napier St, 8001. **Plan** 2 D5. (021) 419-2501. L'Anatoli occupe un ancien entrepôt bâti en 1904, doté d'un jardin intérieur. Il propose dans un cadre ottoman des mets du Moyen-Orient, ainsi que des recettes végétariennes et halal. **P V** ● *lun.*	AE DC MC V			●	
CITY BOWL : *Café Paradiso* ®®® 110 Kloof St, 8001. **Plan** 5 A2. (021) 423-8653. Le Paradiso réunit un restaurant élégant, un traiteur et une boulangerie. **P V** ● *ven. saint, 25 déc et 1er jan.*	AE DC MC V		■	●	
CITY BOWL : *Col'Cacchio Restaurant* ®®® 42 Hans Strydom Ave, 8001. **Plan** 2 E5. (021) 419-4848. Ouvert tous les soirs mais le midi seulement en semaine, ce restaurant italien branché décline la pizza avec brio. **V** ● *sam. et dim. midi.*	AE MC V				
CITY BOWL : *Kotobuki Japanese Restaurant* ®®® 3 Avalon Centre, Mill St, 8001. **Plan** 5 B3. (021) 462-3675. Des cuisiniers japonais préparent ici sushis, sashimis, beignets *tempura* et plats *tepanyaki*. ● *sam. midi, lun.*	AE DC V			●	
CITY BOWL : *De Goewerneur Restaurant* ®®®® Castle of Good Hope, Darling St, 8001. **Plan** 5 A2. (021) 461-4895. Réputé pour sa cuisine Cape Malay, le De Goewerneur jouit du cadre historique du Castle of Good Hope (*p. 68-69*). **P** ♪ ● *dim. et soirs.*	DC MC V		■		■
CITY BOWL : *Madam Zingara* ®®®® 98 Shortmarket St, 8001. **Plan** 5 B2. (021) 423-4873. Dans le centre de Cape Town, ce restaurant animé sert des plats épicés tels que les moules à la sauce thaïlandaise. **V** ● *midi, dim.*	AE DC MC V			●	
CITY BOWL : *Restaurant Bukhara* ®®®® 33 Church St, 8001. **Plan** 5 B1. (021) 424-0000. Le Bukhara, dont la cuisine est ouverte sur la salle, prépare des mets du nord de l'Inde (tandoori). Essayez le poulet au beurre ou le *rogan josh*. **V**	AE DC MC V			●	■
CITY BOWL : *Saigon Vietnamese Restaurant* ®®®® Angle Kloof St et Camp St, 8001. **Plan** 4 F3. (021) 424-7670. Voici le premier vietnamien authentique du pays, avec des mets comme les brochettes de crevette à la noix de coco ou encore le bœuf en wok au cresson. **V** ● *sam. midi.*	AE DC MC V				■
CITY BOWL : *Aubergine Restaurant* ®®®®® 39 Barnet St, 8001. **Plan** 5 B3. (021) 465-4909. FAX (021) 461-3781. L'une des dix meilleures tables de la ville marie avec habileté et créativité les saveurs de l'Orient et de l'Occident. **P V T** ● *dim.*	AE DC V		■	●	

<table>
<tr><td colspan="2">

Catégories de prix pour un repas de trois plats, une demi-bouteille de vin de la maison, taxes et service compris :

Ⓡ moins de 45 R
ⓇⓇ de 45 R à 70 R
ⓇⓇⓇ de 70 R à 90 R
ⓇⓇⓇⓇ de 90 R à 115 R
ⓇⓇⓇⓇⓇ plus de 115 R

</td><td colspan="2">

CARTES BANCAIRES
Précise les cartes bancaires acceptées : AE American Express ; DC Diners Club ; MC MasterCard ; V Visa
ENFANTS BIENVENUS
Portions réduites et chaises hautes disponibles. Parfois, l'établissement propose aussi un menu enfants.
TABLES À L'EXTÉRIEUR
Tables en terrasse, dans un patio ou un jardin.
RÉSERVATION MINIMALE
Aux heures de pointe, les réservations ne sont acceptées que pour plus d'une personne par table.

</td></tr>
</table>

	CARTES BANCAIRES	ENFANTS BIENVENUS	TABLES À L'EXTÉRIEUR	BAR	RÉSERVATION
CITY BOWL : *Bonthuys* ⓇⓇⓇⓇⓇ 121 Castle St, 8001. **Plan** 5 B1. 📞 *(021) 426-2368.* Un maître queux créatif et éclectique propose au Bonthuys une cuisine française de haut niveau. 🅿 🚭 ⚫ *dim.*	AE DC MC V				▪
CITY BOWL : *Cape Colony Restaurant* ⓇⓇⓇⓇ Mount Nelson Hotel, 76 Orange St, 8001. **Plan** 5 A3. 📞 *(021) 483-1000.* Dans un palace du tournant du siècle, la carte fait voisiner des plats internationaux et des spécialités régionales. 🅿 🆅 🚭 🍷 🎵	AE DC MC V			●	▪
CITY BOWL : *Floris Smit Huijs Restaurant* ⓇⓇⓇⓇ Angle Church St et Loop St, 8001. **Plan** 5 B1. 📞 *(021) 423-3415.* Gibier et produits de la mer ont établi la réputation de ce restaurant installé dans un monument historique construit en 1758. 🚭 ⚫ *sam. midi, dim. midi.*	AE DC MC V				
CITY BOWL : *Leinster Hall Restaurant* ⓇⓇⓇⓇ 7 Weltevreden St, 8001. **Plan** 5 A3. 📞 *(021) 424-1836.* On s'installe ici sous le porche d'une maison de 1850 pour prendre un déjeuner léger ou pour savourer de grands classiques. Spécialités de fruits de mer et mets marqués d'influences Cape Malay. 🅿 🆅 🚭	AE DC MC V		▪	●	
CITY BOWL : *Mama Africa Restaurant & Bar* ⓇⓇⓇⓇ 178 Long St, 8001. **Plan** 5 A2. 📞 *(021) 424-8634.* Des groupes de musique africaine et des plafonds en clayonnage donnent le ton de cet établissement qui propose des mets Cape Malay et des viandes exotiques comme l'autruche et le crocodile. 🆅 🚭 🎵 ⚫ *dim. ; midi, lun.-sam.*	AE DC MC V			●	
CITY BOWL : *Maximilians* ⓇⓇⓇⓇⓇ 52 Barnet St, 8001. **Plan** 5 E3. 📞 *(021) 465-2550.* Ce restaurant, installé dans un imposant bâtiment du XIXᵉ siècle, propose une cuisine européenne mâtinée d'une touche sud-africaine. 🅿 🆅 🚭 🎵 ⚫ *midi, sam.-lun. ; juil.-août : lun.*	AE DC MC V	●			
CITY BOWL : *Rozenhof* ⓇⓇⓇⓇⓇ 18 Kloof Street Gardens, 8001. **Plan** 4 F23 📞 *(021) 424-1698.* Situé près du centre, ce délicieux restaurant sert depuis 18 ans une cuisine cosmopolite et variée. 🅿 🆅 🚭 🍷 ⚫ *sam. midi ; lun.*	AE DC MC V	●		●	▪
V & A WATERFRONT : *Hildebrand Restaurant* ⓇⓇⓇⓇ Pierhead, 8001. **Plan** 2 E3. 📞 *(021) 425-3385.* L'Hildebrand offre une vue magnifique. Une excellente cuisine italienne classique lui a valu le fameux prix « Ristorante Italiano ». 🅿 🆅 🚭	AE DC MC V				
V & A WATERFRONT : *The Sports Café* ⓇⓇⓇ Victoria Wharf, 8001. **Plan** 2 E3. 📞 *(021) 419-5558.* 70 téléviseurs et deux grands écrans diffusent du sport. La clientèle se restaure de plats simples. 🅿 🆅 🆅	AE DC MC V	●	▪	●	▪
V & A WATERFRONT : *Quay Four Restaurant and Tavern* ⓇⓇⓇⓇ Quay Four, 8001. **Plan** 2 E3. 📞 *(021) 419-2008.* Le Quay Four comprend un restaurant de poisson à l'étage et la Tavern, plus détendue, qui sert des plats simples et accueille des musiciens. 🅿 🆅 🚭 🎵 ⚫ *sam. midi.*	AE DC MC V	●	▪	●	
V & A WATERFRONT : *Atlantic Grill* ⓇⓇⓇⓇ Table Bay Hotel, Quay Six, 8001. **Plan** 2 E3. 📞 *(021) 406-5000.* Sophistiquée, la carte propose le meilleur de la cuisine actuelle mariant recettes occidentales et saveurs orientales. 🅿 🆅 🍽 🚭 🍷 🎵	AE DC MC V	●	▪		
V & A WATERFRONT : *The Conservatory* ⓇⓇⓇⓇⓇ Table Bay Hotel, Victoria & Albert Waterfront. **Plan** 2 E3. 📞 *(021) 406-5000.* Dans une ambiance intime, ce restaurant propose une cuisine cosmopolite. Vue sur le port et la Table Mountain. 🅿 🆅 🍽 🚭 🍷 ⚫ *midi ; dim. et lun.*	AE DC MC V	●	▪		

Légende des symboles, voir rabat de couverture

Catégories de prix pour un repas de trois plats, une demi-bouteille de vin de la maison, taxes et service compris :

Ⓡ moins de 40 R
ⓇⓇ de 40 R à 60 R
ⓇⓇⓇ de 60 R à 80 R
ⓇⓇⓇⓇ de 80 R à 100 R
ⓇⓇⓇⓇⓇ plus de 100 R

CARTES BANCAIRES
Précise les cartes bancaires acceptées : AE American Express ; DC Diners Club ; MC MasterCard ; V Visa

ENFANTS BIENVENUS
Portions réduites et chaises hautes disponibles. Parfois, l'établissement propose aussi un menu enfants.

TABLES À L'EXTÉRIEUR
Tables en terrasse, dans un patio ou un jardin.

RÉSERVATION MINIMALE
Aux heures de pointe, les réservations ne sont acceptées que pour plus d'une personne par table.

	CARTES BANCAIRES	ENFANTS BIENVENUS	TABLES À L'EXTÉRIEUR	BAR	RÉSERVATION

V & A WATERFRONT : *The Green Dolphin Restaurant* ⓇⓇⓇⓇ
Victoria and Alfred Mall, Pierhead, 8001. **Plan 2 E3.** ☏ *(021) 421-7471.*
Plateaux de fruits de mer et viande d'autruche figurent à la carte de ce bistro où jouent chaque soir les meilleurs jazzmen de Cape Town.
🅿 Ⓥ ⚡

| | AE DC MC V | | ■ | ● | |

V & A WATERFRONT : *One Waterfront* ⓇⓇⓇⓇⓇ
Cape Grace Hotel, Victoria and Albert Museum, 8001. **Plan 2 E3.** ☏ *(021) 418-0520.*
Outre une vue extraordinaire sur la Table Mountain, ce restaurant luxueux propose une cuisine que son chef, Bruce Robertson, qui a fait ses classes à Londres, qualifie de « *fusion innovation* ». Il porte aussi une grande attention à la présentation. La carte des vins est également réputée.
🅿 Ⓥ ⚡ 🍽

| | AE DC MC | ● | ■ | ● | |

V & A WATERFRONT : *Quay West* ⓇⓇⓇⓇⓇ
Cape Grace Hotel, West Quay, 8001. **Plan 2 E4.** ☏ *(021) 418-0520.*
Cet établissement haut de gamme offre un splendide panorama et a été primé pour sa carte des vins. 🅿 Ⓥ ⚡ 🍽

| | AE DC MC V | ● | ■ | ● | |

EN DEHORS DU CENTRE : *Ari's Souvlaki* Ⓡ
83a Regent Rd, Sea Point, 8001. **Plan 3 C1.** ☏ *(021) 439-6683.*
Cette taverne grecque reste ouverte tard le soir. Ⓥ

| | DC MC V | | ■ | | |

EN DEHORS DU CENTRE : *Obz Café* ⓇⓇ
115 Lower Main Rd, Observatory, 7925. ☏ *(021) 448-5555.*
Élégant, ce café se distingue par une bonne sélection de vins et de cocktails. Ⓥ

| | AE MC V | | | ● | ■ |

EN DEHORS DU CENTRE : *Tarkaris Indian Restaurant* ⓇⓇ
305 Main Rd, Sea Point, 8001. **Plan 1 A5.** ☏ *(021) 434-4266.*
Entre autres spécialités du sud de l'Inde, les currys figurent parmi les meilleurs de la ville. Essayez celui aux fruits de mer et aux douze épices. Ⓥ ⚡ ● *lun.*

| | AE DC MC V | | | | ■ |

EN DEHORS DU CENTRE : *Africa Café* ⓇⓇⓇ
108 Short Market St, 8001. ☏ *(021) 422-0221.*
Ce restaurant africain chic au décor ethnique sert des spécialités de tout le continent. Ⓥ ⚡ ● *dim. ; 25 déc et 1er jan.*

| | AE DC MC V | ● | | | |

EN DEHORS DU CENTRE : *Café Bijou* ⓇⓇⓇ
313 Beach Rd, Sea Point, 8001. **Plan 1 A4.** ☏ *(021) 439-8888.*
Une sélection de mets du monde entier et une belle vue de l'océan ont établi la renommée du Café Bijou. 🅿 Ⓥ ⚡ ● *dim.*

| | AE DC MC V | | | | |

EN DEHORS DU CENTRE : *Clifton Beach House Restaurant* ⓇⓇⓇ
4th Beach, 72 The Ridge, Clifton, 8001. **Plan 3 A5.** ☏ *(021) 438-1955.*
L'établissement est surtout connu pour ses mets français et italiens, mais prépare aussi des currys thaïlandais. Belle vue de la terrasse. Ⓥ ⚡

| | AE DC MC V | ● | ■ | ● | |

EN DEHORS DU CENTRE : *Mr Chan Chinese Restaurant* ⓇⓇⓇ
178a Main Rd, Sea Point, 8001. **Plan 1 A5.** ☏ *(021) 439-2239.*
L'authenticité des recettes de Canton, de Pékin et du Hunan séduit les Capetoniens et aussi de nombreux touristes chinois. Ⓥ

| | AE DC MC V | | | | |

EN DEHORS DU CENTRE : *Peddlars on the Bend* ⓇⓇⓇ
Spaanschemat River Rd, Constantia, 7800. ☏ *(021) 794-7747.*
Un ancien bâtiment de ferme offre un cadre chaleureux où déguster des plats campagnards.
🅿 ⚡ ● *25 déc et 1er jan.*

| | AE DC MC V | | ■ | ● | ■ |

EN DEHORS DU CENTRE : *Blues* ⓇⓇⓇⓇ
The Promenade, Camps Bay, 8001. ☏ *(021) 438-2040.*
Un chef formé à Londres propose une cuisine californienne et méditerranéenne à déguster en contemplant l'océan. 🅿 Ⓥ ⚡

| | AE DC MC V | | ■ | ● | ■ |

EN DEHORS DU CENTRE : *Cape Malay Kitchen* ⓇⓇⓇⓇ
Cellars-Hohenort Hotel, Constantia, 7800. 🕻 *(021) 794-2137.*
Une étonnante sélection de plats traditionnels, délicieux currys Cape Malay,
bredies et *breyanis*, est proposée par ce restaurant raffiné. 🅿 🆅 ⚡ ● *midi.*

EN DEHORS DU CENTRE : *Clementine's* ⓇⓇⓇⓇ
23 Wolfe St, Wynberg, 7800. 🕻 *(021) 797-6168.*
Atmosphère chaleureuse et musique douce ajoutent au plaisir de savourer
des mets sud-africains et internationaux uniquement préparés avec des produits
locaux. 🅿 🆅 🆃 ⚡ 🅗 ● *dim.*

EN DEHORS DU CENTRE : *Inside Out* ⓇⓇⓇⓇ
114 Constantia Rd, Constantia, 7800. **Plan B5.** 🕻 *(021) 797-8202.*
Cette maison victorienne abrite l'une des dix meilleures tables de Cape Town.
Recettes classiques et modernes voisinent sur la carte. 🅿 🆅

EN DEHORS DU CENTRE : *Venezia* ⓇⓇⓇⓇ
92 Main Rd, Sea Point, 8001. **Plan 1A5.** 🕻 *(021) 439-2758.*
Cet italien classique propose des plats de pâtes et de poisson, mais doit aussi
sa réputation à ses crèmes glacées maison. 🆅 ● *mar.*

EN DEHORS DU CENTRE : *Two Oceans Restaurant* ⓇⓇⓇⓇ
Cape of Good Hope Nature Reserve, 7975. 🕻 *(021) 780-9200.*
Fermé le soir car situé dans une réserve naturelle, le Two Oceans sert des
plats traditionnels et de poisson dans un pittoresque édifice en pierre. 🅿 🆅

EN DEHORS DU CENTRE : *Wharfside Grill* ⓇⓇⓇⓇ
Mariner's Wharf, Hout Bay, 7800. 🕻 *(021) 790-1100.*
Le Wharfside Grill offre une belle vue du port, et s'enorgueillit de la fraîcheur
de ses fruits de mer, comme le homard du Cap, sa spécialité. 🅿 🆅 ⚡

EN DEHORS DU CENTRE : *Au Jardin* ⓇⓇⓇⓇⓇ
Vineyard Hotel, Colinton Rd, Newlands, 7700. 🕻 *(021) 683-1520.*
Des fenêtres allant du sol au plafond offrent une vue superbe et éclairent une
salle à manger au charme Cape Georgian où l'on vient déguster une cuisine
française renommée, dont une excellente bouillabaisse du Cap.
🅿 ⚡ 🅗 ● *sam. et lun. midi.*

EN DEHORS DU CENTRE : *Buitenverwachting* ⓇⓇⓇⓇⓇ
Klein Constantia Rd, Constantia, 7800. 🕻 *(021) 794-3522.*
Une grande cuisine internationale et une magnifique carte des vins ont valu
à ce restaurant, parmi les plus cotés de Cape Town, le Blason of Excellence,
un prix attribué par la Chaîne des Rôtisseurs. 🅿 🆅 🆃 ⚡ 🅗 ● *dim. et lun.*

EN DEHORS DU CENTRE : *The Chef* ⓇⓇⓇⓇⓇ
3 Rose Street, Greenpoint. 🕻 *(021) 419-6767.*
Situé entre Bo-Kap et Greenpoint, ce restaurant au décor toscan propose une
cuisine italienne traditionnelle. Il bénéficie d'une belle vue et de la climatisation.
Belle carte des vins. 🅿 🆅 🆃 ⚡ 🅗 🅹 ● *dim. et lun.*

EN DEHORS DU CENTRE : *Constantia Uitsig Restaurant* ⓇⓇⓇⓇⓇ
Constantia Uitsig Farm, Constantia, 7800. 🕻 *(021) 794-4480.*
Membre de la South African Restaurant Guild, cet établissement primé propose
des mets italiens et méditerranéens, et possède une cave de rang international.
🅿 🆅 🆃 ⚡ 🅗 ● *lun. midi.*

EN DEHORS DU CENTRE : *Blue Danube* ⓇⓇⓇⓇⓇ
102 New Church Street, Cape Town. 🕻 *(021) 423-3624.*
Installé dans une belle demeure victorienne de Tamboerskloof, ce restaurant
propose une excellente cuisine occidentale, à dominante française avec une
touche autrichienne, tout en utilisant les produits locaux. Il a été primé par le
Diner's Club pour sa carte des vins. 🅿 🆃 🅗 ● *midi, sam.-lun.*

EN DEHORS DU CENTRE : *La Colombe Restaurant* ⓇⓇⓇⓇⓇ
Constantia Uitsig Farm, Constantia, 7800. 🕻 *(021) 794-2390.*
Au milieu des vignobles, voici encore une des meilleures tables de Cape Town,
réputée pour sa cuisine provençale. 🅿 🆃 ⚡ 🅗 ● *mar.*

EN DEHORS DU CENTRE : *Greenhouse Restaurant* ⓇⓇⓇⓇⓇ
Cellars-Hohenort Hotel, Constantia, 7800. 🕻 *(021) 794-2137.*
Affilié à la South African Restaurant Guild et à Relais et Châteaux, cet
établissement offre dans le cadre d'un joli jardin une carte sophistiquée
et un service attentif. 🅿 🆅 🆃 🅗

Légende des symboles, voir rabat de couverture

VIGNOBLES DU CAP

	CARTES BANCAIRES	ENFANTS BIENVENUS	TABLES À L'EXTÉRIEUR	BAR	RÉSERVATION
FRANSCHHOEK : *La Petite Ferme* ⓇⓇⓇⓇ Franschhoek Pass Rd, 7690. **Carte routière** B5. ☎ *(021) 876-3016.* Cette auberge de campagne très prisée domine la splendide vallée de Franschhoek et a pour spécialité la truite arc-en-ciel fumée. Accompagnez-la d'un vin produit par la minuscule cave voisine. 🅿 🆅 🍷 ● *soir.*	AE DC MC V	●	▦		
FRANSCHHOEK : *Le Quartier Français* ⓇⓇⓇⓇ 16/18 Huguenot Rd, 7690. **Carte routière** B5. ☎ *(021) 876-2151.* Dans la rue principale, cet établissement fait face à un jardin et sert aussi des petits déjeuners et des thés. La cuisine est d'inspiration provençale. 🆅 🍴	AE DC MC V	●	▦		
FRANSCHHOEK : *Haute Cabrière* ⓇⓇⓇⓇⓇ Cabrière Estate, Franschhoek Pass Rd, 7690. **Carte routière** B5. ☎ *(021) 876-3688.* Ce restaurant de haut niveau, situé dans une cave construite à flanc de montagne, propose une cuisine gastronomique associant des saveurs françaises et orientales, et mise en valeur par les vins de la propriété. 🅿 🆅 🍴 🍷	AE DC MC V	●		●	
FRANSCHHOEK : *Monneaux* ⓇⓇⓇⓇⓇ Franschhoek Country House, Main Rd, 7690. **Carte routière** 1 A4. ☎ *(021) 876-3386.* Si le cadre est rustique et traditionnel, la cuisine est ici de qualité et résolument contemporaine. Vous y dînerez agréablement à l'extérieur sous les feuillages. 🅿 🆅 ⚡	AE DC MC V		▦	●	
MONTAGU : *Preston's* ⓇⓇⓇ 17 Bath St, 6720. **Carte routière** B5. ☎ *(023) 614-3013.* Des vins de la région accompagnent au Preston's des plats familiaux comme le ragoût de mouton et le *bobotie*. 🅿 🆅 🍷	DC MC V	●	▦		
PAARL : *Rhebokskloof Restaurant* ⓇⓇⓇⓇ Rhebokskloof Wine Estate, 7646. **Carte routière** B5. ☎ *(021) 869-8386.* Un splendide domaine viticole propose dans deux restaurants une carte des vins primée qu'accompagnent des mets européens et du Cap. 🅿 🆅 ● *mar. soir, mer. soir.*	AE DC MC V	●	▦		
PAARL : *Bosman's* ⓇⓇⓇⓇⓇ Grande Roche Hotel, Plantasie St, 7646. **Carte routière** B5. ☎ *(021) 863-2727.* Une remarquable interprétation des recettes du Cap, une présentation et un service impeccables valent au Bosman's de figurer en permanence parmi les meilleures tables d'Afrique du Sud. Les menus à prix fixe changent tous les soirs. Fabuleuse carte des vins. Déjeuners légers en terrasse. 🅿 🆅 🍴 ⚡ 🍷 ● *juin-août.*	AE DC MC V		▦		
PAARL : *Roggeland Country House* ⓇⓇⓇⓇⓇ Roggeland Rd, Dal Josaphat Valley, 7646. **Carte routière** B5. ☎ *(021) 868-2501.* Simplicité et fraîcheur règnent dans cette demeure Cape Dutch vieille de 250 ans. Les vins de la région accompagnent des plats traditionnels marqués d'une pointe d'influence française. Essayez la pintade désossée et fumée. ⚡	AE DC MC V		▦		
SOMERSET WEST : *96 Winery Road* ⓇⓇⓇⓇ Zandberg Farm, Winery Rd, 7130. **Carte routière** B5. ☎ *(021) 842-2020.* Les œuvres d'artistes locaux ornent les murs couleur potiron de cette auberge primée qui apprête des produits de la ferme. Cuisine d'influence provençale et orientale. 🅿 🆅 ⚡ ● *dim. soir.*	AE DC MC V	●	▦		
SOMERSET WEST : *The Restaurant at Erinvale* ⓇⓇⓇⓇⓇ Erinvale Estate Hotel, 1 Erinvale Ave, 7130. **Carte routière** B5. ☎ *(021) 847-1160.* Dans un édifice Cape Dutch du début du XVIIIᵉ siècle, une cuisine du Cap classique met l'accent sur les produits de la mer. 🅿 🆅	AE DC MC V		▦	●	
SOMERSET WEST : *Willowbrook Lodge Restaurant* ⓇⓇⓇⓇ 1 Morgenster Ave, 7130. **Carte routière** B5. ☎ *(021) 851-3759.* Les recettes d'inspiration française comprennent des rillettes de canard et un rôti de porc sur une purée aux olives. Bonne carte des vins. 🅿 🆅 ⚡	AE DC MC V		▦	●	

STELLENBOSCH : *Boschendal* ®®®®
Pniel Rd (R310), Groot Drakenstein, 7680. **Carte routière** B5. ((021) 870-4274.
Installé dans le chai de la maison de maître élevée en 1812, le Taphuis propose un riche buffet de spécialités traditionnelles du Cap, accompagnées des vins du domaine. En été, le Pique-Nique permet de se restaurer à l'ombre près du lac. Des plats simples sont aussi disponibles dans le troisième restaurant de Boschendal : Le Café. **P** 🎏 **Y** 🌙 ● *ven. saint, 1er mai, 16 juin.*

AE
DC
MC
V

STELLENBOSCH : *De Volkskombuis* ®®®®
Aan de Wagenweg, 7600. **Carte routière** B5. ((021) 887-2121.
Ce cottage historique, dessiné à l'origine par sir Herbert Baker, propose, entre autres spécialités du Cap, un excellent agneau du Karoo. Une riche carte des vins ajoute à son attrait. **P** 🎏 **Y** 🌙 ● *dim. soir.*

AE
DC
MC
V

STELLENBOSCH : *Lord Neethling & The Palm Terrace* ®®®®
Neethlingshof Wine Estate, 7600. **Carte routière** B5. ((021) 883-8966.
Ce domaine viticole offre des mets Cape Malay et asiatiques au Lord Neethling, et des déjeuners légers au Palm Terrace, plus décontracté. **P** **V** 🎏

AE
DC
V

STELLENBOSCH : *Spier* ®®®®
Spier Estate, Lynedoch Rd, 7600. **Carte routière** B5. ((021) 809-1172.
Les visiteurs de ce domaine Cape Dutch, desservi par son propre train à vapeur, y trouvent trois établissements où se restaurer : le Jonkershuis, le Taphuis Grill and Riverside Pub et le Café Spier. **P** **V** 🎏

AE
DC
MC
V

STELLENBOSCH : *The Green Door* ®®®®®
Delaire Wine Farm, Helshoogte Pass. **Carte routière** B5. ((021) 885-1149.
Établissement surtout réputé pour sa cuisine innovatrice et cosmopolite. Magnifiques vues de la vallée. **V** 🎏 🎵 ● *dim. soir.*

AE
DC

TULBAGH : *Paddagang* ®®®
23 Church St, 6820. **Carte routière** B5. ((023) 230-0242.
Un monument historique (1821) offre un cadre chaleureux où savourer des recettes campagnardes comme le *waterblommetjie bredie*, le *smoorsnoek* et le dessert appelé *malva*.
P **V** 🎏 **Y** ● *soir, ven. saint, 1er mai, 25 déc. 1er janv.*

AE
DC
MC
V

WORCESTER : *Kleinplasie Restaurant* ®®®
Kleinplasie Museum Rest, Traubstr. 23. ((023) 347-5118.
Ce restaurant chic et traditionnel est situé dans le Living Open Air Museum. Une grande pelouse permet aux enfants d'observer la ferme qui se trouve à proximité. **P** **V** 🎏 **Y** ● *ven. saint, 1er janv., dim. soir.*

AE
DC
MC
V

TERRASSE CÔTIÈRE OCCIDENTALE

BLOUBERGSTRAND : *The Blue Peter* ®®®®
2 Popham Rd, 7441. **Carte routière** B5. ((021) 554-1956.
Le Blue Peter attire le week-end une foule de jeunes Capetoniens qui viennent siroter un cocktail sur la pelouse en contemplant la Table Mountain de l'autre côté de la baie, avant de dîner dans un cadre chic à l'étage.
P 🎏 🎵

AE
DC
MC
V

BLOUBERGSTRAND : *On the Rocks* ®®®®
45 Stadler Rd, 7441. **Carte routière** B5. ((021) 554-1988.
Ce restaurant de poisson domine la plage et offre un splendide panorama de la Table Mountain et de Robben Island. **P** **V**

AE
DC
MC
V

LAMBERT'S BAY : *Die Muisbosskerm* ®®®
Elands Bay Rd, 8130. **Carte routière** A4. ((027) 432-1017.
Cette paillote de la West Coast peut accueillir environ 150 personnes pour un festin de poisson et de fruits de mer, mais aussi de *potjiekos* et de desserts.
P 🎵

AE
DC
MC
V

LANGEBAAN : *Die Strandloper* ®®®®
Sur la plage, 7357. **Carte routière** A5. ((022) 772-2490.
Dans cette paillote typique de la West Coast, à juste une heure de Cape Town, personne ne tiquera si vous venez en maillot de bain déguster avec les doigts des poissons tout frais grillés. **P** 🎏 🎵 ● *par mauvais temps.*

LANGEBAAN : *Pearlie's on the Beach* ®®®
Sur la plage, 7357. **Carte routière** A5. ((022) 772-2734.
Ce café-restaurant décontracté sert de généreux plateaux de fruits de mer, des steaks, des pizzas, des pâtes et des salades. **P** **V**

AE
DC
MC
V

Légende des symboles, voir rabat de couverture

Catégories de prix pour un repas de trois plats, une demi-bouteille de vin de la maison, taxes et service compris :
Ⓡ moins de 45 R
ⓇⓇ de 45 à 70 R
ⓇⓇⓇ de 70 R à 90 R
ⓇⓇⓇⓇ de 90 R à 115 R
ⓇⓇⓇⓇⓇ plus de 115 R

CARTES BANCAIRES
Précise les cartes bancaires acceptées : AE American Express ; DC Diners Club ; MC MasterCard ; V Visa

ENFANTS BIENVENUS
Portions réduites et chaises hautes disponibles. Parfois, l'établissement propose aussi un menu enfants.

TABLES À L'EXTÉRIEUR
Tables en terrasse, dans un patio ou un jardin.

RÉSERVATION MINIMALE
Aux heures de pointe, les réservations ne sont acceptées que pour plus d'une personne par table.

	CARTES BANCAIRES	ENFANTS BIENVENUS	TABLES À L'EXTÉRIEUR	BAR	RÉSERVATION
MALMESBURY : *Die Herehuis* ⓇⓇⓇ 1 Loedolf St, 7300. **Carte routière B5.** ((02248) 7-1771. Dans cette auberge pittoresque, certains des meilleurs vins du Swartland accompagnent des plats de terroir comme le *bobotie*. P V ● *dim. soir.*	AE DC MC V		●	●	
MILNERTON : *Maestro's on the beach* ⓇⓇⓇⓇ Bridge Rd, 7441. **Carte routière B5.** ((021) 551-4992. Dégustez des produits de la mer dans une ambiance détendue et méditerranéenne, face à la Table Mountain et Robben Island. P ⚡	AE DC MC V			●	
YZERFONTEIN : *Strandkombuis* ⓇⓇⓇⓇ 16-Mile Beach, 7351. **Carte routière A5.** ((0825) 759-683. Mieux vaut réserver pour manger en plein air sur la terrasse en bois de cette paillote, située à 80 km de Cape Town. La vue de l'Atlantique est superbe et la cuisine excellente. P ● *juin-juil.*	DC MC V	●	●		

CAP SUD

	CARTES BANCAIRES	ENFANTS BIENVENUS	TABLES À L'EXTÉRIEUR	BAR	RÉSERVATION
GREYTON : *Greyton Lodge* ⓇⓇⓇⓇ 46 Main Rd, 7233. **Carte routière B5.** ((028) 254-9876. Avec son sol dallé, cet ancien cottage de pêcheur, l'un des plus vieux bâtiments du village, offre un cadre rustique où déguster principalement des produits de la mer et des mets végétariens. P V ⚡ ♀	AE DC MC V	●	●	●	
HERMANUS : *The Burgundy Restaurant* ⓇⓇⓇⓇ Market Square, 7200. **Carte routière B5.** ((028) 312-2800. À côté des postes d'observation de baleines, ce restaurant a pour spécialités le poisson et le gibier. P V ⚡ ● *dim, soir, 25 déc. 1er janv.*	AE DC MC V	●	●		
OUDTSHOORN : *Bernhard's Taphuis* ⓇⓇⓇ 10 Baron van Rheede St, 6620. **Carte routière C5.** ((044) 272-3208. Une hospitalité typique du Karoo règne dans cette auberge de campagne, qui a adapté de merveilleuses recettes régionales comme le carpaccio d'autruche. P V ⚡ ● *dim.*	MC V		●	●	
OUDTSHOORN : *De Fijne Keuken* ⓇⓇⓇ 114 Baron van Rheede St, 6620. **Carte routière C5.** ((044) 272-6403. De Fijne Keuken propose à l'intérieur ou sur une terrasse en bois des curiosités locales comme le filet d'autruche poêlé, ainsi qu'une belle sélection de salades et desserts. P V ⚡ ● *dim. et lun.*	AE DC MC V	●	●		
SWELLENDAM : *Zanddrift Restaurant* ⓇⓇⓇ 32 Swellengrebel St, 6740. **Carte routière B5.** ((028) 514-1789. Cette ferme rénovée avec goût date de 1746. P V ● *le soir.*	DC MC V		●		

ROUTE JARDIN VERS GRAHAMSTOWN

	CARTES BANCAIRES	ENFANTS BIENVENUS	TABLES À L'EXTÉRIEUR	BAR	RÉSERVATION
GEORGE : *The Copper Pot* ⓇⓇⓇⓇ 12 Montague St, Blanco, 6529. **Carte routière C5.** ((044) 870-7378. Cet établissement élégant, dont la cuisine marie avec art les traditions sud-africaines et françaises, possède une carte des vins primée. P V ⚡ ♀ ● *sam. midi, dim.*	AE DC MC V		●	●	
GRAHAMSTOWN : *The Cock House* ⓇⓇⓇⓇ 10 Market St, 6139. **Carte routière D5.** ((046) 636-1287. Grands classiques et plats végétariens figurent toujours à la carte du Cock House, installé dans un charmant monument historique (1826). P V	AE DC MC V		●	●	●
KNYSNA : *Belvidere House* ⓇⓇⓇⓇ Lower Duthie Dr, Belvidere Est, 6570. **Carte routière C5.** ((044) 387-1055. Cette pension haut de gamme apprête des produits de saison et propose une sélection de vins réduite mais excellente. P V ⚡ ♀ ♫	AE DC MC V		●	●	

MOSSEL BAY : *The Gannet* ⓇⓇⓇⓇ
Market St, 6500. **Carte routière** C5. ☎ *(0444) 691-1885.*
À l'intérieur du Bartolomeu Dias Museum Complex, le Gannet a pour
spécialité les produits de la mer, notamment les moules. C'est aussi un endroit
agréable pour y dîner en plein air : le jardin domine la baie où dauphins
et baleines viennent souvent s'ébattre. 🅿 Ⓥ ⚡

AE	●	■	●	■
DC				
MC				
V				

MOSSEL BAY : *The Post Tree* ⓇⓇⓇⓇ
10 Powrie St, 6500. **Carte routière** C5. ☎ *(0444) 691-1177.*
Dans l'un des plus vieux bâtiments de Mossel Bay, un décor éclairé
par des lampes à paraffine recrée, dans une petite salle à manger intime,
l'atmosphère d'une époque révolue.
🅿 Ⓥ ⚡ ● *sam. midi, dim.*

AE		■	
DC			
MC			
V			

PLETTENBERG BAY : *The Islander* ⓇⓇⓇⓇ
N2. Harkerville, 6600. **Carte routière** C5. ☎ *(044) 532-7776.*
L'ambiance tropicale s'harmonise avec des mets évoquant la Polynésie,
les Antilles et l'Indonésie. Ils comprennent une soupe de fruits de mer,
des poissons locaux apprêtés selon plusieurs recettes et, en saison,
de la langouste. 🅿 Ⓥ ⚡ ● *en juin, vérifier à l'avance.*

AE	●	■
DC		
MC		
V		

PLETTENBERG BAY : *The Plettenberg* ⓇⓇⓇⓇⓇ
40 Church St, 6600. **Carte routière** C5. ☎ *(044) 533-2030.*
Cet élégant établissement offre un superbe panorama de la baie, sert une
cuisine raffinée et possède une excellente cave. La carte évolue au gré
des saisons et des ingrédients frais disponibles. Prix élevés.
🅿 Ⓥ Ⓣ ⚡

AE		■	●
DC			
MC			
V			

PORT ELIZABETH : *Royal Delhi* ⓇⓇⓇ
10 Burgess St, 6001. **Carte routière** D5. ☎ *(041) 373-8216.*
Particulièrement prisé par les amateurs de currys, ce restaurant propose aussi
des steaks et des plats de poisson, ainsi que des spécialités pouvant convenir
à des végétariens. 🅿 Ⓥ ● *dim.*

AE		■	●
DC			
MC			
V			

PORT ELIZABETH : *Bay Café & Plate* ⓇⓇⓇⓇⓇ
7 Lutman Street, Central, 6000. ☎ *(041) 585-1558.*
Vous aurez le choix entre le café haut de gamme et le restaurant chic pour
vous restaurer. Crevettes, calmars et crabes figurent régulièrement au menu,
tandis que les plats du jour varient en fonction de la pêche. Le restaurant
est situé dans la partie historique de la ville.
🅿 Ⓥ Ⓣ ⚡ 🍴 🎵 ● *dim.*

AE			● ■
DC			
MC			
V			

WILD COAST, DRAKENSBERG ET MIDLANDS

EAST LONDON : *Le Petit Restaurant* ⓇⓇⓇⓇ
54 Beach Rd, Nahoon, 5201. **Carte routière** E5. ☎ *(043) 735-3685.*
Très apprécié des habitants d'East London, ce restaurant évoque l'ambiance
accueillante d'un manoir campagnard. Les mets sont excellents et le steak
d'autruche flambé est l'une des spécialités. 🅿 ⚡ ● *sam. midi, dim.*

AE	●		●
DC			
MC			
V			

KEI MOUTH : *Kei Mouth Beach Hotel Restaurant* ⓇⓇⓇ
Kei Mouth, Wild Coast, 5260. **Carte routière** E5. ☎ *(043) 841-1017.*
Ce merveilleux restaurant dominant l'océan depuis une colline offre un large
choix de fruits de mer : langouste grillée, crevettes ou calmars. 🅿 🎵

MC	●	■	●
V			

HATTINGSPRUIT : *Farmer's Brewery* ⓇⓇⓇ
R621. The Bier Farm, 3081. **Carte routière** E3. ☎ *(0342) 18-1735.*
Dans cette auberge autrichienne, une bière brassée sur place accompagnera
une choucroute aux pieds de porc.
🅿 Ⓥ ● *24-26 déc., ven. saint, dim. soir.*

MC	●	■	●
V			

HOWICK : *Afton Restaurant* ⓇⓇⓇⓇ
Angle Bell St & Somme St, 3290. **Carte routière** E3. ☎ *(033) 330-5256.*
Installé dans la demeure construite en 1886 pour le premier chirurgien
de la ville, et que la rumeur dit hantée, l'Afton affectionne les plats
qui tiennent au corps tels que ragoûts et tourtes. Le nom du restaurant est tiré
des vers d'un poème de Robert Burns, *Flow Gently Sweet Afton.*
Ⓥ ⚡ ● *lun., mar.*

AE		●
DC		
MC		
V		

HOWICK : *Old Halliwell Country Inn* ⓇⓇⓇⓇ
Curry's Post Rd, 3290. **Carte routière** E3. ☎ *(033) 330-2602.*
On vient apprécier ici, dans un édifice historique datant des années 1830,
une cuisine de terroir française et un excellent choix de vins.
La carte change fréquemment selon les saisons. 🅿 Ⓥ 🍴

AE		■	●
DC			
MC			
V			

Catégories de prix pour un repas de trois plats, une demi-bouteille de vin de la maison, taxes et service compris :
Ⓡ moins de 45 R
ⓇⓇ de 45 R à 70 R
ⓇⓇⓇ de 70 R à 90 R
ⓇⓇⓇⓇ de 90 R à 115 R
ⓇⓇⓇⓇⓇ plus de 115 R

CARTES BANCAIRES
Précise les cartes bancaires acceptées : AE American Express ; DC Diners Club ; MC MasterCard ; V Visa
ENFANTS BIENVENUS
Portions réduites et chaises hautes disponibles. Parfois, l'établissement propose aussi un menu enfants.
TABLES À L'EXTÉRIEUR
Tables en terrasse, dans un patio ou un jardin.
RÉSERVATION MINIMALE
Aux heures de pointe, les réservations ne sont acceptées que pour plus d'une personne par table.

	CARTES BANCAIRES	ENFANTS BIENVENUS	TABLES À L'EXTÉRIEUR	BAR	RÉSERVATION
HOWICK : *The Blue Lizard* ⓇⓇⓇⓇ 30 Currys Post Rd. 【 *(033) 330-6677*. Récemment rénové, ce restaurant offre une cuisine typiquement sud-africaine. Proche des Howick Falls, il est situé dans un environnement calme. P V ● *dim. soir.*	MC V	●	▣	●	▣
LESOTHO : *Katse Lodge* ⓇⓇⓇ Katse Dam. **Carte routière** E3. 【 *(09266) 2291-0202*. Délicieuses spécialités de viande découpée à la table *(carvery)*. P V	MC V			●	
LESOTHO : *Ximenia* ⓇⓇⓇ Maseru Sun Hotel, 12 Orpen Rd, Maseru. **Carte routière** D3. 【 *(09266) 2231-2434*. Ouvert sept jours sur sept dès le petit déjeuner, le Ximenia propose de la viande découpée à table et des buffets de salades. P V ⚡	AE DC MC V	●	▣	●	▣
LESOTHO : *Vic Restaurant* ⓇⓇⓇ Victoria Hotel, Kingsway, Maseru. **Carte routière** D3. 【 *(09266) 2231-2922*. Sept jours sur sept, le Vic sert à midi et le soir une cuisine de buffet standard. P	DC MC V			●	
LESOTHO : *Lehaha Grill* ⓇⓇⓇⓇ Lesotho Sun Hotel, Hilton Rd, Maseru. **Carte routière** D3. 【 *(09266) 2231-3111*. Cet hôtel abrite plusieurs restaurants. Le Lehaha Grill sert en buffet ou à la carte des grillades, du poisson et les meilleurs travers de porc de Maseru. Ouverts dès le petit déjeuner, la Nala Coffee Shop et le Leifo Lounge se prêtent à des repas légers et proposent parfois le soir un barbecue en plein air. P V ⚡	AE DC MC V	●	▣	●	▣
LIDGETTON : *Caversham Mill* ⓇⓇ Midlands Meander, 3616. **Carte routière** E3. 【 *(033) 234-4524*. On savoure ici des spécialités méditerranéennes dans un vieux moulin dominant une cascade et un pont en pierre. P V ● *lun.-mar.*	AE DC MC V		▣		
MORGAN'S BAY : *Whale Watchers' Restaurant* ⓇⓇ Morgan's Bay Hotel, 5292. **Carte routière** E5. 【 *(043) 841-1062*. Dans cet établissement bon marché, perché à 30 m au-dessus de l'océan Indien, le menu à prix fixe comporte 5 plats. P ⚡	AE DC MC V	●	▣		
PIETERMARITZBURG : *Turtle Bay* ⓇⓇ 7 Wembley Terrace, 3201. **Carte routière** E3. 【 *(033) 394-5390*. Internationale, la carte comporte des mets végétariens, du gibier et des fruits de mer, dont de succulentes langoustines à la vapeur en sauce soja. P V ⚡ ♫ ● *dim.*	AE DC MC V	●		●	▣
PIETERMARITZBURG : *Café du Midi* ⓇⓇⓇ 262 Boom St, 3201. **Carte routière** E3. 【 *(033) 394-5444*. Un bungalow victorien avec une cour pavée propose des plats de bistro français. Les plus légers comprennent une croustade de saumon fumé aux pommes de terre. Les grillades de bœuf et de poisson conviennent à de plus gros appétits. P V ⚡ ● *dim.*	DC MC V		▣	●	
PIETERMARITZBURG : *Els Amics* ⓇⓇⓇ 380 Longmarket St, 3201. **Carte routière** E3. 【 *(033) 345-6524*. Ce restaurant espagnol, dont le nom signifie « Les Amis » en catalan, prépare une paella devenue légendaire. P V ⚡ ● *dim., lun.*	AE DC MC V				
PIETERMARITZBURG : *The Blue Room* ⓇⓇⓇⓇ 1 George McFarlane Lane, 3201. **Carte routière** E3. 【 *(033) 394-3333*. Les spécialités européennes servies au Blue Room incluent du canard croustillant et de l'agneau en croûte parfumé à la menthe. P T ● *dim.*	AE DC MC V		▣		
PORT EDWARD : *Glenmore Sands Restaurant* ⓇⓇ 1 Boulder Rd, Glenmore Beach, 4295. **Carte routière** E4. 【 *(039) 319-2313*. Installé sur la plage, ce restaurant familial est réputé pour sa cuisine savoureuse à base de poisson et fruits de mer. Vue superbe sur l'océan Indien. P V	AE DC MC V	●	▣	●	

DURBAN ET ZULULAND

BEREA : *Havana El Cubano Latin Quarter* ⓇⓇⓇ
Silvervaux Centre, à l'angle de Silverton Rd et Vaux Rd, 4001. **Carte routière** F3.
📞 *(031) 202-9198.* Dans l'ambiance des Caraïbes, un cigare cubain apportera
la dernière touche à un repas d'influence cajun. 🅿 🆅 ⬤ *sam. midi, dim., lun.*

	AE			●	
DC				
MC				
V				

BEREA : *Café 1999* ⓇⓇⓇ
Silvervaux Centre, angle Silverton Rd & Vaux Rd, 4001. **Carte routière** F3.
📞 *(031) 202-3406.* Ce restaurant populaire sert une cuisine méditerranéenne
à base de produits très frais et de nombreux plats végétariens. Sa cave a reçu
une récompense du Diner's Club. 🅿 🆅 ⬤ *lun., mar.*

CENTRE DE DURBAN : *Christina's Restaurant* ⓇⓇⓇ
130-134 Florida Rd, 4001. **Carte routière** F3. 📞 *(031) 303-2111.*
Le restaurant de la School of Food and Wine Christina Martin sert dans un cadre
agréable une magnifique cuisine aux origines multiples. 🅿 🆅 🍷 ⬤ *dim., lun.*

CENTRE DE DURBAN : *Rainbow Terrace* ⓇⓇⓇ
Hilton Hotel, 12-14 Walnut Rd, 4001. **Carte routière** F3. 📞 *(031) 336-8100.*
Installé dans un hôtel familial et fréquenté, cet établissement affilié à la
South African Restaurant Guild offre un excellent buffet, ainsi que des
spécialités indiennes à la carte. 🆅 🍴 ♨ 🍷

CENTRE DE DURBAN : *Daruma Restaurant* ⓇⓇⓇⓇⓇ
63 Snell Parade, Holiday Inn. 📞 *(031) 337-0423.*
Ce restaurant de poisson récemment rénové propose un bar à sushis et un grill
tepenyaki. Menu à prix fixe. 🆅 🍴 ♨ 🍷

HILLCREST : *House Sweet* ⓇⓇⓇⓇⓇ
Shop 22, Heritage Market, Old Main Rd. 📞 *(031) 765-5114.*
Le House Sweet est un restaurant chinois (Shangai) original, au décor
accrocheur. Quatre menus sont proposés. 🅿 ♨ ⬤ *lun.*

MORNINGSIDE : *El Bandido Mexican Quarter* ⓇⓇⓇ
411 Windermere Rd, 4001. **Carte routière** F3. 📞 *(031) 303-3826.*
El Bandido a les faveurs de ceux qui aiment les *fajitas,* les *enchiladas,* le steak
aux piments *jalapeño* ou le porc rôti à la tequila. 🅿 🆅 ⬤ *sam. midi, dim.*

MORNINGSIDE : *El Turko Middle Eastern Quarter* ⓇⓇⓇ
413 Windermere Rd, 4001. **Carte routière** F3. 📞 *(031) 312-7893.*
Des tapis persans décorent ce petit restaurant qui sert des plats moyen-orientaux
tels que *mezze* et brochettes. 🅿 🆅 ⬤ *sam. midi, dim.*

MORNINGSIDE : *Bistro 136* ⓇⓇⓇⓇ
136 Florida Rd, 4001. **Carte routière** F3. 📞 *(031) 303-3440.*
Le chef suisse de cet établissement haut de gamme offre un grand choix de
plats européens, ainsi que de succulentes spécialités végétariennes. 🅿 🆅

MORNINGSIDE : *Baanthai* ⓇⓇⓇⓇ
138 Florida Rd, 4001. **Carte routière** F3. 📞 *(031) 303-4270.*
Des chefs thaïlandais préparent d'authentiques spécialités de Thaïlande comme
le canard Banthaai ou des currys. 🅿 🆅 ⬤ *sam. midi, dim.*

MORNINGSIDE : *Bean Bag Bohemia* ⓇⓇⓇⓇ
18 Windermere Rd. **Carte routière** F3. 📞 *(031) 309-6019.*
Cette adresse excentrique organise des soirées poésie ou à thème,
et accueille des jazzmen le dimanche. La carte est superbe. 🅿 🆅 🎵

MORNINGSIDE : *Marco's Restaurant* ⓇⓇⓇⓇ
45 Windermere Rd, 4001. **Carte routière** F3. 📞 *(031) 303-3078.*
Une authentique cuisine italienne dans ce restaurant de famille haut de gamme
et incomparable qui sert des pâtes maison. 🅿 🆅 ⬤ *dim.*

MORNINGSIDE : *Harvey's* ⓇⓇⓇⓇⓇ
77 Goble Rd, 4001. **Carte routière** F3. 📞 *(031) 312-9064.*
Cette table primée a fondé sa réputation sur des plats tels que le confit
de canard et les langoustines au cognac. 🅿 🆅 ⬤ *sam. midi, lun. midi, dim.*

MORNINGSIDE : *9th Avenue Bistro & Bar* ⓇⓇⓇⓇⓇ
Shop 2, Avonmore Centre, 9th Ave. 📞 *(031) 312-9134.*
Ce restaurant de boutique présente des spécialités cosmopolites américaines
telles que le ragoût de poisson façon San Francisco servi avec une rouille
à base de poivron rouge et des croûtons. 🅿 🆅 ⬤ *sam. midi, lun. midi, dim.*

Légende des symboles, voir rabat de couverture

Catégories de prix pour un repas de trois plats, une demi-bouteille de vin de la maison, taxes et service compris :

Ⓡ moins de 45 R
ⓇⓇ de 45 à 70 R
ⓇⓇⓇ de 70 R à 90 R
ⓇⓇⓇⓇ de 90 R à 115 R
ⓇⓇⓇⓇⓇ plus de 115 R

CARTES BANCAIRES
Précise les cartes bancaires acceptées : AE American Express ; DC Diners Club ; MC MasterCard ; V Visa

ENFANTS BIENVENUS
Portions réduites et chaises hautes disponibles. Parfois, l'établissement propose aussi un menu enfants.

TABLES À L'EXTÉRIEUR
Tables en terrasse, dans un patio ou un jardin.

RÉSERVATION MINIMALE
Aux heures de pointe, les réservations ne sont acceptées que pour plus d'une personne par table.

	CARTES BANCAIRES	ENFANTS BIENVENUS	TABLES À L'EXTÉRIEUR	BAR	RÉSERVATION
THE POINT : *Famous Fish Company* ⓇⓇⓇⓇ King's Battery, 4001. **Carte routière** F3. 📞 *(031) 368-1060.* Sur le port, dans un cadre spectaculaire, l'un des meilleurs restaurants de poisson d'Afrique du Sud propose des plateaux de fruits de mer et des spécialités comme les moules au vin blanc et les calmars grillés. **P**	AE DC MC V	●	▦	●	
RAMSGATE : *La Petite Normandie* ⓇⓇⓇⓇ 73 Marine Dr, 4285. **Carte routière** F3. 📞 *(039) 317-1818.* Cet excellent établissement français, l'un des dix premiers du Kwazulu-Natal, possède aussi une salle à manger privée. **P V ●** *dim. et lun.*	AE DC MC V		▦		
SALT ROCK : *Beira Mar Restaurant Portuguese* ⓇⓇⓇⓇⓇ Mall 505, Basil Hulett Dr, 4391. **Carte routière** F3. 📞 *(032) 525-8505.* Un personnel aimable sert de délicieuses spécialités portugaises. Ne manquez pas les currys de crabe et de crevette. **P** *sur demande.* **●** *hors saison.*	AE DC MC V	●	▦	●	▦
SOUTHBROOM : *Trattoria La Terrazza* ⓇⓇⓇ Outlook Rd, 4277. **Carte routière** F3. 📞 *(039) 316-6162.* Au bord de l'Umkobi Lagoon, on déguste ici à l'ombre des *milkwoods* des pâtes maison et des plats régionaux italiens. **P V ●** *lun.*	AE MC V	●	▦		
UMBILO : *Coimbra Portuguese Restaurant* ⓇⓇⓇ Queensmead Mall, Hillier Rd, 4001. **Carte routière** F3. 📞 *(031) 205-5447.* Le Coimbra a la réputation de préparer la meilleure cuisine portugaise de Durban avec des recettes comme le poulet *peri-peri*. Il accueille le vendredi soir et le samedi soir un groupe de musique latino-américaine. **P** 🎵	AE DC MC V			●	
UMHLALI : *Shortens Country House* ⓇⓇⓇ Compensation Rd, 4390. **Carte routière** F3. 📞 *(032) 947-1140.* Cet établissement primé pour sa qualité est installé dans une ferme datant de 1903. On peut dîner à l'intérieur ou dans le jardin. Essayez la caille grillée sur une purée d'ail, et le parfait à la nougatine et aux fruits de la passion. **P V T 🍷**	DC MC V		▦		
WESTVILLE : *Ma Cucina* ⓇⓇⓇⓇ 124 Jan Hofmeyr Rd. 📞 *(031) 266-5737.* Dans ce café méditerranéen, on peut prendre le petit déjeuner, déjeuner ou dîner. Essayez les croissants aux œufs et mozzarella ou la *bruschetta*. **P ⊄ ●** *lun.*	AE DC MC V		▦	●	

GAUTENG ET SUN CITY

	CARTES BANCAIRES	ENFANTS BIENVENUS	TABLES À L'EXTÉRIEUR	BAR	RÉSERVATION
FAIRWAYS : *Medeo Restaurant* ⓇⓇⓇⓇ Palazzo Intercontinental, c/o William Nicol Dr et Monte Casino Bvd. 📞 *(011) 726-6485.* Ce restaurant méditerranéen jouit d'une vue superbe. Au menu, potage aux fruits de mer, autruche ou truite. **P V 🍷**	AE DC MC V	●	▦	▦	●
JOHANNESBURG : *Sam's Café* ⓇⓇⓇ 11 Seventh St, Melville 2092. **Carte routière** E2. 📞 *(011) 726-6485.* FAX *(011) 482-6521.* Le choix de mets méditerranéens et orientaux témoigne de la créativité. Les portions de hors-d'œuvre permettent d'en goûter plusieurs. Gardez tout de même de la place pour le dessert. **P V ●** *sam. midi, dim.*	AE DC MC V		▦		
JOHANNESBURG : *Singing Fig* ⓇⓇⓇ 44 The Avenue, Norwood, 2192. **Carte routière** E2. 📞 *(011) 728-2434.* Le décor minimaliste évoque une cuisine de campagne. La nourriture n'a toutefois rien de minimaliste, et la carte des vins, bien que courte, est intéressante. **P V ⊄ 🍷 ●** *sam. midi, dim. soir.*	AE DC MC V		▦	●	
JOHANNESBURG : *Chaplin's* ⓇⓇⓇⓇ 85 Fourth Ave, Mellville, 2092. **Carte routière** E2. 📞 *(011) 482-4657.* La carte, dont il existe des exemplaires en braille, propose des combinaisons inhabituelles telles que canette désossée en sauce à la pomme, aux cerises et à la cannelle. Elle est adaptée aux végétariens, aux diabétiques et aux personnes suivant un régime sans matières grasses. Très bonne cave. **V ⊄ ●** *sam. midi, dim.*	AE DC MC V		▦		

JOHANNESBURG : *Gramadoelas* ⓇⓇⓇⓇ
Market Theatre, Newtown, 2001. **Carte routière** E2. 🎧 *(011) 838-6960.*
Un plateau permet de goûter aux différents plats africains, Cape Dutch et Cape
Malay disponibles au Gramadoelas. Des boissons traditionnelles africaines
complètent une riche carte des vins. 🄿 🅅 🔁 ● *dim., lun. midi.*

AE
DC
MC
V

JOHANNESBURG : *The Ritz* ⓇⓇⓇⓇ
17 Third Ave, Parktown North, 2193. **Carte routière** E2. 🎧 *(011) 880-2470.*
Des influences orientales apportent une note exotique à une cuisine
méditerranéenne. Des repas légers sont servis au jardin. 🄿 🅅 🆃 🔁 ● *dim.*

AE
DC
MC
V

JOHANNESBURG : *La Belle Terrasse* ⓇⓇⓇⓇⓇ
67 Jan Smuts Ave, Westcliff, 2193. **Carte routière** E2. 🎧 *(011) 646-2400.*
Le restaurant du Westcliff Hotel est à la hauteur du standing de cet établissement.
Une clientèle avertie y savoure une cuisine gastronomique de tradition française,
accompagnée de vins sud-africains sélectionnés et de crus d'importation.
🄿 🅅 🎵

AE
DC
MC
V

JOHANNESBURG : *Zoo Lake Restaurant* ⓇⓇⓇⓇ
Zoo Lake Gardens, Parkview, 2193. **Carte routière** E2. 🎧 *(011) 646-8807.*
Ce restaurant élégant jouit d'un cadre superbe. Il possède une excellente cave
et une terrasse couverte où déguster aussi bien du gibier que des fruits de mer.
🄿 🔁 🎧 ● *lun., le soir mar.-dim.*

AE
DC
MC
V

MIDRAND : *Thirty-Three High Street* ⓇⓇⓇⓇ
33 High St, Modderfontein, North Rand, 2065. **Carte routière** E2. 🎧 *(011) 606-3574.*
Un jardin planté de chênes entoure cette demeure victorienne rénovée avec
goût. Sur la carte voisinent des classiques internationaux et sud-africains.
Essayez les calmars en entrée, suivis d'un magret de canard glacé au miel.
🄿 🅅 🔁 🎧 ● *lun.*

AE
DC
MC
V

RANDBURG : *Baytree Restaurant* ⓇⓇⓇⓇ
Angle de North Rd & Hans Strydom Dr, Linden Ext, 2194. **Carte routière** E2.
🎧 *(011) 782-7219.* Cuisine provençale. Ce restaurant primé a une cave
intéressante. 🄿 🅅 🔁 🎧 ● *dim., lun.*

AE
DC
MC
V

RANDBURG : *Casalinga* ⓇⓇⓇⓇ
Muldersdrift Road, Honeydew, 2040. **Carte routière** E2. 🎧 *(011) 957-2612.*
Le Casalinga propose des recettes régionales italiennes préparées avec des
légumes biologiques et des pâtes maison. Mieux vaut réserver, surtout
le week-end. 🄿 🅅 ● *dim. soir, lun., mar.*

AE
DC
MC
V

ROSEBANK : *Iyavaya* ⓇⓇⓇ
169 Oxford Rd, Rosebank, 2196. **Carte routière** E2. 🎧 *(011) 327-1312.*
Ce restaurant populaire offre un goût de l'Afrique. Faites votre choix parmi de
nombreux plats traditionnels servis avec du maïs, du riz ou de la semoule :
poulet du Mali, soupe de bananes du Cameroun, *combo* du Nigeria. 🄿 🅅 🔁

AE
DC
MC
V

ROSEBANK : *Sophia's* ⓇⓇⓇ
Rosebank Mall, Cradock Ave, Rosebank, 2196. **Carte routière** E2. 🎧 *(011) 880-7356.*
Le Sophia's propose dans une ambiance détendue des classiques italiens
et grecs, ainsi qu'une excellente carte des vins. 🄿 🅅 🔁 🎧 ● *dim. soir.*

AE
DC
MC
V

SANDTON : *Raj Indian Restaurant* ⓇⓇⓇ
Angle de Rivonia Rd & 7th Ave, Rivonia, 2128. **Carte routière** E2. 🎧 *(011) 807-0471.*
Les spécialités *tandoori* se révèlent excellentes. Le personnel est efficace
et la carte des vins ne manque pas d'intérêt. 🄿 🔁 🎧

AE
DC
MC
V

SANDTON : *Turtle Creek Winery* ⓇⓇⓇ
58 Wierda Rd, East Sandton, 2196. **Carte routière** E2. 🎧 *(011) 884-0466.*
Ce restaurant de campagne, installé dans une grange, dresse des tables
dans le jardin. Son chef mauricien cuisine avec talent une gamme de plats
internationaux, offrant un choix qui s'étend du simple snack à des recettes
élaborées. 🄿 🅅 ● *dim. soir.*

AE
DC
MC
V

SANDTON : *Blues Room* ⓇⓇⓇⓇ
Village Walk Shopping Centre, Sandown, 2196. **Carte routière** E2. 🎧 *(011) 784-5527.*
Blues, rock et jazz donnent le ton dans cet établissement à l'éclairage tamisé,
qui propose une cuisine internationale. 🄿 🅅 🎵 ● *dim., lun.*

AE
DC
MC

SANDTON : *Gatrile's* ⓇⓇⓇⓇ
5 Esterhuyzen St, Sandown, 2196. **Carte routière** E2. 🎧 *(011) 883-7399.*
Installé dans un bâtiment contemporain, ce restaurant offre un large choix de mets
tels que tourte au canard et curry de fruits de mer. 🄿 🅅 🔁 🎧 ● *sam. midi, dim.*

AE
DC
MC
V

Légende des symboles, voir rabat de couverture

<table>
<tr><td colspan="2">

Catégories de prix pour un repas de trois plats, une demi-bouteille de vin de la maison, taxes et service compris :

Ⓡ moins de 45 R
ⓇⓇ de 45 R à 70 R
ⓇⓇⓇ de 70 R à 90 R
ⓇⓇⓇⓇ de 90 R à 115 R
ⓇⓇⓇⓇⓇ plus de 115 R

</td><td colspan="2">

CARTES BANCAIRES
Précise les cartes bancaires acceptées : AE American Express ; DC Diners Club ; MC MasterCard ; V Visa
ENFANTS BIENVENUS
Portions réduites et chaises hautes disponibles. Parfois, l'établissement propose aussi un menu enfants.
TABLES À L'EXTÉRIEUR
Tables en terrasse, dans un patio ou un jardin.
RÉSERVATION MINIMALE
Aux heures de pointe, les réservations ne sont acceptées que pour plus d'une personne par table.

</td></tr>
</table>

	CARTES BANCAIRES	ENFANTS BIENVENUS	TABLES À L'EXTÉRIEUR	BAR	RÉSERVATION
SANDTON : *Le Canard*　ⓇⓇⓇⓇ 163 Rivonia Rd, Morningside, 2057. **Carte routière** E2. ☎ *(011) 884-4597.* La gastronomie française est à l'honneur dans cette villa géorgienne. Une terrasse permet de prendre des déjeuners légers en plein air. 🅿 🆅 🆃 ⛔ ⬤ *dim.*	AE DC MC V		▪		
SANDTON : *Browns of Rivonia*　ⓇⓇⓇⓇ 21 Wessels Rd, Rivonia, 2128. **Carte routière** E2. ☎ *(011) 803-7605.* Restaurant au cadre agréable, avec la salle principale se prolongeant par un patio avec vue sur le jardin fleuri. 🅿 ⛔ 🆅 🆃 🎵 *jeu. et sam.* ⬤ *dim.*	AE DC MC V		▪		
SANDTON : *Linger Longer*　ⓇⓇⓇⓇ 58 Wierda Rd West, Sandton, 2196. **Carte routière** E2. ☎ *(011) 884-0465.* L'une des dix meilleures tables d'Afrique du Sud occupe cette gracieuse maison coloniale. Des crus issus d'une superbe sélection complètent à merveille aussi bien des plats classiques que métissés. 🅿 🆅 🆃 ⛔ 🍷 ⬤ *sam. midi, dim.*	AE DC MC V		▪		
MULDERSDRIFT : *Bellgables Country Restaurant*　ⓇⓇⓇⓇ Près de DF Malan Dr, 1747. **Carte routière** E2. ☎ *(011) 659-0430.* Cette ferme fait partie des plus jolies de la province. Décorée d'œuvres d'art, elle propose une cuisine inventive et superbement présentée. Le déjeuner du dimanche est servi sur la terrasse de la piscine. 🅿 🆅 🆃 ⬤ *lun., mar.*	AE DC MC V		▪	●	
PRETORIA : *Café Riche*　ⓇⓇ 2 Church Sq, 0002. **Carte routière** E2. ☎ *(012) 328-3173.* Ce magnifique monument historique Art nouveau prépare une gamme éclectique de salades et de sandwichs. 🅿 ⛔ 🎵	AE DC MC V		▪	●	
PRETORIA : *Villa Do Mar*　ⓇⓇⓇ Waterkloof Heights Centre, Club Ave, 0181. **Carte routière** E2. ☎ *(012) 460-5140.* Une ambiance rustique règne dans cet établissement portugais proposant des spécialités authentiques. Vins et portos lusitaniens complètent une bonne sélection locale. Essayez la soupe de poisson ou les calamars. 🅿 🆅 ⛔ ⬤ *sam. midi, lun.*	AE DC MC V	●	▪		
PRETORIA : *The Odd Plate*　ⓇⓇⓇⓇ 262 Rhino St, Hennops Park, Centurion, 0157. **Carte routière** E2. ☎ *(012) 660-3260.* Cet établissement abrite le restaurant d'une école de cuisine appartenant à Prue Leith. Les élèves prennent leurs leçons dans la journée, et servent ce qu'ils ont préparé. Ils maîtrisent toute une variété de plats classiques ou contemporains, présentés avec habileté et enthousiasme. 🅿 🆅 🆃 ⬤ *dim., lun., mar.*	AE DC MC V		▪		
PRETORIA : *Ritrovo Ristorante*　ⓇⓇⓇⓇⓇ Waterkloof Heights Shopping Centre, Club Ave, 0181. **Carte routière** E2. ☎ *(012) 460-4367.* Des spécialités de l'Italie du Sud et une vue superbe ont valu un prix au Ritrovo. À côté, l'Expresso Café sert des pâtes maison. 🅿 🆅 ⛔ 🍷	AE DC MC V	●	▪	●	
SWAZILAND : *Phoenix Spur*　ⓇⓇ Shop 210, Mall, Mbabane. **Carte routière** E2. ☎ *(09268) 404-9103.* Tenue en famille, cette succursale d'une chaîne nationale propose des grillades, des hamburgers variés et un grand choix de salades. 🅿 🆅 ⛔	AE DC MC V	●	▪		
SWAZILAND : *Cleopatra on the Nile*　ⓇⓇⓇ Gilfillian Road, Mbabane. **Carte routière** E2. ☎ *(09268) 404-3097.* D'inspiration portugaise, le Lourenço Marques a pour spécialités les fruits de mer et les grillades. Essayez les grosses crevettes ou le poulet grillé à la sauce *peri-peri*, une spécialité du Mozambique. 🅿	AE DC MC V			●	
SWAZILAND : *Mliwane Lodge*　ⓇⓇⓇ À 12 km de Mbabane sur la route de Manzini. **Carte routière** E2. ☎ *(09268) 416-1591.* Le buffet du Mliwane Lodge accueille surtout des clients de l'hôtel, et il est ouvert tous les jours dès le petit déjeuner. 🅿	MC V			●	

BLYDE RIVER CANYON ET KRUGER PARK

DULLSTROOM : *Die Tonteldoos Bistro* ⓇⓇⓇ AE DC MC V
Hugenote St, 1110. **Carte routière** E2. ☎ *(013) 254-0115.*
On se trouve ici, à 2 100 m d'altitude, souvent dans la brume et le froid, ce qui
explique que les cheminées fonctionnent même en été. Bonne cuisine de famille
à l'anglaise, notamment d'excellentes truites grillées. 🅿 🆅 ⚡ ⬤ *lun.-jeu. soir.*

DULLSTROOM : *Harrie's Pancakes* ⓇⓇⓇ AE DC MC V
Main Rd, 1110. **Carte routière** E2. ☎ *(013) 254-0801.*
Harrie's séduira tous les amateurs de *pancakes* (crêpes épaisses) et offre
le choix entre quatre menus au petit déjeuner. 🅿 🆅

HENDRIKSDAL : *Artists' Café* ⓇⓇⓇ AE DC MC V
Entre Sabie et Nelspruit. **Carte routière** F2. ☎ *(013) 764-2309.*
Installé dans la maison de l'ancien chef de gare, ce café mérite son nom,
car il expose de l'art local et tribal. On y déguste des plats toscans et du gibier,
ainsi que des pâtes maison. 🅿 🆅

NYLSTROOM : *Shangri-La Country Lodge* ⓇⓇⓇ AE DC MC V
Eersbewoond Rd, 0510. **Carte routière** E2. ☎ *(014) 717-5381.*
Ce *lodge* organise des dîners aux chandelles dans l'enclos en roseau du *kraal*.
Des boissons traditionnelles telles que *maroela*, *mampoer* et bière de sorgho
accompagnent des plats africains et Cape Malay. L'Heritage Room sert de cadre
à des repas plus classiques. 🅿 🆅

PILGRIM'S REST : *Chandelier* ⓇⓇⓇ AE DC MC V
Lydenberg Rd, Grootfonteinberg, 1290. **Carte routière** F2. ☎ *(013) 768-1241.*
Sur la route du village historique de Pilgrim's Rest, cet élégant établissement
évoque la campagne anglaise et propose, à côté de spécialités de viande,
des truites pêchées dans la région. 🅿 🆅 🍷 🍴

KAROO

BEAUFORT WEST : *Saddles Steak Ranch* ⓇⓇ AE DC MC V
144 Donkin St. **Carte routière** C4. ☎ *(023) 415-2310.*
Les gens de la région se retrouvent dans ce steakhouse animé pour regarder
du sport sur un grand écran. Essayez les côtelettes d'agneau du Karoo. 🆅 ⚡

GRAAFF-REINET : *The Coral Tree* ⓇⓇⓇⓇ AE DC MC V
3 Church Square. ☎ *(049) 892-5947.*
De style minimaliste, ce restaurant est installé dans un bâtiment vieux de 128 ans.
Parmi les plats, citons l'agneau du Karoo et le gibier. 🅿 🆅 ⚡ ⬤ *dim.*

NORD DE L'ORANGE

BLOEMFONTEIN : *Beef Baron* ⓇⓇⓇ AE DC MC V
22 Second Ave, Westdene, 9301. **Carte routière** D3. ☎ *(051) 447-4290.*
Si des crevettes à la portugaise figurent aussi à la carte, comme l'indique
l'enseigne, le bœuf est roi ici. Essayez le « filet du diplomate » ou la « culotte
du bookmaker » *(rump).* 🅿 🆅 ⬤ *dim.*

BLOEMFONTEIN : *The Mexican Restaurant* ⓇⓇⓇⓇ AE DC MC V
159 Du Toitspan Rd, 8301. **Carte routière** D3. ☎ *(053) 831-1738.*
Récompensé à de multiples reprises, ce restaurant propose une excellente
cuisine de la mer et végétarienne. 🅿 🆅 ⬤ *vacances scolaires en déc., dim.*
(sf 1er dim. du mois), sam. midi.

KIMBERLEY : *Mario's* ⓇⓇⓇ AE DC MC V
159 Du Toitspan Rd, 8301. **Carte routière** D3. ☎ *(053) 831-1738.*
Une chaleureuse atmosphère italienne règne au Mario's. Un personnel souriant
apportera à votre table des mets tels qu'aiguillettes de poulet aux amandes et
à l'emmenthal ou magret de canard à la sauce au porto. 🅿 🆅 ⬤ *sam. midi, dim.*

KIMBERLEY : *Umberto's* ⓇⓇⓇ AE DC MC V
229 Du Toitspan Rd, 8301. **Carte routière** D3. ☎ *(053) 832-5741.*
À côté du seul pub drive-in d'Afrique du Sud, jadis fréquenté par Cecil John
Rhodes, une vive animation règne chez Umberto où les pizzas cuisent dans
un four à bois. 🅿 ⬤ *dim., ven. saint, 25 et 26 déc., 1er janv.*

UPINGTON : *Le Raisin* ⓇⓇ DC MC V
67 Market St, 8801. **Carte routière** B3. ☎ *(083) 771-3934.*
Élégant mais abordable, le restaurant de cette petite ville propose des plats de
viande ou de fruits de mer et des spécialités végétariennes. 🅿 🆅 ⚡

Légende des symboles, voir rabat de couverture

FAIRE DES ACHATS

À côté des bijoux fabriqués avec l'or et les pierres précieuses et semi-précieuses extraits du riche sous-sol sud-africain, les créations artisanales des diverses ethnies indigènes constituent les articles les plus intéressants à acquérir. Objets en perles, paniers, tentures et tapis, sculptures sur bois et sur pierre, couverts en os et amples tenues traditionnelles ornées de motifs géométriques abon-

Géode tapissée d'améthyste

dent dans les boutiques de souvenirs et sur les étals des marchés. Ces derniers attirent dans les grandes villes des vendeurs du reste du continent venus proposer, par exemple, des masques cérémoniels ou des bracelets en malachite. Sur les marchés d'artisanat, le choix s'étend aussi à des produits tels que sauces pimentées, housses de couette peintes à la main et articles de maroquinerie.

Étal d'objets en malachite

HEURES D'OUVERTURE

Les magasins des petites villes ouvrent pour la plupart de 9 h à 17 h, mais les boutiques des centres commerciaux ont étendu leurs horaires jusqu'à 21 h. La sieste reste très pratiquée dans les zones rurales, où les commerces ferment parfois à midi. Les marchés aux puces en plein air commencent d'habitude vers 10 h pour s'achever au coucher du soleil.

COMMENT PAYER

Les cartes Visa et Mastercard permettent de régler ses achats dans presque tous les magasins des galeries marchandes et des grandes villes. On y accepte aussi les chèques de voyage Visa, American Express et Thomas Cook, accompagnés d'une pièce d'identité. Les petits commerces et les vendeurs de marchés ne prennent que le liquide. Transportez de préférence celui-ci dans un portefeuille ou une poche. Des distributeurs de billets équipent de nombreuses banques.

MARCHANDER

Plutôt que de perdre un client, les vendeurs africains se montrent toujours prêts à accorder des réductions, souvent au terme d'âpres palabres. Le marchandage est aussi de tradition avec les commerçants indiens.

TVA

Une taxe de 14% incluse dans le prix indiqué s'applique à tous les biens, hormis les produits alimentaires de base. Vous pouvez en obtenir le remboursement à votre sortie du territoire pour des achats de plus de 250 R. Le magasin doit vous fournir à cet effet un formulaire spécial, ainsi qu'une facture détaillée.

Éventaire bigarré

AVERTISSEMENT

Des vendeurs à la sauvette de montres et de bijoux prétendument en or traînent autour des marchés et des parkings des centres commerciaux. Même si chuchotements et articles dissimulés sous une veste ou dans un mouchoir rendent leur numéro très convaincant, ils ne proposent en fait que des imitations de pacotille à des prix injustifiés. Mieux vaut les éviter.

REMBOURSEMENT

Si votre achat présente le moindre défaut, vous avez droit à un remboursement. Si vous vous apercevez qu'il ne vous convient pas, il vous faudra sans doute vous contenter d'un avoir ou d'un échange. Si vous rencontrez un problème avec le

Le Workshop de Durban (p. 218-221) à la saison des fêtes

personnel, n'hésitez pas à vous adresser au gérant ou au service de réclamation.

Où acheter

Beaucoup de boutiques intéressantes ont quitté les galeries marchandes, et les librairies spécialisées, les galeries d'art ou encore les traiteurs et les caves à vin sont aujourd'hui installés dans des rues plus calmes. Les bazars de village réservent souvent de bonnes surprises. Pour les bijoux, en or et en diamant notamment, mieux vaut toutefois s'en tenir aux centres commerciaux.

Expéditions

La poste assure l'expédition à l'étranger de paquets d'une taille pouvant atteindre 2,5 m² et d'un poids allant jusqu'à 20 ou 30 kg suivant le pays de destination. Comptez de 6 à 8 semaines de délai par bateau et une semaine par avion. Vous pouvez souscrire une assurance d'un montant maximal de 2 000 R.

La plupart des magasins haut de gamme se chargeront de l'expédition d'articles achetés dans leurs rayons. Vous pouvez aussi vous adresser à des compagnies comme **Trans Global Freight International.** Elles n'imposent pas de limite de taille ou de poids, ont des tarifs compétitifs et se chargent du passage en douane. La livraison s'effectuera à domicile ou au siège de leur correspondant local.

Atelier de vannerie au Swaziland

Achats typiquement sud-africains

Les grandes villes combleront tous vos désirs de consommation, surtout Johannesburg, dont les centres commerciaux attirent des acheteurs de tout le sous-continent. Ils y disposent d'un très large choix d'artisanat indigène, mais les sculptures sur bois et sur pierre viennent souvent du Zimbabwe et d'Afrique occidentale et centrale.

Les objets vendus à Durban *(p. 218-221)* et au Kwazulu-Natal *(p. 194-195)* ont plus de chance d'être authentiques, entre autres la vannerie, les passoires à bière de sorgho, les balais, la poterie, les boucliers et les tambours. Remarquez les paniers de couleurs vives tressés avec du fil de téléphone.

Des stands vendent ces articles, ainsi que de charmantes statuettes d'animaux et d'oiseaux, au bord de la N2 entre Durban et les réserves naturelles d'Hluhluwe-Umfolozi et de Mkuzi.

L'artisanat des Gazankulus et des Vendas jouit aussi d'une bonne réputation, notamment leurs poteries ornées de motifs ocre et argent aux formes anguleuses caractéristiques. Sculptures sur bois, tissages, tapisseries et batiks ne manquent pas non plus d'intérêt.

Les Ndebele *(p. 254)* fabriquent des couvertures ornées de perles, des ceintures, des poupées et des napperons typiques. Vous en trouverez au Botshabelo Museum and Nature Reserve, situé près de Fort Merensky, à 13 km au nord de Middelburg.

Knysna *(p. 176-177)* doit surtout sa renommée aux objets en bois dur local, du bouton de porte aux meubles, mais permet aussi d'acquérir d'intéressants accessoires de décoration intérieure comme des housses de coussin ou des couvertures en mohair.

Partout dans le pays, l'étiquette « Scarab Paper » désigne une spécialité uniquement sud-africaine : du papier artisanal fabriqué avec des excréments d'éléphant. Il est aujourd'hui désodorisé. Très répandues également, les bougies swazis, notamment en forme d'animaux et d'oiseaux.

Les richesses du sous-sol fournissent la matière première d'innombrables bijoux, souvent des diamants ou des pierres semi-précieuses sertis dans de l'or ou du platine. Toutefois, étudiez attentivement le travail de joaillerie avant d'acheter.

Des vins pour tous les goûts

SE DISTRAIRE
EN AFRIQUE DU SUD

Johannesburg a la réputation d'avoir la vie nocturne la plus animée d'Afrique du Sud, et il s'y passe en effet toujours quelque chose. Il ne faut toutefois pas en conclure que l'on s'ennuie dans le reste du pays : même les bourgs ruraux abritent des lieux où faire un bon repas, écouter de la musique ou danser. Longtemps cantonnés aux

Danseurs du CAPAB

bantoustans, des casinos ouvrent partout aujourd'hui. Si le cinéma reste la sortie la plus populaire, les arts de la scène se révèlent d'un haut niveau, et de jeunes compagnies s'efforcent d'apporter un souffle nouveau. Des rythmes africains et métissés aux concerts classiques, en passant par le jazz, la musique est partout présente.

L'amphithéâtre Oude Libertas à Stellenbosch *(p. 35)*

S'INFORMER

Pour connaître le détail des activités proposées dans les grandes villes, consultez la presse quotidienne locale ou des hebdomadaires nationaux tels que *Mail & Guardian*. Ils donnent entre autres le programme des concerts, des représentations théâtrales, des festivals de cinéma et des expositions d'art.

Le magazine *SA City Life*, consacré à la vie culturelle de Cape Town, de Johannesburg et de Durban, contient des critiques de restaurants et annonce des manifestations destinées à des publics particuliers, homosexuels ou enfants par exemple.

RÉSERVER

Présent partout, le réseau **Computicket** vend des billets pour tous les principaux spectacles. Les cinémas Ster-Kinekor possèdent leur propre service de réservation

téléphonique : **Ticketline**. Vous pouvez aussi appeler **Ticketweb**. Un paiement par carte bancaire est généralement requis lors des réservations par téléphone.

CINÉMA

Le cinéma sud-africain n'en est qu'à ses balbutiements, et les salles programment surtout des productions

hollywoodiennes. Les films en langue étrangère sont présentés en version sous-titrée. Les grandes villes organisent régulièrement des festivals aux thèmes aussi variés que l'environnement, le cinéma italien ou l'expression gay.

THÉÂTRE, OPÉRA ET DANSE

Les spectacles satiriques, le cabaret et la comédie musicale connaissent une grande popularité, à l'instar des pièces de Shakespeare.

Après la longue période d'étouffement imposée par le régime de l'apartheid, le théâtre cherche de nouvelles voies, et des festivals annuels permettent la découverte de jeunes talents.

À Johannesburg, celui d'Arts Alive, organisé en septembre, est une grande célébration des arts de la scène, tandis que le FNB Vita Dance Umbrella, qui se tient en février et en mars, offre une vitrine importante à de

Le State Theatre (Staatsteater) de Pretoria *(p. 254)*

Cross Roads, **Rembrandt Van Rijn Art Museum, Johannesburg**

nouveaux chorégraphes. Grahamstown accueille en juillet le Standard Bank National Arts Festival *(p. 57).* Il offre un large aperçu de l'évolution du théâtre, de la danse et de la musique à l'échelle nationale.

Au KwaZulu Natal, ce sont les chœurs africains, l'opéra et la musique traditionnelle qui sont à l'honneur en fin d'année lors du Massed Choir Festival.

Les amateurs d'opéra surveilleront aussi la programmation des centres culturels des grandes villes et du Spier Festival of Music, Theatre and Opera qui dure cinq mois.

MUSIQUE

Les grandes villes abritent des salles telles que le Durban City Hall *(p. 219),* le Baxter Theatre de Cape Town *(p. 106)* et le Johannesburg College of Music (situé à Parktown) où se produisent des orchestres symphoniques. Les concerts proposés le soir en plein air, par exemple aux Botanic Gardens de Durban *(p. 221)* et au Kirstenbosch Garden de Cape Town *(p. 100),* jouissent d'une grande popularité. Décembre donne lieu à des feux d'artifice musicaux.

Les têtes d'affiche internationales, chanteurs d'opéra comme vedettes de variété, incluent désormais l'Afrique du Sud dans leurs tournées. Les musiciens locaux ne manquent pas pour autant d'intérêt. Qu'il s'agisse de rock, de jazz, de gospel, de reggae ou de rap, les influences

modernes et traditionnelles, européennes et africaines, suscitent un constant métissage. Même le classique prend une teinte bien particulière sous les archets du Soweto String Quartet.

Les groupes de rock en vogue comprennent les Springbok Nude Girls et les Sons of Trout, qui se produisent dans tout le pays. Les clubs sud-africains accueillent aussi des artistes du reste du continent et résonnent de mélodies provenant du Ghana, du Mali ou du Bénin.

Danseur zoulou au Heia Safari Ranch

ARTS PLASTIQUES

Johannesburg, Durban, Cape Town, Port Elizabeth et Bloemfontein, ainsi que des villes moins importantes comme Knysna et Stellenbosch, abritent d'excellentes galeries d'art. Elles présentent les œuvres de créateurs locaux et internationaux dans une palette allant de la tradition à l'avant-

garde, de la céramique et de la photographie au multimédia. Les expositions changent régulièrement et les vernissages fournissent comme partout des occasions de lier connaissance autour d'un buffet.

JEUX D'ARGENT

Investisseurs et promoteurs ont injecté des milliards de rands dans l'industrie du jeu en Afrique du Sud, et de grands centres de loisirs ayant pour pôle un casino existent dans tout le pays. Qu'ils se nomment Graceland, Sun City, Carousel ou Emnotweni, ils possèdent tous une architecture au luxe exubérant, et leur décoration met les plus récentes technologies au service de la fantaisie, du mythe et de la fiction.

À l'écart des tables de black jack, de roulette, de poker et de punto blanco, des bars à thème abritent des machines à sous comme les bandits manchots. Les établissements les plus importants renferment en général un salon privé.

CARNET D'ADRESSES

RÉSERVATIONS

Computicket
📞 *(083) 915-8000.*

Ticketweb
📞 *(083) 915-1234.*

CINÉMAS

Ster-Kinekor Ticket-Line
📞 *Cape Town, Durban, Pretoria et Johannesburg (0860) 300-222.*

Réservations NuMetro
📞 *Cape Town, Durban, Pretoria et Johannesburg (086) 110-0220.*

JEUX D'ARGENT

📞 *Carousel (012) 718-7566.*
📞 *Sun City (014) 557-1000.*
📞 *Wild Coast Sun (039) 305-911.*
📞 *Graceland (017) 620-1000.*
📞 *Sundome (011) 794-5800.*
📞 *Emnotweni (013) 757-0021.*

Chevaux de bois au Carousel

SÉJOURS À THÈMES

Les Sud-Africains apprécient les activités de plein air et, avec son climat tempéré, de très longues côtes et un intérieur varié, leur pays offre de nombreuses possibilités en toute saison. En été, voir les habitants de Cape Town entretenir leur forme donne l'impression que toute la ville s'entraîne à un marathon ou à une épreuve d'endurance cycliste. Mais du canoë sur l'Orange ou la Tugela River aux promenades botaniques dans les forêts côtières du KwaZulu-Natal, de

Saut à l'élastique

l'escalade dans le Drakensberg au saut à l'élastique le long de la Route Jardin et de la visite des champs de bataille et des musées historiques aux ébats aquatiques au milieu de dauphins ou de grands requins blancs, chacun trouvera une activité correspondant à ses goûts. Assister aux fêtes et festivals régionaux *(p. 30-37)* et participer à des visites culturelles organisées offre une approche plus approfondie des relations passées et actuelles entre les différentes cultures qui composent la population du pays.

RANDONNÉE, CANYONING ET ESCALADE

La randonnée connaît une grande popularité, et même dans les régions les plus isolées, les petites pensions ont aménagé des sentiers fléchés. Elles fournissent même des cartes.

La majorité des itinéraires de plus d'une journée traversent des terrains privés ou des réserves d'État. Les refuges abritent souvent du bois de chauffage, des matelas et un point d'eau froide, mais il faut apporter vivres et matériel de cuisson. Certains passionnés réservent jusqu'à un an à l'avance le droit de suivre des parcours exceptionnels comme l'Otter Trail et le Tsitsikamma Trail, tous deux sur la Route Jardin *(p. 170-171)*.

Les bonnes librairies ont en stock un grand choix de guides. Vous en trouverez aussi dans les magasins de sport. Ces

derniers sauront vous conseiller sur les itinéraires d'une journée ou plus, et vous fourniront des cartes et des provisions.

Le canyoning, une activité qui s'est développée depuis peu, consiste à suivre le cours d'une rivière, quitte à devoir gravir des rochers, passer dans l'eau ou plonger dans des bassins. La **Hiking Federation** réunit quelque 250 clubs de randonnée qui organisent des sorties pour débutants comme pour marcheurs confirmés.

L'escalade compte de nombreux adeptes et le **Tony Lourens Hiking, Rock climbing and Mountaineering** est représenté dans tout le pays. Les magasins d'équipement peuvent aussi renseigner les visiteurs. Le Drakensberg *(p. 206-207)* offre certains des plus beaux sites d'escalade, mais la Table Mountain de Cape Town *(p. 74-75)* réserve d'intéressants défis aux grimpeurs expérimentés.

Pêche au Cape Vidal, dans les Greater St Lucia Wetlands *(p. 232)*

PÊCHE

Deux courants marins, l'un chaud, l'autre froid, longent le littoral du Cap Sud, et les eaux côtières abritent plus de 250 espèces de poissons. Cette abondance entretient la vocation de plus d'un million de pêcheurs amateurs qui se plient à une stricte réglementation.

Thons et marlins font partie des proies que l'on peut attraper au large, et Kalk Bay, à Cape Town, abrite l'une des rares flottes de pêche à la ligne qui existent dans le monde. **Grassroutes Tours** utilise ses propres bateaux pour organiser des sorties d'une journée. Dans presque tous les ports, y compris de plaisance, particuliers et agences proposent toutes sortes de promenades et d'expéditions.

Depuis son acclimatation au XIXe siècle, la truite prospère dans les cours d'eau et les lacs du Mpumalanga et du KwaZulu-Natal.

Randonnée au KwaZulu-Natal

VTT à Knysna

CHASSE

La chasse rapporte chaque année des millions de rands, et certaines réserves, telles celles de la région du Waterberg dans la province du Nord, effectuent des lâchers de gibier pour contenter leurs clients. La loi stipule qu'un professionnel sud-africain doit accompagner tout chasseur étranger. La **Professional Hunters Association of South Africa (PHASA)** vous mettra en contact avec ses membres.

BICYCLETTE

Dans un pays où la course cycliste autour de la péninsule du Cap *(p. 60-61)* réunit chaque année 35 000 participants, le vélo a droit de cité jusque dans les villes. Elles recèlent des parcours

spectaculaires, et les automobilistes s'y montrent d'une grande tolérance.

Vous trouverez dans les boutiques spécialisées du matériel neuf ou d'occasion, et celles-ci pourront vous indiquer des itinéraires de promenade. Des associations comme les **Pedal Power** organisent le week-end des sorties qui s'écartent souvent des sentiers battus. Elles vous renseigneront sur les possibilités de location.

Des agences spécialisées proposent, elles aussi, divers parcours de découverte à vélo, sur bitume et sur piste, par exemple le long de la Route Jardin ou dans le Karoo. Elles s'occupent des repas, de l'hébergement et du transport des bagages.

SPORTS AÉRIENS

L'**Aero Club of South Africa** est l'organisme qui contrôle tous les sports aériens, y compris l'ascension en ballon, le deltaplane, l'ULM et le parachutisme. **Pilanesberg Safaris** organise des sorties en montgolfière au-dessus des parcs nationaux *(p. 257)*, un moyen original et très agréable de découvrir la faune africaine. Les amateurs de sensations fortes peuvent prendre des cours d'initiation au deltaplane *(paragliding)* ou effectuer des vols en tandem. La Table Mountain abrite des sites de décollage particulièrement appréciés. Pour le saut à l'élastique, mieux vaut réserver auprès d'agences spécialisées comme **Face Adrenalin**.

Rafting sur les rapides de l'Orange River *(p. 284-285)*

SPORTS AQUATIQUES

L'Afrique du Sud possède plus de 2 500 km de côtes. Les déferlantes de la Jeffrey's Bay sont particulièrement réputées, mais on trouve des lieux où pratiquer le surf quasiment de la Namibie jusqu'au Mozambique. La planche à voile et la voile connaissent aussi du succès, et la majorité des stations balnéaires offrent des possibilités de location de matériel.

Il existe des écoles de plongée sous-marine jusqu'à Johannesburg. Assurez-vous que les instructeurs sont accrédités par la **National Association of Underwater Instructors** (NAUI) ou la **Professional Association of Diving Instructors** (PADI).

La St Lucia Marine Reserve du KwaZulu-Natal protège des récifs de corail et renferme les plus beaux sites de plongée. On y découvre des poissons tropicaux, des tortues de mer et même des requins. À Cape Town, des épaves constituent des destinations prisées.

Le rafting séduit de plus en plus de Sud-Africains, et des guides qualifiés proposent dans le Blyde River Canyon et sur la Breede, l'Orange et la Tugela des promenades de niveaux très variés à bord de gonflables pour deux à huit personnes. De la descente de rapides à de lentes errances au gré d'un courant, elles répondent à toutes les aspirations. L'hébergement et les repas y sont souvent d'excellente qualité.

Gonflage d'une montgolfière avant le décollage

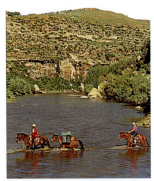
En poney au Lesotho *(p. 204-205)*

ÉQUITATION ET RANDONNÉE À PONEY

L es clubs d'équitation sportive dépendent de la South African National Equestrian Federation. Le tourisme équestre se développe rapidement, et plages ou vignobles se prêtent à de magnifiques promenades à cheval.

Au Lesotho, des *lodges* comme **Malealea** fournissent des guides pour des randonnées à poney à travers des territoires sauvages. L'hébergement se fait dans des huttes basothos, les gens du village préparant le repas et dansant pour les visiteurs.

SENTIERS DE BROUSSE ET OBSERVATION DE LA FLORE ET DES OISEAUX

L a plupart des réserves privées et beaucoup de parcs naturels publics proposent des randonnées pédestres guidées. Certaines comprennent une nuit d'hébergement. Ces promenades ne permettent pas obligatoirement d'approcher des mammifères ou des oiseaux plus près qu'à bord d'un véhicule, mais marcher dans la brousse africaine, au milieu de ses bruits et de ses odeurs, est une expérience unique.

Il existe au moins sept itinéraires au Kruger National Park *(p. 272-275)*, dont le Bushman Trail, qui permet de voir des peintures rupestres

sans. À Kosi Bay, l'Amanzimnyama Trail, de quatre jours, offre l'un des rares moyens de découvrir le nord de la côte orientale, où viennent pondre caouanes et tortues-luths. Il faut cependant réserver des mois à l'avance pour avoir une chance d'emprunter ces sentiers très demandés. Contactez la **Wildlife Society of South Africa** et le **KwaZulu-Natal Conservation Services** pour plus de détails.

La Wildlife Society, ainsi que la majorité des sociétés ornithologiques et botaniques locales (toutes dépendantes du Botanic Institute) organisent régulièrement des cours et des sorties consacrés aux oiseaux, aux mammifères et à la flore indigènes, qui peuvent avoir des sujets précis comme les plantes médicinales, les orchidées ou les araignées.

Grue couronnée

VISITES DE TOWNSHIPS ET DÉCOUVERTE CULTURELLE

S oweto reçoit chaque jour la visite d'au moins 1 000 étrangers, qui considèrent souvent cette destination comme bien plus importante que Sun City ou les réserves naturelles. Des guides chevronnés les accompagnent dans des clubs de jazz, des dispensaires, des écoles, des *shebeens* (bars) et des cimetières. Ils peuvent aussi se rendre, et éventuellement

passer la nuit, au village culturel de l'écrivain et mystique Credo Mutwa. Dans la région de Johannesburg, les agences spécialisées comme **Jimmy's Face to Face Tours** proposent également d'aller à la rencontre des cultures zoulou, xhosa et sotho au Lesedi Cultural Village et de découvrir un village ndebele proche de Bronkhorstspruit, non loin de Pretoria.

À Cape Town, les visites de Bo-Kaap *(p. 71)*, le quartier malais, organisées par des agences telles que **African Adventure** et **Legend Tours** comprennent des repas traditionnels. L'itinéraire inclut le District Six, des centres d'artisanat et d'éducation, des mosquées et la banlieue plutôt lugubre appelée Cape Flats.

Ceux qui s'intéressent à la lutte contre l'apartheid ne peuvent manquer des lieux comme Robben Island *(p. 84-85)*. Ce sont parfois d'anciens membres d'uMkhonto-we-Sizwe (« fer de lance de la nation »), le bras armé de l'ANC, qui servent de guides.

Au centre du Zululand, plusieurs musées et complexes hôteliers tels que le **Fugitives'Drift Lodge** et l'**Isibindi Lodge** proposent des visites commentées des champs de bataille du Grand Trek *(p. 48-49)*, de la guerre anglo-zoulue *(p. 51)* et de la guerre des Boers *(p. 210-211)*.

Des agences permettent, à Durban, la découverte du quartier indien et des townships voisins. Shakaland *(p. 229)* offre un aperçu des traditions zouloues.

Chez les habitants d'un township

CARNET D'ADRESSES

RANDONNÉE

Hiking Federation
42 Pendoring Dr, Ext13,
Dalpark 1543.
(011) 968-1202.

**Tony Lourens
Hiking, Rock
climbing and
Mountaineering**
(021) 439 8199.

Abseil Africa
229 Long St, Cape Town
8000.
(021) 424-1580.

PÊCHE

**Trout Adventures
Africa**
Thor Crescent, Thornton,
Cape Town 7485.
(021) 532-2981.

**South African
Deep Sea Angling
Association**
PO Box 4191, Cape Town
8000.
(021) 976-4454.

**Game Fishing
Safaris**
9 Daisy Way, Newlands,
Cape Town 7700.
(021) 674-2203.

**Lynski Deep Sea
Fishing Charters**
26 Manaar Rd,
Umhlanga Rocks, Durban
4320.
082 445 6600.

CHASSE

**Professional
Hunters Association
of South Africa**
PO Box 10264,
Centurion, Pretoria 0046.
(012) 663-2417.

BICYCLETTE

**South African
Cycling Federation**
104 Raats Dr, Tableview
Cape Town 7441.
(021) 557-1212.

**Pedal Power
Association**
Cape Town 8000
(021) 689-8420.

**South African
Mountain Bike
Association**
Cape Town 8000
(021) 856 1284.

SPORTS AÉRIENS

**Aero Club of
South Africa**
49 New Rd, Midrand
1685.
(011) 805-0366.

Face Adrenalin
156 Long St,
Cape Town 8001.
(021) 424-8114.

**South African Hang
Gliding and Para-
gliding Association**
49 New Road, Il
Piachere, Midrand, 1685.
(012) 668-1219.

Pilanesberg Safaris
PO Box 79, Sun City 0316.
(014) 555-5469.

SPORTS AQUATIQUES

**Felix Unite River
Trips**
141 Lansdowne Rd,
Claremont, Cape Town
7700.
(021) 670-1300.

River Rafters
45 Kendal Rd, Diep River,
Cape Town 7800.
(021) 712-5094.

Coastal Kayak Trails
179 Beach Rd, Three
Anchor Bay 8001.
(021) 439-1134.

Gary's Surf School
Cours de surf, de voile et
excursions.
(021) 783-2915.

**Real Cape
Adventures**
Paddle Yak, Hout Bay.
(021) 790-5611.

**(NAUI) National
Association of
Underwater
Instructors**
40 Gordonia Centre,
Gordon's Bay 7150.
(021) 856-5184.
www.naui.co.za

**Orca Diving
Academy**
3 Bowwood Rd,
Claremont 7708.
(021) 671-9673.

Shark Cage Diving
South Coast Safaris
124 Cliff St, De Kelders,
Gansbaai 7220.
(028) 384-1380.

ÉQUITATION ET
RANDONNÉES À
PONEY

**Malealea Lodge
and Horse Treks**
Malealea,
Lesotho.
(051) 447-3200.

SENTIERS
DE BROUSSE,
OBSERVATION
DE LA FLORE
ET DES OISEAUX

**Cape Nature
Conservation**
Utilitas Bldg,
1 Dorp St,
Cape Town 8000.
(021) 426-0723.

**Wildlife Society of
South Africa**
31 The Sanctuary Rd,
Kirstenhof 7945.
(021) 701-1397.

**South African
National Parks
Board**
44 Long Street,
Cape Town 8000.
(012) 428-9111.
PO Box 787,
Pretoria 0001.
(012) 428-9111.

**KwaZulu-Natal
Conservation
Services**
Queen Elizabeth Pk,
Pietermaritzburg 3200.
(033) 845-1000.

**National Botanical
Institute**
Kirstenbosch, Rhodes Dr,
Newlands,
Cape Town 7700.
(021) 799-8783.

**World of Birds
Wildlife Sanctuary**
Valley Rd, Hout Bay,
Cape Town.
(021) 790-2730.

TOWNSHIPS

African Adventure
14 Mooiverwacht St,
Stellenridge.
(021) 919-1364.

Legend Tours
26 Hayward Rd,
Crawford,
Cape Town.
(021) 697-4056/7.

Gold Reef Guides
Northern Parkway
Avenue, Ormonde.
(011) 496-1400.

Grassroute Tours
90B Bree St,
Cape Town 8001.
(021) 706-1006.

Imbizo Tours
1 President St,
Johannesburg 2001.
(011) 838-2667.

**Jimmy's Face to
Face Tours**
130 Main St, 2nd Fl,
Budget House,
Johannesburg 2001.
(011) 331-6109.

VISITES
DES CHAMPS
DE BATAILLE

**Fugitives' Drift
Lodge**
PO Rorke's Drift, 3016.
(034) 642-1843.

Isibindi Lodge
PO Box 124,
Dundee 3000.
(034) 642-1620.

**Babanango Valley
Lodge**
PO Box 10,
Babanango 3850.
(035) 835-0062.

**KZN Battlefields
Tour Guides**
Talana Museum,
Dundee 3000.
(034) 212-2654.

Parcs nationaux et réserves naturelles

P our visiter la majorité des réserves publiques, il faut acquérir un permis temporaire vendu pour un prix raisonnable à l'entrée principale, où sont aussi disponibles cartes et renseignements. Toutefois, il faut réserver les hébergements auprès du siège du National Parks Board, situé à Pretoria, ou à ses bureaux de Cape Town, ou encore auprès de Tourist Junction à Durban *(p. 220)*.

Impala

	NOMBRE DE CHAMBRES	PISCINE	RESTAURANT	CARBURANT	RISQUE DE MALARIA

CAPE TOWN

CAPE TOWN : *Cape Peninsula National Park* Cape Peninsula. **Carte routière** B5. 📞 *(012) 426-5000, (021) 701-8692.* Ce parc protège la Table Mountain et la chaîne de la péninsule du Cap. Il abrite 2 285 espèces végétales. Animaux : bonteboks, zèbres du Cap et babouins. 🎿 🚶 ⬇		●			

TERRASSE CÔTIÈRE ORIENTALE

LANGEBAAN : *West Coast National Park* West Coast Rd (R27). **Carte routière** A5. 📞 *(012) 426-5000, (021) 422-2816.* La plus vaste zone marécageuse de la West Coast renferme le lagon de Langebaan et 4 îles. On peut y voir quelque 30 000 échassiers. 🎿 🚶 ⬇		●			

CAP SUD

BREDASDORP : *De Hoop Nature Reserve* À 56 km de piste à l'E. de Bredasdorp. **Carte routière** B5. 📞 *(028) 542-1126.* De Hoop protège une bande de 40 km de marais côtiers et comprend une réserve marine fréquentée en hiver par des baleines franches australes. Animaux : zèbres, vautours du Cap et plus de 400 bonteboks. 🅰 🎿 🚶	11	●			

ROUTE JARDIN VERS GRAHAMSTOWN

PLETTENBERG BAY : *Tsitsikamma National Park* N2 depuis Plettenberg Bay. **Carte routière** C5. 📞 *(012) 426-5000, (042) 281-607.* La première réserve marine d'Afrique du Sud protège 90 km de côtes. Animaux : singes, guibs, céphalophes bleus, baleines et dauphins. 🅰 🏨 🍴 🎿 🚶 ⬇	193	■	●		
PORT ELIZABETH : *Addo Elephant National Park* N2 depuis la ville puis R335. **Carte routière** D5. 📞 *(012) 426-5000, (042) 233-0556.* Le parc a été agrandi pour englober le massif du Zuurberg. Animaux : éléphants, buffles du Cap, rhinocéros noirs, élands, koudous. 🅰 🏨 🍴 📋 🚶	100	■	●	■	

WILD COAST, DRAKENSBERG ET MIDLANDS

CLARENS : *Golden Gate Highlands National Park* R711 ou R712. **Carte routière** E3. 📞 *(012) 426-5000, (058) 255-0012.* Des formations de grès et de grandes prairies font partie des attraits de cette réserve d'altitude. Animaux : gnous à queue blanche, damalisques, cervicapres de montagne, élands, gypaètes barbus, aigles de Verreaux, ibis du Cap. 🅰 🏨 🍴 🎿 🚶 🔄	100		●	■	
MOOI RIVER/BERGVILLE : *Natal Drakensberg Park* N3 par Mooi River, ou Harrismith et Estcourt. **Carte routière** E3. 📞 *(033) 845-1000.* Ce parc abrite 4 camps d'hébergement. Les randonneurs dorment dans des grottes jadis occupées par les Sans. Animaux : élands, cervicapres, antilopes-chevreuils, ourébis, babouins. 🅰 🏨 🍴 🎿 🚶 🔄	87			■	

DURBAN ET ZULULAND

EMPANGENI : *Greater St Lucia Wetland Park* N2 depuis Mtubatuba. **Carte routière** F3. 📞 *(033) 845-1000.* La plus vaste réserve marécageuse d'Afrique du Sud protège aussi forêts côtières, brousse, dunes et récifs de corail. Animaux : hippopotames, crocodiles, pélicans, sternes caspiennes, pygargues vocifères 🅰 🏨 🍴 🎿 🚶 ⬇	85	■	●	■	●
EMPANGENI : *Hluhluwe Umfolozi Park* N2 jusqu'à la sortie fléchée à Mtubatuba. **Carte routière** F3. 📞 *(033) 845-1000.* Le parc renferme 3 camps d'hébergement et 5 camps de brousse. Animaux : plus de 1 200 rhinocéros blancs, 300 rhinocéros noirs, lions, guépards, éléphants, buffles, girafes, antilopes, lycaons. 🏨 🍴 🎿 🚶	96	■	●	■	

NOMBRE DE CHAMBRES
Nombre total de *rondavels* (parfois appelés localement chalets ou cottages). La réserve peut compter plusieurs camps.

PISCINE
Piscine située dans un des camps d'hébergement.

RESTAURANT
Le camp abrite un restaurant ou une aire de repas commune.

CARBURANT
Faire le plein est nécessaire, en particulier dans les parcs les plus vastes qui ne peuvent être visités en une journée.

RISQUE DE MALARIA
La malaria sévit dans la région, et il est conseillé aux visiteurs de prendre des précautions avant d'y pénétrer.

	NOMBRE DE CHAMBRES	PISCINE	RESTAURANT	CARBURANT	RISQUE DE MALARIA
MKUZE : *Ndumo/Tembe Elephant Reserve* N2 après Mkuze, sortie Jozini. **Carte routière** F3. ☎ *(033) 845-1000.* Dans le nord du KwaZulu-Natal, la réserve créée pour protéger les derniers éléphants de la région est riche en mammifères et en oiseaux. 🐾🚶	7	■			●
VRYHEID : *Itala* R69 depuis Vryheid puis bifurcation à Louwsburg. **Carte routière** F3. ☎ *(033) 845-1000.* Réserve située dans le bassin de drainage de la Phongolo River. Animaux : éléphants, buffles, rhinocéros, léopards, girafes, élands, bubales rouges, koudous, kobs. 🏕🚻🍴🐾🚶	68	■	●	■	
GAUTENG ET SUN CITY					
HEIDELBERG : *Suikerbosrand Nature Reserve* À la sortie d'Heidelberg. **Carte routière** E2. ☎ *(011) 904-3930.* Ces hauteurs plantées de protéas *(suikerbos)* se trouvent à environ 10 km de Johannesburg. Animaux : gnous, élands, damalisques, springboks. 🏕🐾🚶🔄		■	●		
RUSTENBURG : *Pilanesberg National Park* À 50 km au N.-O. de Rustenburg. **Carte routière** D2. ☎ *(014) 555-6135.* Dans le cratère d'un ancien volcan. Animaux : lions, léopards, guépards, éléphants, buffles, rhinocéros, hippopotames, girafes, zèbres, antilopes. 🏕🚻🍴📋🐾	182	■	●	■	
ZEERUST : *Madikwe Game Reserve* À 70 km au N. de Zeerust sur la R49. **Carte routière** D2. ☎ *(0183672)* puis demander 2411. Au nord-ouest de la province du Nord, à la frontière avec le Botswana. Animaux : lions, guépards, lycaons, hyènes tachetées, éléphants, rhinocéros, élands, girafes, bubales rouges. 🚻🍴📋🐾🚶	46	■	●	■	
BLYDE RIVER CANYON ET MPUMALANGA					
GRASKOP : *Blyderivierspoort Nature Reserve* R534 depuis Graskop. **Carte routière** F2. ☎ *(013) 769-6019.* Dans le plus grand canyon du pays, profond de 1 000 m, la faune comprend de nombreux oiseaux, de petits mammifères et cinq espèces de primates. 🚻🐾🚶🏊	157	■	●	■	
NELSPRUIT ET PHALABORWA : *Kruger National Park* N4, R538, R569 ou R536. **Carte routière** F2. ☎ *(012) 426-5000, (013) 735-4000.* Le plus réputé des parcs nationaux sud-africains s'étend sur 352 km du nord au sud et 60 km de large en moyenne. En toute saison, ses 2 400 km de routes permettent d'admirer une abondante faune sauvage. 🏕🚻🍴📋🐾🚶 Pour les hébergements, *voir p. 335-336.*	4000	■	●	■	●
KAROO					
BEAUFORT WEST : *Karoo National Park* N1 jusqu'à Beaufort West. **Carte routière** D2. ☎ *(012) 426-5000, (023) 415-2828.* Le parc protège une partie du Karoo, écosystème semi-aride qui n'existe qu'en Afrique du Sud. Animaux : zèbres du Cap, springboks, gemsboks, bubales rouges, gnous à queue blanche. 🏕🚻🍴📋🐾🚶	22	■	●		
UPINGTON : *Augrabies Falls National Park* N14, à 120 km à l'O. d'Upington. **Carte routière** B3. ☎ *(012) 426-5000, (054) 452-9200.* Ce désert entoure de spectaculaires chutes d'eau sur le cours de l'Orange. Animaux : rhinocéros noirs, élands, springboks, gemsboks, girafes. 🏕🚻🍴📋🐾🚶	59	■	●	■	
NORD DE L'ORANGE					
UPINGTON : *Kgalagadi Transfrontier Park* R360 depuis Upington. **Carte routière** B2. ☎ *(012) 343-1991, (054) 561-2000.* La réserve naturelle se prolonge au Botswana pour former l'International Peace Park, qui possède une superficie deux fois supérieure à celle du Kruger National Park. Animaux : lions, guépards, élands, springboks, gemsboks, hyènes brunes et tachetées, otocyons (chiens oreillards), 260 espèces d'oiseaux. 🏕🚻🍴📋	165	■	●	■	

Légende des symboles, voir rabat de couverture

RENSEIGNEMENTS
PRATIQUES

MODE D'EMPLOI

L'Afrique du Sud accueille 4,5 millions de visiteurs étrangers chaque année, un nombre qui ne cesse de croître, mais ce vaste pays garde néanmoins une nature encore vierge. Il existe encore de longues plages de sable quasiment désertes, la circulation en voiture entre les villes et l'océan reste fluide, et, malgré leur fréquentation, les réserves naturelles

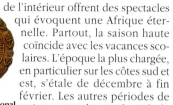

Logo d'un monument national

de l'intérieur offrent des spectacles qui évoquent une Afrique éternelle. Partout, la saison haute coïncide avec les vacances scolaires. L'époque la plus chargée, en particulier sur les côtes sud et est, s'étale de décembre à fin février. Les autres périodes de pointe sont le week-end de Pâques et les vacances d'hiver, qui durent 4 semaines entre juin et juillet.

QUAND PARTIR

De nombreuses régions se révèlent particulièrement agréables en septembre et octobre, quand la végétation prend ses atours printaniers et que les températures sont douces. Toutefois, la meilleure période pour observer la faune dure de juin à août, car beaucoup d'arbres perdent leurs feuilles, et les animaux se rassemblent autour des rares points d'eau. Les journées d'hiver sont ensoleillées, mais la température chute au coucher du soleil.

De décembre à février, la chaleur devient difficilement supportable dans le Cap Nord et sur la côte est, même si l'atmosphère est rafraîchie par les orages presque quotidiens. Si le climat du littoral est adouci par une influence océanique, certaines personnes ont du mal à supporter le taux d'humidité très élevé. Les régions sud-ouest reçoivent des pluies d'hiver et connaissent des étés chauds. Il pleut toute l'année sur la majeure partie de la côte sud.

QU'EMPORTER

Ne sous-estimez pas les hivers sud-africains, ou les écarts de température en été, et prévoyez au moins un vêtement chaud. Vous trouverez sur place des produits tels que filtres solaires et pellicules, mais prenez une réserve de médicaments si vous suivez un traitement.

VISAS ET PASSEPORTS

Les ressortissants de l'Union européenne et de la Suisse n'ont besoin que d'un passeport en cours de validité pour séjourner jusqu'à six mois en Afrique du Sud. La même règle s'applique aux citoyens canadiens, mais pour une période de trois mois seulement.

Les visas d'entrée au Swaziland sont délivrés gratuitement à la frontière. La législation du Lesotho devrait changer sous peu, renseignez-vous auprès d'une ambassade ou d'un consulat sud-africain.

À leur arrivée dans le pays, tous les visiteurs doivent

Kiosque d'information touristique

remplir une autorisation de résidence temporaire, sur laquelle ils doivent indiquer la durée et le but de leur séjour, ainsi qu'une adresse. Les autorités peuvent aussi leur demander de prouver qu'ils peuvent subvenir à leurs besoins pendant le séjour et qu'ils possèdent un billet de retour ou les moyens d'en acquérir un. Aucune vaccination n'est obligatoire, mais la malaria sévit dans certaines parties du KwaZulu-Natal et du Mpumalanga.

INFORMATION TOURISTIQUE

Identifiés par la lettre « i » sur fond vert, les offices de tourisme peuvent porter différentes appellations, comme « *publicity association* ». Dans les petites localités, les bureaux sont souvent situés dans la rue principale, jouxtant parfois la mairie, ou directement installés dans le musée local ou la bibliothèque. N'hésitez pas à vous renseigner avant votre départ auprès de l'office de tourisme sud-africain de votre pays.

Près de Port Elizabeth en été, dans l'Addo Elephant Park *(p. 186)*

Bateau-promenade du Knysna Lagoon *(p. 176)*

HORAIRES D'OUVERTURE ET DROITS D'ENTRÉE

La plupart des administrations et des musées ouvrent de 8 h à 9 h à 16 h ou 17 h. Certains, surtout en zone rurale, ferment entre 13 h et 14 h, sauf pendant l'été. Les grands musées ferment normalement un jour par semaine, en général le lundi. Réserves naturelles et jardins botaniques perçoivent des droits d'entrée. L'accès à beaucoup de sentiers de randonnée est également payant.

SAVOIR-VIVRE

Il est interdit de consommer de l'alcool dans les lieux publics, y compris sur les plages, et de fumer dans les bus, les trains, les taxis et la majorité des édifices publics. Les femmes n'ont pas le droit de bronzer ou de se baigner les seins nus.

Certaines coutumes doivent être respectées dans les églises, mosquées ou temples.

VOYAGEURS HANDICAPÉS

Les aménagements restent bien moindres en Afrique du Sud qu'en Europe ou en Amérique du Nord, mais il devient possible d'y passer de bonnes vacances en fauteuil roulant. Si vous louez une voiture, pensez à demander un disque vous permettant de profiter des places de stationnement réservées. Prévenues à l'avance, les compagnies aériennes fourniront l'assistance nécessaire à vos besoins. Un nombre croissant d'hôtels peuvent accueillir des handicapés, et les parcs nationaux du Kruger et du Karoo abritent des huttes spécialement adaptées. N'hésitez pas à vous renseigner auprès de l'**Association for Persons with Physical Disabilities** *(p. 373).*

Place réservée

VAT AND TAXES

Voir p. 358 et p. 381.

On n'entre pas avec ses chaussures dans un temple hindou

Visite de la Cango Wildlife Farm d'Oudtshoorn *(p. 166)*

VOYAGER AVEC DES ENFANTS

À condition d'éviter les pensions et hôtels qui ne les acceptent pas *(p. 310-339)*, voyager avec des enfants se révèle relativement aisé, la douceur du climat sud-africain permettant de nombreuses activités de plein air. Les enfants sont souvent spontanés, mais ne les laissez pas s'éloigner hors de votre vue. Pensez à emporter suffisamment d'eau lors de vos déplacements, la déshydratation est un risque majeur par forte chaleur. N'oubliez pas chapeaux et filtres solaires. Mieux vaut se tenir à l'écart des zones où sévit la malaria.

Si vous voyagez pendant les vacances scolaires locales, vous découvrirez que même les plus petites localités proposent des activités, de la visite de zoo ou d'aquarium à des ateliers de théâtre, de pâtisserie ou d'artisanat. La presse locale, les bibliothèques et le magazine de programmes *SA City Life* constituent de bonnes sources d'information. La faune sauvage des réserves naturelles fascine les enfants, mais ils prennent aussi beaucoup de plaisir dans des fermes *« Touch and Feed »* où ils peuvent nourrir les animaux. Des aires de jeux surveillées comme les **Never Never Land** de Cape Town et Johannesburg jouissent d'une popularité croissante. Vous payez à l'heure et votre progéniture s'y amuse pendant que vous effectuez des visites ou des achats.

FEMMES VOYAGEANT SEULES

L'Afrique du Sud connaît un taux extrêmement élevé de viols, un problème qui ne semble toutefois pas concerner les touristes.

Quelques précautions simples restent tout de même à prendre : éviter au maximum de se déplacer seule, donner toujours l'impression de savoir où on va, ne pas se risquer dans les quartiers réputés dangereux et, bien entendu, ne jamais monter dans la voiture d'un inconnu.

L'association Rape Crisis (« SOS viol ») possède des bureaux dans toutes les grandes villes.

La majorité des hommes conservent des opinions et une attitude très machistes. Se montrer trop amicale risque d'être mal interprété. Comme dans toute l'Afrique, le sida fait des ravages. Pharmacies et supermarchés vendent des préservatifs.

VOYAGEURS HOMOSEXUELS

La nouvelle Constitution garantit les droits des homosexuels, mais même si Cape Town peut être considérée comme la « capitale gay de l'Afrique », l'atmosphère des petites villes notamment reste très conservatrice. Les grandes villes abritent des bars, des lieux de spectacle et des organisations sportives gays, et

Gay and Lesbian Pride Parade

le magazine de programmes *SA City Life* publie chaque semaine une liste de manifestations spécifiques.

La grande fête travestie organisée en décembre à Cape Town par le Mother City Queer Projects attire chaque année près de 10 000 participants, dont au moins 1 000 étrangers. Johannesburg accueille en septembre la Gay and Lesbian Pride Parade.

Auberge de jeunesse dans le centre de Cape Town

LES ÉTUDIANTS

Les étudiants munis d'une carte internationale (ISIC) bénéficient de tarifs intéressants sur les compagnies aériennes et, en hiver, sur les grandes lignes de chemin de fer *(p. 382)*, mais les réductions sur les droits d'entrée, notamment dans les cinémas, les salles de spectacle et les musées, restent quasiment inconnues. L'agence de voyages STA Travel, spécialisée dans les services aux étudiants, possède des antennes à Cape Town, Johannesburg et Durban.

DÉCALAGE HORAIRE

Toute l'Afrique du Sud vit à la même heure, le South African Standard Time (SAST). Il a toute l'année deux heures d'avance sur l'heure GMT (Greenwich Mean Time). Il n'y a donc pas de décalage horaire avec la France pendant l'été de l'hémisphère Nord (de fin mars à fin octobre). En hiver, il est midi à Johannesburg quand il est 11 h à Paris.

APPAREILS ÉLECTRIQUES

La compagnie d'État Eskom alimente pratiquement tout le pays en courant alternatif d'une tension de 220-230 volts et d'une fréquence, comme en France, de 50 Hz. Selon l'intensité tolérée par le circuit (en général 5 ou 15 ampères), les prises mâles possèdent soit deux petites fiches cylindriques, soit trois grosses avec la plus longue reliant à la terre. Les adaptateurs sont difficiles à se procurer, et il se révélera souvent plus aisé de changer la prise d'un appareil, ou son transformateur s'il est alimenté en courant basse tension.

Prises électriques sud-africaines

TOILETTES PUBLIQUES

Les grands centres commerciaux et les principaux sites touristiques possèdent des toilettes bien entretenues, adaptées aux handicapés et souvent équipées d'un endroit pour changer les bébés.

En ville, les galeries marchandes et les bâtiments publics tels que bibliothèques et hôtels de ville renferment des toilettes accessibles à tous. Les grandes stations-service réservent leurs toilettes aux clients. Sur les routes les plus fréquentées, les stations-service qui vendent des rafraîchissements ont des toilettes propres. En revanche, celles des gares routières et ferroviaires ne sont pas toujours très recommandables, et vous y trouverez rarement du savon et de quoi vous sécher les mains.

POIDS ET MESURES

L'Afrique du Sud roule à gauche, mais a adopté le système métrique. Les distances y sont donc indiquées en kilomètres et les températures en degrés centigrades.

Santé et sécurité

Logo de la police

L'Afrique du Sud traverse une période de profond changement. Sa capacité à passer sans heurts à la démocratie après des années de conflits intérieurs a été citée en exemple dans le monde, mais de nombreux problèmes attendent encore une solution, en particulier celui du chômage et de la pauvreté d'une grande partie de la population. Si la délinquance est dans certains lieux extrêmement élevée, un visiteur prudent court en fait peu de dangers. Cette prudence doit aussi s'exercer face aux animaux sauvages. La malaria et la bilharziose continuent de sévir dans certaines régions.

SÉCURITÉ DES PERSONNES ET DES BIENS

Se prémunir contre la délinquance demande avant tout du bon sens. La première précaution consiste à se renseigner sur les zones à risque. Si les townships et les centres-villes sont probablement les endroits les plus dangereux, les bourgs et les villages peuvent eux aussi avoir leurs lieux malfamés.

Le vol à la tire est le problème le plus souvent rencontré. Évitez en général de vous promener seul, et ne mettez pas en évidence des accessoires coûteux.

Ne gardez pas de fortes sommes d'argent sur vous. Laisser de la monnaie dans une poche vous évitera de devoir sortir votre portefeuille pour le moindre pourboire. Une ceinture dissimulée sous les vêtements est le moyen le plus sûr de conserver sur soi les billets et documents. Faites une photocopie, qui restera à l'hôtel, des papiers importants

Agent de police

tels que passeport et reçu d'achat de chèques de voyage, c'est une précaution simple qui peut se révéler très utile. En cas de perte ou de vol de votre passeport, entrez immédiatement en contact avec votre consulat *(p. 371)*. Pour les chèques de voyage et les cartes bancaires, appelez l'organisme qui les a délivrés *(p. 376)*.

À l'aéroport ou à la gare, mieux vaut ne jamais quitter des yeux ses bagages. Pour examiner un achat, ne posez pas votre bien à terre.

Face à un agresseur, ne résistez pas. En cas d'urgence, appelez la **Police Flying Squad**. Signalez l'incident au plus proche poste de police. Une copie de votre déposition sera nécessaire pour obtenir le remboursement d'un objet assuré. Un service d'assistance gratuit, Eblockwatch, peut vous être utile en cas d'urgence. Inscrivez-vous pour cela sur www.eblockwatch.co.za

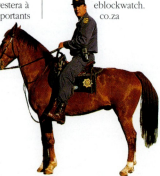

Policière   Agent de la police montée

Dépanneuse

SUR LA ROUTE

Lors de déplacements en voiture, la police conseille de ne jamais laisser monter un inconnu, et de garder les portes verrouillées et les fenêtres seulement entrouvertes. Si vous vous arrêtez, même quelques instants, fermez à clé et assurez-vous qu'aucun objet de valeur n'est visible. Laissez la boîte à gants ouverte pour montrer qu'elle ne contient rien de précieux. Chaque fois que possible, préférez les parkings couverts ou surveillés. Si un pirate de la route braque une arme vers vous, obéissez à ses ordres sans discuter.

Un pharmacien saura vous conseiller en cas de petit problème

SANTÉ

Provinciaux ou d'État, les hôpitaux publics sont bien équipés, mais tendent à manquer de fonds et de personnel. Les soins sont payants. Il existe aussi des cliniques privées comme la **Sandton Medi-Clinic**. Si vous suivez un traitement, n'oubliez pas de le signaler, même lors d'une consultation pour un problème différent. Prévoyez une bonne assurance de voyage. Une couverture complète comprend la prise en charge directe d'un éventuel rapatriement et celle de tous les frais médicaux, ce qui vous évite d'avoir à les payer sur place. Votre carte bancaire ou votre assurance automobile vous font peut-être déjà profiter d'une assistance. Vérifiez attentivement ce qu'elle prévoit.

Ambulance

Véhicule de police

Camion de pompiers

EAU ET NOURRITURE

L'eau du robinet est potable, et il existe un large choix d'eaux minérales plates et gazeuses. En général, les visiteurs ne souffrent pas en Afrique du Sud des troubles digestifs fréquents dans le reste du continent, mais quelques précautions restent à prendre, bien laver et éplucher les fruits notamment.

DANGERS DE PLEIN AIR

Dans de nombreuses régions, les feux de forêt et de brousse constituent un réel danger, en particulier l'hiver en saison sèche. Un mégot peut suffire à en déclencher un. Même par temps couvert, il faut prendre des précautions contre les coups de soleil, en particulier en altitude. Avant d'entreprendre une randonnée, pensez toujours à vous informer des prévisions météorologiques, à prévenir quelqu'un de l'itinéraire que vous comptez suivre et du moment auquel vous devez rentrer.

MORSURES ET PIQÛRES VENIMEUSES

La plupart des reptiles vivant en Afrique du Sud sont inoffensifs, et très peu de serpents infligent des morsures mortelles. Ils n'attaquent l'homme que s'ils se sentent menacés. Il existe plusieurs sortes de scorpions, mais leurs piqûres restent presque toujours relativement bénignes. Les espèces les plus venimeuses possèdent en général une grosse queue et de petites pinces. L'araignée la plus dangereuse, une *Latrodectus* (famille de la veuve noire), est rare.

Il est néanmoins préférable, en randonnée ou en safari, de porter des chaussures fermées, d'inspecter les endroits où l'on s'assied et de ne pas glisser la main dans des trous creusés dans le sol ou les rochers. Leur faible poids rend les enfants plus sensibles au venin.

Feux interdits

MALARIA ET BILHARZIOSE

La malaria est endémique au Mpumalanga, dans la province du Nord et dans le nord du KwaZulu-Natal. Les traitements préventifs doivent être commencés une semaine avant de pénétrer dans une région impaludée, et poursuivis un mois après l'avoir quittée.

La bilharziose sévit dans la province du Nord, au Mpumalanga, dans la province du Nord-Ouest, au KwaZulu-Natal et au Cap Est. Elle a pour cause un ver parasite présent dans des lacs et des cours d'eau où vit un mollusque nécessaire à son cycle de développement. Ce ver peut pénétrer dans le corps par la peau. En cas de doute, ne vous baignez pas et n'utilisez pas l'eau pour vous laver. Faites-la bouillir avant de la boire.

CARNET D'ADRESSES

NUMÉROS D'URGENCE

Police Flying Squad
10111 toutes régions.

Ambulances
10177 toutes régions.

Ambulances privées
Western Cape Paramedic Service (021) 551-6823

Pompiers
Jo'burg (011) 624-2800.
Pretoria 10177.
Cape Town (021) 535-1100.
Durban (031) 361-0000.

AA Emergency Road Service (secours routiers)
Appel gratuit 0800-01-0101. 24 h/24 toutes régions.

SOINS

Pharmacies de garde
Jo'burg (011) 624-2800.
Pretoria (012) 460-6422.
Cape Town (021) 797-5094.
Durban (031) 368-3666.

Christiaan Barnard Memorial Hospital
181 Longmarket St. Cape Town.
(021) 480-6111.

SOS Poison
0800 33 3444 toutes régions.

Sandton Medi-Clinic
Peter Place, Bryanston, Jo'burg.
(011) 709-2000.

St. Augustine's Hospital
107 Chelmsford Rd, Glenwood, Durban (031) 268-5000.

Poste de police de Pietermaritzburg

Banques et monnaie

Une grande banque

L'Afrique du Sud possède un réseau bancaire comparable à celui d'un pays d'Europe de l'Ouest. Le gouvernement impose une limite aux exportations de devises. Cette limite, comme le taux de change, est soumise à des fluctuations. Si vous craignez de la dépasser, renseignez-vous avant de quitter le pays. La monnaie sud-africaine, le rand, est également valable dans les pays frontaliers. Les chèques de voyage sont acceptés dans les banques et les bureaux de change, les hôtels et certaines boutiques. Vous devrez présenter vos reçus d'opérations de change à la sortie du pays.

Bureau de change au Victoria & Alfred Waterfront, Cape Town

HORAIRES D'OUVERTURE

En ville, les banques ouvrent de 9 h à 15 h 30 pendant la semaine, et de 9 h à 11 h le samedi. Les petites agences ont parfois des horaires plus courts, et certaines restent fermées le samedi. Il existe dans certains lieux tels que le Victoria & Alfred Waterfront et les aéroports internationaux de Cape Town et de Johannesburg des comptoirs de change ouverts 24 h/24. Tous les autres aéroports proposent aussi des services bancaires dans les halls de départ et d'arrivée des vols internationaux.

DISTRIBUTEURS DE BILLETS

Des distributeurs de billets équipent de nombreuses banques dans tout le pays, et ils acceptent les cartes de crédit étrangères. Visa et Mastercard sont les deux réseaux les mieux implantés. Comme en France, il vous faudra composer votre code confidentiel. Les sommes que

Distributeur de billets

vous pourrez retirer dépendent des clauses de votre contrat.

Mieux vaut prendre ses précautions le week-end, surtout si un lundi férié le prolonge, car certains distributeurs se retrouvent à court de billets. Les précautions d'usage se révèlent encore plus nécessaires en Afrique du Sud : évitez de retirer de l'argent dans un lieu désert et déclinez toute proposition d'« aide ». Les escroqueries sont fréquentes. L'une des plus répandues consiste à bloquer le système d'éjection de la carte, puis à attendre que son propriétaire aille se plaindre à l'intérieur de la banque pour la récupérer ou effectuer un retrait. Si quelqu'un bloque votre carte, restez plutôt sur place et envoyez quelqu'un chercher de l'aide. Sur tous les distributeurs est affiché un numéro de téléphone accessible 24 h/24 en cas de problème.

CARTES BANCAIRES

Avant le départ, assurez-vous que votre contrat vous autorise des retraits suffisants à vos besoins pendant le voyage. La plupart des commerces acceptent les grandes cartes bancaires, à l'exception des stations-service, les banques sud-africaines attribuant à leurs clients des cartes spéciales pour ces dernières. Les étrangers n'ont généralement pas d'autre moyen de payer le carburant que le liquide. Visa a pour correspondant la First National Bank, tandis que la Standard Bank est alliée au réseau Mastercard.

CHANGEURS AUTOMATIQUES

Parmi les facilités pour les étrangers récemment mises en œuvre, on trouve des distributeurs très pratiques hors des heures d'ouverture des différents bureaux de change et des banques. Ces appareils changent automatiquement et uniquement des billets de devises étrangères.

CHÈQUES DE VOYAGE

Acceptés dans toutes les banques, les chèques de voyage Thomas Cook et American Express offrent un moyen très sûr de transporter de l'argent.

MONNAIE

L'Afrique du Sud a pour unité monétaire le rand (R), divisé en 100 cents. Outre les billets présentés ci-dessous, il existe des coupures de 5 rands, en cours de retrait.

Les pièces ont une valeur de 1 cent à 5 rands. Des pièces anciennes, plus grandes, restent en circulation. La monnaie sud-africaine a cours dans les pays voisins du Lesotho, de la Namibie, du Swaziland et du Botswana.

Les billets
Les billets d'une valeur de 10, 20, 50, 100 et 200 rands sont à l'effigie des Cinq Grands de la faune africaine (p. 24-25).

200 rands (200 R)

100 rands (100 R)

50 rands (50 R)

20 rands (20 R)

10 rands (10 R)

Les pièces
Leur couleur aide à différencier les pièces sud-africaines : cuivre pour celles de 1, 2 et 5 cents ; laiton pour celles de 10, 20 et 50 cents et argent pour celles de 1, 2 et 5 rands. Toutes apparaissent ici grandeur nature.

1 cent

2 cents

5 cents

10 cents

20 cents

50 cents

1 R

2 R

5 R

Communications et médias

Telkom SA, la compagnie nationale sud-africaine, gère un réseau téléphonique efficace et en constante amélioration. Des téléphones, à pièces ou à carte, équipent de nombreux lieux publics, ainsi que des restaurants et des bars. Certaines boutiques en abritent en zone rurale. La poste propose une large gamme de services. Des établissements privés permettent de recevoir et d'envoyer fax et courrier électronique. Les cartes téléphoniques et les timbres peuvent être achetés dans toutes sortes de commerces. Les quotidiens de langue anglaise sont les mieux diffusés au plan national.

Logo de Telkom

Téléphone en bord de route

TÉLÉPHONE

Hormis dans certaines régions très isolées, le réseau téléphonique est partout automatique. Vous trouverez des téléphones publics dans les gares et les galeries marchandes, mais vous devrez probablement vous rendre dans une poste pour trouver un annuaire. Beaucoup de commerces et de restaurants ont un modèle de téléphone appelé Chatterbox. Même sans être client, vous pouvez demander à l'utiliser, et le personnel refusera rarement.

Les téléphones publics acceptent presque toutes les

Publiphones

pièces de monnaie sud-africaines. Postes, cafés et marchands de journaux vendent des cartes téléphoniques. Des tarifs réduits s'appliquent de 19 h à 7 h en semaine et du samedi 13 h au lundi 7 h. Appeler depuis une chambre d'hôtel peut revenir très cher. Les téléphones placés à intervalles réguliers au bord des grands axes routiers mettent directement en communication avec un service d'urgence.

FRANCE DIRECT

Le service France Direct permet aux détenteurs d'une carte France Télécom

(disponible sans abonnement) de téléphoner depuis l'étranger en étant facturé en France. En Afrique du Sud, il faut passer par le 0800 990 033. Pour de plus amples renseignements, appelez en France le numéro vert 0800 10 20 40.

TÉLÉPHONES MOBILES

Si vous possédez un téléphone mobile et désirez l'utiliser en Afrique du Sud, contactez quelques jours avant votre départ le service clientèle de votre fournisseur d'accès.

Il est possible de louer un appareil dans tous les principaux aéroports. De plus en plus de contrats de location de voiture en prévoient aussi la fourniture. Le réseau est excellent en ville et le long des grands axes routiers.

UTILISER UN PUBLIPHONE À PIÈCES OU À CARTE

1 Décrochez et attendez la tonalité.

2 Insérez la monnaie

3 L'écran affiche votre crédit.

4 Composez le numéro et attendez la connexion.

5 Raccrochez et récupérez la monnaie.

Télécartes
Telkom propose des cartes d'une valeur de 15, 20, 50, 100 et 200 rands.

5 Appuyez sur ce bouton pour effectuer un autre appel.

1 Décrochez et attendez la tonalité.

3 L'écran affiche le crédit restant. Un signal sonore retentit à l'épuisement de votre carte, qui est automatiquement éjectée. Remplacez-la pour continuer l'appel.

4 Composez le numéro et attendez la connexion.

2 Insérez une carte Telkom en respectant le sens de la flèche.

Boîte aux lettres

SERVICES POSTAUX

Lla poste sud-africaine connaît actuellement une importante réorganisation pour mettre un terme à l'irrégularité des délais d'acheminement. Les services proposés comprennent l'envoi en recommandé et contre remboursement, ainsi que la messagerie rapide (livraison garantie dans les 24 h à l'intérieur du pays). Les bureaux de poste ouvrent de 8 h à 16 h 30 du lundi au vendredi, et de 8 h à midi le samedi. Les plus petits ferment pour le déjeuner. Les timbres sont en vente également dans des commerces tels que marchands de journaux et épiceries.

MESSAGERIE RAPIDE

Les grandes compagnies internationales de messagerie rapide telles que **DHL** et **Speed Services**, spécialisées dans le transport express de paquets dans le monde entier, possèdent des antennes dans les principales villes.

POSTE RESTANTE

Pour recevoir du courrier en poste restante, il vous faut faire une demande écrite auprès du receveur du bureau de poste qui vous intéresse. Indiquez votre nom, la date à laquelle vous voulez que le service commence et une adresse où expédier le courrier

non retiré. Vos correspondants devront envoyer les lettres dans le bureau de poste désigné. L'enveloppe indiquera par exemple : Jean Dupont, Poste restante, Cape Town 8000. South Africa. Les envois sont conservés un mois et le service est gratuit.

FAX ET E-MAIL

Installés dans les quartiers d'affaires et les centres commerciaux, les bureaux assurant des services de photocopie comme **Copy Wizards** et **Internet Café** permettent d'expédier et de recevoir des fax et d'accéder à Internet.

JOURNAUX ET MAGAZINES

Aérogramme

La presse étrangère reçue en Afrique du Sud et diffusée chez certains marchands de journaux et dans des hôtels de luxe comprend surtout des publications en anglais.
Les principaux quotidiens sud-africains sont aussi rédigés dans cette langue. Ils ont une diffusion nationale, mais certaines localités rurales n'en reçoivent que peu d'exemplaires et parfois avec un jour de retard. Parmi les titres les plus importants figurent le *Star* (modéré), *The Citizen* (conservateur) et

Quelques quotidiens et hebdomadaires sud-africains

le *Sowetan* issu de la communauté noire. Les éditions du week-end comprennent souvent de très gros suppléments. De nombreux magazines, hebdomadaires et mensuels, abordent les sujets les plus divers.

RADIO ET TÉLÉVISION

La South African Broadcasting Corporation (SABC) dirige 4 chaînes de télévision et plusieurs stations de radio nationales et régionales. La langue dominante est l'anglais et les émissions et séries achetées en Grande-Bretagne et aux États-Unis tiennent une grande place dans les programmes. Une compagnie privée de télévision par câble et satellite, MNet, permet de disposer d'un choix plus large.

CARNET D'ADRESSES

SERVICES POSTAUX

Cape Town Post Office
📞 (021) 464-1700.

Johannesburg Post Office
📞 0800 11 0226.

OPÉRATEUR

📞 1023. (Centre de renseignement de Telkom)

📞 0020. (Appels interurbains)

📞 0900. (Appels internationaux)

📞 1023. (Renseignements locaux)

📞 0903. (Renseignements internationaux)

📞 1-0118. (Service de renseignement de Telkom, sur les hôtels, etc.)

FAX ET E-MAIL

Copy Wizards
📞 (021) 461-9334.

Internet Café
📞 (021) 419-6180.

MESSAGERIE RAPIDE

DHL International (Pty) Ltd
📞 (011) 921-3600.

Speed Services Couriers
📞 (086) 002-3133.

CIRCULER EN AFRIQUE DU SUD

La fin de l'apartheid a apporté au pays une large ouverture sur le monde, et 45 compagnies aériennes étrangères assurent chaque semaine environ 180 vols à destination de l'Afrique du Sud. Ils complètent les liaisons effectuées par South African Airways (SAA). Il existe aussi de nombreuses lignes intérieures. Le réseau ferroviaire couvre tout le territoire, et il se prolonge

Queue d'un 747 de SAA

jusqu'au Zimbabwe et au Mozambique. Le *Blue Train*, qui relie Cape Town à Pretoria, a acquis une réputation internationale pour son luxe. Les routes sont en général bien entretenues, mais on se retrouve souvent sur des pistes en terre dans les zones rurales. Des lignes d'autobus relient les villes principales, mais les transports à l'intérieur des agglomérations sont rarement satisfaisants.

Long-courrier bigarré de South African Airways

ARRIVER EN AVION

La plupart des visiteurs étrangers atterrissent au Johannesburg International Airport, mais il existe également des liaisons régulières avec Cape Town et Durban. La longueur du trajet dépend de la ville de destination. Pour un vol sans escale, il faut compter un minimum de dix heures au départ de Paris.

Les lignes intérieures de la compagnie nationale, South African Airways (SAA), assurent la desserte de Port Elizabeth, Bloemfontein, East London, Kimberley, Ulundi, George et Upington, ville du Cap Nord dont l'aéroport sert de point de transit vers d'autres destinations africaines. Il existe en outre des correspondances vers des localités de moindre importance et vers l'aérodrome de Skukuza, dans le Kruger National Park.

Les aéroports internationaux abritent des bureaux de change, des comptoirs de loueurs de voitures, des postes, des centres d'information, des boutiques *duty free,* des restaurants et des bars. Des taxis et des bus permettent de rejoindre les centres-villes. Beaucoup d'hôtels et de pensions, et certaines auberges de jeunesse, assurent aussi sur demande le transport de leurs clients.

DOUANE ET DÉTAXES

L'Afrique du Sud forme avec le Lesotho, le Swaziland, le Botswana et la Namibie l'Union douanière sud-africaine, une zone de libre circulation des biens. La législation en vigueur autorise les adultes non résidents à importer lors de leur entrée dans l'Union des produits détaxés *(duty free)* en quantité limitée : 50 ml de parfum ou 250 ml d'eau de toilette, 2 l de vin ou 1 l de spiritueux, 250 g de tabac ou 400 cigarettes et 50 cigares, et des cadeaux d'une valeur totale de 500 rands.

Au-delà, et pour des biens autres que les effets personnels, une taxe de 20 % est perçue jusqu'à une

Aéroport	Information	Distance du centre	Prix d'un taxi	Trajet en bus
✈ Johannesburg	☎ (011) 249-8800	24 km (15 miles)	190 R	20-25 min
✈ Cape Town	☎ (021) 937-1200	20 km (12 miles)	160 R	30-45 min
✈ Durban	☎ (031) 451-6667	20 km (12 miles)	160 R	20-30 min
✖ Port Elizabeth	☎ (041) 581-2984	3 km (2 miles)	25 R	7-10 min
✖ Bloemfontein	☎ (051) 433-2901	15 km (9 miles)	120 R	20-40 min
✖ East London	☎ (043) 706-0306	15 km (9 miles)	120 R	10-15 min
✖ George	☎ (044) 876-9310	10 km (6 miles)	80 R	10 min
✖ Skukuza*	☎ (013) 735-5644			

*Il existe trois liaisons quotidiennes entre Johannesburg et Skukuza, le plus grand camp du Kruger National Park.

Passage en douane

valeur de 10 000 rands par personne. Le taux monte à 30 % au-delà de 10 000 rands.

VOLS INTERNATIONAUX

Air France, Sabena, Swissair, et South African Airways assurent des liaisons régulières depuis Paris, Bruxelles et Zurich, mais d'autres compagnies proposent aussi des vols aux tarifs intéressants, en particulier depuis la province. Ils comportent généralement une escale. N'hésitez pas à mettre en concurrence plusieurs agences de voyages.

Les prix varient en fonction de la demande. C'est en mai et en avril qu'ils sont les plus bas. Réserver tôt permet en général de bénéficier de réductions, telles celles offertes pas les billets APEX. Divers services accessibles par Minitel ou Internet proposent toutes sortes de formules à tous les prix, voire des affaires de dernière minute.

LIGNES INTÉRIEURES

Outre South African Airways, British Airways/Comair et Sabena/Nationwide assurent des navettes aériennes entre les grandes villes sud-africaines. La concurrence rend les tarifs attractifs. En règle générale, réserver tôt, au moins une semaine à l'avance, se révèle avantageux. Renseignez-vous.

FORFAITS SÉJOURS

À moins d'envisager de découvrir l'Afrique du Sud en dormant dans des campings ou des auberges de jeunesse, choisir un forfait comprenant le trajet et l'hébergement se révélera plus avantageux que de voyager de manière indépendante, à confort égal.

Les agences spécialisées offrent aujourd'hui un vaste choix, y compris des formules « aventure ». Les principales destinations comprennent Durban, Cape Town, Johannesburg, Port Elizabeth, la Route Jardin, la Wild Coast, Sun City et le Kruger National Park.

FORFAITS AVION-AUTO

Des sociétés de location de voitures se sont associées à des compagnies aériennes ou des agences de voyages pour proposer des forfaits qui permettent de disposer d'un véhicule à l'aéroport. Ces formules sont en général assez intéressantes et simplifient les démarches à l'arrivée dans le pays.

TAXES D'AÉROPORT

En Afrique du Sud, la taxe d'aéroport, perçue à l'achat du billet, s'élève à 22 R pour une liaison intérieure, à 44 R pour un départ vers le Botswana, la Namibie, le Lesotho ou le Swaziland et à 78 R pour une destination hors de l'Union douanière.

CARNET D'ADRESSES

BUS D'AÉROPORT

Cape Town Magic Bus
Arrivées nationales, Cape Town International Airport.
(021) 934-5455.

Durban Magic Bus
Suite 7, Grenada Centre, 16 Chartwell Dr, Umhlanga Rocks.
(031) 561-1096.

East London Shuttle
Arrivées nationales, East London National Airport.
(082) 569-3599.

Johannesburg Magic Bus
Arrivées nationales, Terminal 3, Johannesburg International.
(011) 249-8800.

Pretoria Airport Shuttle
Angle de Prinsloo St et Vermeulen St.
(012) 322-0904.

LIGNES INTÉRIEURES

British Airways Comair
(021) 936-9000, Cape Town.
(011) 921-0222, Johannesburg.
(031) 450-7000, Durban.
(041) 508-8099, Port Elizabeth.
www.comair.co.za

Sabena Nationwide
(021) 936-2050, Cape Town.
(011) 390-1660, Johannesburg.
(031) 450-2087, Durban.

South African Airways
(021) 936-1111, Cape Town.
(011) 978-1111, Johannesburg.
(031) 250-1111, Durban.
(041) 507-1111, Port Elizabeth.
www.saa.co.za

LOCATION DE VOITURES

Voir p. 385 pour plus d'informations sur les grands loueurs de voitures comme Avis, Hertz, Imperial et Budget.

Hall d'arrivée du Johannesburg International Airport

Circuler en train

Logo du
Blue Train

Lents mais économiques, les chemins de fer sud-africains sont un bon moyen de circuler entre les villes, et ils se révèlent confortables (sauf en troisième classe). Les trains desservant la périphérie des villes, peu fréquents et parfois peu sûrs, présentent moins d'intérêt pour les visiteurs. Le *Blue Train*, un train de grand luxe, est très prisé, surtout par les étrangers, et la compagnie qui l'exploite dessert 4 itinéraires de découverte. D'excellents repas proposés au wagon-restaurant rythment ces voyages nonchalants qui durent de seize heures à deux jours et deux nuits (entre Pretoria et les Victoria Falls). Une autre société, Rovos Rail, propose des prestations similaires sur d'autres destinations.

Train de banlieue

TRAINS DE BANLIEUE

Les dessertes de la périphérie, assurées à Cape Town par Metrorail et dans les autres grandes villes par Spoornet, sont surtout utilisées par les employés venant travailler dans le centre, et elles sont moins fréquentes en milieu de journée et le week-end. Les gares fournissent gratuitement des horaires.

Deux fois plus chère que la troisième classe, la première offre nettement plus de confort et de sécurité. Il faut conserver son ticket pour le présenter à la sortie, même poinçonné par un contrôleur. Il existe des forfaits hebdomadaires et mensuels, mais comme ils ne portent pas mention de l'identité de l'acheteur, ils ne sont pas remplacés en cas de perte.

Les étudiants et les retraités ne bénéficient pas de réduction, mais les enfants de moins de 7 ans circulent gratuitement et ceux de moins de 13 ans paient demi-tarif. Certains trains de banlieue comprennent un wagon-restaurant. Essayez le confortable **Biggsy's Restaurant Carriage & Wine Bar** le long de la côte de False Bay. Le trajet entre Cape Town et Simon's Town *(p. 94)* prend environ une heure.

De nombreuses lignes sont déconseillées aux visiteurs voyageant seuls. Mieux vaut de toute façon éviter ce mode de transport la nuit et même aux heures de pointe du matin et du soir.

Abonnements proposés par Metrorail

GRANDES LIGNES

Gérées par Spoornet, les grandes lignes (Mainline Passengers Services) desservent une grande partie de l'Afrique du Sud et deux pays frontaliers : le Zimbabwe et le Mozambique. Les trains qui effectuent des liaisons interurbaines régulières portent un nom. Ainsi, le Trans-Karoo Express circule entre Cape Town et Johannesburg, l'Algoa Express entre Johannesburg et Port Elizabeth, le Trans-Natal Express entre Johannesburg et Durban et l'Amatola Express entre Johannesburg et East London.

Le terme « express » attribué aux *name trains* risque toutefois de provoquer des déceptions. Par exemple, il faut près de 24 h au Trans-Karoo pour parcourir une distance de 1 500 km.

Le prix des billets, vendus dans les gares et les bureaux de Mainline Passengers Services, passe du simple au double entre la troisième et la première classe. De nuit, un compartiment de première abrite 4 couchettes, alors qu'il y en a six en seconde.

Il n'existe pas de système de billet ouvert comparable à l'InterRail européen, mais les étudiants bénéficient d'une réduction de 40 % de février à novembre. Une remise de 25 % est accordée

La gare de Pretoria *(p. 255)*

pendant la même période aux retraités. Les enfants de moins de 5 ans voyagent gratuitement toute l'année, ceux de moins de 11 ans paient demi-tarif.

TRAINS TOURISTIQUES

Le *Blue Train* est plus qu'un mode de transport : c'est l'occasion de revivre l'époque des grands trains du tournant du siècle dont le luxe est resté mythique. La ligne Cape Town-Pretoria est la plus connue, mais la compagnie dessert aussi la Valley of the Olifants (près du Kruger National Park), la Route Jardin et les Victoria Falls au Zimbabwe.

Entre George et Knysna sur la Route Jardin, l'*Outeniqua Choo-Tjoe (p. 174-175)* longe l'océan à travers forêts et collines. C'est la seule ligne régulière qui garde encore des locomotives à vapeur.

Chaque premier dimanche du mois, le **South African National Railway and Steam Museum** de Johannesburg organise une journée portes ouvertes. Des promenades dans des trains historiques évoquent les débuts des chemins de fer.

Depuis Cape Town, le **Spier Vintage Train Company** *(p. 133)*, aux impeccables wagons d'époque, emmène directement ses passagers au domaine viticole de Spier.

Le *Blue Train* dans la jolie Hex River Valley

Logo de Rovos Rail

Union Limited propose des voyages dans la Franschhoek Valley ou jusqu'à Ceres, ainsi que le Golden Thread Tour qui dure six jours jusqu'à Oudtshoorn. Les autres trains à vapeur de loisirs comprennent le **Banana Express,** *(p. 225)* qui part de Port Shepstone au KwaZulu-Natal, et le petit **Apple Express,** qui rejoint depuis Port Elizabeth le village de Thornhill dans la province du Cap Est.

Rovos Rail dessert Kimberley, les Victoria Falls, Matjiesfontein, le Mpumalanga et la Namibie. Ses wagons-lits et ses wagons-restaurants allient cachet ancien et confort moderne.

CARNET D'ADRESSES

TRANSPORT DE PASSAGERS

Cape Metrorail
🎧 *(080) 065-6463.*

Mainline Passenger Services (Shosholozameyl)
🎧 *(086) 000-8888.*

Spoornet
🎧 *(011) 773-3994, (031) 361-3388, (041) 507-2042.*

TRAINS DE LOISIRS

Apple Express
🎧 *(041) 507-2333.*

Biggsy's
🎧 *(021) 449-3870.*

Blue Train
🎧 *(011) 774-4555.*

Outeniqua Choo-Tjoe
🎧 *(044) 801-8288.*

Rovos Rail
🎧 *(012) 323-6052.*

SA National Railway and Steam Museum
🎧 *(011) 888-1154.*

Spier Vintage Train Company
🎧 *(021) 419-5222.*

Union Limited Steam Railtours
🎧 *(021) 449-4391.*

LES CHEMINS DE FER SUD-AFRICAINS

ZIMBABWE
Messina
Louis Trichardt
Polokwane
BOTSWANA
PRETORIA
Nelspruit
Komatipoort
Johannesburg
MOZAMBIQUE
SWAZILAND
NAMIBIE
Kroonstad
Bethlehem
Kimberley
Ladysmith
Bloemfontein
LESOTHO
Durban

LÉGENDE
— Lignes principales

De Aar
Middelburg
Beaufort West
East London
Worcester
Cape Town
Oudtshoorn
George
Port Elizabeth

0   500 km

Circuler par la route

Logo d'AA

L'Afrique du Sud possède un réseau routier qui est dans l'ensemble en bon état, même si des nationales peuvent subitement se transformer en petites routes de montagne. Posséder une bonne carte évitera souvent les mauvaises surprises. Bien qu'il existe des liaisons en autocar entre les villes, l'importance des distances, y compris à l'échelle locale, rend une voiture presque indispensable pour jouir d'une réelle liberté. Les Européens trouveront le carburant bon marché. S'aventurer hors des zones urbaines offre l'occasion de s'initier à la conduite sur terre battue.

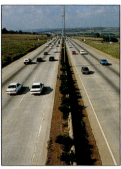

Une autoroute à six voies relie Pretoria et Johannesburg

Les stations-service sont des lieux d'étape sur les longs trajets

PERMIS DE CONDUIRE

Seules les personnes qui possèdent un permis de conduire rédigé en anglais et avec une photo récente peuvent se passer d'un permis international. Ce dernier doit être obtenu avant le départ, en s'adressant à un automobile club par exemple.

CODE DE LA ROUTE

Les Sud-Africains conduisent à gauche, mais il peut y avoir un panneau ou un agent de la circulation indiquant de laisser la priorité à droite. Les autochtones ont coutume de se ranger sur le bas-côté pour laisser passer les véhicules plus rapides. Attention, certains conducteurs, lorsqu'ils doublent, s'attendent à la même « courtoisie » de la part des voitures venant de face. Le port de la ceinture est obligatoire à l'avant, et à

Panneaux routiers

l'arrière si le siège est équipé. La vitesse est limitée à 60 km/h en ville, 100 km/h sur les nationales et 120 km/h sur les autoroutes.

Le véhicule doit contenir un triangle de signalisation. En cas d'accident ayant entraîné des blessures, ne touchez à rien avant l'arrivée de la police. Vous pouvez déplacer le véhicule s'il n'y a que des dégâts matériels, mais vous devrez signaler l'accident dans les 24 h. De lourdes sanctions punissent la conduite en état d'ivresse (à partir d'une alcoolémie de 0,08 g).

CONDUITE SUR PISTE

Si vous vous écartez des grands axes, il vous arrivera sans doute de devoir quitter le goudron. Sachez que même sur les chemins de terre les mieux nivelés, une voiture perd de l'adhérence. Dans les meilleures circonstances, et en ligne droite, il est conseillé de ne pas dépasser 80 km/h. La déformation du terrain appelé « tôle ondulée » impose une certaine vitesse pour que cessent les tressautements.

SÉCURITÉ

La police recommande aux visiteurs de ne pas prendre d'inconnus et de rouler portes verrouillées et vitres fermées (p. 374). Si vous vous arrêtez, ne laissez rien de valeur dans la voiture. La nuit, garez-vous dans des endroits bien éclairés.

La route tue beaucoup en Afrique du Sud. Les accidents n'ont pas pour seule cause l'imprudence des conducteurs, mais aussi celle des piétons. Soyez particulièrement vigilants dans les zones rurales et en traversant les townships.

Dans les zones peu habitées, prévoyez vos étapes et l'approvisionnement en carburant.

Des téléphones d'urgence jalonnent les grandes routes

Écran
Pièces
Ticket
Numéro de place

Certains horodateurs acceptent pièces et petites coupures

STATIONNEMENT

Le stationnement est payant dans le centre des grandes cités, où il y a des parcmètres un peu partout. Dans les villes, des chômeurs tentent de gagner quelques rands en s'improvisant « responsables du stationnement ». Il arrive qu'ils dirigent des automobilistes vers des endroits où ils n'ont pas le droit de se garer, comme le long d'un trottoir marqué d'une ligne jaune.

CARBURANT

Vous trouverez dans toutes les stations-service du supercarburant, de l'essence sans plomb et du gazole. Attention, elles n'acceptent que des cartes bancaires spéciales, et il vous faudra payer en liquide. Nettoyage du pare-brise

et vérification de la pression des pneus et des niveaux d'huile et d'eau font encore partie des services courants. Le pourboire reste aussi la norme.

LOCATION DE VOITURES

Il faut avoir 23 ans révolus et avoir obtenu le permis de conduire depuis au moins cinq ans pour pouvoir louer une voiture en Afrique du Sud.

Cette prestation revient cher, et vous obtiendrez de meilleurs prix avec un forfait avion-auto *(p. 381)* ou en réservant auprès d'une compagnie internationale avant votre départ. Lisez attentivement le contrat et les clauses d'assurance, en particulier le montant de la franchise en cas de dommages causés au véhicule.

Grandes compagnies de location de voitures

AUTOBUS

Les compagnies Greyhound, Intercape et Translux desservent en autocar presque toutes les villes du pays. Les liaisons sont sûres, confortables, plus rapides qu'en train et relativement bon marché. Greyhound et Translux proposent des forfaits pour ceux qui empruntent plusieurs fois leurs lignes.

Baz Bus offre, notamment le long de la côte entre Durban et Cape Town, un service très pratique destiné à l'origine aux voyageurs à petits budgets. Les billets, vendus dans tout le pays par les bureaux de Computicket, laissent la liberté de s'arrêter en route. Les seuls transports publics permettant d'atteindre certaines destinations sont les taxis collectifs, dits « taxis minibus », surtout utilisés par les Noirs, en particulier pour rejoindre les townships.

Il n'existe pas de compagnie de taxis à l'échelle nationale, mais votre hôtel ou l'office de tourisme saura vous conseiller.

CARNET D'ADRESSES

Indicatifs téléphoniques
Johannesburg (011).
Pretoria (012).
Cape Town (021).
Durban (031).
Port Elizabeth (041).

LOCATION DE VOITURES

Avis
(*(086) 102-1111.*

Budget
(*(086) 101-6622.*

Hertz
(*(086) 160-0136.*

Imperial
(*(011) 394-4020, (021) 930-7512, (031) 469-0066, (041) 581-4214.*

AUTOBUS

Baz Bus
(*(021) 439-2323.*

Computicket
(*(083) 915-8000.*

Greyhound
(*(011) 249-8700.*

Intercape
(*(021) 386-4400.*

Translux
(*(012) 315-334-8000.*

Gare routière d'Adderley Street à Cape Town

Index

Remerciements

AUTEURS
Michael Brett a visité de nombreux pays africains, dont le Kenya, le Malawi, le Zimbabwe, la Namibie et le Mozambique, et il a une connaissance approfondie de l'Afrique du Sud. Publié en 1989, son premier livre était un guide détaillé du Pilanesberg National Park dans la province du Nord-Ouest. Coauteur, en 1996, du *Touring Atlas of South Africa*, il a écrit *Great Game Parks of Africa : Masai Mara* et *Kenya the Beautiful*. Il a aussi rédigé des articles pour plusieurs magazines de voyage et le *Reader's Digest*.

Brian Johnson-Barker est né et a grandi à Cape Town. Diplômé de l'université du Cap, il a dirigé pendant quinze ans un laboratoire de pathologie clinique avant de se tourner vers l'écriture. Auteur également de scénarios pour la télévision et d'articles de journaux, il a publié près de 50 livres dont *Afrique du Sud, terre de contrastes* (1991), *Off the Beaten Track* (1996) et *Illustrated Guide to Game Parks and Nature Reserves of Southern Africa* (1997).

Mariëlle Renssen a travaillé pour le magazine généraliste sud-africain *Fair Lady* avant de passer deux ans à New York au *Young & Modern*, une publication pour adolescentes du groupe Bertelsmann. Après son retour en Afrique du Sud, elle a collaboré à des journaux tels que *Food and Home SA* et *Woman's Value*. Elle est directrice de publication de la Struik Publishers' International Division depuis 1995, mais a trouvé le temps de contribuer au *Traveller's Guide to Tanzania*.

AUTRES COLLABORATEURS
Duncan Cruickshank, Claudia Dos Santos, Peter Joyce, Gail Jennings.

PHOTOGRAPHIES D'APPOINT
Charley Van Dugteren, Anthony Johnson.

ILLUSTRATIONS D'APPOINT
Anton Krugel.

CARTOGRAPHIE D'APPOINT
Genené Hart, Eloïse Moss.

RECHERCHES
Susan Alexander, Sandy Vahl.

RELECTURE
Mariëlle Renssen.

INDEX
Brenda Brickman.

COLLABORATION ARTISTIQUE ET ÉDITORIALE
Arwen Burnett, Sean Fraser, Thea Grobbelaar, Freddy Hamilton, Lesley Hay-Whitton, Alfred Lemaitre, Glynne Newlands, Gerhardt Van Rooyen.

AVEC LE CONCOURS SPÉCIAL DE :
Joan Armstrong, The Howick Publicity Bureau ; Coen Bessinger, Die Kaapse Tafel ; Tim Bowdell, Port Elizabeth City Council ; Dr Joyce Brain, Durban ; Katherine Brooks, MuseuMAfricA (Johannesburg) ; Michael Coke, Durban ; Coleen de Villiers et Gail Linnow, South African Weather Bureau ; Dr Trevor Dearlove, South African Parks Board ; Louis Eksteen, Voortrekker Museum (Pietermaritzburg) ; Lindsay Hooper, South African Museum (Cape Town) ; Brian Jackson, The National Monuments Commission ; Linda Labuschagne, Bartolomeu Dias Museum Complex (Mossel Bay) ; Darden Lotz, Cape Town ; Tim Maggs, Cape Town ; Hector Mbau, The Africa Café ; Annette Miller, Bredasdorp Tourism ;

Gayla Naicker et Gerhart Richter, Perima's ; professeur John Parkington, University of Cape Town ; Anton Pauw, Cape Town ; David Philips Publisher (Pty) Ltd, Cape Town ; Bev Prinsloo, Palace of the Lost City ; professeur Bruce Rubidge, University of the Witwatersrand ; Jeremy Saville, ZigZag Magazine ; Mark Shaw, Barrister's ; Dr Dan Sleigh, Cape Town ; Anthony Sterne, Simply Salmon ; David Swanepoel, Voortrekker Museum ; Johan Taljaard, West Coast National Park ; Pietermaritzburg Publicity Association ; Beyers Truter, domaine viticole Beyerskloof, Stellenbosch ; Dr Lita Webley, Albany Museum, Grahamstown ; Lloyd Wingate et Stephanie Pienaar, Kaffarian Museum (King William's Town) ; et toutes les instances touristiques provinciales et les services des parcs nationaux et provinciaux.

RÉFÉRENCES PHOTOGRAPHIQUES ET ARTISTIQUES
Vida Allen et Bridget Carlstein McGregor Museum (Kimberley) ; Marlain Botha, Anglo American Library ; The Cape Archives ; capitaine Emilio de Souza ; Petrus Dhlamini, Anglo American Corporation (Johannesburg), Gawie Fagan et Tertius Kruger, Revel Fox Architects (Cape Town) ; Jeremy Fourie, Cape Land Data ; Graham Goddard, Mayibuye Centre, The University of the Western Cape ; Margaret Harradene, Public Library (Port Elizabeth) ; Maryke Jooste, Library of Parliament (Cape Town) ; Llewellyn Kriel, Chamber of Mines ; professeur André Meyer, Pretoria University ; Julia Moore, Boschendal Manor House ; Marguerite Robinson, Standard Bank National Arts Festival ; Christine Roe et Judith Swanepoel, Pilgrim's Rest Museum ; Dr F. Thackeray, Transvaal Museum (Pretoria) ; Marena Van Hemert, Drostdy Museum (Swellendam) ; Kees Van Ryksdyk, South African Astronomical Observatory, Cobri Vermeulen, The Knysna Forestry Department ; Nasmi Waily, The Argus (Cape Town) ; Pam Warner, Old Slave Lodge (Cape Town).

AUTORISATION DE PHOTOGRAPHIER
L'éditeur remercie les responsables qui ont autorisé des prises de vues dans leur établissement : African Herbalist's Shop, Johannesburg ; Alanglade, Pilgrim's Rest, Albany Museum Complex, Grahamstown ; Bartolomeu Dias Museum Complex, Mossel Bay ; BAT (Bartel Arts Trust) Centre, Durban ; Bertram House, Cape Town ; BMW Pavilion, Victoria & Alfred Waterfront ; Bo-Kaap Museum, Cape Town ; Cango Caves, Oudtshoorn ; The Castle Good Hope ; Department of Public Works, Cape Town ; Drum Magazine/Bailey's Archives ; Dutch Reformed Church, Nieu Bethesda ; The Edward Hotel, Port Elizabeth ; Gold Reef City, Johannesburg ; Groot Constantia ; Heia Safari Ranch ; Highgate Ostrich Farm, Oudtshoorn ; Hindu (Hare Krishna) Temple of Understanding ; Huguenot Museum, Franschhoeck ; Johannesburg International Airport ; Kimberley Open-Air Mine Museum, Kirstenbosch National Botanical Garden ; Kleinplasie Open-Air Museum ; Koopmans De Wet House, Cape Town ; Mala Mala Private Reserve : MuseuMAfricA, Johannesburg ; Natural Science Museum, Durban ; Old Slave Lodge, Cape Town ; Oliewenhuis Art Gallery, Bloemfontein ; Oom Samic se Winkel, Stellenbosch ; Owl House, Nieu Bethesda ; Paarl Museum, Pilgrim's Rest ; Rhebokskloof Wine Estate ; Robben Island Museum Service ; Sandton Village Walk ; Shakaland ; Shipwreck Museum, Bredasdorp ; Simunye ; South African Library ; South African Museum, Cape Town ; Tatham Art Gallery, Pietermaritzburg ; Two Oceans Aquarium, Victoria & Alfred Waterfront ; Victoria & Alfred Waterfront ; The Village Museum, Stellenbosch ; Sue Williamson, Cape Town ; The Workshop, Durban.

CRÉDIT PHOTOGRAPHIQUE

h = en haut ; hg = en haut à gauche ; hc = en haut au centre ; hd = en haut à droite ; chg = au centre en haut à gauche ; ch = au centre en haut ; chd = au centre en haut à droite ; cg = au centre à gauche ; c = au centre ; cd = au centre à droite ; cbg = au centre en bas à gauche ; cb = au centre en bas ; cbd = au centre en bas à droite ; bg = en bas à gauche ; b = en bas ; bc = en bas au centre ; bd = en bas à droite ; bgh = en bas à gauche en haut ; bch = en bas au centre en haut ; bdh = en bas à droite en haut ; bgb = en bas à gauche en bas ; bcb = en bas au centre en bas ; bdb = en bas à droite en bas ; (d) = détail.

Les œuvres d'art ont été reproduites avec l'autorisation des organismes suivants :
Guantanamera, 1968, Giacomo Manzù (1908-1991), sculpture en bronze, Rembrandt Van Rijn Art Foundation (Stellenbosch), propriété de la Richemont Art Foundation (Suisse) 130cd ; Lead Ox, 1995-1996, © Cecil Skotnes, gravure, panneau de bois peint 306bd ; *Portrait d'une dame*, Frans Hals (1580-1666), huile sur toile, Old Town House (Cape Town), © Michaelis Collection 66bg : *Rocco Catoggio* et *Rocco Cartozia de Vilhers*, artiste inconnu, v. 1842, huile sur toile, © Huguenot Museum (Franschhoek) 137bc ; *Untitled work*, 1998. Hannelie de Clerq, gouache, © Stellenbosch Art Gallery 131hd.

Malgré tout le soin que nous avons apporté à dresser la liste des auteurs des photographies publiées dans ce guide, nous demandons à ceux qui auraient été involontairement oubliés ou omis de bien vouloir nous en excuser. Cette erreur serait corrigée à la prochaine édition de l'ouvrage.

L'éditeur remercie les particuliers, sociétés et bibliothèques qui ont autorisé la reproduction de leurs photographies.

ACSA (AIRPORTS COMPANY OF SOUTH AFRICA) ; 380h, 381b ; Shaen Adey : 1h ; 24cg, 28h, 71bg, 80h, 80b, 102cd, 276hg, 276chg, 276cg, 276b, 277h, 277cd ; ANITA AKAL : 37cg ; ANGLO AMERICAN CORPORATION OF SOUTH AFRICA LIMITED : 16c, 240cbg, 240b, 240-241c, 241hg, 241hd, 241cd, 241r, 305h, 305bg ; THE ARGUS : 53bg, 54hg, 55chg ; AA (AUTOMOBILE ASSOCIATION OF SOUTH AFRICA) : 384hg

DARYL BALFOUR : 277b ; BARNETT COLLECTION : © The Star 50chg : BARRY FAMILY COLLECTION : 269bg ; BIBLE SOCIETY OF SOUTH AFRICA : 26hg, 53b ; THE BLUE TRAIN : 382hg ; BOOMSHAKA/POLYGRAM ; 55hg ; MICHAEL BRETT 27h, 238cg, 239bg, 239bd, 256b, 257hg, 303c, 361b.

THE CAMPBELL COLLECTION OF THE UNIVERSITY OF NATAL, DURBAN : 52cbg, 137cd ; CAPAB (CAPE PERFORMING ARTS BOARD) : © Pat Bromilow-Downing 360h ; CAPE ARCHIVES : 4h, 26hd, 44b, 45b, 45c, 46h, 46ch, 51cd, 51bd : CAPE PHOTO LIBRARY : © Alain Proust 17h ; 17c, 31c, 85hg, 120chg, 120ch, 120chd, 121hd, 134cg, 135cd, 135bd : THE CORY LIBRARY OF RHODES UNIVERSITY. Grahamstown : 49cb ; RUPHIN COUDYZER : 26b.

DE BEERS © 50b, ROGER DE LA HARPE : 5h, 30cg, 31h, 35hd, 202b, 203b, 204hg, 205h, 205cd, 206c, 208, 209, 211b, 224hg, 228h, 229h, 231b, 313h, 362c, 362b, 363b ; NIGEL DENNIS : 20cd, 24-25c, 282hg, 283cbg, 283cbd, 296-297 : DEPARTMENT OF TRANSPORT : 371c ; DEPARTMENT OF WATER AFFAIRS AND FORESTRY : 177b ; DIGITAL PERSPECTIVES : 10bg ; GERHARD DREYER : 20bd, 100hg, 151cg, 154b.

FOTO HOLLER, © Schirmer, Hermanus : 122cg, 122-123c, 122bg.

GALLO IMAGES : © Anthony Bannister 20cg, 21cd, 252hd, 282-283c ; © David Gikey 36h ; © Kevin Carter Collection 31hd ; © Rod Haestier 21hd ; G'ECHO DESIGN : 36b ; GLEANINGS IN AFRICA : (1806) 123b ; BENNY GOOL/TRACE : 19c, 54-55c ; BOB GOSANI : 250chg ; GREAT STOCK : © Jürgen Schadeberg 250h, 250chd, 250cd, 250cbg, 250b ; GREEN DOLPHIN : 105b ; GUARDIAN NEWSPAPERS LIMITED : 53h.

ROD HAESTER : 123cd,180bg ; GEORGE HALLETT : 53bd, 55bd, LEX HES : 23cd, 24bc, 25bg, 25bc ; HULTON PICTURE COMPANY : 305chd.

i-Africa: © Nic Bothma 197h, 197chd ; © Sasa Kralj 27b, 42cg ; © Eric Muller 17b ; INTERNATIONAL EISTEDDFOD : © Bachraty Ctibor 34hg.

J&B PHOTOGRAPHERS : 25chd ; JACOBSDAL WINE ESTATE : 120bg.

KING GEORGES VI ART GALLERY, Port Elizabeth : 49cbd ; KLEIN CONSTANTIA : 97cg ; WATTER KNIRR : 35cg, 53cd, 71cg, 71bd, 210ch, 222chg, 242b, 248hd, 249bd, 254b, 255h, 257hd, 257b, 267b, 340c, 358cg, 360b, 370cd, 382bg.

ANNE LAING : 18b, STEFANIA LAMBERTI : 81cg, 223b ; LEVI'S : 55cg ; LIBRARY OF PARLIAMENT, Cape Town : © Mendelssohn Collection of watercolour paintings by Francois Vaillant 25hg. LOCAL HISTORY MUSEUM, Durban : 51bg.

MAYIBUYE CENTRE, university of the Western Cape : 52hg, 52-53c, 54cbg ; MEERENDAL WINE ESTATE : 120bc ; MICHAELIS COLLECTION (Old Town House) : 66b ; MONEX CONSTRUCTION (PTY) LIMITED : 99c ; MR DELIVERY : 340h ; MUSEUMAFRICA : 9h, 42ch, 44hg, 48ch, 48cg, 49h, 57h, 117h, 191h, 235h, 279h, 309h, 369h.

THE NATIONAL ARCHIVES, Pretoria : 241b ; IMPERIAL WAR MUSEUM, London : 50-51 ; Nico Malan Theatre : 104b.

COLIN PATERSON-JONES :15h, 22chd ; ANTON PAUW : 5c, 74b, 153hd ; DAVID PHILIPS PUBLISHER (PTY) LTD : 18bg, 18hc, 27cd ; PHOTO ACCESS : © Getaway/ C. Lantz 341b ; © Getaway/D. Rogers 252chg ; © Getaway/ P. Wagner 364h ; © Clarke Gittens 46b ; © Walter Knirr 240hg, 358b ; © Photo Royal 204b ; © Mark Skinner 62 ; © David Steele 34c, 204chd, 204cbg ; © Patrick Wagner 205b ; © Alain Wilson 36c, 85h ; HERMAN POTGIETER ; 2-3, THE PURPLE TURTLE : 106hg. RHEBOKSKLOOF CELLAR : 127b ; ROVOS RAIL : 383c ; PROFESSOR BRUCE RUBIDGE : 42cb.

SA CITY LIFE : © Searl Laurénz 371b ; SIL (© STRUIK IMAGE LIBRARY) : Shaen Adey 29cbd, 35bd, 60h, 60c, 60b, 61h, 61b, 64b, 68chg, 75bg, 75bd, 84hg, 84chg, 84cg, 85chd, 85bd, 93h, 96cg, 96cd, 101chd, 102bg, 120cd, 120bd, 126cg, 126-127hc, 130h, 146h, 163h, 231c, 233b, 281b, 312c, 364c ; Daryl Balfour 150bg ; CLB (COLOUR LIBRARY), 21bd, 22chg, 97hg, 175c, 183b, 233h, 247cd, 260, 275h, 304h ; Credo Mutwa 26c ; Roger de la Harpe 14, 21ch, 23cbd, 30b, 81h, 88h, 103h, 190-191, 193h, 195cd, 206h, 212cg, 213cd, 216c, 229bd, 230h, 230c ; Nigel Dennis 15b, 22hg, 23bd, 23c, 24hd, 24bd, 25cd, 150chd, 150cg, 207h, 216h, 222chd, 223chc, 232hg, 234-235, 237h, 238bg, 238bc, 238bd, 239h, 270-271, 272hd, 272chg, 272b, 273c, 278-279, 282hd, 282cg, 282cbb, 282bg, 282bd, 283hg, 283hd, 283chd, 285h, 299b, 300b ; Gerhard Dreyer 22cbd, 22bg, 22bd, 23chg, 147h, 150cbd, 154hg, 155cg, 164b, 165bd, 169b, 170b, 176b, 180hg, 180hd, 180cbg, 180b, 372h ; Jean du Plessis 95c ; Craig Fraser 35cd ; Leonard Hoffman 20ch, 22hd, 23hg, 23hc, 23chd, 23cbg, 155b, 195hg, 195bg, 215b, 284hg, 359h ; Anthony Johnson

67hg, 81bg ; Walter Knirr 8-9, 95b, 144, 157b, 178-179, 200h, 223cbg, 241chd, 245h, 256c, 264h, 301b ; Mark Lewis 28bg ; Jackie Murray 19b, 251h ; Annelene Oberholzer 94c ; Peter Pickford 21 cg, 71chd, 150 hd, 150cbg, 230b, 231h, 282chg, 291h ; Mark Skinner 153c, 177cg ; Erhardt Thiel 4b, 16h, 29hd, 33c, 34b, 61cd, 61ch, 65chd, 72cg, 73cd, 76, 82-83, 89c, 94h, 96hd, 96bg, 97cd, 98h, 124b, 128hg, 154cd, 360c ; David Thorpe 20h ; Hein von Hörsten 40chd, 59chd, 68chg, 85chd, 91h, 100chg, 116-117, 119cg, 129bg, 131b, 155hd, 167cd, 181hg, 187h, 202h, 202c, 253hg, 253hd, 288b, 383h ; Lanz von Hörsten 18c, 19h, 22cbg, 37h, 69hg, 74bgh, 90b, 118chg, 153hg, 153bg, 154c, 155cd, 192b, 193b, 207c, 217b, 239cd, 273h, 273b, 275b, 283b, 284chd, 286, 298, 310c, 226-227 ; Keith Young 56-57, 203h, 214, 218c, 225ch, 281chd, 287b, 292cbg, 310b ; Mark Skinner : 183c ; South African Cultural History Museum : 44cbg, 45h, 48hg, 49b ; South African Library : 44cg, 44-45c, 46cb, 47cb, 47cbd, 48b, 50hg, 50cg, 50cbg, 52b, 53cg, 74hd, 84bd, 303b, South African Museum : 43c, 43bd, South African National Defence Force Archives : 52chg : The South African National Gallery : 45cbd, 54cbg ; South African National Parks Board : 238hg ; Geoff Spiby : 20bg, 21bg, 81bd ; Standard Bank 376hg ; Standard Bank National Arts Festival 37b, 188hg ; The Star 51h ; State Archives : 25hd, 240chg, 294b, 305cg : Stellenbosch Art Gallery : 131h ; Sun International : 258hd, 259cbd.

Telkom South Africa : 378hg, 378b ; Ruvan Boshoff/ Sunday Times : 364b ; Touchline : © Duif du Toit 32h ;

© Thomas Turck 32b ; Transvaal Museum : © Dr Gerald Newlands 43ch ; The Truth and Reconciliation Committee : 55chg.

University of Pretoria : © Professeur André Meyer 43h ; Pieter-Dirk Uys : 55cd.

Chris Van Lennep ; 24chg, 196hd, 196cg, 196-197c, 197b ; Chris Van Rooyen : 24chg ; Victoria and Alfred Waterfront : 79cdb ; Hein von Hörsten : 284chg, 285bg ; André Vorster : 372c.

Wartburger Hof Country Hotel : 30cd. William Fehr Collection, Castle of Good Hope, Cape Town : 41h, 41b, 98b ; W. Daniel 93b ; Peter Wilson Agencies : 196bd, 197cd.

Keith Young : 98c.

Première page de garde : Shaen Adey ; bd ; SIL (© Struik Image Library), CLB (Colour Library) hd ; Walter Knirr hg ; Lanz von Hörsten hgc, hc ; Keith Young cd ; Photo Access : © Mark Skinner bg.

Couverture
Première de couverture : Corbis : Richard T. Nowitz ; DK Picture Library : bd ; Robert Harding Picture Library : G. Hellier cd ; NHPA : Nigel J. Dennis, image Library : Roger de la Harpe b ; The Blue Train : h. principale. Quatrième de couverture : DK Picture Dos de couverture : NHPA : Nigel J. Dennis.

GUIDES 👁 VOIR

CONSULTEZ NOTRE SITE
www.guideshachette.com

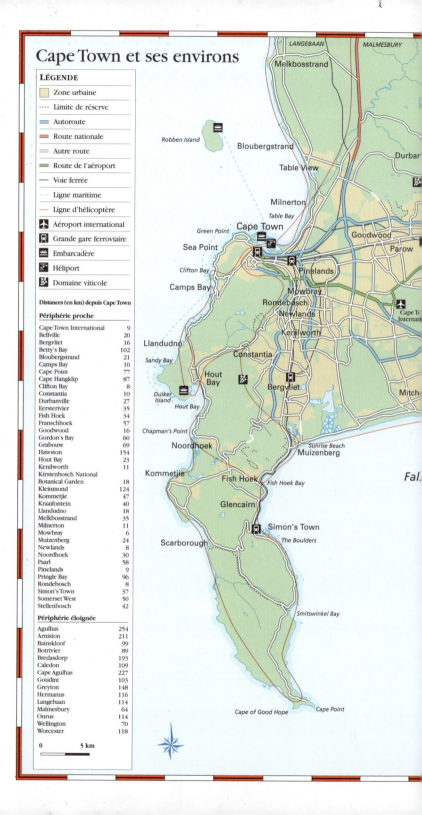

Cape Town et ses environs

LÉGENDE

- Zone urbaine
- ····· Limite de réserve
- Autoroute
- Route nationale
- Autre route
- Route de l'aéroport
- Voie ferrée
- Ligne maritime
- Ligne d'hélicoptère
- Aéroport international
- Grande gare ferroviaire
- Embarcadère
- Héliport
- Domaine viticole

Distances (en km) depuis Cape Town

Périphérie proche

Cape Town International	9
Bellville	20
Bergvliet	16
Betty's Bay	102
Bloubergstrand	21
Camps Bay	10
Cape Point	77
Cape Hangklip	87
Clifton Bay	8
Constantia	10
Durbanville	27
Eersterivier	35
Fish Hoek	34
Franschhoek	57
Goodwood	16
Gordon's Bay	60
Grabouw	69
Hawston	154
Hout Bay	23
Kenilworth	11
Kirstenbosch National Botanical Garden	18
Kleinmond	124
Kommetjie	47
Kraaifontein	40
Llandudno	18
Melkbosstrand	35
Milnerton	11
Mowbray	6
Muizenberg	24
Newlands	8
Noordhoek	30
Paarl	58
Pinelands	9
Pringle Bay	96
Rondebosch	8
Simon's Town	37
Somerset West	50
Stellenbosch	42

Périphérie éloignée

Agulhas	254
Arniston	211
Bainskloof	99
Botrivier	89
Bredasdorp	193
Caledon	109
Cape Agulhas	227
Goudini	103
Greyton	148
Hermanus	116
Langebaan	114
Malmesbury	64
Onrus	114
Wellington	70
Worcester	118

0   5 km

LANGEBAAN   MALMESBURY

Melkbosstrand

Robben Island

Bloubergstrand

Table View

Durban

Milnerton

Table Bay

Green Point

Cape Town

Sea Point

Goodwood

Parow

Clifton Bay

Pinelands

Camps Bay

Mowbray

Rondebosch

Cape To Internati

Newlands

Llandudno

Kenilworth

Sandy Bay

Constantia

Hout Bay

Bergvliet

Mitch

Duiker Island

Hout Bay

Chapman's Point

Noordhoek

Sunrise Beach

Muizenberg

Kommetjie

Fish Hoek

Fal

Fish Hoek Bay

Glencairn

Simon's Town

Scarborough

The Boulders

Smitswinkel Bay

Cape of Good Hope   Cape Point